三联·哈佛燕京学术丛书
学术委员会：

季羡林 李学勤
（主任）

李慎之 苏国勋

厉以宁　陈　来

刘世德　赵一凡
　　　　（常务）

王　蒙

———————

责任编辑：孙晓林
　　　　　曾　诚

三联·哈佛燕京学术丛书

林 鹄 著

南 望

辽前期政治史

Coming to Terms
with
the Central Kingdom

Studies
on
the Early Liao Regime

生活·讀書·新知 三联书店

This Academic Book
is subsidized by
the Harvard-Yenching Institute,
and we hereby express
our special thanks.

Copyright © 2018 by SDX Joint Publishing Company.
All Rights Reserved.
本作品版权由生活·读书·新知三联书店所有。
未经许可，不得翻印。

图书在版编目（CIP）数据

南望：辽前期政治史/林鹄著．—北京：生活·读书·新知三联书店，2018.9（2018.12重印）
（三联·哈佛燕京学术丛书）
ISBN 978-7-108-06224-6

Ⅰ.①南…　Ⅱ.①林…　Ⅲ.①政治制度史-研究-中国-辽代　Ⅳ.① D691.2

中国版本图书馆 CIP 数据核字（2018）第 022239 号

责任编辑	曾　诚
装帧设计	蔡立国
责任印制	宋　家

出版发行　生活·讀書·新知 三联书店
　　　　　（北京市东城区美术馆东街 22 号 100010）
网　　址　www.sdxjpc.com
经　　销　新华书店
印　　刷　河北鹏润印刷有限公司
版　　次　2018 年 9 月北京第 1 版
　　　　　2018 年 12 月北京第 2 次印刷
开　　本　880 毫米×1230 毫米　1/32　印张 12
字　　数　290 千字
印　　数　5,001-8,000 册
定　　价　45.00 元
（印装查询：01064002715；邮购查询：01084010542）

本丛书系人文与社会科学研究丛书，
面向海内外学界，
专诚征集中国中青年学人的
优秀学术专著（含海外留学生）。

·

本丛书意在推动中华人文科学与
社会科学的发展进步，
奖掖新进人才，鼓励刻苦治学，
倡导基础扎实而又适合国情的
学术创新精神，
以弘扬光大我民族知识传统，
迎接中华文明新的腾飞。

·

本丛书由哈佛大学哈佛－燕京学社
（Harvard-Yenching Institute）
和生活·读书·新知三联书店共同负担出版资金，
保障作者版权权益。

·

本丛书邀请国内资深教授和研究员
在北京组成丛书学术委员会，
并依照严格的专业标准
按年度评审遴选，
决出每辑书目，保证学术品质，
力求建立有益的学术规范与评奖制度。

序　言

王玉冬

已故哈佛大学教授约瑟夫·弗莱彻《奥斯曼帝国中的突厥蒙古系君主传统》一文，曾给20世纪70年代末的美国东岸学界带来不小的震荡。美国哈耶一系高校后来培养出来的学界名流如罗友枝、柯娇燕、巴菲尔德等关于北亚史和内亚史的思考或多或少都受到了这篇文章的影响。

在弗莱彻看来，游牧社会比所有农业社会都更加政治化。游牧社会特殊的生活方式，让战争成为各个超部落草原组织的存在基础。战争将草原社会结合在一起，战利品是草原政治领袖得以维护权力、团结诸部落的制胜法宝。睿智的草原领袖痛恨和平，他们总要为发动下一次战争寻找借口。如果他们始终保持草原本位，那么他们的政治体系就注定是这种以战争为基础、危机四伏的、野蛮的草原政治体系。相反，如果这些领袖的目的不只是建立一个以草原为中心的部落联盟或草原帝国，如果他们的目光投向南方，直指汉地、波斯等地，那么生活方式的定居化、政治体制的官僚化就成为必然，草原可汗最终也一定会蜕变成为一个农业帝国的君主。北向意味着对于民族性的坚守，南向则注定了被定居文化同化直至民族消亡的命运。

实际情况是,从公元前5世纪到公元18世纪中晚期,这些北方民族(包括从早期的匈奴到后来的蒙古等典型游牧民族,以及契丹、女真、满人等魏特夫、冯家昇所谓的"第三文化"或巴菲尔德所称的"满人"类型民族)多选择了南向策略,而这也就为欧亚大陆各定居社会构成了长达二十余世纪的"北方问题"。

弗莱彻英年早逝。在他辞世后的三十余年间,各种关于北方民族的新史料层出不穷,各类新观点、新方法也相继粉墨登场。不过,再没有人会像弗莱彻这样如此坦诚、如此政治不正确地谈论北方草原社会的政治问题。虽然学者多以弗莱彻为楷模,以能够运用多种语言史料(尤其是此前不被学界重视的北方民族语言材料)为荣,但他们的研究兴趣却转向了游牧民族征战活动所引发或可能引发的身份认同、想象社会、二元政治、二元文化、文化传播、贸易中介、外来语、饮膳交流等问题。在目前繁盛的北方民族研究当中,我们很少能见证对人类根本问题的关怀,我们目睹更多的是处于各类政治正确压力之下的谨小慎微,对于各类文化中心论的愤愤不平,"对情报的贪婪"(张承志语),对异己的北方民族的盲目好奇,以及对伪命题的苦苦追寻。摩拳擦掌的布瓦尔与佩居歇们,一方面在大量囤积资料,另一方面又在制定学界规则。"二元""文化传播者""身份认同""想象社会"云云实际上已经变成了当今史学界《庸见词典》中的词条,虽然学者必须知晓,但其作用也仅仅是可佐谈资而已。"对于历史和艺术史来说,没有什么能比这些博学之子更加危险了。"(布克哈特语)

我的挚友林鹄博士新著《南望》根据汉文写成的草原文献和中

原文献，重述了耶律阿保机以降辽代前期几代君主笃定的南向主义，以及以建立一个以汉地为中心的帝国为鹄的的几代辽代政治家所经历的曲折而艰难的政治历程。本书所用材料全为中古史研究的常见史料，研究当中也并无明显的方法论可言。作者无意像现代实证主义学者那样，去探索历史事件背后所有可能的动因以及条件，因为他深知，如果那样做，他必须具有一种"非人类的智力"，他必须"假做上帝"（夏尔·佩吉语）。作者也无意尝试以各时代、各群体自身的标准去评价这些时代和团体，并在具有终极目的的普世历史中来评判这些时代和群体。因为他知道历史主义史学（包括新历史主义史学）为自己设定的这两个目标自相矛盾。作者的论述始终如一地聚焦于辽代政治大业的一系列关键事件，凭借身处现实政治当中的政治家（即辽代前期诸君主）的政治思维，去阅读、阐释史料。如果我们一定要为本书总结出一个方法的话，那它一定是历史观察当中所谓的"直觉方法"（佩吉语）。像传统史家一样，作者在本书多处，考虑了"历史虽未发生但曾存在的可能性"。作者不仅论及曾经发生的事情，他还谈论可以发生的事情。他关注的是政治家（包括辽代政治家）根据或然性和必然性，倾向于做或说哪一类事情。这也就让他的历史关怀变成了一种普世关怀。隐藏在本书众多文献考证之下的，是一部布克哈特式的诗化历史。

历史学者从事历史研究的终极目的并不在于复原及同情地理解"他者"的喜怒哀乐，而在于研究者的自身发现。1852年，布克哈特在发表《君士坦丁大帝的时代》之前，曾这样告诉诗人保罗·海塞："我从来不会想到，像我这样一个一直以来认为自己可以允许所有观点、所有时代都拥有它们自身价值的彻头彻尾的老牌文化史家，会变得像现在的我这么偏激。但这就仿佛我的眼睛上有鳞掉落下来。我现在告诉我自己圣雷米曾经告诉克洛维的那句话：'将你过去崇敬的东西扔到火里，开始崇敬原来被你扔进火里的东西。'……我不再会对每件事情、所有事情的价值做出那种貌似客观的泛泛认同，我要让自己重新变得偏狭。"因为写作《君士坦丁大帝的时代》，布克哈特实现了他的第一次觉醒，开始了他治学的晚期风格。那一年，布克哈特34岁。通过研究中国中古政治史，本书作者的眼睛也"有鳞掉落下来"，实现了一次顿悟。我坚信，一定是由于汉地中央集权官僚体制政治传统及其背后的思想根基在体制建设和社会建设两方面所具有的超历史价值和意义，辽代前期的政治家才会义无反顾地选择了汉化之路，本书作者才会以数年之功去复原中古中国的这段政治史。作者在未来数年里对于这些超历史价值和意义的复原，或许可以导致他的再次顿悟？对于他的第二次航行，我翘首以待。

乙未年己丑月末（2016.02.06）序于多伦多

目录

序　言 …………………………………… 王玉冬　i

第 1 章　导　论 …………………………………… 001
第一节　汉化命题与征服王朝论 …………………… 001
第二节　辽朝二元性检讨 …………………………… 013

第 2 章　建国方略 ………………………………… 024
第一节　从唐天复元年到辽神册元年 ……………… 024
第二节　阿保机的大契丹国 ………………………… 030
第三节　继承人的选择 ……………………………… 043

第 3 章　入主中原 ………………………………… 053
第一节　太宗继位 …………………………………… 053
第二节　据有燕云 …………………………………… 066
第三节　辽晋纠葛 …………………………………… 077
第四节　建号大辽 …………………………………… 089
第五节　中原旋失 …………………………………… 100

第 4 章　短命世宗 ………………………………… 113
第一节　登临大宝 …………………………………… 113
第二节　再向中原 …………………………………… 124
第三节　意外遇弑 …………………………………… 132

第 5 章　从部族到官僚体制 ······ 139
   第一节　国初制度 ······ 139
   第二节　会同改制 ······ 149
   第三节　二元体制初步建立 ······ 161

第 6 章　扩张中止 ······ 179
   第一节　穆宗继位 ······ 179
   第二节　汉化深入 ······ 186
   第三节　中原政策 ······ 192
   第四节　个人悲剧 ······ 205
        附记 ······ 214

第 7 章　走向鼎盛 ······ 219
   第一节　景宗朝政局概观 ······ 219
   第二节　北汉与大宋之间 ······ 226
   第三节　留给圣宗的遗产 ······ 235

第 8 章　南北和议 ······ 244
   第一节　宋人北伐 ······ 244
   第二节　十年生聚 ······ 253
   第三节　烽烟再起 ······ 258
   第四节　澶渊之盟 ······ 263
   第五节　中央集权 ······ 288
   第六节　汉化高峰 ······ 293

第 9 章　结　论 ······ 297

附录一 契丹选汗说商兑

　　兼论所谓北族推选传统 ………………………… *304*

　一　契丹选汗说检讨 ………………………… *305*

　二　北族推选例证剖析 ……………………… *325*

　三　选汗说流行原委 ………………………… *329*

附录二 斡鲁朵横帐补说

　　兼论辽朝部族制度 …………………………… *332*

　一　斡鲁朵 …………………………………… *333*

　二　横帐 ……………………………………… *344*

　三　辽朝部族制度 …………………………… *349*

参考文献 ……………………………………………… *354*

后　　记 ……………………………………………… *365*

出版后记 ……………………………………………… *367*

Coming to Terms with the Central Kingdom:
Studies on the Early Liao Regime

CONTENTS

Preface   (Wang Yudong)

Chapter 1   Introduction
    1. "Sinicization" and the "Conquest Dynasties"
    2. Rethinking the Duality of the Liao Regime

Chapter 2   Abaoji's Perspective on Empire-building
    1. From the First Year of Tang Tianfu Era to the First Year of Liao Shence Era
    2. The Great Khitan Kingdom
    3. Envisioning the Empire

Chapter 3   The Heir and the Great Liao Kingdom
    1. The Accession to the Throne
    2. First Move towards the Central Plain
    3. Second Move
    4. Goal Achieved
    5. The Catastrophe

Chapter 4   The Reign of Emperor Shizong
    1. Who was Wuyu?

2. Marching towards the Central Plain, Again

  3. The Assassination

Chapter 5 Centralization and Bureaucracy

  1. The Reign of Taizu

  2. The Reformation

  3. The Establishment of a Dual Political System

Chapter 6 The Halt of Expansion

  1. Emperor Muzong

  2. The Steppe vs. the Central Plain

  3. How did Muzong Lose the Three Passes

  4. The Myth of the "Sleeping King": Coming to Terms with the Grand Strategy of Song Taizu

Chapter 7 Towards the Great Prosperity

  1. Emperor Jingzong

  2. Between Han and Song

  3. The Legacy

Chapter 8 Peace Achieved

  1. The Irredentist Campaign of Song

  2. The Deadlock

  3. War Again

  4. The Chanyuan Treaty

  5. The Development of Centralization

  6. Pursuing Sinicization

Chapter 9   Conclusion

Appendix 1   Were the Khitan Khans Elected?: A Refutation
Appendix 2   On Ordor, Hengzhang and the Liao Tribal System

References
Acknowledgment
Afterword

第1章

导 论

第一节 汉化命题与征服王朝论

公元10世纪以来,中国北方的游牧民或采集狩猎者不断南下,相继建立了辽、金、元和清朝。虽然这几个王朝的统治者并非汉族,但在20世纪中叶之前,学界一般将它们也纳入传统中国王朝序列去研究。1949年,德裔美国学者魏特夫(Karl Wittfogel)和中国学者冯家昇在合著的《中国社会史——辽(907—1125)》一书中提出了"征服王朝"(dynasties of conquest)的概念来重新阐释辽、金、元、清四朝。在魏、冯看来,以往学界(包括西方学者在内)忽视了非汉族政权的特性,错误地认为异族王朝都不可避免地走向汉化(sinicization),从而错误地将非汉族王朝与典型的中原汉人王朝等量齐观。

在西方人类学研究的启发下,魏、冯强调文化交流、融合的复杂性和多样性,指出一方被另一方完全同化极其罕见。他们认为二元性(duality)是辽朝(在不同程度上也是金、元、清三朝)政治、经济、社会、文化诸层面一个共同的基本特点,进而把辽朝定义为既不同于传统内亚部族文化也不同于中原文化,而是融合二者的第三种文化(a third culture)。❶ "征服王朝"这一理论模式的提出,从根本上说是为了批判以汉化为辽金诸朝历史变迁基本线索的研究角度。

在魏特夫和冯家昇的影响下,"二战"后的日本学界更进一步主张,辽金诸朝应当从中国史中剥离出来,归入与中国史并立的北亚史。比如,辽史名家岛田正郎主张:"尽管辽国为征服中国华北的一部分而仿照中国王朝的制度所建立的国家,并以汉人为其主要的构成分子之一,而其农业经济又是国家财政的重要支柱,但仍未将辽国视作中原王朝的一环叙述,应归入北亚洲诸民族的兴亡史中申论。"❷同样,田村实造在考虑"对这一系列征服王朝是仍按历来的看法把它们视为中国史的一环,还是该把它们视为中国史以外的自成一个历史世界的北亚史的一环,并站在把中国史和北亚史都包括进去的更高的立场去考察"时,选择了"后一立场",并认为"作为研究的前提,必须先从考察征服王朝所由兴起的北亚世界开始"。❸

但在很长一段时间内,征服王朝论在西方学界远不如在日本影响深远,就此问题英文或其他西方语言的学术论著中并没有出现有分量的进一步研究。相反,在西方学界,尤其是负笈欧美的中国留学生中,仍不乏将汉化视为非汉族政权研究中的核心问题的学者。

---

❶ 详见 Karl Wittfogel and Feng Chia-Sheng, *History of Chinese Society: Liao (907-1125)*, Philadelphia: The American Philosophical Society, 1949, pp. 3-25;相关部分中译文亦见《中国社会史——辽(907-1125):总论》,唐统天等译,载王承礼主编:《辽金契丹女真史译文集》,长春:吉林文史出版社,1990年,第1-95页。

❷ 岛田正郎:《辽朝北面中央官制的特色》,原载《大陆杂志》29卷第12期,1964年12月,收入孙进己等编:《契丹史论著汇编》上册,沈阳:辽宁省社会科学院历史研究所,1988年,第1105页。

❸ 田村实造:《关于中国征服王朝》,袁韶莹译,载《辽金契丹女真史译文集》,第98页。

比如，何炳棣在1967年发表的文章中，主张清朝是中国历史上最成功的非汉族王朝，并把其成功归因于系统的汉化措施（systematic sinicization）。❶另外，陶晋生于1967年提交印第安那大学历史系的博士论文讨论金代女真的汉化，1976年出版时题为《十二世纪中国的女真人———一项汉化研究》。该书认为，汉化是金朝社会发展的基本趋势，大多数女真人最终被汉族所同化，成为中原汉族社会的一分子。❷再如，同样在美国获得博士学位的萧启庆，在由他撰写的《剑桥中国辽西夏金元史》的《元中期政治》一章中，就明确指出，忽必烈政治决策的一大败笔是行政机构汉化不彻底，从而给继承者们留下了一堆政治难题。❸

不过，20世纪80年代以来，随着后现代理论在人文学界影响的逐步扩大，西方学者们日益表现出对汉化命题的不满。如包弼德（Peter Bol）在1987年发表的讨论金代汉族士人的文章里，主张用"'文'（包弼德将其释为civilization）化"代替"汉化"，认为女真统治者追求的并非包含狭隘民族意义的"汉"化，而是具有普世意义的"文明"。❹1996年，即何炳棣的文章发表几近三十年后，罗友枝（Evelyn Rawski）在其美国亚洲研究协会主席讲演中，提出了针锋相对的观点，认为清朝的成功并非得益于汉化，恰恰相反，清朝的真正基石是其与内亚地区非汉人族群的文化纽带，以及在行政

---

❶ 详见 Ping-ti Ho, "The Significance of the Ch'ing Period in Chinese History," *Journal of Asian Studies,* Vol. 26, No. 2 (Feb., 1967), pp. 189-195。

❷ 详见 Jing-shen Tao, *The Jurchen in Twelfth-Century China: A Study of Sinicization*, Seattle: University of Washington Press, 1976。

❸ 详见萧启庆：《元中期政治》，史卫民译，傅海波、崔瑞德编：《剑桥中国辽西夏金元史》，史卫民等译，北京：中国社会科学出版社，1998年，第498-566页。

❹ 详见 Peter Bol, "Seeking Common Ground: Han Literati under Jurchen Rule," *Harvard Journal of Asiatic Studies*, Vol. 47, No.2 (Dec., 1987), pp. 461-538。

管理上将非汉族地区与汉族地区区别对待的政策。罗友枝主张用以满人为中心的视角（a Manchu-centered perspective）取代汉化视角，她把历史研究中的汉化命题等同于认为所有进入中国的非汉人族群最终都被同化的观念，认为这一观念源于当代汉族民族主义，从而否认汉化是异族王朝研究的核心问题之一。❶同样，史怀梅（Naomi Standen）在其《剑桥中国辽西夏金元史》书评中，对该书未能明确鞭挞汉化命题表示遗憾，而对萧启庆那一章的态度，也异乎寻常的严厉。❷

虽然何炳棣曾就罗友枝的演说写过反驳文章，❸但西方学界高涨的汉化批判浪潮似乎不可阻挡。在抛弃汉化命题的同时，西方学者们提出了新的理论模式来阐释中国历史上的非汉族王朝，其代表是柯娇燕（Pamela Crossley）关于清朝的研究。柯娇燕认为，清朝君主的普世皇权观念（universal emperorship）与传统中原不同，儒家的普世皇权理念追求天下一道德、同风俗，而清朝皇帝允许臣服的不同族群保留各自的文化。针对不同的被统治人群，清帝会以不同的统治者形象出现。面对汉人，清帝将自身打扮成传统的中原皇帝，但面对内亚族群时，他又成了草原上的大汗。也就是说，清朝所刻意追求的是一个多民族和平共处、多元文化平等并存的复杂帝国。因此，清朝及其他异族王朝与中原汉人王朝有着本质的区别。❹

---

❶ 参见 Evelyn S. Rawski, "Reenvisioning the Qing: The Significance of the Qing Period in Chinese History," *Journal of Asian Studies*, Vol. 55, No. 4 (Nov., 1996), pp. 829–850。

❷ 详见 Naomi Standen, "Review Article: Alien Regimes and Mental States," *Journal of the Economic and Social History of the Orient*, Vol. 40, No. 1 (1997), pp. 73–89。

❸ 参见 Ping-ti Ho, "In Defense of Sinicization: A Rebuttal of Evelyn Rawski's 'Reenvisioning the Qing'," *Journal of Asian Studies*, Vol. 57, No.1 (Feb., 1998), pp. 123–155。

❹ 详见 Pamela Crossley, *A Translucent Mirror: History and Identity in Qing Imperial Ideology*, Berkeley: University of California Press, 2002。

概言之，对汉化命题的批评者认为，这一命题建立在两大前提之上。其一，将汉族文化等同于文明，而把非汉人文化等同于野蛮，从而推导出，文化上的汉化意味着进步，是异族统治者追求的天然目标。其二，认为非汉族政权若要取得成功，其管理只能照搬汉地制度，换言之，汉化是其政治的唯一出路，从而将其政治上的成败与汉化与否画上等号。西方学者们认为，这两个前提都是错误的偏见。

与此相应，他们所主张的以非汉族为中心的视角也可以概括为两个基本观点。其一，文化无高下之别，非汉族并非野蛮人，他们并不追求文化上的汉化，相反，异族王朝的精英往往致力于维护民族文化和坚持自身的族群认同，至少在相当程度上排斥汉化。其二，从地缘政治和统治族群角度强调异族王朝的特殊性，认为非汉族政权并不寻求复制中原王朝，其政治目标与中原王朝有根本差异，政治制度上的汉化不是其出路。这些征服王朝并不追求以农业立国、以儒家文化为主导思想、以中原为核心区。作为经济和生活方式的游牧或畜牧等，在其社会中至少占有同等重要的地位，而内亚草原等地区在其政治地理中的地位绝不亚于中原。

时至今日，除了作为批判对象外，汉化命题几乎已经完全从西方学者的视野中消失。不仅如此，在非汉族王朝研究，甚至汉人王朝统治下的少数民族研究中，汉文化的影响也被普遍淡化处理。

如果放在20世纪学术发展的整体脉络中去考察，我们可以清晰地看到，西方学者对汉化的批判和新模式的提出，最根本的理论基础是哲学上的相对主义（relativism）。相对主义认为，人类生活中的一切价值观都是相对的、主观的，不存在绝对的、普世的终极真理。而不同文化的差异，表现在方方面面的价值观的不同。既然没有客观标准可用于判断不同价值观孰是孰非，文化自然就无高下之别。受文化无高下论的影响,史学家们在对历史上的族群和文化进行研究时,就完全放弃了价值判断,主张没有文明与野蛮之别。

遵循同样的逻辑,西方的中国史研究者认为,与其他族群的文化相比,汉文化并不具备内在的优越性,换言之,以农业为基础、以儒家伦理为生活准则、以官僚制为政治管理模式的汉人社会与内亚或其他中原周边地区的以游牧或采集狩猎为基本经济方式、以萨满教为信仰、以部落为组织形态的非汉族社会相比——至少在异族的眼中——并不会显得更优越。在这样的前提下,他们当然更愿意相信不同的族群都会坚持自己的文化,不会被其他文化所吸引。而当今世界全球化浪潮中的多元化诉求,也让他们觉得有道义去宣扬文化平等。因此,在他们看来,入主中原的异族统治者没有理由被汉文化吸引,汉化对非汉族王朝来说不是必须面对的根本问题,并进而强调异族政权政治体制方面的特殊性,强调其政治结构在本质上与中原王朝不同。

从非汉族的角度研究异族王朝,对还原历史的复杂性,确有贡献。以往的研究在一定程度上忽视了北族政权不同于典型中原王朝的一些特点,而这一缺失的确也与中原士人的偏见有关。比如,蒙元一代的统治者似乎自始至终对汉文明都没有太大的兴趣,并没有天然地被其吸引。即使是最终决定全面汉化的北魏,推行这一政策时上距其立国虽已有百年,但仍然遇到了强大阻力,如果不是孝文帝这样胆识兼备的君主,这一措施能否成功,乃至是否会被提出,都是一个疑问。

就政治制度而言,在今天看来,传统研究的弊病也已是共识。比如,辽朝虽建置都城,后期更发展成五京,但有辽一代的政治中枢始终落于迁徙不定的捺钵,这从汉制角度是完全无法理解的。再如，蒙元在草原传统中发展出的皇权，与中原皇权迥异，对明代影响极大，这也是我们跳出汉制才能认识到的历史真相。

因此，西方学者对汉化命题的批判，的确能鞭策我们反思自身的盲点。但是，认识到北方民族对汉文化的复杂态度，认识到北族政权制度中的草原因素，是否就意味着北族统治者必然维护民族文化和坚持自身的族群认同，必然反对汉化，汉地文化制度与草原传统就完全无高下之别呢？在笔者看来，西方学者似乎有矫枉过正之嫌。

首先，相对主义并不能为他们的研究提供一个可靠的基石。相对主义自出现之日始，哲学界的强烈批判之声就没有停止过。作为一种哲学思潮，相对主义尚存在很大的争议。

其次，对汉化的批判在具体事实层面还有很多可商榷之处。比如，陶晋生指出，包弼德用"'文'化"取代"汉化"，表面上摆脱了狭隘的汉族中心主义立场，但事实上金代女真人所谓的"文"的来源仍然是汉文化。❶以儒家为代表的汉文化所追求的乃是普世的文明，并非狭隘的民族主义，倒是女真人在入主中原前恐怕并无普世观念。更重要的是，西方学界的新研究过分关注族群认同（ethnic identity）建构的主观性，而较少从国家和社会的具体运作和实际需求方面进行系统全面的实证分析。对征服者而言，族群认同当然重要，但更迫切的问题是政治现实。在讨论汉化时，我们应当将衣食住行等生活习俗与政治思想和制度相区别。

在针对罗友枝的反驳文章中，何炳棣就重申，毫无疑问清朝是一个多民族大帝国，但其首要也是最艰巨的任务是如何管理数亿汉

---

❶ 详见陶晋生：《我的学思历程》，2010 年 3 月 17 日；http://cge.ntu.edu.tw/forum/89-2-03.htm。

人。虽然满人和其他非汉人族群的关系与汉唐王朝不同,但这并不足以让我们否认清帝国政治上的核心问题是如何统治中原。在这方面,满人的成功经验来自对汉地政治制度的借鉴。❶

萧启庆在其备受责难的《元中期政治》一文中,也开宗明义地提出了类似问题:"中原是帝国的最重要构成部分和统治重心所在,还是它只是蒙古世界帝国的一部分,而应献出全中国的资源来维系帝国?如何满意地回答这些疑问,总是摆在元统治者面前的严肃并影响深远的问题。"❷正是因为这一核心问题,萧启庆认为,对忽必烈及其继承者而言,答案应当是前者,所以他批评忽必烈汉化不够坚决,同时将元中期政治的根本任务界定为:"按照传统的中原路线进行更多的改革和改变一些殖民特征,把王朝的根在中原扎得更深,但是,同时还要保证王朝的安全和征服集团精英的利益。"❸当然,这一结论可以商榷,但反驳者应说明中原不必是元朝政治结构的重心。遗憾的是,史怀梅似乎并不能理解萧启庆论证的整体思路,有些意气用事地批评他不重视非汉族文化对汉人社会的影响。❹而史怀梅的这篇书评,大体可以代表目前西方学界对汉化命题的态度和处理方式。

其三也是最重要的是,提倡新角度固然应当欢迎,但如果不能也无意以坚实的实证研究为其基础,这样的"新研究"到底有多大价值,实在值得怀疑。Native perspective 不是简单的一个所谓视角转换的问题,它意味着艰辛的努力,真正去读懂、理解其他民族,必须经过

---

❶ 参见 Ping-ti Ho, "In Defense of Sinicization: A Rebuttal of Evelyn Rawski's 'Reenvisioning the Qing'"。
❷ 萧启庆:《元中期政治》,第 499 页。
❸ 同上书,第 500 页。
❹ 详见 Naomi Standen, "Review Article: Alien Regimes and Mental States"。

多年乃至几代人的努力。学术不是泡沫经济,不是时尚服装。十年河东、十年河西,以十年乃至几十年为时段随着潮流转向的人文学术不可能深入,也不可能真正有价值。当"颠覆"成了时尚,恐怕离"肤浅"也就不远了。思想,真的可以轻轻松松地换个坐姿就能获得吗?

西方学界新研究的真正问题,不是角度本身,而是预设答案。其本意并不是要提出一个可供思考的新角度,以尝试能否突破以往研究,而是预先给出一个放之四海而皆准的普世答案。西方中国研究的变迁,往往并非本学科内部学术积累之结果,而受人文社科整体思潮之左右。20世纪80年代以来,受后现代理论影响,北美中国研究界的语文学(philology)传统丧失几尽,一些学者的研究很大程度上只是以中国案例印证主流话语,这更像意识形态宣传(ideological propaganda)而非严肃的史学研究。❶

相对主义的另一面,恰恰是虚无主义。文化相对论,表面上尊重不同文化,但所有文化都有价值,恰恰意味着所有文化都没有价值。

总之,笔者认为,汉化命题还有再加检讨之必要。在思考汉化是否为异族王朝的核心问题时,我们不能仅从文化认同的主观构建这一角度去认识,还必须澄清几个相联系的关键问题。其一,据有中原在辽、金、元、清诸朝统治者的建国方略中是根本目标还是从属目标?对汉地的稳固统治对维系这几朝是否是决定性因素?

其二,成功统治汉地所必需的政治制度的核心部分,除了模仿汉制之外,有无可能从游牧或采集狩猎社会的本土政治资源中产生?异族统治者自身如何认识这一问题?

比如,就清而言,其国策首重满洲,换言之,维护满洲这一少

---

❶ 参见钟焓:《北美"新清史"研究的基石何在——是多语种史料考辨互证的实证学术还是意识形态化的应时之学?(上)》,达力扎布主编:《中国边疆民族研究》第7辑,北京:中央民族大学出版社,2013年,第156-213页。

数族的利益,是清皇室最根本的出发点。在这一意义上,清朝的确并不认同汉文化,也不看重中原。但问题是,何谓满洲利益?据有中原,难道不正是满洲利益的根本所在吗?民族因素的确在其王朝体制中有重要体现,在制度和文化层面都有与典型中原王朝迥异的种种措施,民族问题也曾引发严重的政治风波。但立意于维护少数族统治的这些制度安排和文化措施并不影响政治体制中汉式君主官僚制的主导地位。事实上,在北族王朝的建国过程中,君主面临的普遍问题是因部落首领权力过大而带来的对皇权的威胁,而为消弭这一威胁,统治者经常采取的是将部落首领转化为官僚这一汉化措施。当然,在这一过程中,许多源于内亚传统的职官会得到保留,但这并不影响在整体架构上对汉制的模仿以及改造。所谓清承明制,清代中枢体制难道不是明制的继承和发展吗?

清朝疆域广大,但值得深思的是,在皇帝日常处理的公文中,来自汉地的占多少?其他区域的占多少?即便柯娇燕的说法成立,我们也必须承认,清朝皇帝在绝大部分时间内扮演的是汉地君主。

事实上,"从汉代以来着力加以演绎和巩固的王朝体制来看,惟有德者居之的'天子'所治理的'天下',本质上就需要淡化种族而强调教化,'普天之下,莫非王土'尤其是'率土之滨,莫非王臣',实际已为多民族统一帝国提供了最为适宜的理论和体制内核。……汉、唐之间的民族关系和民族融合,实质上也就是要把各族人等一并纳入王朝体系,重新建构起合乎'王者无外'和'天下一家'理念的统治格局"。唐王朝包容性极强,允许不同族群保留各自文化,以近悦远来为处理族群关系的基本原则,是此后辽、金、元、清王朝体制的直接来源。❶换言之,清朝的多元恰恰是对

---

❶ 楼劲:《北魏开国史探自序》,《中国史研究动态》2016年第3期,第87页。

中原王朝体制的继承，而非反动。

当然，蒙元的例子相对较特殊。一代天骄成吉思汗志在征服世界，中原只是众多目标中的一个，似乎并没有特别重要的地位。忽必烈即位后，蒙古汗国分裂，元朝的实际领地限于今中国版图、蒙古国及俄罗斯远东部分领土，中原地位凸显，汉化加深。但在有元一代统治者心目中，草原似乎始终比中原重要，他们始终无意推进系统、深入的汉化。❶这是元王朝瓦解的重要因素，但另一方面，蒙古人得以全身而退，民族与文化得以保存，也正有赖于此。蒙元的例子证明，异族并不必然被汉文明吸引，但同时也证明，政治制度上汉化的深浅，的确决定了中原事业的成败。也就是说，汉化命题仍然应当是我们理解北族王朝历史的基本线索之一。

我们还注意到，北族政权中草原因素的存在虽然是个事实，但这些因素对王朝历史的影响，还需要具体分析。比如，上文提到辽代的捺钵制度，是辽朝中枢体制中最重要的草原因素。但这一制度对辽朝历史的影响，尚未见深入的分析。辽天庆四年（1114），尚处于半农半猎阶段的生女真完颜部酋长阿骨打仅以两千多人起兵，却无往而不胜，十一年后即灭亡了偌大一个辽国。笔者以为，辽朝如此迅速土崩瓦解，其中一个重要原因就是捺钵制度带来的中枢系统潜在的不稳定性。

---

❶ 如何理解元朝，也并非无可争议。罗新师在为日本学者杉山正明《忽必烈的挑战——蒙古帝国与世界历史的大转向》一书中译本所作书评《元朝不是中国的王朝吗？》（《东方早报》2013 年 8 月 11 日）中，尝试检讨忽必烈自身的定位，他认为"在忽必烈的蒙元历史观里，成吉思汗大致相当于北魏历史上的拓跋力微，创立了草原时代的伟业；窝阔台至蒙哥等，大致上相当于北魏道武帝以下平城诸帝；而他自己，应该就是要以孝文帝的气概，创造远超孝文帝的事业。在这个历史观里，忽必烈本人是把自己看作蒙元历史第一人的"。"杉山在《忽必烈的挑战》中一再强调元朝并不是一个中国的王朝，可是回到忽必烈本人的历史认识中，我们看看，他在三代至宋金的历史之外寻找任何历史认同了吗？他建立的元朝，不就是要接续宋金的历史吗？"

女真灭辽过程中展现的辽朝军事体制的最大问题，就是主持大局的最高军事决策中心名存实亡。军事前线不仅无法及时与中央取得联系，恐怕也不知道中枢何在，这对战略战术部署，对士气和抵抗决心都是致命的打击。耶律大石曾云："自金人初陷长春、辽阳，则车驾不幸广平淀，而都中京；及陷上京，则都燕山；及陷中京，则幸云中；自云中而播迁夹山。向以全师不谋战备，使举国汉地皆为金有。"❶天祚在实力尚存时就步步退却，似乎全然没有根据地的概念，与中国历史上的流寇颇有几分相似，完全不像是大国君主，这种奇怪的举措当然与其个人能力胆识有关，但恐怕也是受了捺钵传统的影响。❷

另外，上文提到了蒙元皇权的草原渊源与中原传统不同。已有学者指出，唐宋两朝在专制君权持续强化的同时，限制君权的制衡程序同样在增强，但到元朝，制衡机制丧失，皇权单方面膨胀，君臣关系向主奴关系演化，其根源就是草原政治传统。而其余风所及，影响了明清两代。❸笔者引证这两个例子，想说明的是，草原和汉地文化，并不是在所有层面都可以从相对主义的立场去理解。就统治的实效和价值观而言，一定程度上高下的判断是需要的。

因此，本书将以辽朝前期历史为例，为重新思考汉化命题在北族政权研究中的意义提供一个较详细的案例。

在正式讨论之前，附带对一个有关方法论的问题做出说明。晚近对汉化命题的批判，同时也是对汉文史料的批判——汉文史料被

---

❶ 《辽史》卷29《天祚纪三》，北京：中华书局，1974年，第349页。
❷ 也正是因为天祚仓皇逃往夹山，无人主持抗金大局，才会有耶律淳在南京的称帝。
❸ 详见周良霄：《皇帝与皇权》（增订本），上海：上海古籍出版社，2006年，第265-303页；姚大力：《论蒙元王朝的皇权》，载氏著《蒙元制度与政治文化》，北京：北京大学出版社，2011年，第174-194页；张帆：《论蒙元王朝的"家天下"政治特征》，《北大史学》第8辑，北京：北京大学出版社，2001年。

认为渗透了汉族中心主义的偏见。北族文字史料的发现、整理和研究，的确拓宽了我们的视野，深化了我们的认识。但是，笔者以为不宜过分强调非汉文与汉文史料的差异。首先，北族文字史料并没有从根本上颠覆传统认识，即便不是重复证明汉文史料足以证明的史实，也只是在局部做出修正。其次，关于北族政权的汉文史料，其核心是北族王朝系统的史书。比如，元修《辽史》，最重要的史料来源是同为官修史书的辽耶律俨《皇朝实录》和金陈大任《辽史》。如果说元修《辽史》仍有"偏见"的话，那也只能说明这是北族政权对其自身传统的态度。

下面笔者将先简单介绍以往学界对辽朝历史的整体认识，以及本书的基本思路。

第二节 辽朝二元性检讨

魏特夫和冯家昇在以辽为例阐释"征服王朝"时，着重指出了辽的二元性，其具体表现有如下诸方面：（1）辽朝控制的疆域大致可分为农耕地区和草原地区两大部分；（2）在借鉴汉地制度管理农耕区的同时，契丹传统的以部族为基础的政治军事组织也被保留了下来，形成了政治上的二元体制；（3）游牧经济与农业经济并存；（4）不论是契丹贵族还是平民，都没有放弃传统的生活方式和宗教信仰，与王朝治下的汉人社会有明显区别。❶二元性被认为是辽朝的一个根本特性，也是魏、冯质疑汉化命题，提出"第三种文化"的最重要的依据。

---

❶ 详见 Wittfogel and Feng, *History of Chinese Society: Liao(907-1125)*, pp. 5-7。

魏、冯所提及的辽朝二元性具体表现中的(1)、(3)、(4)三点，学界向无异议。关于第二点，虽然辽朝部族和州县并存也是学界共识，但这是否构成二元政治体制，引发了一些讨论。李锡厚认为，《辽史·百官志》将辽朝官分北南面是元朝史官的虚构，辽官制中的"北面""南面"指的是行宫中官衙与皇帝殿帐的位置，只有行宫中随驾的官员才有北、南之分，部族和方州官并无类似区分，因此他反对辽朝政治体制二元论。❶他的核心证据是《续资治通鉴长编》的记载："其(辽)官有契丹枢密院及行宫都总管司，谓之北面，以其在牙帐之北，以主蕃事；又有汉人枢密院、中书省、行宫都总管司，谓之南面，以其在牙帐之南，以主汉事。"❷笔者以为，上引史料只能说明辽官制中"北面""南面"得名的由来，并不能证明行宫之外不分北南。相反，《长编》明确记载北、南面官分别管理蕃、汉事，这与辽地方组织中的部族和州县应当是相对应的。也就是说，辽朝北枢密院掌契丹等部落民，南枢密院掌汉人等定居者，对部族和州县的分别管理从中央到地方一以贯之。

而且，对于辽朝历史的复杂性，今日的辽史学界比魏特夫等学者有更深刻的认识。魏、冯的二元说只是强调汉人、契丹之别，但辽朝治下远非仅此二民族，尚有渤海、奚人等。因此，中国学者在概括辽朝特性时，一般使用"因俗而治"这一概念，❸以表现其多元性。

---

❶ 详见李锡厚：《论辽朝的政治体制》，《临潢集》，保定：河北大学出版社，2001年，第1-27页。
❷ 《续资治通鉴长编》(以下简称《长编》)卷110天圣九年六月丁丑，北京：中华书局，2004年点校本，第2560页。
❸ 语出《辽史》卷45《百官志一》，第685页。

不过，虽然在具体现象的认识上，中国史家与魏、冯并无实质性分歧，但阐释却截然不同。魏、冯提出二元说，其根本用意在于将所谓征服王朝与中原王朝做出区分。而中国学者强调的却是民族融合。比如，陈述在其《契丹政治史稿·结说》中这样讲："（契丹）在政治上体现了学习先进与保存传统相结合的精神，一面吸收中原文化，一面保持北方草原传统，对于番汉结合和消灭南北隔阂的努力，为祖国统一提供了有益的必要条件。"❶

但是，不管是二元说，还是"因俗而治"论（即多元说），都没有回答一个根本问题：辽朝政治经济中的这些复杂因素是平等共存，不分先后呢，还是有主从之分？就其整体而言，存不存在一个最核心的因素？❷笔者认为，辽朝历史的复杂性毋庸置疑，但其政治经济的基本构架在最根本层面仍依赖于汉制与农业。

首先，辽朝中枢机构分北南二面，分治部族与州县，这并不能理解为草原与中原体制的简单相加或平等融合。辽朝固然保留了部族组织，但其首领向官僚转化，部民向编户转化，至少到圣宗朝这一过程已经完成。更重要的是，中枢机构枢密院本身就取法自五代制度，掌管部族之北枢密院，恰恰是契丹君主为加强中央集权、改造部族体制而设立的。杨若薇认为："尽管枢密院内部有两院，并进而有所分工，地位亦稍有不同，但同作为皇帝身边的左右执政大臣，两枢密使所担负的治理国家的重任，几乎是不分轩轾的。因此，北南二院本来就是一个整体，是同一最高机构的两个组成部

---

❶ 陈述：《契丹政治史稿》，北京：人民出版社，1986年，第185-186页。
❷ 柳立言在《士人家族与地方主义：以明州为例》(《历史研究》2009年第6期，第13页）一文中针对宋代家族研究提出了相似的问题："今天的学术界喜谈多元，它们固然不是彼此排斥，但是否仍有轻重、先后、直接间接的分别？"

分。"❶笔者以为,此说把握住了辽朝枢密院最根本的特点。辽朝虽有北南面官之分,但这并非两个各自封闭的系统,北南面官可以相互迁转。而且,北南枢密使除了是北南枢密院长官之外,一般情况下还是宰辅。枢密院只是政务执行机构,中枢决策权属于皇帝及包括北南枢密使在内的宰执群体,而这一决策群体显然是超越北南的。❷因此,辽朝中枢之二元体制在根本精神上是汉化的产物,是在中原君主官僚制的架构下对草原部族组织的容纳。

同样,经济层面的不同因素也不能理解为平等关系。辽朝作为一个控制广袤地域的大帝国,维系自身存在的必需前提之一是稳定充足的财政收入。而根据当代西方人类学的研究,游牧经济是非常脆弱、不稳定,甚至无法自足的一种经济模式。❸从历史文献看,契丹的畜牧业也摆脱不了靠天吃饭的命运。❹因此,即便是认定辽朝本质上不同于正统中原王朝,主张辽史不属中国史而只能归入北亚史的岛田正郎,也不得不承认农业经济是辽朝的财政支柱。❺总之,二元乃至多元并不能掩盖汉式君主官僚制和农业经济在辽朝的主导地位。

二元及多元说还存在一个共同的问题,即用其概括有辽一代,而忽视了历史变迁。在这点上,魏、冯尤甚,把二元性认定为包括辽朝在内的非汉族王朝内在和固有的特性。魏特夫等之所以用二元

---

❶ 杨若薇:《契丹王朝政治军事制度研究》,北京:中国社会科学出版社,1991年,第137页。

❷ 林鹄:《绪论——〈百官志〉之史源、编纂及史料价值》,《〈辽史·百官志〉考订》,北京:中华书局,2015年,第29页。

❸ 参见 Anatoly Khazanov, *Nomads and the Outside World*, 2nd ed., Madison: University of Wisconsin Press, 1994, pp. 69–84。

❹ 参见漆侠、乔幼梅:《辽夏金经济史》,保定:河北大学出版社,1994年,第68页。

❺ 详见岛田正郎:《辽朝北面中央官制的特色》,第1105页。

性批驳汉化命题,就是因为他们将二元性理解为异族政权的特殊结构的必然产物,认为是异族统治者的必然选择。但是,晚近的研究表明,汉式制度、汉文化在辽后期变得越来越重要、越来越突出,这一趋势是二元或多元说所忽视的。

辽朝文化方面的汉化,在兴宗朝以降表现得非常明显。这一趋势的代表人物是辽道宗。道宗不仅曾作有《君臣同志华夷同风诗》,而且不以《论语》"夷狄之有君不如诸夏之亡也"为讳,在朝堂上宣称辽修文物彬彬,不异中华。❶制度方面,也有学者指出,有辽一代北面官整体上在不断汉化。❷至辽后期,北南二枢密院甚至出现了合一之趋势。❸另外,辽朝在农业区设五京道掌民政,八财政路掌财赋。辽朝后期,八财政路的地位越来越突出,甚至超过了五京道。王朝对财政路的重视,显然是因为越来越倚重农业区的岁入之故。这也说明这一契丹政权在不断褪去其游牧色彩,走向中原王朝。❹

因此,不仅如上文所言,在辽朝体制的各复杂因素中,汉制与农业始终占有主导地位,而且在有辽一代的发展中,汉文化变得越来越重要。也就是说,从历史进程的角度来看,虽然草原因素始终在辽朝社会中发挥着重要作用,但它不仅从未真正主宰过辽朝体制,而且随着时间的推移,其作用是逐渐淡化的。显然,我们不能武断地把二元性作为非汉族王朝的内在和固有特性来理解,辽朝的

---

❶ 参见宋德金:《辽朝正统观念的形成与发展》,《传统文化与现代化》1996年第1期,第41—45页;郭康松:《辽朝夷夏观的演变》,《中国史研究》2001年第2期,第89—95页;刘浦江:《德运之争与辽金王朝的正统性问题》,载氏著《松漠之间——辽金契丹女真史研究》,北京:中华书局,2008年,第1—26页。

❷ 详见武玉环:《辽制研究》,长春:吉林大学出版社,2001年,第41—43页。

❸ 《辽史》卷81《萧孝忠传》(第1285页):"(重熙十二年)拜北院枢密使。国制,以契丹、汉人分北、南院枢密治之,孝忠奏曰:'一国二枢密,风俗所以不同。若并为一,天下幸甚。'事未及行,薨。"

❹ 余蔚:《中国行政区划通史·辽金卷》,上海:复旦大学出版社,2012年,第96页。

二元或多元性是汉文化主导下、融合契丹传统优势（如骑兵）的二元或多元。因此，辽朝的复杂性非但与汉化命题并不矛盾，而且必须在汉化视角下才能真正得到理解。

不仅如此，如果我们仔细认真分析辽朝前期的历史，就会发现，辽朝的开国君主们所设想和追求的，事实上正是一个以汉制为主导、以入主中原为目标的王朝。陈述曾指出，辽太祖耶律阿保机之子、第二任君主太宗德光试图混一天下，一度攻入后晋都城汴京。由于直接治理汉地经验不足，入汴后中原各地义军蜂起，太宗仓皇北归，病死于归途。继任者世宗兀欲是阿保机长孙、德光之侄，他虽是南进政策的坚定拥护者，但即位不久就因内乱被弑。穆宗耶律璟是太宗之子，但他是坚持"草原本位政策"的保守派，不仅搁置南征，甚至有"汉地还汉"之说。圣宗继位后，由于北宋矢志收复幽燕，辽宋交兵。但因南北势均力敌，终有澶渊之盟，辽朝限于燕云的局面遂得以定格。[1]也就是说，至少在太宗、世宗朝，辽曾有过短暂的入主中原的计划，其统治者恐怕并非完全没有考虑过将辽朝转变为汉式王朝。

笔者近读《辽史》，偶有心得，发现陈述及其他前辈、时贤对辽朝前期历史的研究尚有待拾遗补阙之处，诸家对辽初君主的汉化态度可能有所低估。首先，诸家对太祖的认识似乎还有所欠缺。陈述认为，阿保机时代的基本国策是对各族群兼容并包、因俗而治，还谈不上对中原的企图和自身的系统汉化。[2]此外，如张正明、舒焚的研究，也基本上只把阿保机定位为契丹从部落联盟到国家这一转型中的关键人物，并不认为他对太宗、世宗朝进取中原的国策有

---

[1] 详见陈述：《契丹政治史稿》，第94—127页。
[2] 同上书，第94—109页。

决定性影响。❶李锡厚著有《耶律阿保机传》，是阿保机研究迄今最系统深入的成果。该书精彩见解所在多有，不过，关于阿保机的政治抱负，或者说阿保机对亲手创立的大契丹国的远景规划的讨论，也还有未尽之处。❷倒是海峡对岸的王明荪，在一篇不长的文章中用了不到三页的篇幅对阿保机对中原的企图以及为此而实施的策略进行了相当清晰的勾勒。唯惜乎篇幅所限，点到为止，未能展开详细讨论，因此其文迄今未能引起学界重视。❸

笔者发现，阿保机实是不世出之雄杰，他建立大契丹国之初即有意逐鹿中原。阿保机生于唐咸通十三年（872），其成长的时代恰逢契丹发展的绝佳契机。一方面，回鹘汗国早已瓦解，另一方面，黄巢之乱后唐王朝摇摇欲坠，已回天乏术。在这样的大背景下，契丹积极扩张。9世纪末，阿保机开始登上政治舞台，率军征讨周边部族。唐天复元年（901），他被痕德堇可汗任命为迭剌部夷离堇，"专征讨"，❹大权在握，成了契丹实际的统治者。虽然阿保机时代史料不多，但钩沉索隐，仍可看出，从其主政开始，直至辽天显元年（926）病逝，在这四分之一个世纪中，阿保机诸多政治决策背后，隐然有草蛇灰线，彼此串联，其根本出发点是对中原局势的判断，最终目的是入主中原。

关于太宗耶律德光，其曾一度入主中原固然是历史常识，但自宋代以来且为现代史家所承袭的传统看法一致认为，德光本无意入

---

❶ 详见张正明：《契丹史略》，北京：中华书局，1979年，第22—32页；舒焚：《辽史稿》，武汉：湖北人民出版社，1984年，第126—132页。
❷ 详见李锡厚：《耶律阿保机传》，长春：吉林教育出版社，1991年。辽朝建国初建号"大契丹"，太宗时始有"大辽"之称。
❸ 详见王明荪：《契丹与中原本土之历史关系》，《宋辽金史论文稿》，台北：明文书局，1981年，第7—9页。
❹ 《辽史》卷1《太祖纪上》，第1页。

主中原,援立石晋、获得燕云十六州是石敬瑭主动开门,诱使契丹南下的结果,而辽、晋关系的破裂,责任在石重贵,太宗灭晋是由于后晋挑衅所致。

笔者的观点有所不同。入主中原是太宗继承阿保机遗志、即位以来就在策划的契丹国家大计,石氏父子只是促使该计划提前实施,而并非决定因素。在石敬瑭割让燕云十六州之前,太宗就曾多次尝试寻找南下的突破口,但是不得其门而入。石敬瑭的求援,恰恰给了契丹一个天赐良机。而建立石晋,本就是太宗的权宜之计,即便石重贵不试图破坏辽晋体制,如果机会到来,太宗同样会举兵南下。

太宗入汴之后,所建号"大辽",这一国号最初指代的究竟是什么国家?本书同样一反千年旧说,提出了全新的解释,认为这是契丹在中原设立的附属国的国号。

更重要的是,自宋代以来,传统看法一致认为,契丹入主中原之后,各地义军蜂起,德光仓皇退走,当时辽朝完全不具备长久统治中原的可能性。本书则提出了截然相反的结论。辽太宗离开汴梁,是既定策略,其时契丹对中原的控制相当稳固。契丹在中原统治的崩溃,真正的触发因素是太宗暴卒、世宗称帝所导致的契丹内乱,刘知远的后汉坐享其成,捡了个大便宜。若非德光意外染疾身故,辽朝很有可能像日后的金朝那样长期控制中原,因为当时辽朝甚至连南宋这样的对手都不存在。换言之,中国历史可能在很大程度上会被改写。

关于世宗,笔者也有一些新的看法。首先,与传统看法不同,本书主张,世宗继位与所谓契丹世选传统无关。其次,学界以往认为,世宗遇弑,是因为其主张南伐,引发了不愿意南进的契丹保守势力的反弹。本书对相关史实详加考辨,否定旧说,以为所谓契丹保守势力并不存在。其三，由于世宗在位未久，在开疆拓土方面并无功绩，完全无法与乃祖乃叔相提并论，以往学界对世宗在辽朝历史上的意义较为忽视。但笔者发现，虽然他在位不到五年，但在制度建设上，却远超前人，给契丹打开了一个全新的局面。二元体制历来被公认为是辽代政治体制的最根本特点，但吊诡的是，长期以来，关于二元体制的缘起，研究并不充分。本书第一次对此进行了细致考察。如何将契丹传统松散的部族体制改造为中央集权的王朝体制，如何将传统部族首领改造为君臣关系下的官僚，是一个任重而道远的任务。阿保机时代，契丹传统部族体制已经发生了很大变化，但走向中央集权的官僚制之路还只是刚刚开始。终太祖一朝，契丹政权的部族色彩仍非常浓重。经过了太宗时期的发展，至世宗朝模仿汉制设立枢密院与政事省，中央集权的官僚体制才初步确立。

笔者对穆宗的看法，也与前辈学者不同。自陈述以来，穆宗草原本位主义者的形象被学界普遍接受。但具体分析穆宗朝史事，我们发现，穆宗在制度建设上，是辽初三朝君主的继承者而非反叛者。太祖朝开启太宗、世宗朝继续发展的政权中央集权化、汉化及契丹部族农业化等趋势，在穆宗朝不仅没有被逆转，而且都在不同程度上得到了深化。另一方面，经过本书考订，穆宗草原本位说的两大证据"汉地还汉"和"睡王"二说均不能成立。穆宗朝契丹在与中原关系上趋于保守，穆宗中期以后对周、宋采守势，酗酒不理政事，残酷虐杀近臣，在很大程度上是他长期以来受疾病折磨，无法摆脱的痛苦使其心理极度扭曲的结果，而非出于草原本位主张。大契丹国扩张势头的中止，一方面是因为周、宋以来中原重趋统一，另一方面也与穆宗个人悲剧有关。所谓草原保守势力之崛起，实属子虚乌有。

对于景宗，以往学界关注较少。但笔者发现，他是辽朝历史上至为关键的一位君主。在内政上，景宗朝承继了辽初以来一以贯之的官僚化、集权化、汉化的大方向，进一步加以深化。辽朝鼎盛时期政治体制的基本架构，初步形成于此时。同样在景宗朝，宋、辽一度达成了雄州和议。可以说，圣宗朝制度的成熟与澶渊之盟的缔结，都是对景宗的继承，景宗朝与圣宗前期（承天称制，圣宗亲政前）应当看作一个整体。

与景宗朝形成鲜明对比的是，圣宗朝因澶渊之盟成了学者们关注的焦点。但一方面，关于澶渊之盟，以往的认识似存在较大的偏差。另一方面，圣宗朝代表了部族向官僚体制转变的初步完成、契丹汉化的第一个高峰这两点，却长期以来被学界忽视。

面对北宋之崛起，契丹有清醒的认识，一度与宋媾和。但宋太宗两番北伐，关系再度破裂。澶渊之役，契丹举国入寇。宋朝方面，真宗虽不像传统看法所认为的那样畏懦怯战，王钦若、陈尧叟的表现亦可圈可点，并非无耻小人，但和议始终是宋方的主选项。其时宋辽大军对垒，天子亦俱在前线，一旦决战，双方都有亡国的危险。长期对峙、双方都无法取得明显优势的宋辽两国，在剑拔弩张的澶渊，终于神奇地走到了一起。

总之，我们发现，自阿保机始，辽初三朝君主的共同心愿是入主中原，穆宗以降，契丹对外关系上趋于保守，是形势所迫，并不能证明穆、景、圣三帝放弃了入主中原的梦想。没有任何证据表明，这三朝出现过草原本位主义势力的崛起。历史上的对立政权，虽然都想灭掉对手，但形势所迫，并不妨碍他们实现或长或短的和平。

另一方面，太祖至圣宗六朝，契丹政权从传统部族体制向中央集权的官僚体制的转变是始终不变的方向。即便在对外趋于保守的穆、景、圣宗三朝,其政治制度的演变也完全承袭了辽初的方向,汉化不断走向深入。

辽朝止步燕云,中国历史上第二次南北朝局面的形成,是南北势均力敌的结果,而非契丹君主无意南下。固然,与金朝和清朝相比,辽朝汉化程度要弱一些,草原因素更为突出。但这并非辽朝统治者有意为之,而是形势使然。况且,辽朝前期的汉化程度,要远比学者们此前认识到的要深入许多。

辽朝前期历史的明晰,能给辽朝以汉文化为中心的多元局面的形成过程,乃至辽朝历史的整体认识,带来新的突破。故笔者不揣浅陋,撰作此书,重新梳理这一时期的政治与制度史,同时也希望能对有关汉化命题在辽史以及其他非汉族王朝历史研究中的意义的探讨提供一些新线索。

第2章

建国方略

第一节　从唐天复元年到辽神册元年

　　唐天祐四年（907），即唐王朝灭亡的这一年，阿保机即契丹可汗位，史称太祖元年。九年后，阿保机仿汉制称帝，建元神册。❶ 岛田正郎指出，从太祖元年即可汗位，建立部族制国家，到九年后称帝建元，转变为中国式的中央集权国家，是阿保机既定的意图和目标。❷ 不过遗憾的是，他并没有就此做详细的论证。笔者以为，对神册元年这一时机选择的准确把握，离不开对太祖元年的理解。而要明白太祖元年的决策背景，我们又必须对天复元年（901）阿保机主政后的作为进行分析。

　　虽然在10世纪之前，契丹是北亚草原上先后臣服突厥和回鹘的众多游牧民族之一，但自贞观以来，其本身内部政权分合、争权袭

---

❶ 关于阿保机称帝的年份，史籍中有多种说法。据今人考证，当以神册元年为是。参见刘浦江：《契丹开国年代问题》，《中华文史论丛》2009年第4辑，第245—272页。
❷ 详见岛田正郎：《辽朝北面中央官制的特色》，第1107—1108页。

立，又多与中原政权的压力有关。❶唐末中原战乱频仍，契丹乘时而动，时有入寇幽燕之举。但在阿保机崛起之前，由于没有一位强人领袖，契丹南下侵扰，在军事上并不成功。《旧五代史·契丹传》载：

> 光启中，其王钦德者，乘中原多故，北边无备，遂蚕食诸郡，达靼、奚、室韦之属，咸被驱役，族帐浸盛，有时入寇。刘仁恭镇幽州，素知契丹军情伪，选将练兵，乘秋深入，逾摘星岭讨之，霜降秋暮，即燔塞下野草以困之，马多饥死，即以良马赂仁恭，以市牧地。❷

按光启为唐僖宗年号，时当公元885至888年。而据《旧五代史·刘仁恭传》，其任幽州节度使始于唐昭宗乾宁元年，即公元894年。❸是知9世纪之末，在幽州刘仁恭的有效策略面前，契丹的南下受到了极大的阻碍。❹而天复元年阿保机以迭剌部夷离堇的身份主政后，局面迅速有了重大改观。

据《辽史·太祖纪》，阿保机主政的第二年七月，契丹"以兵四十万伐河东代北，攻下九郡，获生口九万五千，驼、马、牛、羊不可胜纪"；九月，"城龙化州于潢河之南，始建开教寺"。❺诚然，"兵四十万""生口九万五千"云云或不足信，❻但契丹取得了重大

---

❶ 参见王明荪：《契丹与中原本土之历史关系》，第3-5页。
❷ 陈尚君辑纂：《旧五代史新辑会证》（以下简称《薛史新辑》）卷137《契丹传》，上海：复旦大学出版社，2005年，第4271-4272页。
❸ 详见《薛史新辑》卷136《刘守光传》，第4234页。
❹ 《册府元龟》卷347《将帅部佐命八》（北京：中华书局，1960年影印明刊本，第4106页）载："唐昭宗光化三年（900），契丹犯塞，寇云中。"知契丹在云州方向亦有行动。但此役契丹战果如何，不得而知。
❺ 《辽史》卷1《太祖纪上》，第2页。
❻ 参见张正明：《契丹史略》，第24页注2。

第2章 建国方略

胜利当无可疑。作为史籍所见辽西草原上第一个用于安置掳掠的定居者的聚落，龙化州正是为此次军事行动所获汉户而修建。此后类似的聚落如雨后春笋般出现在草原上，成为辽代社会的一大标志性景观。

另一方面，从《辽史·太祖纪》天复前相关记载来看，契丹征服周边游牧民族的进程，则早在阿保机主政之前就已经展开。❶因此，以阿保机亲自领军的这次南征为标志，他主政给契丹政权带来的根本性变化，是契丹政权对外扩张的一次结构性突破，其势力开始真正越长城而南向。

自天复二年（902）始，契丹铁蹄开始频繁深入践踏燕云地区。天复三年九月，"复攻下河东怀远等军。冬十月，引军略至蓟北，俘获以还"。唐天祐二年（905），"进兵击仁恭，拔数州，尽徙其民以归"。次年二月，"复击刘仁恭"。❷在阿保机的领导下，契丹对中原政局的介入，不仅表现在南侵，更重要的是阿保机开始与中原军阀接触，周旋于唐末最强大的两支藩镇势力晋王李克用和梁王朱全忠之间。天祐二年，"唐河东节度使李克用遣通事康令德乞盟。冬十月，太祖以骑兵七万会克用于云州，宴酣，克用借兵以报刘仁恭木瓜涧之役，太祖许之。易袍马，约为兄弟"。次年，"汴州朱全忠遣人浮海奉书币、衣带、珍玩来聘"。❸

阿保机与李克用结盟的内容，据李锡厚及曹流的考辨，实非讨伐刘仁恭，而是合兵攻梁，但事后阿保机并未遵守盟约。❹据上引

---

❶ 《辽史》卷1《太祖纪上》，第1页。
❷ 同上书，第2页。
❸ 同上。
❹ 详见李锡厚：《耶律阿保机传》，第25—31页；曹流：《契丹与五代十国政治关系诸问题》，博士学位论文，北京大学历史学系，2010年6月，第17—24页。云州之盟又有天祐四年说，二先生亦已驳之。

文，阿保机与朱温的最初往来，即发生于云州之盟的第二年，也就是朱梁代唐的前一年。次年"四月丁未朔，唐梁王朱全忠废其主，寻弑之，自立为帝，国号梁，遣使来告"。❶从《辽史》来看，似乎朱温篡唐后急于得到契丹的承认，再次伸出橄榄枝，但契丹对朱梁的频频示好则并不热衷。

不过，在中原文献中，天祐三年（906）朱温遣使契丹全无踪影，次年契丹与朱梁的往来也完全是另一幅图景。《新五代史·四夷附录》就此有一段综论：

> （云州盟后阿保机）既归而背约，遣使者袍笏梅老聘梁。梁遣太府卿高顷、军将郎公远等报聘。逾年，顷还，阿保机遣使者解里随顷，以良马、貂裘、朝霞锦聘梁，奉表称臣，以求封册。梁复遣公远及司农卿浑特以诏书报劳，别以记事赐之，约共举兵灭晋，然后封册为甥舅之国，又使以子弟三百骑入卫京师。……浑特等至契丹，阿保机不能如约，梁亦未尝封册。而终梁之世，契丹使者四至。❷

按袍笏梅老使梁事又见《五代会要》《册府元龟》《新五代史》及《资治通鉴》（下简称"《通鉴》"），❸高顷出使契丹亦见《通鉴》。❹据

---

❶ 《辽史》卷1《太祖纪上》，第3页。
❷ 《新五代史》卷72《四夷附录一》，北京：中华书局，1974年点校本，第887页。
❸ 《五代会要》卷29《契丹》，上海：上海古籍出版社，1978年，第456页；《册府元龟》卷972《外臣部朝贡五》，第11419页；《新五代史》卷2《梁太祖纪下》，第13页；《资治通鉴》卷266《后梁纪一》太祖开平元年五月丁丑，北京：中华书局，1956年，第8676页。前三书均作梁开平元年（即唐天祐四年）四月，唯《通鉴》曰五月。
❹ 《通鉴》卷266《后梁纪一》太祖开平元年五月丁丑，第8676页。然"顷"作"欣"。

《册府元龟》及《新五代史》,同年五月,契丹使又至。❶

《辽史》记天祐三年朱温遣使至契丹,恐非无中生有,可能是朱温在得知李克用与阿保机结盟后,急于拆散这一同盟,故此笼络阿保机。❷中原文献不载天祐三年事,应当是羞于朱梁示好夷狄之举。这一态度可以得到《册府元龟》的验证。该书记后梁开平元年(907)五月契丹来使后曰:"契丹久不通中华,闻帝威声,乃率所部来贡。三数年间,频献名马方物。"❸十足把契丹描绘成了敬仰上邦之蛮夷,主动朝贡,恐非实录。不过,《辽史》的记载也不完全可信。是年四月,朱温才篡唐自立,其使绝无可能当月朔日至契丹。结合中原与辽朝文献,我们大体可以推断,在朱全忠伸出橄榄枝后,阿保机之回应还是相当积极的。

在李克用主动示好后,阿保机并未如约出兵攻梁,反而背盟与梁交通,反映出此人对中原局势的密切关注和敏锐的政治洞察力。阿保机虽是偏处一隅的异族,但看来他不仅对唐王朝即将覆灭有所预期,而且对唐末中原的混乱局势也有相当的认识。可能是他已经看出,无论是李克用还是朱温,在这场较量中都不具备绝对优势,因此选择了依违二者之间。

在天祐三年朱全忠来使后,阿保机认为时机已成熟,次年正月取遥辇痕德堇而代之,登上了契丹可汗之位。❹李锡厚指出,阿保机之所以能代痕德堇为汗,缘于其在中原声威的增长。❺李克用和

---

❶ 《新五代史》卷2《梁太祖纪下》,第14页;《册府元龟》卷972《外臣部朝贡五》,第11420页。
❷ 参见曹流:《契丹与五代十国政治关系诸问题》,第24页。
❸ 《册府元龟》卷972《外臣部朝贡五》,第11420页。
❹ 《辽史》卷56《仪卫志二》(第906页)载:"太祖丙寅岁即皇帝位,朝服衷甲,以备非常。"透露出当时的气氛颇为紧张。
❺ 详见李锡厚:《耶律阿保机传》,第33–34页。

朱温竞相笼络阿保机，的确可以支持这一论断。❶

太祖二年（908，亦即梁开平二年）阿保机遣使至梁求封册事虽不见于《辽史》，但除上引《新五代史》外，又见《五代会要》《旧五代史》《册府元龟》及《通鉴》，❷当无可疑。不过，他并没有兴兵攻晋，封册一事就此作罢。

但太祖六年（912，梁乾化二年）前，阿保机与朱梁仍有较多来往。❸同时，他也并未与河东李氏决裂。据《辽史》，太祖二年正月，李克用卒后，阿保机"遣使吊慰"。❹而据《旧五代史》，其时潞州将被梁兵攻破，危在旦夕之际，李存勖向阿保机求救，阿保机"答其使曰：'我与先王为兄弟，儿即吾儿也，宁有父不助子耶！'许出师。会潞平而止"。❺"许出师"云云疑系敷衍之语，不过这也说明他认识到朱全忠虽能废唐帝而自立，但恐尚无能力统一中原，因此选择依违二者之间。

太祖六年后，史料中再也见不到阿保机遣使赴梁的记载。同时，我们也看不到他与河东有何联系，因此这并不意味着阿保机转

---

❶ 岛田正郎以为阿保机即汗位乃其计划中建立帝国大业之前奏，其说不无道理。天祐四年唐廷的覆亡，并不是突发事件，各地割据政权早就对此有所准备。虽远在边疆但密切关注中原形势的阿保机有觊觎帝位之心，也在情理之中。而其身边，恐亦不乏推波助澜之人。天复二年以来阿保机频频掳掠汉民入契丹，天祐四年他即可汗位前当已有不少汉族士人在其左右，想来这些北入契丹的士人会以中原帝业相劝诱。

❷ 其事又见《五代会要》卷29《契丹》，第456页；《薛史新辑》卷137《契丹传》，第4275页；《册府元龟》卷972《外臣部朝贡五》及卷999《外臣部请求》，第11420、11725页；《通鉴》卷266《后梁纪一》太祖开平二年五月己丑，第8700页。

❸ 据《辽史》卷1《太祖纪上》（第3—6页），太祖五年与六年曾遣使至梁，而三年有梁使郎公远来。《五代会要》卷29《契丹》（第456页）、《册府元龟》卷972《外臣部朝贡五》及卷976《外臣部褒异三》（第11420、11467页）、《新五代史》卷2《梁太祖纪下》（第18—19页）谓此三年均有契丹使至。

❹《辽史》卷1《太祖纪上》，第3页。

❺《薛史新辑》卷137《契丹传》，第4275页。

而臣服李氏。这是为什么呢？朱梁自立国之日起就与沙陀李氏连年交兵，乾化元年（911，辽太祖五年）柏乡大败后一直处于劣势。次年，梁太祖为次子所弑，朱梁陷入内乱，其前景更为黯淡。但同时，河东李氏也还没有能力在这场纷争中取得绝对优势，中原形势可谓一片混乱。太祖六年后阿保机既不朝梁也不聘晋，不仅反映出他可能一直密切追踪中原局势的发展，而且暗示他可能已有称帝的念头。❶

但此时阿保机称帝的时机还未成熟，契丹政权内部挑战其权威的还大有人在，可汗之位并不稳固。太祖五年至七年，阿保机诸弟三次叛乱，他的政治前途险象环生。太祖七年诸弟之乱平息后，次年阿保机对异己势力进行了全面清算。神册元年，阿保机终于迈出了关键一步，称帝建元。对于这一时机的选择，当然与平定内乱有关。❷不过，从上文的分析来看，这可能也是因为太祖六年以来朱梁、李晋相持不下，中原局势异常混乱，让阿保机清楚地看到了实现自己抱负的机会。

第二节　阿保机的大契丹国

在阿保机的心目中，他所建立的大契丹国究竟是个什么样的国家呢？称帝建元，是在统治者称号和政权纪年方式这样关键性的礼仪方面模仿汉制。而匈奴、柔然、突厥及回鹘都未称帝，亦不

---

❶ 曹流《契丹与五代十国政治关系诸问题》（第29页注4）以为这是因为913年幽州落入沙陀李氏之手，导致朱梁与契丹往来受阻隔。但幽州此前为与契丹敌对的刘仁恭所掌握，契丹仍得以连年朝贡，说明幽州向背无关朱梁与契丹之往来。

❷ 参李锡厚：《耶律阿保机传》，第51—68页。

建元。立长子耶律倍为太子，这是在礼仪和统治者继承人的制度性安排两方面采用汉制。此后太祖又有进一步的措施。神册五年（920），"制契丹大字"。❶按《五代会要》，"契丹本无文记，唯刻木为信。汉人陷番者以隶书之半，就加增减，撰为胡书"。❷契丹与事者有耶律突吕不及鲁不古，据《辽史》其本传，前者以赞成功"为文班林牙，领国子博士、知制诰"，❸后者"授林牙、监修国史"。❹契丹国书的创制，应与王朝政治有关。国子博士、知制诰、监修国史诸职，是中原官名。这些都反映出阿保机的汉化倾向。神册六年五月，"丙戌朔，诏定法律，正班爵。丙申，诏画前代直臣像为《招谏图》，及诏长吏四孟月询民利病"。❺此处的"正班爵"尤非虚语，阿保机对其时契丹诸职的品级班列进行了明确规定。❻事实上，早在他称可汗期间，就已表现出汉文化带来的影响。太祖七年平叛后，阿保机"次昭乌山，省风俗，见高年，议朝政，定吉凶仪"。❼游牧文化素来贵壮贱老，所谓"省风俗，见高年"云云当来自汉地传统。

　　神册年间表明阿保机汉化倾向的还有两大事件。一是神册三年（918）在草原上建立皇都，即后来的上京。❽对于大契丹国而言，都城是陌生的事物。游牧民族政权往往并不需要一个庞大的中心城市作为都城，因为其中央官僚机构和全国性的经济贸易并不发达。

---

❶ 《辽史》卷2《太祖纪下》，第16页。
❷ 《五代会要》卷29《契丹》，第457页。
❸ 《辽史》卷75《耶律突吕不传》，第1240页。
❹ 《辽史》卷75《耶律鲁不古传》，第1246–1247页。
❺ 《辽史》卷2《太祖纪下》，第16–17页。
❻ 参本书第5章第一节。
❼ 《辽史》卷1《太祖纪上》，第8页。
❽ 详见《辽史》卷1《太祖纪上》，第12页。

第2章　建国方略

因此，游牧帝国常常只是建立王庭或牙帐。如果单纯从行政或经济角度着眼，神册三年阿保机还未征服渤海，也还未据有燕云十六州，而草原上新建的城市不是属于皇帝私有，就是头下军州，契丹完全没有必要建立像皇都这样庞大的都城。那么，阿保机建皇都，就只能从礼仪方面去理解。也就是说，皇都与称帝一样，是阿保机采用汉地王朝的礼仪模式，来论证君主权力合法性的一种手段。

笔者的这一观点可以得到上京形制及最初居住情况的佐证。今存上京遗址由南北二城构成（见图一）。任爱君指出，从两城东墙相错的情况看，二者修建时间不同，南城（汉城）当晚于北城（皇城）。《辽史·地理志》提到，天显元年（926），"平渤海归，乃展郛郭"，❶任爱君认为"郛郭"指皇城外城墙，据此推测其修建在渤海之役之后，而阿保机时期的上京仅限于皇城中的宫殿区。❷不过，《太祖纪》载天显元年太祖崩后，"（九月）丁卯，梓宫至皇都，权殡于子城西北"。❸所谓"子城"，当指皇城中的宫殿区，那么其外城墙应当在太祖建都之初即已修建，因此笔者疑"郛郭"实指汉城。

如此说成立，上京建立之初包括皇城全部，周长约6.4公里，面积超过2平方公里。但据《地理志》，皇城中的主要建筑多在天显元年后才得以修建。最初的聚落虽然面积已相当可观，建筑可能并不多。另外，后来被安排在汉城居住的汉人和渤海人中最早被迁徙至此的也不早于天赞元年（922），而且最初只是在皇城附近散

---

❶ 《辽史》卷37《地理志一》，第440页。
❷ 详见任爱君：《契丹辽朝前期（907–982）契丹社会历史面貌解析》，博士学位论文，内蒙古大学历史系，2005年，第145–148页。
❸ 《辽史》卷2《太祖纪下》，第23页。

图一　辽上京城垣轮廓示意图
内蒙古文物考古研究所：《辽上京城址勘察报告》，载《内蒙古文物考古文集》第1辑，北京：中国大百科全书出版社，1994年

居，可能直到天显元年汉城修建后才被集中安置。❶因此，最初上京城中居民也非常有限。建筑与居民的稀少进一步证明，阿保机修建上京主要为了以中原的意识形态来论证其皇位的合法性。

表明阿保机汉化倾向的第二件大事是神册三年五月，阿保机"诏建孔子庙、佛寺、道观"。值得注意的是，孔庙列在了佛寺和道观之前。神册四年（919），阿保机"谒孔子庙，命皇后、皇太子分谒寺观"。❷这就说明，神册三年诏中的次序含有深意。《义宗倍传》记载了这份诏书背后的决策过程：

> 时太祖问侍臣曰："受命之君，当事天敬神。有大功德者，朕欲祀之，何先？"皆以佛对。太祖曰："佛非中国教。"倍

---

❶ 参见《辽史》卷37《地理志一》，第439—440页。
❷ 《辽史》卷2《太祖纪下》，第15页。

曰:"孔子大圣,万世所尊,宜先。"太祖大悦,即建孔子庙,诏皇太子春秋释奠。❶

所谓"佛非中国教",正说明阿保机心目中的模仿对象正是中原王朝。神册四年,他亲自去孔庙祭奠,同样表明了他的态度。

以上讨论说明,至少在一定程度上,阿保机的目标是要建立一个汉式国家。与此同时,契丹权力中枢逐渐形成了一个以韩延徽、康默记与韩知古为首的汉人幕僚群体,❷而且阿保机重用的契丹贵族中也多有汉化颇深者。❸那么,在阿保机的心目中,他的大契丹国的疆域是否应当包括中原呢?要弄清这一点,我们需要重新审视阿保机称帝后针对汉地的军事行动。

上文已经谈到,阿保机主契丹之政后,契丹铁蹄开始频频深入践踏燕云地区。不过,他称帝之前,契丹军队如潮水般随涨随落,攻破汉地城邑后随即退走,仅以掳掠为目的。但神册元年见证了契丹对汉地政策的一个重大转变。《辽史·太祖纪》载:

> 八月,拔朔州……十一月,攻蔚、新、武、妫、儒五州……自代北至河曲逾阴山,尽有其地。遂改武州为归化州,妫州为可汗州,置西南面招讨司,选有功者领之。其围蔚州,敌楼无故自坏,众军大噪乘之,不逾时而破。时梁及吴越二使

---

❶ 《辽史》卷72《义宗倍传》,第1209页。
❷ 据《薛史新辑》卷126《冯道传》(第3863页),同光年间,"契丹方盛,素闻道名,欲掠而取之,会边人有备,获免"。按《辽史》卷74《韩延徽传》(第1231页)载延徽尝"同冯道衹候院"。所谓"素闻道名",可能是出于韩延徽的推荐。
❸ 如耶律迭里,其事详下。另外,《辽史》卷74《耶律敌剌传》(第1229页)谓其"颇好礼文",同卷《萧痕笃传》(第1229-1230页)谓其"事亲孝,为政尚宽简",且此二传与康默记、韩延徽、韩知古传同入一卷,颇疑此二人均系汉化较深者。

皆在焉，诏引环城观之，因赐滕彦休名曰述吕。十二月，收山北八军。❶

这是史料中契丹改变其掳掠政策，试图占领统制汉地的最早记载。同样能说明阿保机雄心的，是他在梁和吴越二使前夸耀自己成就的举动。据《太祖纪》，是年四月"甲辰，梁遣郎公远来贺。六月庚寅，吴越王遣滕彦休来贡"。❷我们注意到，太祖六年后阿保机不再朝梁，至此已近四个年头。此时后梁大将杨师厚已殁，梁军在与晋军的交锋中连战连败，军事形势非常不利。郎公远此来，可能系梁末帝主动拉拢契丹，试图建立针对李晋的同盟。刻意引中原二使，尤其是自称承唐之正朔、阿保机曾求封册的梁之来使，在契丹攻破之蔚州"环城观之"，让人可以揣摩到阿保机的不臣之心。而山北八军之入辽，也从此让汉军成为契丹军队的主力之一。

阿保机称帝后，据有汉地成为他的直接目标。但神册元年攻下山北诸州后，并未能据守。翌年又围幽州，经历了长达四个月的攻坚战，在李存勖的援军到来后幽州围解。❸因此，神册初年其在汉地的军事进展并不顺利。可能是因为这个缘故，太祖将视线投向了辽东地区，开始重点经营辽阳。

早在太祖三年，阿保机就曾"幸辽东"。❹可能这时契丹已据有辽东，但其对辽东的重点经营则要到九年之后。神册三年十二月，史载阿保机"幸辽阳故城"。❺翌年二月，"修辽阳故城，以汉民、

---

❶《辽史》卷1《太祖纪上》，第11-12页。据李锡厚（《耶律阿保机传》，第73-74页）考证，山北八军实于神册二年二月随卢文进入辽。

❷ 同上书，第11页。

❸ 同上书，第12页。

❹ 同上书，第4页。

❺ 同上书，第13页。

第2章 建国方略

渤海户实之,改为东平郡,置防御使"。同年五月,阿保机"至自东平郡"。❶在这短短的近半年时间内,他至少两度来到辽东,这说明了他对这一地区的重视。笔者以为,阿保机对辽东的经营是在针对汉地的军事行动不顺利的情况下做出的选择,但同样意味着他对农耕地区的重视,也应当在汉化的大背景下理解。太宗时迁东丹国都至东平,后又以东平为东京,是太祖以来经营辽东的结果。

阿保机针对中原的另一次大型军事行动,发生于神册六年。其时镇州张文礼和定州王处直受到河东李存勖的军事威胁,遂引契丹入援。阿保机南下之初,进展顺利,攻破涿州,挺进至定州,这时李存勖已亲率大军赶到,双方在定州附近大战。李存勖一度被围,形势十分危急,最终血战突围,契丹军遂退。这次南侵也以失败告终。❷不过,契丹并未遭受重创,阿保机仍能整军以暇,从容而退。《旧五代史·契丹传》载:

> 时契丹值大雪,野无所掠,马无刍草,冻死者相望于路。阿保机召卢文进,以手指天,谓之曰:"天未令我到此。"乃引众北去。庄宗率精兵骑蹑其后,每经阿保机野宿之所,布秸在地,方而环之,虽去,无一茎乱者,庄宗谓左右曰:"蕃人法令如是,岂中国所及!"庄宗至幽州,发二百骑侦之,皆为契丹所获,庄宗乃还。❸

另据《旧五代史·郭崇韬传》,在李存勖犹豫是否与阿保机决战时,郭崇韬曾建言:"阿保机只为王郁所诱,本利货财,非敦邻

---

❶ 《辽史》卷2《太祖纪下》,第15页。
❷ 参见李锡厚:《耶律阿保机传》,第104—114页。
❸ 《薛史新辑》卷137《契丹传》,第4279页。

好。"❶《新五代史·四夷附录》则谓"契丹虽无所得而归,然自此颇有窥中国之志"。❷又胡三省注《通鉴》曰:"史言契丹为利所诱而来,未有取中国之心。"❸郭崇韬可能对阿保机有所低估,根据上文的分析,阿保机称帝后契丹对汉地的政策就发生了根本性的变化,其"取中国之心",恐非始自定州一役。

定州一战所表现出的契丹军队的素质,与神册初幽州一役有天壤之别。《册府元龟》述幽州之战曰:

>(契丹)军无营舍,皆聚毡帐以处。其众军分头剽掠,全无警备。马千百为群,夜牧边地,枕戈而睡,不虞奔逸。所获我人,皆以长绁联头,系之于树,中夜断绁,皆得逃去……契丹胜兵散布射猎,保机帐前不满万人。❹

李锡厚已指出,阿保机自此役习得了治军之法,所以定州之战契丹军容整齐,纪律严明。❺这是阿保机杰出军事才能的表现。

不过,定州之败给了阿保机一个很深的教训,让他冷静下来,重新思考南下的策略。深思熟虑之后,他转变主攻方向,在天赞三年(924)六月乙酉下诏,将大契丹国的短期发展战略概括为"两事",遂定下先平漠北和渤海之策。当日阿保机亲率大军出征漠北,十月即平之。❻

与此同时,他也遣兵对渤海进行了试探。《旧五代史·契丹传》

---

❶《薛史新辑》卷57《郭崇韬传》,第1829页。
❷《新五代史》卷72《四夷附录一》,第889页。
❸《通鉴》卷271《后梁纪六》龙德元年十一月胡注,第8870页。
❹《册府元龟》卷994《外臣部备御七》,第11675页。
❺详见李锡厚:《耶律阿保机传》,第76—77页。
❻详见《辽史》卷2《太祖纪下》,第19—20页。

曰:"同光中,阿保机深贮乱华之志,欲收兵大举,虑渤海踵其后。三年,举军众讨渤海之辽东,令秃馁、卢文进据营、平等州,扰我燕、蓟。"❶因为契丹主力正跟随阿保机出征阻卜诸部,进击渤海的应当只是试探性的偏师。天赞四年,平定渤海正式提上了日程。是年"十二月乙亥,诏曰:'所谓两事,一事已毕,惟渤海世雠未雪,岂宜安驻!'乃举兵亲征渤海大諲譔。皇后、皇太子、大元帅尧骨皆从"。❷

出征渤海一役,显然阿保机认为要比平定漠北更为艰巨,在策略上也更为谨慎。不仅天赞三年先有偏师试探,漠北一役留守的皇后和皇太子亦均从征,而且为了保证其成功,出兵前阿保机假意与后唐修好。按《五代会要》,后唐同光三年(925)五月,"(契丹)遣使拽鹿孟等来贡方物"。❸另据《辽史》,是年"冬十月丁卯,唐以灭梁来告,即遣使报聘"。❹《册府元龟》载:"后唐契丹主阿保机,庄宗同光四年正月戊寅,遣使梅老鞋里已下三十七人,贡马三十匹。时阿保机将寇渤海,伪修好于我,虏(虑之误)乘虚掩击故也。"❺同时,阿保机也试图贿赂幽州守将。据《册府元龟》,"(同

---

❶《薛史新辑》卷137《契丹传》,第4279页。《通鉴》卷273《后唐纪二》(第8923-8925页),系讨渤海事于同光二年(924,即辽天赞三年)七月,并谓九月契丹无功而返。按《薛史新辑》卷32《唐庄宗纪六》(第892、897页),同光二年七月,"幽州奏,契丹阿保机东攻渤海";九月,"幽州上言,契丹阿保机自渤海国回军"。则《契丹传》三年误。

❷《辽史》卷2《太祖纪下》,第21页。

❸《五代会要》卷29《契丹》,第456页。

❹《辽史》卷2《太祖纪下》,第21页。曹流《契丹与五代十国政治关系诸问题》(第30页)指出,李存勖在灭梁两年后,方遣使告知改朝换代一事,"是因为辽朝是年五月遣使后唐,首先恢复了两国之间的交聘关系,所以后唐方面才做出回应"。

❺《册府元龟》卷998《外臣部奸诈》,第11713页。"虏"当作"虑",参见王超:《〈册府元龟〉中的契丹史料初探》,硕士学位论文,北京大学历史学系,2005年6月,第101页。

光）四年正月，幽州李绍斌奏：'契丹阿保机与臣貂裘一生。'"❶当年渤海定后，"（阿保机）以平渤海遣使报唐"。而后唐方面也表现出了善意，是年六月，唐明宗篡嗣后"遣姚坤以国哀告"。❷

姚坤此行，对于我们理解阿保机意义重大，因为史籍中详细记录了他与阿保机的对话。《旧五代史》载：

> 阿保机先问曰："闻尔汉土河南、河北各有一天子，信乎？"坤曰："河南天子……今凶问至矣。河北总管令公……今已顺人望登帝位矣。"阿保机号咷，声泪俱发，曰："我与河东先世约为兄弟，河南天子，吾儿也。近闻汉地兵乱，点得甲马五万骑，比欲自往洛阳救助我儿，又缘渤海未下，我儿果致如此，冤哉！"泣下不能已。……又曰："我儿既殂，当合取我商量，安得自立！"……其子突欲（即皇太子耶律倍）在侧……因引《左氏》牵牛蹊田之说以折坤，坤曰："应天顺人，不同匹夫之义，只如天皇王初领国事，岂是强取之耶！"阿保机因曰："理当如此，我汉国儿子致有此难，我知之矣。闻此儿有宫婢二千，乐官千人，终日放鹰走狗，耽酒嗜色，不惜人民，任使不肖，致得天下皆怒。我自闻如斯，常忧倾覆，一月前已有人来报，知我儿有事，我便举家断酒，解放鹰犬，休罢乐官。我亦有诸部家乐千人，非公宴未尝妄举。我若所为似我儿，亦应不能持久矣，从此愿以为戒。"又曰："汉国儿与我虽父子，亦曾彼此雠挈，俱有恶心，与尔今天子彼此无恶，足得欢好。尔先复命，我续将马三万骑至幽、镇以南，与尔家天子面为盟约。我要幽州令汉儿把捉，

---

❶ 《册府元龟》卷980《外臣部通好》，第11519页。
❷ 《辽史》卷2《太祖纪下》，第22-23页。

更不复侵汝汉界。"又问:"汉家收得西川,信不?"坤曰:"去年……收下东西两川……"阿保机忻然曰:"闻西川有剑阁,兵马从何过得?"……阿保机善汉语,谓坤曰:"吾解汉语,历口不敢言,惧部人效我,令兵士怯弱故也。"❶

这些记载中,最让人惊讶的是阿保机对中原政局乃至山川形势的了解和关注。姚坤此行系为庄宗告哀,但"一月前已有人来报"阿保机,说明阿保机对汉地局势的了解绝非局限于中原王朝之来使,很可能他有意识地散布耳目,收罗信息。更有甚者,他很关心后唐灭前蜀这样与契丹并无直接关联的大事,居然知道剑阁之险。很显然,他对中原的关注绝非一个甘于偏处一隅、目光短浅的地方豪强所能有。相反,所谓"欲自往洛阳",又谓明宗继位"当合取我商量",阿保机在对话中处处表现出欲入主中原的雄心。

在得知庄宗被弑后,"便举家断酒,解放鹰犬,休罢乐官",谓"我若所为似我儿,亦应不能持久矣,从此愿以为戒",说明阿保机在心目中并不以北族君主自居,而是以中原皇帝的标准要求自己。更重要的是,此时渤海已平,太祖向后唐索求幽州,表明他的下一目标即是南下中原。❷虽然阿保机表示他非欲直接统治汉地,而是

---

❶ 《薛史新辑》卷137《契丹传》,第4281-4282页。另参《册府元龟》卷660《奉使部敏辩二》、卷980《外臣部通好》,第7901-7902、11519页;《新五代史》卷72《四夷附录一》,第889-890页;《通鉴》卷275《后唐纪四》天成元年七月壬申,第8989页。

❷ 关于领土要求,《通鉴》曰:"(阿保机)曰:'……若与我大河之北,吾不复南侵矣。'坤曰:'此非使臣之所得专也。'契丹主怒,囚之,旬余,复召之,曰:'河北恐难得,得镇、定、幽州亦可也。'"若据此说,太祖对中原的野心则明白无疑。按《通鉴考异》曰:"《汉高祖实录》作'苗绅',今从《庄宗列传》。"《唐庄宗功臣列传》《汉高祖实录》均有《契丹传》,两书都是《旧五代史》的主要依据(参见陈尚君:《〈旧五代史新辑会证〉前言》,第9-10页)。《通鉴》与《旧五代史》的差异,有可能是《唐庄宗功臣列传》《汉高祖实录》的差异,也可能《通鉴》别有所据。

准备通过汉人实行间接管理("令汉儿把捉"),但这很可能系其诡诈之词,一方面是为缘饰自己的无理要求,另一方面可能也是为了笼络手下的汉人将领。同样的事情在太宗朝也发生过,太宗曾分别许立赵延寿及杜重威为帝,但灭晋后并没有实践诺言(详下章)。

阿保机与姚坤的对话表明,灭渤海后阿保机已决意南下,其最终目标是问鼎中原。❶事实上,我们还可以从另一个角度对太祖志在中原进行论证。上面已经提到,阿保机崛起的时代,不仅中原板荡,漠北也不存在统一强大的游牧政权。也就是说,在契丹建国初,摆在太祖面前有两条发展道路可供选择,要么南下中原,要么进据漠北。但阿保机似乎从来就没有考虑过后者。天赞三年平定漠北,是在南下受挫后采取的策略,而且只是为了保证他日南下后方的安全,平定后太祖也没有留下戍守的部队。按《辽史·萧韩家奴传》,韩家奴在回顾立国以来契丹的西北政策时说:"太祖西征,至于流沙,阻卜望风悉降,西域诸国皆愿入贡。因迁种落,内置三部,以益吾国,不营城邑,不置戍兵。"❷可见当时阿保机完全没有考虑继承回鹘汗国,以漠北为大契丹国的中心。另外,上面也提到过,与平定漠北相较,在策略及用兵力度等方面,太祖显然更重视渤海一役。因此,在漠北与中原这两个选项面前,阿保机为其大契

---

❶ 当然,阿保机有意问鼎中原并不表明他已有一整套非常具体的行动计划,也不表明他认为在其有生之年能实现这一目标。对于笔者的这一阐释,中原文献中似乎有反证。《通鉴》(卷269《后梁纪四》贞明二年,第8811页)载:"晋王遣使至契丹,延徽寓书于晋王,叙所以北去之意,且曰:'非不恋英主,非不思故乡,所以不留,正惧王缄之谗耳。'因以老母为托,且曰:'延徽在此,契丹必不南牧。'故终同光之世,契丹不深入为寇,延徽之力也。"这段记载不见于新旧《五代史》。不过《汉高祖实录》有《韩延徽传》(参见陈尚君:《〈旧五代史新辑会证〉前言》,第10页),或系《通鉴》所据。不论韩延徽是否真说过类似的话,"终同光之世,契丹不深入为寇,延徽之力也"显然只是中原史家的判断,不一定可信。

❷ 《辽史》卷103《萧韩家奴传》,第1447页。

丹国所设定的发展方向显然是后者。

不过,这里有一个问题需要澄清。据《辽史·太祖淳钦皇后述律氏传》,太祖应天后四世祖系回鹘人。❶这似乎暗示契丹可能与回鹘存在传承关系。但是,在政治领域,没有任何证据表明契丹承袭了回鹘的制度。不仅如此,《皇子表》"迭剌(阿保机之弟)"条曰:"回鹘使至,无能通其语者,太后谓太祖曰:'迭剌聪敏可使。'遣迓之。相从二旬,能习其言与书,因制契丹小字。"❷所谓"无能通其语者",当然包括应天一族,可见这一家回鹘后人早已数典忘祖,完全契丹化了。❸

又《辽史·后妃传序》云:"太祖慕汉高皇帝,故耶律兼称刘氏;以乙室、拔里比萧相国,遂为萧氏。"❹辽金元三朝,漆水始终被契丹人视为耶律氏的郡望,兰陵则为萧氏郡望。❺都兴智以为,阿保机自称刘氏,以后族为萧氏,及漆水兰陵之为郡望,都是追尊黄帝为契丹远祖、辽朝远绍周汉之表现。❻

总之,本节通过对阿保机称帝后的分析,说明阿保机在建立大契丹国时,很大程度上是以中原王朝为样板,他所设想的大契丹国的版图,也应当包括中原。而漠北草原腹地,在其心目中并不占特

---

❶ 《辽史》卷71《太祖淳钦皇后述律氏传》,第1199页。
❷ 《辽史》卷64《皇子表》,第968—969页。
❸ 按这一记载有可疑之处,契丹大小字均系参照汉字所制,与回鹘文字无关(参见刘凤翥:《契丹、女真文字简介》,《历史教学》1980年第5期,第50页)。即使迭剌接待回鹘来使实无其事,但流言多少总会有些事实的影子,其时契丹国中无人通晓回鹘语文可能是真实情况。
❹ 《辽史》卷71《后妃传序》,第1198页。
❺ 刘浦江:《契丹族的历史记忆》,载《松漠之间》,第119-120页。
❻ 都兴智:《辽金史研究》,北京:人民出版社,2004年,第246-252页;同氏:《契丹族与黄帝》,韩世明主编:《辽金史论集》第10辑,北京:中国社会科学出版社,2007年,第2-5页。

殊位置。几经挫折后，阿保机选择了先平定后方再图南下的策略。可惜的是，他在征服渤海后暴卒，此志终成未竟之业。❶

第三节　继承人的选择

如果说阿保机有野心将中原纳入版图，那么他对如何统治中原是否有过构想呢？由于他在征服渤海后即辞世，未能实现抱负，关于这一问题我们没有直接答案。但笔者认为，阿保机对继承人的选择，是理解他的政治意图的关键。作为一代开国之君，他对继承人的选择，在很大程度上会反映出他对大契丹国未来的设想。

太祖在世时所立的皇太子是长子耶律倍，但最终继位的并不是耶律倍，而是其次子德光。有学者怀疑，德光取代太子是太祖本人的意愿。❷此说的立论基础主要有四。其一，《辽史·耶律屋质传》谓太祖遗旨立太宗。不过，细绎传文，我们会发现，所谓"太祖遗旨"实属子虚乌有。《屋质传》载世宗入承大宝后回师草原，在西拉木伦河畔与应天后及李胡对峙，在这千钧一发之际，屋质挺身而出，充当调停者。文曰：

> 时屋质从太后，世宗以屋质善筹，欲行间，乃设事奉书，以试太后。太后得书，以示屋质。……太后曰："我若疑卿，

---

❶《辽史》卷2《太祖纪下》（第19页）谓阿保机在辞世前两年就预言自己死期，此说并不可信，实际上阿保机之死颇为突然。参见李锡厚：《耶律阿保机传》，第141-143页。

❷ 参见姚从吾：《说辽朝契丹人的世选制度》，载氏著《东北史论丛》上册，台北：正中书局，1976年第4版，第319页；蔡美彪：《辽代的天下兵马大元帅与皇位继承》，《辽金元史十五讲》，北京：中华书局，2011年，第75-79页。

安肯以书示汝？"……乃遣屋质授书于帝。……（屋质）谓太后曰："昔人皇王在，何故立嗣圣？"太后曰："立嗣圣者，太祖遗旨。"……屋质正色曰："……太后牵于偏爱，托先帝遗命，妄授神器……"……帝谓屋质曰："汝与朕属尤近，何反助太后？"屋质对曰："臣以社稷至重，不可轻付，故如是耳。"❶

从上引文可以看出，屋质是太后信任的人，而为世宗所敌视。这可以得到其他记载的佐证。《耶律海思传》云："太后遣耶律屋质责世宗自立。屋质至帝前，谕旨不屈；世宗遣海思对，亦不逊，且命之曰：'汝见屋质勿惧！'"❷ 又《萧翰传》谓"耶律屋质以附太后被囚"。❸ 但就是这样一个人物，在太后宣称德光继位是太祖遗愿时，"正色"驳斥太后"牵于偏爱，托先帝遗命，妄授神器"，而太后也就没有再坚持这一说法。这说明，"太祖遗旨"纯属子虚乌有，可能系太后一时起意，信口雌黄，这在时人眼中不值一哂。

另据《太宗纪》，德光继位前，"人皇王倍率群臣请于后曰：'皇子大元帅（德光）勋望，中外攸属，宜承大统。'后从之。"❹《义宗倍传》的记载更为明确，曰："倍知皇太后意欲立德光，乃谓公卿曰：'大元帅功德及人神，中外攸属，宜主社稷。'乃与群臣请于太后而让位焉。"❺ 所谓"让位"，实属无奈。但如果太祖真有遗诏传位德光的话，太后又何必逼迫人皇王假惺惺地让位，费心导演这一

---

❶《辽史》卷 77《耶律屋质传》，第 1255–1257 页。
❷《辽史》卷 113《耶律海思传》，第 1509 页。
❸《辽史》卷 113《萧翰传》，第 1506 页。
❹《辽史》卷 3《太宗纪上》，第 28 页。
❺《辽史》卷 72《义宗倍传》，第 1210 页。

出掩人耳目的闹剧呢?

德光为太祖属意说的证据之二,是《章肃皇帝李胡传》中阿保机对诸子的这样一段评价:

> 太祖尝观诸子寝,李胡缩项卧内,曰:"是必在诸子下。"又尝大寒,命三子采薪。太宗不择而取,最先至;人皇王取其干者束而归,后至;李胡取少而弃多,既至,袖手而立。太祖曰:"长巧而次成,少不及矣。"而母笃爱李胡。❶

姚从吾据此以为巧不及成,说明阿保机属意次子。❷但邱靖嘉对此作出过很有说服力的反驳。从文意看,我们并不能得出巧不及成的结论。太宗虽"先至",但"不择而取",在太祖的心目中不见得胜过虽"后至"但办事周全的人皇王。❸

太祖弃倍说的第三条证据与"天下兵马大元帅"有关。据《太祖纪》,天赞元年皇子德光出任此职。❹蔡美彪认为此乃皇储专职。❺"天下兵马大元帅"第一次出现在辽朝史料中即是此处,德光系其首任。笔者认为,此职可能确为德光而设,但这并不能证明此职为皇储尊号。

另外,我们还要注意,在德光任大元帅后,虽然倍一般不再统军出征,但其在中央决策中的作用依旧。据《太祖纪》,天赞三年,太祖在宣布大举西征之前,召集了契丹政权几乎所有重要人物,发

---

❶ 《辽史》卷72《章肃皇帝李胡传》,第1213页。
❷ 详见姚从吾:《说辽朝契丹人的世选制度》,第320-321页。
❸ 详见邱靖嘉:《辽朝皇位继承制度研究》,硕士学位论文,北京大学历史学系,2010年6月,第43页。按本章初稿成于2008年6月,邱文与初稿意见相同,兹不具引。
❹ 详见《辽史》卷2《太祖纪下》,第18页。
❺ 详见蔡美彪:《辽代的天下兵马大元帅与皇位继承》,《辽金元史十五讲》,第78-80页。

布了一道诏书,特意提到"宪章斯在,胤嗣何忧?"❶这句话恐怕针对的就是太子倍的地位。很可能,当时确有反对倍的声音(详下章第一节),但太祖亲自现身说法,表达了对倍的支持。

而且,在宣布西征的同时,太子倍受命监国,这更表明了太祖对倍的绝对信任。倍虽未参与西征,但他是平渤海一役的主要策划者,并随太祖出征渤海,攻下扶余城后,直趋渤海都城的策略也是他提出的。在围攻忽汗城时,倍更是直接领导了这次军事行动。❷这说明在德光任大元帅后,倍仍然在辽权力中枢发挥着极为关键的作用。相反,我们还没有发现太祖在位期间德光参与中央决策的记载。

德光为太祖所立说的第四条证据来自《太祖淳钦皇后述律氏传》。文曰:"初,太祖尝谓太宗必兴我家,后(淳钦)欲令皇太子倍避之,太祖册倍为东丹王。"❸所谓"太宗必兴我家",仅见于此,从上文分析来看,此说并非没有可能为太后所捏造。❹比如,《李胡传》谓"太后顾李胡曰:'昔我与太祖爱汝异于诸子……'",❺而从上引太祖对诸子的评价可以看出,他并不喜欢李胡。因此,解读这段史料的关键,是弄清楚阿保机为何以倍主东丹。

笔者认为,太子主东丹系为避让太宗说并不可靠。首先,假定太祖真地改变了对倍的看法,准备让德光继位,他不会愚蠢到用封

---

❶《辽史》卷2《太祖纪下》,第19页。
❷《辽史》卷72《义宗倍传》(第1209–1210页)载:"太祖西征,留倍守京师,因陈取渤海计。天显元年,从征渤海。拔扶余城,上欲括户口,倍谏曰:'今始得地而料民,民必不安。若乘破竹之势,径造忽汗城,克之必矣。'太祖从之。倍与大元帅德光为前锋,夜围忽汗城,大諲譔穷蹙,请降。"另参卷2《太祖纪下》,第21–22页。
❸《辽史》卷71《太祖淳钦皇后传》,第1200页。
❹ 参见邱靖嘉:《辽朝皇位继承制度研究》,第43页。
❺《辽史》卷72《章肃皇帝李胡传》,第1213页。

东丹的方式来处理失宠的倍。阿保机一生多次经历诸弟之乱，他对皇室内乱的可能性肯定非常敏感，为了保证他亲手建立的大契丹国不至于在其死后陷入内战，他肯定会尽量做出安排，争取消弭这种可能。他应该想象得到，如果德光继位，曾被立为皇太子的倍很有可能发动叛乱。在这样的情况下将东丹交与倍，无异于大大加强了倍发动叛乱甚至颠覆德光政权的可能。

而《义宗倍传》载"太祖讣至，倍即日奔赴山陵"。❶也就是说，在倍得知太祖的死讯后，他并没有在东丹集结军事力量，带重兵返回契丹腹地，而是匆匆忙忙赶了回去，身边似乎并没有多少军队。这说明倍认为自己是皇位的合法继承人，如果太祖已经决定让德光继位，倍不可能在没有什么准备的情况下返回契丹故地。事实上，倍为他的这一草率行为付出了惨重代价。德光继位后，倍一直不被允许返回东丹。而德光多次巡幸东平，其目的应当是安抚东丹国内支持倍的势力。

那么，阿保机为什么让倍主持东丹呢？《义宗倍传》记载了阿保机本人的解释，他对倍说："此地濒海，非可久居，留汝抚治，以见朕爱民之心。"❷以太子主东丹，是为了凭借太子的崇高地位"见朕爱民之心"。从"非可久居"来看，似乎太祖让倍留居东丹只是临时措施。也就是说，阿保机并没有准备将倍长期留在东丹，使其将来不能继位的打算。

相反，以"人皇王"主东丹是对倍的地位的提升。《义宗倍传》提到"（太祖）赐（倍）天子冠服，建元甘露，称制"。❸我们知道，虽然此前倍在礼仪上已是契丹国的第三号人物，但"皇太子"的称

---

❶ 《辽史》卷72《义宗倍传》，第1210页。
❷ 同上。
❸ 同上。

号与阿保机的"天皇帝"和应天的"地皇后"毕竟不在同一层面。而"人皇王"一称显然是为了与"天皇帝"和"地皇后"相匹配。在授予"人皇王"称号并且拥有"天子冠服"后,虽然倍仍只是第三号人物,但在礼仪上似乎已上升至与他们相同的层次。同时,我们还注意到,"天地人"的概念,恐怕也来自汉地政治文化。另外,邱靖嘉指出,由于渤海深受汉文化影响,有效的统治需要一位汉文化水平较高的亲信重臣,在这种背景下太子倍是一个非常合适的人选。❶

综上所述,太祖晚年弃倍立次子说并没有可信的证据。相反,在《辽史》中有一条证据,可以说明倍确系阿保机指定的继承人。《皇子表》"寅底石(亦为阿保机之弟)"条载:"太祖遗诏寅底石守太师、政事令,辅东丹王。"又曰:"太祖命辅东丹王,淳钦皇后遣司徒划沙杀于路。"❷这处记载没有明确寅底石是辅倍主东丹,还是辅佐新皇。从情理上说,像阿保机这样的雄才大略的开国君主在弥留之际,最牵挂的肯定是他所建立的国家的命运,而此时决定这一国家命运的最重要因素,就是继承人。很难想象阿保机会弃大契丹国不顾,而留下关于东丹的遗诏。

另外,东丹的中枢机构是中台省,长官是左、右、大、次四相,以左大相居首,而遗诏中寅底石的职任是"守太师、政事令",这也不像是针对东丹做出的安排。因此,笔者认为,很可能寅底石就是受遗命辅佐太子倍继位。

---

❶ 详见邱靖嘉:《辽朝皇位继承制度研究》,第45页。另一方面,笔者怀疑,阿保机将渤海以东丹国的形式完整地保留下来,并以太子倍主东丹,"一用汉法"(《辽史》卷72《义宗倍传》,第1210页),是为了限制契丹贵族势力对这片新征服区域的渗透,进一步加强君主权力。

❷ 《辽史》卷64《皇子表》,第969页。

读者或会怀疑，寅底石是诸弟之乱的主角之一，太祖怎么会指定他辅佐新君呢？从《辽史》的记载来看，叛乱诸弟有主从之分，"首恶剌葛，其次迭剌哥（即迭剌）"，寅底石、安端"为剌葛所使"。❶剌葛于神册二年（917）叛入幽州，其后安端于神册三年被重新起用，任大内惕隐，并率军攻云州及西南诸部。迭剌在神册三年再次谋叛，阿保机仍将其赦免。❷

到天显元年灭渤海之役，看来阿保机与诸弟的关系已全面恢复，寅底石、安端、迭剌都得到了重用。此役中，首先攻下渤海重镇扶余城后，太祖"留觌烈与寅底石守之"。❸接着进军忽汗城，"命惕隐安端……等将万骑为先锋"。而在灭渤海建东丹后，迭剌被任命为"左大相"。❹笔者认为，阿保机之所以能与诸弟修复关系，并在此后的关键时刻依赖这些曾参与叛乱的弟弟，其根本原因就在于他与诸弟间并无所谓变革与保守的原则性冲突。诸弟之乱的本质是争夺可汗位，而其中真正有野心欲取阿保机而代之的可能只是辖底与剌葛。❺因此，在辖底被杀，剌葛出奔后，阿保机逐渐重新起用众兄弟，才会有遗诏寅底石辅政一事。❻

根据上面的分析，我们可以得出结论，太祖亲手选定的继承人是太子倍。那么，倍是什么样的人物呢？《义宗倍传》载："倍初市书至万卷，藏于医巫闾绝顶之望海堂。通阴阳，知音律，精医

---

❶ 《辽史》卷1《太祖纪上》，第9页。

❷ 同上书，第5-9、12页。

❸ 《辽史》卷75《耶律觌烈传》，第1237页。

❹ 《辽史》卷2《太祖纪下》，第21-22页。

❺ 《辽史》卷1《太祖纪上》（第6页）载："剌葛引其众至乙室堇淀，具天子旗鼓，将自立。"

❻ 事实上，这与遗诏是针对东丹国还是大契丹国的问题并无直接关联。因为，即使遗诏讲的是东丹国，仍然有类似的疑问：阿保机为什么会指定曾严重威胁其可汗位的人做东丹国的辅政大臣？

药、砭焫之术。工辽、汉文章，尝译《阴符经》。善画本国人物，如《射骑》《猎雪骑》《千鹿图》，皆入宋秘府。"❶在上引姚坤与阿保机的会谈中，太子曾引《左传》牵牛蹊田说，这说明他熟读汉籍经典。而且，在上文所引神册初年辽廷儒佛之争中，倍力排众议，尊孔子为"大圣"。

又《张正嵩墓志》载："府君考讳谏，南瀛州河间县人也。学备张车，才盈曹斗。从师泗北，授士关西。……让国皇帝（耶律倍）在储君，时携笔从事。虽非拜傅，一若师焉。"❷此外，《辽史》中耶律迭里子安抟之传对迭里的被杀有较详细的描述，曰：

> 太祖崩，淳钦皇后称制，欲以大元帅嗣位。迭里建言，帝位宜先嫡长；今东丹王赴朝，当立。由是忤旨。以党附东丹王，诏下狱，讯鞫，加以炮烙。不伏，杀之，籍其家。安抟自幼若成人，居父丧，哀毁过礼，见者伤之。❸

耶律迭里当系太子心腹，而从其建言"帝位宜先嫡长"来看，他应当是个深受汉文化熏陶的人，其子安抟"哀毁过礼"的记载也是佐证。

因此，倍无疑是个汉化极深的人，而且是辽代早期极少见的一个在文化层面高度汉化的人。而他对汉文化的广泛喜好，似乎不是一个从小生活在游牧部落中、只在成年后接触汉文化的人所能达到的。也就是说，笔者怀疑，倍是一个从小就接受了汉式教育的人。

---

❶ 《辽史》卷72《义宗倍传》，第1211页。按《契丹国志》卷14《东丹王传》（贾敬颜、林荣贵点校，上海：上海古籍出版社，1985年，第151页）曰："初在东丹时，令人赍金宝私入幽州市书，载以自随，凡数万卷，置书堂于医巫闾山下，匾曰望海堂。"《辽史》"倍初市书至万卷，藏于医巫闾绝顶之望海堂"疑即据此。

❷ 向南编注：《辽代石刻文编》，石家庄：河北教育出版社，1995年，第68页。

❸ 《辽史》卷77《耶律安抟传》，第1260页。

那么，倍为什么会接受汉式教育呢？显然不会是出于主动选择，虽然倍可能从小就表现出了对汉文化的兴趣，但教育方式不是他自己能选择的。唯一的答案在于他的父亲，即太祖阿保机。也就是说，很可能阿保机亲手为倍设计了汉式教育。

不仅如此，从史料来看，次子德光亦工汉文，通晓书法。据《太宗纪上》，天显五年（930）二月，"上与人皇王朝皇太后。太后以皆工书，命书于前以观之"。天显十年正月，皇后崩；五月，"上自制文，谥曰彰德皇后"；十一月，太宗幸弘福寺，见观音画像，"乃自制文题于壁"。❶另外，德光身边也有汉化颇深之人。上文提到参与创制契丹大字并以此出任"文班林牙，领国子博士、知制诰"的耶律突吕不，其本传曰：

> 天赞二年，皇子尧骨为大元帅，突吕不为副，既克平州，进军燕、赵，攻下曲阳、北平。……军还，大元帅以其谋闻，太祖大悦，赐赉优渥。车驾西征（党项），突吕不与大元帅为先锋……班师，已下州郡往往复叛，突吕不从大元帅攻破之。❷

知其当系德光心腹。而契丹大字以汉字为其参照，那么突吕不本人应当通晓汉字。

耶律倍生于唐光化二年（899），❸德光生于天复二年（902），与倍年龄相仿。❹而李胡生于太祖六年（912），❺要远小于其兄长。笔

---

❶ 《辽史》卷3《太宗纪上》，第31、36-37页．
❷ 《辽史》卷75《耶律突吕不传》，第1240-1241页。
❸ 此据李锡厚（《耶律阿保机传》，第44页）考证。
❹ 《辽史》卷3《太宗纪上》，第27页。
❺ 参见《辽史》卷1《太祖纪上》，第6页。

者斗胆推测，阿保机给长子和次子灌输的都是汉化教育。而幼子李胡，由于史料缺乏，无从判断是否接受过汉式教育。❶

　　太祖为其继承人以及次子设计的汉式教育，在辽代早期的整体文化氛围中，显得特别富有深意，无疑带有强烈的主动性和个人政治取向。阿保机对儿子的未来的设计，恐怕就是他对大契丹国的未来的期望。一个高度汉化的继承人，其对中原的野心，以及称帝建元、立皇太子、建皇都、尊崇孔圣等汉化措施，这种种迹象之综合，反映出阿保机理想中的大契丹国是一个以中原为中心的汉化王朝。

---

❶ 《契丹国志》卷14《恭顺皇帝传》（第152页）曰："自在太子名阮，太祖第三子，母曰述律氏。少豪侠，有智略，善弹工射，太祖奇之，曰：'吾家铁儿也。'征渤海时，山坂高峻，士马惮劳苦，太子径于东谷缘崖而进，屡战有功。后渤海平，封为自在太子。"邱靖嘉（《辽太宗朝的"皇太子"名号问题——兼论辽代政治文化的特征》，《历史研究》2010年第6期）指出，这是史籍所见关于李胡唯一一段较详细的描述。

第3章

入主中原

第一节 太宗继位

天显元年（926），太祖耶律阿保机亲征渤海，成功地将渤海纳入了契丹势力范围，但在返途中，阿保机意外辞世，带来了一场剧烈而又旷日持久的政治动荡。大契丹国整整一年零四个月帝位空悬，最终太祖次子德光取代其兄皇太子耶律倍入承大统，是为太宗。

关于辽太宗得以继位的原因，以往学界大体有三种意见。蔡美彪等以为，太宗继位是阿保机本人的安排。❶上章已经对此详加探讨，其说恐难成立。包括陈述、李桂芝在内的大多数学者认为，契丹有可汗世选传统，这一传统在辽建国后仍有重大影响，耶律倍虽有皇太子名号，但诸酋帅仍根据世选原则选立了耶律德光。❷此外，李锡厚认为，德光承统是应天太后（倍及德光之生母）的选择，因

---

❶ 蔡美彪：《辽代的天下兵马大元帅与皇位继承》，《辽金元史十五讲》，第75–80页。
❷ 详见陈述：《契丹政治史稿》，第71–74页；李桂芝：《契丹贵族大会钩沉》，《历史研究》1999年第6期，第70–71页。

为耶律倍是东丹王,如果他成为契丹新君,就"可能要利用他原来已经掌握的渤海的人力、物力来统治契丹,这样实际上就颠倒了征服者与被征服者的关系,最终必然导致内乱,以致毁掉刚刚建立起来的契丹王朝"。❶本节将对阿保机辞世后的政治动荡做具体分析,在此基础上对后二说进行检讨。

我们先看辽朝文献的记载。按《辽史·太祖纪》,天显元年七月,阿保机死于扶余,"皇后称制,权决军国事"。❷应天称制当非太祖本意,上章提到,阿保机遗诏其弟寅底石辅政,佐新皇耶律倍,但寅底石为应天遣人暗害。也就是说,太祖甫死,应天即发动政变,夺取了权力。

不过,应天虽成功夺权,但并不能降服异己。《耶律突吕不传》云:"淳钦皇后称制,有飞语中伤者,后怒,突吕不惧而亡。"❸又《太祖纪》元史臣赞曰:"剌葛、安端之乱,太祖既贷其死而复用之,非人君之度乎?旧史扶余之变,亦异矣夫!"❹由于旧史今已不存,扶余之变已难得其详,但元人既以诸弟之乱与之相提并论,我们还

---

❶ 李锡厚:《耶律阿保机传》,第156–158页。曹流(《〈辽史〉正误二则》,《北方文物》2017年第2期,第83页)以为,作为应天媵臣的韩知古唐天复三年(903)始入辽,则应天出嫁当在是年后,而耶律倍出生于是年前,故倍当非应天子。然《辽史》卷72《义宗倍传》(第1209页)明言"太祖长子,母淳钦皇后萧氏",又同书卷3《太宗纪上》(第27页)云"太祖第二子,母淳钦皇后萧氏,唐天复二年生",亦在天复三年前。我的同事关树东更据《辽史》卷71《太祖淳钦皇后述律氏传》(第1200页)"应历三年(954)崩,年七十五"之记载指出,天复三年应天年二十四,是年后方出嫁,似于理不合。他以为韩知古入辽应非天复三年。按《辽史》卷74《韩知古传》(第1233页)曰:"太祖平蓟,知古六岁,为淳钦皇后兄欲稳所得。"同书卷1《太祖纪上》(第4页)云太祖三年(909),"诏左仆射韩知古建碑龙化州大广寺以纪功德"。此时韩知古似不应年仅十二。故笔者赞同关先生之意见。
❷ 《辽史》卷2《太祖纪下》,第23页。
❸ 《辽史》卷75《耶律突吕不传》,第1240页。
❹ 《辽史》卷2《太祖纪下》,第24页。

是可以作出三点推测：其一，扶余之变与皇位争夺有关。其二，契丹重臣反叛，欲除去应天。其三，应天平定了叛乱，并大开杀戒。

即便如此，反对者仍未屈服。是年八月，"皇后奉梓宫西还"；九月，"南府宰相苏薨"；十月，"卢龙军节度使卢国用叛，奔于唐"；十一月，"杀南院夷离堇耶律迭里、郎君耶律匹鲁等"。❶阿保机庶弟苏之死，文献阙如，难以深究。卢国用之奔唐，则非常可疑。卢氏原为晋王李存勖所统新州裨将，神册二年入辽。❷《旧五代史·卢文进传》云：

> （降辽）未几，文进引契丹寇新州，自是戎师岁至，驱虏数州士女，教其织纴工作，中国所为者悉备。契丹所以强盛者，得文进之故也。同光之世，为患尤深。文进在平州，率奚族劲骑，鸟击兽搏，倏来忽往，燕、赵诸州，荆榛满目。军屯涿州，每岁运粮，自瓦桥至幽州，劲兵猛将，援递粮车，然犹为寇所钞，奔命不暇，皆文进导之也。❸

此人效忠契丹不遗余力，奔唐应当与太祖死后围绕皇位发生的大风波有关。而迭里的被杀，上引《辽史·耶律安抟传》明确告诉我们，是因为太后反对太子倍继位。

早在太祖生前，应天可能就已表明对耶律倍的不满。上章引天赞三年阿保机所谓"宪章斯在，胤嗣何忧"，恐怕针对的正是应天对太子的攻击。不过，太祖猝然辞世，权力落入太后之手，局

---

❶ 《辽史》卷2《太祖纪下》，第23页。
❷ 按《辽史》卷1《太祖纪上》（第11页），神册二年，"晋新州裨将卢文进杀节度使李存矩来降"。《薛史新辑》卷97《卢文进传》（第2993页）谓其"字国用"。
❸ 《薛史新辑》卷97《卢文进传》，第2994–2995页。

势因而大变。

但耶律倍支持者的力量看来也很强大,因此流血冲突绵延不断、旷日持久。《耶律铎臻传》云:"淳钦皇后称制,恶铎臻,囚之,誓曰:'铁锁朽,当释汝!'既而召之,使者欲去锁,铎臻辞曰:'铁未朽,可释乎?'后闻,嘉叹,趣召释之。天显二年(927)卒。"❶耶律铎臻乃契丹重臣,阿保机之心腹。天显二年十一月,太宗始得即位,是年铎臻之死显得颇为蹊跷。虽然应天被迫释放铎臻,但他并未屈服,显然是德光继位的一大障碍,笔者怀疑他正是因此终被应天除去。

太祖佐命元勋中神秘死亡的还有耶律海里、耶律欲稳与康默记。《耶律海里传》载:"天显初,征渤海……师殁,卒。"❷《耶律欲稳传》云:"从征渤海有功。天显初卒。"❸《康默记传》曰:"营太祖山陵毕,卒。"❹按太祖下葬在天显二年八月,康氏之死可能在太宗即位之前。海里、欲稳与康默记三人是否为正常死亡,也很值得怀疑。

又《王郁传》载:

> 晋王克用妻以女……太祖崩,郁与妻会葬,其妻泣诉于淳钦皇后,求归乡国,许之。郁奏曰:"臣本唐主之婿,主已被弑,此行夫妻岂能相保。愿常侍太后。"后喜曰:"汉人中,惟王郎最忠孝。"以太祖尝与李克用约为兄弟故也。❺

---

❶《辽史》卷75《耶律铎臻传》,第1239页。
❷《辽史》卷73《耶律海里传》,第1227页。
❸《辽史》卷73《耶律欲稳传》,第1226页。
❹《辽史》卷74《康默记传》,第1230页。
❺《辽史》卷75《王郁传》,第1241–1242页。

按所谓"唐主之婿"之主当指李克用，而"主已被弑"之主则指后唐庄宗李存勖，其间疑有夺文。庄宗遇弑后，克用养子李嗣源继位为明宗，对李氏血亲大开杀戒。在这种情况下王郁之妻提出归国，恐有不得已之苦衷。可能当时契丹宫廷流血冲突迁延日久，克用之女为避免卷入其中而出此下策。不过，反复思量后，王郁可能认为胜负已初现端倪，太后方胜算较大，因此决意投靠应天。

按《太宗纪》，天显二年十一月壬戌，"人皇王倍率群臣请于后曰：'皇子大元帅勋望，中外攸属，宜承大统。'后从之。是日即皇帝位"。❶在帝位空悬一年零四个月后，耶律倍一方终于败下阵来。这场动荡牵涉契丹政权中众多关键人物，旷日持久，斗争激烈。迭里"炮烙不伏"，铎臻拒不去锁，可见太后之胜利着实来之不易。《营卫志·著帐郎君》云："遥辇痕德堇可汗以蒲古只等三族害于越释鲁，籍没家属入瓦里。淳钦皇后宥之，以为著帐郎君。"❷此举可能就是乱定后的怀柔措施。

综上所述，据辽朝文献，太宗得以继位的最根本原因是太后的支持。《义宗倍传》云："倍知皇太后意欲立德光……乃与群臣请于太后而让位焉。"❸清楚地阐明了这一点。

不过，中原文献关于此事，其记载有所不同。世选说的证据，就来自《通鉴》：

> 契丹述律后爱中子德光，欲立之，至西楼，命与突欲俱乘马立帐前，谓诸酋长曰："二子吾皆爱之，莫知所立，汝曹择可立者执其辔。"酋长知其意，争执德光辔欢跃曰："愿事元帅太

---

❶《辽史》卷3《太宗纪上》，第28页。
❷《辽史》卷31《营卫志上》，第371页。
❸《辽史》卷72《义宗倍传》，第1210页。

子。"后曰:"众之所欲,吾安敢违?"遂立之为天皇王。❶

所谓诸酋"择可立者执其辔",被认为是世选传统之表现。但是,太后在诉于诸酋时,托言"莫知所立",说明正常情况下,本无须此举,也就是说,这只是应天为废立制造舆论所行的诡计,并非辽朝皇位继承之正常程序,亦未必是契丹可汗选举遗风。

再者,如果德光继位乃世选所致,那他在阿保机辞世不久就应当即位,《通鉴》即作此解,故将上引文系于后唐天成元年(926,辽天显元年)九月。但辽朝文献帝位空悬一年零四个月的记载,其真实性显然毋庸置疑,而这是世选说难以解释的。同样,世选说也无法解释这一年四个月间的腥风血雨。

因此,参诸辽朝文献,笔者以为《通鉴》之记载乃中土之误传,不足采信。事实上,关于太宗之继位,中原流行的错误传闻亦不止《通鉴》这一种说法。《通鉴考异》曾引《后唐实录》曰:"阿保机妻令元帅太子往勃海代慕华(耶律倍)归西楼,欲立为契丹王;而元帅太子既典兵柄,不欲之勃海,遂自立为契丹王。"❷温公虽不取此说,但他采用的也是中土之传闻,同样不足为凭。

太宗继位,出于应天之安排。那么,太后为何改立次子呢?《辽史·太祖淳钦皇后述律氏传》曰:"太后常属意于少子李胡。"❸《章肃皇帝李胡传》亦明言"母笃爱李胡"。❹也就是说,应天真正属意的,是少子李胡,对于德光似乎并无特别偏爱。更让人困惑的是,上文提到应天摄政后出亡的耶律突吕不,正是太宗之心腹。❺

---

❶《通鉴》卷275《后唐纪四》明宗天成元年九月癸酉,第8993页。
❷《通鉴》卷277《后唐纪六》明宗长兴元年十一月《考异》,第9053页。
❸《辽史》卷71《太祖淳钦皇后述律氏传》,第1200页。
❹《辽史》卷72《章肃皇帝李胡传》,第1213页。
❺《辽史》卷75《耶律突吕不传》(第1241页)云:"太宗(即位后)知其无罪,召还。"

因此，笔者怀疑，应天最初欲改立的是少子李胡，不过可能由于其时李胡年龄尚小（天显二年方十五岁），❶难以服众，即使用血腥手段亦未能压服耶律倍的支持者。因变乱旷日持久，太后不得已而求其次，扶植次子德光。一方面，这是为了分化瓦解反对派（从突吕不的表现看，太宗最初恐怕也站在耶律倍一方），另一方面，她与德光间可能有秘密协定，天显五年太宗立李胡为太子，❷应当就是密约的主要内容。

那么，应天发动政变，除了对少子的溺爱，是否还存在更深层的原因呢？中原史籍中流传着太后固守草原本位的传说，而耶律倍是一个汉化很深的人，这似乎暗示政变背后可能是汉化与草原本位之争。笔者一度持这一看法，但在反复考量后，怀疑中原文献并不可信。

首先，太后固守草原传统的说法完全不见于辽朝文献，这不免让人生疑。按常理而言，如果应天确持草原保守立场，契丹文献实毋庸讳之，倒是中原史籍更可能避而不谈。事实却恰恰相反。

其次，从《辽史》记载看，终太祖一生，应天在军事上始终是阿保机的一个得力助手，二人并无根本分歧。又《通鉴》载：

> 刘守光末年衰困，遣参军韩延徽求援于契丹。契丹主怒其不拜，留之，使牧马于野。延徽，幽州人，有智略，颇知属文。述律后言于契丹主曰："延徽能守节不屈，此今之贤者，奈何辱以牧圉！宜礼而用之。"契丹主召延徽与语，悦之，遂

---

❶ 据《辽史》卷3《太宗纪上》（第31页），天显四年李胡领军出征，这是文献所见他正式登上契丹政治舞台之始。

❷ 李胡之名号当为皇太子而非皇太弟，详参邱靖嘉：《辽太宗朝的"皇太子"名号问题——兼论辽代政治文化的特征》，《历史研究》2010年第6期。

第3章 入主中原

> 以为谋主，举动访焉。延徽始教契丹建牙开府，筑城郭，立市里，以处汉人，使各有配偶，垦艺荒田。由是汉人各安生业，逃亡者益少。契丹威服诸国，延徽有助焉。❶

应天劝阿保机起用韩延徽，说明她并不反对汉化。

再次，如果太后乃草原保守主义者，那太宗即位就应当意味着契丹政权一定程度上的转向。但天显三年（928）四月，定州王都叛唐，求救于契丹。德光并无任何犹豫，立即遣军南下，初战不利后又派出援军。由于幽蓟方向难以突破，此后太宗改变策略，把目光投向云州，而出征云州的主帅正是应天溺爱的李胡（详下节）。天显十一年（936）援立石晋之役，李胡同样担当了大任。❷也就是说，德光即位后契丹之南进策略与太祖时期并无二致，且得到李胡支持，而李胡应能代表应天的态度。

最后，我们来具体分析中原史籍中被认为表明应天保守立场的三处主要记载。其一，《新五代史·四夷附录》云：

---

❶《通鉴》卷269《后梁纪四》均王贞明二年十二月，第8810页。这一记载后经《契丹国志》卷13《述律传》（第138页）、卷16《韩延徽传》（第160页）被抄入《辽史》卷71《淳钦传》（第1199-1200页）、卷74《韩延徽传》（第1231页）。

又《辽史·韩延徽传》曰："攻党项、室韦，服诸部落，延徽之筹居多。乃请树城郭，分市里，以居汉人之降者。又为定配偶，教垦艺，以生养之。以故逃亡者少。"按《新五代史》卷72《四夷附录一》（第890页）云："阿保机攻党项、室韦，服诸小国，皆延徽谋也。"《辽史》该段当系杂抄《新五代史》与《契丹国志》而成。

《辽史·韩延徽传》又云："居久之，慨然怀其乡里，赋诗见意，遂亡归唐。已而与他将王缄有隙，惧及难，乃省亲幽州，匿故人王德明舍。德明问所适，延徽曰：'吾将复走契丹。'德明不以为然。延徽笑曰：'彼失我，如失左右手，其见我必喜。'既至，太祖问故。延徽曰：'忘亲非孝，弃君非忠。臣虽挺身逃，臣心在陛下。臣是以复来。'上大悦，赐名曰匣列。'匣列'，辽言复来也。"所谓"赋诗见意""忘亲非孝，弃君非忠。臣虽挺身逃，臣心在陛下。臣是以复来"及"匣列"不见中土文献，疑系以辽朝文献综合《新五代史》《契丹国志》而成。

❷《辽史》卷3《太宗纪上》，第39页。

（定州王处直）遣其子郁说契丹，使入塞以牵晋兵。……阿保机大喜。其妻述律不肯，曰："我有羊马之富，西楼足以娱乐，今舍此而远赴人之急，我闻晋兵强天下，且战有胜败，后悔何追？"❶

其二，按《旧五代史·契丹传》，后晋石重贵嗣位后，辽晋交恶，"时契丹诸部频年出征，蕃国君臣稍厌兵革，德光母尝谓蕃汉臣僚曰：'南朝汉儿争得一向卧耶！自古及今，惟闻汉来和蕃，不闻蕃去和汉，待伊汉儿的当回心，则我亦不惜通好也。'"❷

其三，《新五代史·四夷附录》又记：

初，德光之击晋也，述律常非之，曰："吾国用一汉人为主可乎？"德光曰："不可也。"述律曰："然则汝得中国不能有，后必有祸，悔无及矣。"德光死，载其尸归，述律不哭而抚其尸曰："待我国中人畜如故，然后葬汝。"❸

这三处记载，学者征引尤其频繁的是第一和第三处。我们先从最后一条谈起。在这处记载中，太后之保守的确表现得淋漓尽致。她认为蕃汉有别，即便征服中原亦不能据而有之，且预言灾祸必至，而太宗之死恰恰印证了其预言。不过，这一记载究竟是否可信呢？

---

❶《新五代史》卷72《四夷附录一》，第888页。又见《通鉴》卷271《后梁纪六》均王龙德元年十一月，第8870页。
❷《薛史新辑》卷137《契丹传》，第4292页。又见《新五代史》卷72《四夷附录一》，第896页；《通鉴》卷284《后晋纪五》齐王开运二年六月，第9293页。
❸《新五代史》卷73《四夷附录二》，第903页。

首先，我们注意到，中原文献中存在与此相矛盾的记载。事实上，《四夷附录》本身就提供了一个例子。此记载之上即是关于德光死后契丹皇位纷争的叙述，谓耶律倍之子兀欲自立，应天大怒，云："我儿平晋取天下，有大功业，其子在我侧者当立，而人皇王背我归中国，其子岂得立邪？"❶按照这一说法，应天以灭晋为大功业，表现出了截然不同的态度。当然，太后的这番话并不可信，因为其时应天支持的是李胡，而非太宗之子。不过，同一卷位置相当接近的两处记载，却自相矛盾如是，不能不让人怀疑欧公在撰写这一部分时，对史料并未作精审的考辨。

而据《通鉴》，德光入汴后，"契丹述律太后遣使以其国中酒馔脯果赐契丹主，贺平晋国。契丹主与群臣宴于永福殿，每举酒，立而饮之，曰：'太后所赐，不敢坐饮。'"❷所谓"贺平晋国"，说明应天对太宗南下是支持的。上引太后对德光的责难，及在其尸体旁的慨叹，都发生在契丹本土，传至中原难保没有扭曲变异，甚或无中生有。而应天遣使相贺，就发生在汴京。因此，仅就二者而论，后者可信度相对更高。

其次，按《辽史·太宗纪》，德光灭晋后北归，途中皇太子李胡"遣使问军前事，上报曰：'……今所归顺凡七十六处，得户一百九万百一十八。非汴州炎热，水土难居，止得一年，太平可指掌而致。……欲伐河东，姑俟别图。'"❸

从现有文献来看，应天、李胡母子一体恐不容置疑。而德光这段话的内容及语气，尤其是"欲伐河东，姑俟别图"之语，丝毫不像是对一个反对自己南侵的人所作的陈述，恰恰相反，更像

---

❶《新五代史》卷73《四夷附录二》，第902页。
❷《通鉴》卷286《后汉纪一》高祖天福十二年二月，第9345-9346页。
❸《辽史》卷4《太宗纪下》，第60页。

是与共同事业的伙伴在检讨以往的成就及失误,并展望未来之宏图大业。

又次,太后作出了"汝得中国不能有,后必有祸"的预言,耐人寻味的是,这一预言居然毫发不爽地实现了。契丹不仅确如其言,一度入主中原,并旋即退走,且太宗亦病死于归途。这是巧合,是应天对时局有极其精准的把握,还是别有原因?

辽晋关系破裂后,大规模冲突不断,双方伤亡都很惨重,契丹在军事上并没有占到什么便宜。会同八年(945)白团卫村一役,辽军大败,太宗孤身鼠窜得免。翌年德光再度南征,终得灭晋,但最重要的原因是后晋主帅杜重威临阵失机,导致主力二十万被围,遂为契丹诱降。辽之灭晋,在杜重威投降之前远非定局。同样,契丹放弃中原亦非必然(详本章末节)。也就是说,历史本可能有不同的走向。不论是灭晋、弃中原,还是德光之死,都有偶然因素。因此,这番完全为事后发展所证实的预言更像是后人所为。

最后,还须注意的是,在《新五代史·四夷附录》中,这一记载并没有紧跟在关于太宗之死的叙述之后,而是出现在太后被德光继承人世宗囚于祖州的记载之后,其上尚有如下文字:

> 述律为人多智而忍。阿保机死,悉召从行大将等妻,谓曰:"我今为寡妇矣,汝等岂宜有夫。"乃杀其大将百余人,曰:"可往从先帝。"左右有过者,多送木叶山,杀于阿保机墓隧中,曰:"为我见先帝于地下。"大将赵思温,本中国人也,以材勇为阿保机所宠,述律后以事怒之,使送木叶山,思温辞不肯行。述律曰:"尔,先帝亲信,安得不往见之?"思温对曰:"亲莫如后,后何不行?"述律曰:"我本欲从先帝于地

下,以子幼,国中多故,未能也。然可断吾一臂以送之。"左右切谏之,乃断其一腕,而释思温不杀。❶

同样,这段关于太后的记载,也不是紧跟在《四夷附录》关于阿保机之死及其下葬的叙述之后。这表明,从"述律为人多智而忍"到"然后葬汝"这一大段,可能不是出自五代《实录》,而是欧公从某部笔记类文献中整体抄取的。而据上文研究,辽太祖死后,太后的确曾大肆杀戮大臣,但这是为了阻止太子倍继位,而非此处所谓殉葬。这一大段的前半部分并不可信,虽然并不能证明后半部分关于应天反对南侵的记载也不可信,但毕竟是个疑点。

综上所述,笔者认为,太后反对太宗灭晋的记载恐难采信。接下来我们再对上面列举的第二处记载作具体分析。有学者认为,这一记载表明太后自居为"蕃",无意入主中原。❷但这一解读仍有再加斟酌之必要。首先,我们应当考虑应天这番话之背景。其时,辽晋频岁交兵,契丹一度大败,太后有讲和之意,亦在情理之中,未见得是草原本位思想之体现。

其次,太后所谓"南朝汉儿争得一向卧耶",《通鉴》作"汉儿何得一向眠",❸意译成大白话即是"南朝的汉人怎么能一味躺着睡

---

❶ 《新五代史》卷73《四夷附录二》,第902—903页。太后断腕一事,中原文献中另有一个不同说法,《契丹国志》卷13《太祖述律皇后传》在袭取赵思温逼迫故事(系采自《通鉴》)的同时又曰:"太祖之崩也,后屡欲以身为殉,诸子泣告,惟截其右腕,置太祖柩中,朝野因号为'断腕太后',上京置义节寺,立断腕楼,且为树碑。"《国志》此说为《辽史》所取,分作两处写入卷71《太祖淳钦皇后述律氏传》(第1200页)及卷37《地理志一》(第440页)。详参田广林:《〈契丹国志·太祖述律皇后传〉史源疏证》,《古籍整理研究学刊》2007年第2期,第79页。

❷ 郭康松:《辽朝夷夏观的演变》,《中国史研究》2001年第2期,第89页。

❸ 《通鉴》卷284《后晋纪五》齐王开运二年六月,第9293页。

觉,不主动点呢"?而"汉来和蕃"与"蕃去和汉"的区别,并不仅仅在于和解由谁先发端,真正的关键是谁向谁低头。辽晋关系破裂之导火索,是少帝称孙不称臣。显然,应天所要求的,乃是石重贵主动改悔,纳贡称臣,而非简单的和解。换言之,太后之底线,是回到石敬瑭时代之辽晋体制。因此,这处记载不能简单地理解为应天持草原保守政见。

最后,我们来看第一处记载。若"我有羊马之富,西楼足以娱乐"一说属实,太后无疑是一位草原本位主义者。笔者也的确没有找到任何直接证据表明其说不可信。但孤证不立,更何况,如果不拘泥于文本,用逻辑作推论,则这一记载不实的可能亦很大。

阿保机驰援定州,固然要冒与后晋大军发生大规模冲突之风险,但远不如德光应石敬瑭所邀援晋之役凶险。而应天在太宗时之权势,恐怕要远大于太祖时代。但太后却并没有反对德光援晋,以此推之,她似乎不应当阻挠阿保机南下。因此,这一记载恐怕也不可靠。

综上所述,中原史籍中被认为表明应天保守立场的三处主要记载有着诸多疑点,难以采信。在新史料发现之前,笔者以为,太后支持德光,反对太子倍最有说服力的解释还是她对李胡的溺爱。

也就是说,辽太宗之继位,的确如李锡厚所言,是应天意志的体现,不过,此说关于应天选择德光的解释太过牵强,太子倍君临东丹并不意味着他会代表渤海故地的利益,他继承帝位后也不可能毁大契丹国以就东丹。事实上,应天溺爱幼子李胡,本欲以其取代太子,但最终妥协,改立德光,交换条件是太宗以李胡为继承人。应天的这一举动,对契丹历史影响深远。辽朝前期围绕皇位频繁发生争斗与谋逆,导致政局持续动荡,应天作为始作

俑者，难辞其咎。❶

第二节　据有燕云

德光即位于天显二年十一月，据中原文献，早在该年九月，契丹即遣使后唐修好。十月，"契丹王遣使持书求碑石，欲为其父表其葬所"；十一月，"契丹遣使梅老等来乞通和"。❷十一月的这次来使，在《册府元龟》中保留了较详细的记载："契丹使梅老等三十余人见，传本士（'主'之讹）愿和好之意。帝谓侍臣曰：'俱保边鄙，以安疲民，朕岂辞降志耶？彼既求和，足得怀柔矣。'"❸于是，同年十二月，唐明宗"遣飞胜指挥使安念德使于契丹，赐契丹王锦绮银器等，兼赐其母绣被缨络"。❹次年正月，"契丹遣使秃呐悲梅老等贡献，帝遣指挥使奔托山押国信赐契丹王妻"。❺

以上记载表明，渤海灭后一度紧张的局势，由于阿保机的突然辞世暂时得到了缓解。天显二年十二月，后唐"蔚州刺史周令武得代归阙，帝问北州事，令武奏曰：'山北甚安，诸蕃不相侵扰。雁门已北，东西数千里，斗粟不过十钱'"。❻正是这一和平局面的反映。

---

❶ 关于辽朝前期皇位继承与世选说，详参本书"附录"《契丹选汗说商兑——兼论所谓北族推选传统》。

❷ 《薛史新辑》卷 38《唐明宗纪四》，第 1138、1143、1150 页。

❸ 《册府元龟》卷 980《外臣部通好》，第 11520 页。

❹ 《薛史新辑》卷 38《唐明宗纪四》，第 1151 页。

❺ 《薛史新辑》卷 39《唐明宗纪五》，第 1161 页。同月另有一条记载（第 1160 页）曰"契丹陷平州"。按天显元年十月，契丹平州节度使卢文进率属下军民人众南归降唐，但平州本身并没有被后唐控制，大概迹近一座空城，所谓"陷平州"可能只是表明契丹重新恢复了对平州的统治，而非从后唐手中夺回平州。

❻ 《薛史新辑》卷 38《唐明宗纪四》，第 1152 页。

不过，和平局面相当脆弱，很快就被打破。天显三年四月，定州王都叛唐，为唐将王晏球所攻，王都求救于契丹。面对中原纷乱所赐予的机会，辽太宗并没有犹豫，马上"命奚秃里铁剌往救之"。五月，王都与铁剌为王晏球所败，铁剌请益师，太宗"命惕隐涅里衮、都统查剌赴之"。❶七月，契丹援军又为王晏球所破。八月，幽州赵德钧生擒惕隐涅里衮、查剌等。天显四年（929，后唐天成四年）二月，王晏球破定州，将铁剌父子磔于市。❷

在涅里衮等被俘之后的闰八月，新任契丹平州刺史张希崇"以管内生口二万余南归"，上演了与卢文进降唐相同的一幕。❸这次失败，似乎对契丹打击很大。《旧五代史·王晏球传》谓"契丹遂弱"，❹《契丹传》曰"自是契丹大挫，数年不敢窥边"。❺《新五代史·王晏球传》载："契丹后数遣使至中国，求归惕隐等，辞甚卑逊，辄斩其使以绝之。"❻同书《四夷附录》更是对后唐此战给予了极高评价，认为这是阿保机崛起后中原政权对契丹的最大胜利："契丹自阿保机时侵灭诸国，称雄北方。及救王都，为王晏球所败，

---

❶ 《辽史》卷3《太宗纪上》，第28—29页。另据同书卷64《皇子表》（第978—979页），太祖除应天三子外，"宫人萧氏生一子"，名"牙里果，字敌辇"，"天显三年，救耶律沙于定州，为李嗣源所获，至石晋立，始得还"。

❷ 详见《五代会要》卷29《契丹》（第457页）、《薛史新辑》卷40《唐明宗纪六》（第1223页）、《新五代史》卷6《唐本纪六》（北京：中华书局，1974年点校本，第59—60页）、《通鉴》卷276《后唐纪五》（第9016—9029页）及《册府元龟》卷360《将帅部立功一三》（第4273—4274页）、卷435《将帅部献捷二》（第5168—5169页）、卷987《外臣部征讨六》（第11594页）。《辽史·太宗纪上》（第28—29页）以为王都请援在天显三年三月，涅里衮援军在四月，定州城破于七月，疑误。（参见刘浦江、邱靖嘉：《〈辽史·太宗纪上〉校勘长编》，未刊稿。）

❸ 《薛史新辑》卷88《张希崇传》，第2699页。月份据同书卷39《唐明宗纪五》，第1199页。

❹ 《薛史新辑》卷64《王晏球传》，第2001页。

❺ 《薛史新辑》卷137《契丹传》，第4286页。

❻ 《新五代史》卷46《王晏球传》，第510页。

丧其万骑，又失赫邈等，皆名将，而述律尤思念突欲，由是卑辞厚币数遣使聘中国，因求归赫邈、荝剌等，唐辄斩其使而不报。当此之时，中国之威几振。"❶

不过，中原文献对此战的影响有所夸大。首先，虽然德光对王都的求援和铁剌的益师之请反应很迅速，但契丹此役并非倾国而来。《五代会要》以为铁剌率"数千骑"，涅里衮麾下有"七千余骑"。❷《旧五代史·唐明宗纪》载："（五月）己未，幽州奏，契丹秃馁（即铁剌）领二千骑西南趋定州。……（七月）甲子，王晏球奏，今月十九日，契丹七千骑来援定州。"❸涅里衮援军七千，除《旧五代史·王晏球传》作"五千"外他处均同，铁剌援军的兵力各记载则差别稍大。《旧五代史·王晏球传》作"千余"，《契丹传》作"五千"，《王都传》则曰铁剌有"骑万人"，❹《新五代史·王处直传》❺《王晏球传》俱作"万骑"。从史源来看，《旧五代史·明宗纪》的记载应当来自官方的正式档案，可信度较高。也就是说，两批援军总数也不到万人。即使采用最大的数字，也不超过两万。因此，铁剌和涅里衮麾下兵力较为有限。

其次，此役后契丹也并非一蹶不振。的确，契丹似乎有意求和。据《旧五代史·唐明宗纪》，后唐天成三年（928，辽天显三年）闰八月，契丹即遣使至唐。❻契丹使此来，可能是为了求归

---

❶ 《新五代史》卷72《四夷附录一》，第891—892页。
❷ 《五代会要》卷29《契丹》，第457页。
❸ 《薛史新辑》卷39《唐明宗纪五》，第1180、1189页。
❹ 《薛史新辑》卷54《王都传》，第1777页。
❺ 《新五代史》卷39《王处直传》，第421页。
❻ 详见《薛史新辑》卷39《唐明宗纪五》，第1199页。亦见《通鉴》卷276《后唐纪五》明宗天成三年闰八月戊申，第9023页。《辽史》卷3《太宗纪上》（第29页）系于九月庚寅。

涅里衮等人,但后唐方面最初也并无拒人于千里之外的态度。《辽史·太宗纪》记载契丹使至唐后,后唐随即作出了反应,"遣使遗玉笛"。❶《册府元龟》对此有更详细的记录:"十月甲子,差春州刺史米海金押国信,赐契丹王及回使。梅老秀里等辞,赐物有差。"❷可能唐明宗的答复并不能让辽太宗满意,所以在十一月辛丑日,德光"自将伐唐"。但在启程之后的十二月庚戌日,"闻唐主复遣使来聘,上问左右,皆曰:'唐数遣使来,实畏威也。未可轻举,观衅而动可也。'上然之。甲寅,次杏埚,唐使至,遂班师。"❸"畏威"云云,与中原文献契丹"辞甚卑逊""数年不敢窥边"等相类,不足采信,"未可轻举,观衅而动"才是真正的原因。

太祖时代,契丹针对山南地区的两次大型军事行动都以失败告终,而在山北则相对较为顺利,曾一度据有山北诸州。可能参考了太祖时代的经验,太宗在即位初这次果敢但又谨慎的南下尝试之后,认识到幽州及镇定地区难以突破,开始改变策略,把目光投向云州。据《旧五代史·唐明宗纪》,天显四年四月壬子,"契丹寇云州。癸丑,契丹遣捺括梅里等来朝贡,称取秃馁等骸骨,并斩于北市"。❹太宗在入寇云州的同时遣使,难以让人相信"辞甚卑逊",而唐明宗斩契丹使,恐怕也是因为来使的嚣张气焰。同年五月,"云州奏,契丹犯塞"。❺十月"甲辰,(辽帝)幸诸营,阅军籍。庚戌,以云中郡县未下,大阅六军。甲子,诏皇弟李胡帅师趣云中,讨郡县之未附者。十一月丙寅朔,以出师告天地。丁卯,饯皇弟李

---

❶ 《辽史》卷3《太宗纪上》,第29页。
❷ 《册府元龟》卷976《外臣部褒异三》,第11468页。
❸ 《辽史》卷3《太宗纪上》,第29页。
❹ 《薛史新辑》卷40《唐明宗纪六》,第1233页。
❺ 《薛史新辑》卷40《唐明宗纪六》,第1242页。

胡于西郊。壬申,命大内惕隐告出师于太祖行宫。……五年春正月庚午,皇弟李胡拔寰州捷至。……(二月)癸卯,李胡还自云中,朝于行在"。❶

李胡这次出征,战果并不显著。而太宗也并不急于寻求扩大战果,随着李胡还朝,大规模军事行动暂时停止。不过军事准备及骚扰还一直在进行。天显五年七月,"(后唐)北京留守冯赟奏诸蕃部三千余帐近振武,请添兵控御"。❷次年七月己酉,"(辽太宗)命将校以兵南略"。❸

同时,契丹与后唐的外交往来也在继续,德光的策略是外交、军事二途并进。天显六年(931,后唐长兴二年)四月己酉,"唐遣使来聘"。❹八月己未,"契丹使邪姑儿"至唐。❺十一月乙酉,"唐遣使来聘"。十二月丙辰,"遣人以诏赐唐卢龙军节度使赵德钧"。❻《册府元龟》则曰:"十二月丙辰,幽州奏契丹乞通和好。"❼天显七年二月,"云州上言契丹遣使来求果子,帝曰:'契丹中虽阙此物,亦非彼实,然盖当面侦谍,宜阻其求。但报云遣使入朝,当有处分'"。❽

对于辽太宗的这一策略,唐明宗也有两手准备,一方面不示弱,另一方面力争和平。这突出表现在唐廷应对契丹求归涅里衮等人的举措上。据《册府元龟》,天显七年三月,"契丹遣使都督起阿钵等一百一十人进马一百匹及方物……又契丹遣使铁葛罗卿献

---

❶ 《辽史》卷3《太宗纪上》,第30–31页。
❷ 《册府元龟》卷994《外臣部备御七》,第11675页。
❸ 《辽史》卷3《太宗纪上》,第33页。
❹ 同上书,第32页。
❺ 《新五代史》卷6《唐明宗纪》,第63页。
❻ 《辽史》卷3《太宗纪上》,第33页。
❼ 《册府元龟》卷980《外臣部通好》,第11520页。
❽ 《册府元龟》卷999《外臣部请求》,第11725页。

马三十匹"。❶而《五代会要》道出了此行的原委："礼宾使梁进德自契丹报聘回,称其王请放荝剌舍利还本国。……又遣使铁葛罗卿进马三十匹,亦求荝剌归国故也。"❷荝剌当即查剌,据《旧五代史·唐明宗纪》,涅里衮亦在请中。❸

对于契丹的这一请求,唐廷中发生了很大争议:

> 明宗与大臣谋议,特放还蕃。一日,召光远于便殿,言其事,光远曰:"荝剌等北土之善战者,彼失之如丧手足,又在此累年,备谙中国事,若放还非便。"明宗曰:"蕃人重盟誓,既通欢好,必不相负。"光远曰:"臣恐后悔不及也。"明宗遂止。❹

不过在五月己亥契丹使者铁葛罗卿辞归国时,明宗还是作出了一些让步:"上曰:'朕志在安边,不可不少副其求。'乃遣荝骨舍利与之俱归。契丹以不得荝剌,自是数寇云州及振武。"❺辽太祖与李克用曾有兄弟之约,归而背盟,明宗焉能轻信契丹盟誓,其真实意图恐在"安边"。也就是说,在天显三年由王都引发的冲突结束后,双方在军事上都较为谨慎。至于《通鉴》认为唐廷未放查剌归国,导致契丹用兵云州,似未得其实。

天显七年十月,"契丹引吐浑、突厥犯塞"。❻据《通鉴》,是月丙辰,"幽州奏契丹屯掠剌泊"。胡注曰:"时幽州有备,契丹寇掠

---

❶《册府元龟》卷972《外臣部朝贡五》,第11423页。
❷《五代会要》卷29《契丹》,第458页。
❸《薛史新辑》卷43《唐明宗纪九》,第1403页。
❹《薛史新辑》卷97《杨光远传》,第2986页。
❺《通鉴》卷277《后唐纪六》明宗长兴三年五月己亥,第9072页。
❻《册府元龟》卷8《帝王部创业四》,第89页。

不得其志。契丹主西徙横帐，居捺剌泊，出寇云、朔之间。"❶胡三省可谓一语中的，不过，按上文所述，德光将主攻方向从山南转向山北要早于天显七年。对于契丹的这一咄咄逼人的举动，唐廷很快作出了反应。《册府元龟》载：

> 十月戊午，帝御广寿殿，谓范延光、秦王从荣等曰："契丹欲谋犯塞边上，宜得严重帅臣，卿等商量谁为可者以闻。"甲戌，秦王从荣奏曰："伏见北面奏报契丹族帐近塞，吐浑、突厥已侵边地。北面戍卒虽多，未有统率，早宜命大将。"❷

按《旧五代史》，十一月丁亥，"以河阳节度使、兼六军诸卫副使石敬瑭为河东节度使，兼大同、彰国、振武、威塞等军蕃汉马步总管。时契丹帐族在云州境上，与群臣议择威望大臣以制北方，故有是命"。❸《册府元龟》又曰："十一月乙巳，云州节度使张敬达奏：探得契丹王在黑榆林南捺剌泊，率蕃族三百帐，见制造攻城之具，云蕃界无草，欲借汉界水草。诏亲直指挥使张万全、供奉官周务谦赍书国信、杂彩五百匹、银器二百两，往赐契丹王。"❹

不过，辽太宗非常谨慎，仍不急于南下，而是先肃清外围的隐患。天显八年（933，后唐长兴四年）正月庚子，"命皇太弟李胡、左威卫上将军撒割率兵伐党项。癸卯，上亲饯之。……三月辛卯，皇太弟讨党项胜还，宴劳之。丙申，唐遣使请罢征党项兵，上以战捷及党项已听命报之。夏四月戊午，党项来贡"。同时，与后唐的

---

❶《通鉴》卷278《后唐纪七》明宗长兴三年十月丙辰，第9077页。
❷《册府元龟》卷994《外臣部备御七》，第11676页。
❸《薛史新辑》卷43《唐明宗纪九》，第1434-1435页。
❹《册府元龟》卷980《外臣部通好》，第11520-11521页。

外交往来依旧。是年二月乙卯,"克实鲁使唐还,以附献物分赐群臣"。❶五月丙戌,"契丹遣使朝贡"。❷十月"辛亥,唐遣使来聘。己未,遣拔剌使唐。……十一月辛丑,太皇太后崩,遣使告哀于唐及人皇王倍"。❸

后唐应顺元年(934,辽天显九年)正月,唐明宗辞世,作为五代痼疾的继承问题再次主导了政治局势的发展。面对唐廷内乱提供的机会,辽太宗终于挥师南下。❹不过,由于明宗在世时的安排,皇位的争夺并未影响到山北的防御,石敬瑭坐镇太原,击败了契丹。❺次年,辽太宗并没有马上组织新一轮的全面进攻,只是采取了骚扰性的行动。❻耐心的德光仍在等待机会。也许他没有想到,机会来得如此之快。

后唐清泰三年(936,辽天显十一年),石敬瑭与唐末帝的关系迅速恶化,决裂在所难免,后唐面临着全面内战。《旧五代史》载:"掌书记桑维翰、都押衙刘知远赞成密计,遂拒末帝之命。朝廷以帝不奉诏,降旨削夺官爵,即诏晋州刺史、北面副招讨使张敬达领兵围帝于晋阳。帝寻命桑维翰诣诸道求援,契丹遣人复书诺之,约以中秋赴义。"❼八月庚午,"(辽太宗)自将以援敬瑭"。❽九月,太原围解。十一月,德光册石敬瑭为大晋皇帝,后晋许割燕云

---

❶《辽史》卷3《太宗纪上》,第34-35页。
❷《薛史新辑》卷44《唐明宗纪十》,第1458页。
❸《辽史》卷3《太宗纪上》,第35页。
❹ 同上书,第36页。
❺ 详见《通鉴》卷279《后唐纪七》潞王清泰元年,第9124、9126页;《册府元龟》卷987《外臣部征讨六》,第11595页;《薛史新辑》卷123《安叔千传》,第3791页。
❻ 参见《薛史新辑》卷47《唐末帝纪中》,第1587、1590页;《辽史》卷3《太宗纪上》,第37页。
❼《薛史新辑》卷75《晋高祖纪一》,第2268-2269页。
❽《辽史》卷3《太宗纪上》,第38页。

十六州。闰十一月，晋军入洛，唐末帝自焚，后唐亡。

对于辽太宗的成功南进，以往史家多强调石敬瑭割地事敌的卑鄙之举。上文分析表明，如果没有石敬瑭，契丹南扩的确困难重重。不过，在此拟指出的是，石敬瑭只是给德光提供了一个成功的契机，而契丹据有汉地的野心，并非石氏所启。从天显三年援王都失败，到天显十一年成功援立石敬瑭，其间虽有曲折，战术上有调整（比如，主攻方向从幽燕镇定转向云朔），但德光一直在准备军事入侵（当然也并非一味蛮干、排斥外交），南进中原的战略方向一以贯之。事实上，石敬瑭得以出镇太原，拥兵自重，恰恰是唐廷为应付契丹军事压力的安排。没有德光的积极备战，石氏未必有机会出掌河东，这亦可谓是天助自助者。

中原士人可能出于对蛮夷的偏见，并未能体察辽太宗各种政治军事举措背后的通盘考虑。石敬瑭叛唐前，近臣吕琦曾向唐主进言曰："河东若有异谋，必结契丹为援。契丹母以赞华在中国，屡求和亲，但求蓟刺等未获，故和未成耳。今诚归蓟刺等与之和，岁以礼币约直十余万缗遗之，彼必欢然承命。如此，则河东虽欲陆梁，无能为矣。"❶唐廷对契丹意图把握失当，未能及早防范契丹南下，也是覆亡的原因之一。

辽太宗挺进中原的战略目标，除上所论外，还有其他证据。据《辽史·太宗纪》，天显十一年四月辛未，"燕民之复业者陈汴州事宜"。❷其时幽州尚在赵德钧治下，所谓"燕民"恐怕是契丹招徕的奸细，"汴州事宜"云云，殊不可解，但德光对中原局势的关心可见一斑。

---

❶《通鉴》卷280《后晋纪一》高祖天福元年三月，第9139页。
❷《辽史》卷3《太宗纪上》，第37页。

而且，石敬瑭与契丹素无来往，德光迅速果敢的反应让中原史家颇感意外。石氏最初对辽朝的许诺，已不得其详，但燕云十六州之约，晚至契丹援立石晋当日始成，因此《旧五代史》感慨道："帝与契丹本无结好，自末帝见迫之后，遣腹心何福以刀错为信，一言亲赴其难，迅若流电，信天意耶！……及重围晋阳，帝遣心腹何福轻骑求援北蕃，蕃主自将诸部赴之。不以缯帛，不以珠金，若响应声。"❶当时唐廷也不认为契丹会轻信石敬瑭。《册府元龟》载："朝廷又以虏性多疑，必不以高祖单词容易应副。"❷因此，后唐疏忽了对契丹南下的防范。德光在抵达太原后，就指出了唐廷所犯的这一致命错误："吾谓唐兵能守雁门而扼诸险要，则事未可知。今兵长驱深入而无阻，吾知大事必济。"❸

成功度过雁门之险，从军事角度而言，南援之师仍需面对巨大的潜在危险。其时契丹深入汉地，而山北诸州尚在后唐掌握之中，若师出不利，归路被邀，后果不堪设想。即便抵达晋阳，大败唐军后，风险也并未解除。张敬达五万大军虽被围晋安，毕竟主力尚在，且唐主调集各路藩镇赴援，若非主帅赵德钧阴蓄异志，欲乘乱自取中原，契丹与石敬瑭联军未必能占到便宜。此外，《通鉴》载：

---

❶ 《薛史新辑》卷75《晋高祖纪一》，第2272、2276页。同卷下（第2279页）曰："是日（契丹援立），帝言于戎王，愿以雁门已北及幽州之地为戎王寿，仍约岁输帛三十万，戎王许之。"然《通鉴》卷280《后晋纪一》（高祖天福元年七月，第9146页）载："石敬瑭遣间使求救于契丹，令桑维翰草表称臣于契丹主，且请以父礼事之，约事捷之日，割卢龙一道及雁门关以北诸州与之。"其说恐误。不过，即使石敬瑭确曾在求援时即许诺割让燕云十六州，此时其自身安危尚是未定之数，终究只是空头承诺而已。

❷ 《册府元龟》卷309《宰辅部佐命二》，第3649页。

❸ 《新五代史》卷72《四夷附录一》，第893页。《薛史新辑》卷85《晋少帝纪五》（第2656页）载其降表云："往者，唐运告终……翁皇帝救患摧刚……犯露蒙霜，度雁门之险。"可资参证。

帝以晋安为忧，问策于群臣，吏部侍郎永清龙敏请立李赞华为契丹主，令天雄、卢龙二镇分兵送之，自幽州趣西楼，朝廷露檄言之，契丹主必有内顾之忧，然后选募军中精锐以击之，此亦解围之一策也。帝深以为然，而执政恐其无成，议竟不决。❶

此策若行，胜负如何，实未可知。❷

也就是说，一方面，石敬瑭是否可信，对辽朝来说完全是未知之数；另一方面，南下晋阳是军事上的大冒险。在这种情况下太宗援晋的果断决定，与此前他的谨慎形成了鲜明的对照。但这一对照并非矛盾，恰恰相反，正是这两种看似冲突的举动相互说明了对方的真实含义，揭示了其背后德光整体性的政治意图。天显十一年的果敢，说明近十年的谨慎并非软弱，而是为了等待一个绝佳的契

---

❶《通鉴》卷280《后晋纪一》高祖天福元年九月，第9151-9152页。又同卷是年闰十一月（第9161页）载赵德钧入辽后，太后语之曰："吾儿将行，吾戒之云：'赵大王若引兵北向渝关，亟须引归，太原不可救也。'"

❷《通鉴》卷280《后晋纪一》（第9155-9156页）载："（天福元年十一月），契丹主虽军柳林，其辎重老弱皆在虎北口，每日暝辄结寨，以备仓猝遁逃。……（闰月，赵延寿）别为密书，厚以金帛赂契丹主，云：'若立己为帝，请即以兵南平洛阳，与契丹为兄弟之国；仍许石氏常镇河东。'契丹主自以深入敌境，晋安未下，德钧兵尚强，范延光在其东，又恐山北诸州邀其归路，欲许德钧之请。帝（敬瑭）闻之，大惧，亟使桑维翰见契丹主，说之曰：'……且使晋得天下，将竭中国之财以奉大国，岂此小利之比乎！'契丹主曰：'尔见捕鼠者乎，不备之，犹或啮伤其手，况大敌乎！'对曰：'今大国已扼其喉，安能啮人乎！'契丹主曰：'吾非有渝前约也，但兵家权谋不得不尔。'……（维翰）跪于帐前，自旦至暮，涕泣争之。契丹主乃从之。"按照这一记载，契丹军队当时面临的危险几乎迫在眉睫。不过此说疑不可信。据《薛史新辑》卷75《晋高祖纪一》（第2275页），十一月德光册立石敬瑭的册文中明确说"余视尔若子，尔待予犹父"，而且石氏许割燕云十六州。比较而言，赵延寿只是约为兄弟之国，条件相差太过悬殊。又《薛史新辑》卷98《赵德钧传》（第3022页）曰："（德钧）遣使于契丹，厚赍金币，求立己为帝，仍许晋祖长镇太原，契丹主不之许。"卷137《契丹传》（第4287页）同。其事系月不明，恐在册立后晋之前。同时，赵氏求立一事也间接证明，燕云十六州之许不会是在石氏求援之时。不论如何，其中并没有德光忧惧的记载。

机。前此的精心准备，说明援晋并非出于鲁莽，并非受石敬瑭蛊惑而一时心血来潮，而是多年来的计划。至于危险，那是成功者常要付出的代价。

第三节　辽晋纠葛

辽晋之间的密切关系，在会同元年（938，晋天福三年）晋上尊号并献十六州图籍时达到了高潮。不过好景不长，晋天福七年（942，辽会同五年）出帝石重贵即位后，辽晋间发生了冲突，最终导致后晋的灭亡。学术界一般将辽晋关系的破裂归咎为石重贵试图摆脱藩属地位的鲁莽行为。换言之，传统看法认为辽太宗原本满足于止步燕云，只是在石重贵挑衅下才挥师南下入汴。本节将重新审视这一说法，力图证明，灭晋是契丹既有长期计划中的关键一步，石重贵可能提前促成了这一计划的实施，但并非其根本原因。

我们首先对太宗立晋后辽晋关系的变迁作一番梳理。太宗在援立石晋后，并不满足于燕云十六州和每岁的金帛，他对后晋内政也表现出了强烈的兴趣。据《通鉴》，晋安唐军降后，"契丹主谓帝曰：'桑维翰尽忠于汝，宜以为相。'丙寅，以赵莹为门下侍郎，桑维翰为中书侍郎，并同平章事；维翰仍权知枢密使事。以杨光远为侍卫马步军都指挥使，以刘知远为保义节度使、侍卫马步军都虞候。"[1]按杨光远乃晋安降将，并非石敬瑭元从，以此人为禁军总管绝非石氏意愿。

---

[1]《通鉴》卷280《后晋纪一》天福元年闰十一月，第9158—9159页。

又《旧五代史·汉高祖纪》载:"契丹主送晋高祖至上党,指帝谓高祖曰:'此都军甚操刺,无大故不可弃之。'"❶而同书《晋少帝纪》亦云:"高祖受契丹册,将入洛,欲留一子抚晋阳,先谋于戎王。戎王曰:'使诸子尽出,吾当择之。'乃于行中指帝,谓高祖曰:'此眼大者可矣。'遂以帝为北京留守。"❷吊诡的是,石重贵的崛起,辽太宗功不可没。而后日称帝的刘知远,也曾是德光对儿皇帝明言不可弃之人。

辽太宗将晋之职官视同己物,俨然是凌驾于晋天子之上的太上皇。类似的例子还有一个。《旧五代史·王庭胤传》载:

> 先是,契丹欲以王处直之子威为定州节度使,处直则庭胤之叔祖也。处直为养子都所篡,时威北走虏庭,虏纳之。至是虏遣使谕高祖云:"欲使王威袭先人土地,如我蕃中之制。"高祖答以"中国将校自刺史、团练、防御使序迁,方授旄节。请遣威至此任用,渐令升进,乃合中土旧规。"戎王深怒其见拒,使人复报曰:"尔自诸侯为天子,有何阶级耶?"高祖畏其滋蔓,则厚赂力拒其命,虏忿稍息,遂连升庭胤,俾镇中山,且欲塞其意也。❸

虽然这次石敬瑭以厚赂坚据其命,但已反映出德光试图支配后晋内政的企图。

晋高祖奴颜婢膝,总算避免了辽晋关系的破裂。《旧五代史·契丹传》曰:

---

❶《薛史新辑》卷99《汉高祖纪上》,第3044页。
❷《薛史新辑》卷81《晋少帝纪一》,第2505页。
❸《薛史新辑》卷88《王庭胤传》,第2704页。

> 德光请晋高祖不称臣，不上表，来往缄题止用家人礼，但云"儿皇帝"。晋祖厚赍金帛以谢之。晋祖奉契丹甚至，岁时问遗，庆吊之礼，必令优厚。每敌使至，即于别殿致敬。德光每有邀请，小不如意，则来谴责，晋祖每屈己以奉之。终晋祖世，略无衅隙。❶

所谓"不称臣"，无非故作姿态。晋高祖一朝，与契丹之间的通使非常频密，每岁使节往来络绎不绝，曲意奉迎换得了暂时的和平。

但会同五年石敬瑭卒，局面发生了变化。《辽史·太宗纪》云：

> （六月）乙丑，晋主敬瑭殂，子重贵立。戊辰，晋遣使告哀，辍朝七日。庚午，遣使往晋吊祭。……秋七月庚寅，晋遣金吾卫大将军梁言、判四方馆事朱崇节来谢，书称"孙"，不称"臣"，遣客省使乔荣让之。景延广答曰："先帝则圣朝所立，今主则我国自册。为邻为孙则可，奉表称臣则不可。"荣还，具奏之，上始有南伐之意。❷

《辽史》对辽晋冲突起源的记载，有错误之处。乔荣与景延广的故事，实际上发生在次年九月（详下）。称孙不称臣，在少帝即位后可能就引发了辽晋之间的不快，❸但直到会同六年（943，晋天福八年）九月契丹回图使乔荣归国前，辽晋往来无虚月，气氛还并不紧张。

---

❶《薛史新辑》卷137《契丹传》，第4288页。
❷《辽史》卷4《太宗纪下》，第51-52页。
❸ 关于石重贵即位初对辽晋体制的挑战，参苗润博：《十至十一世纪"南北朝"称号问题再检讨——以外交国书为中心》，学士学位论文，南开大学历史学院，2012年6月，第22-27页。

表1 会同五年七月至六年八月辽晋交聘表

时　间	记　载	出　处
会同五年七月甲辰	契丹使通事来	《新五代史》，第90页
丁未	晋遣使以祖母哀来告	《辽史》，第52页
八月甲子	契丹遣使致慰礼马二十匹及罗绢等物	《薛史新辑》，第2513页
戊辰	诏河东节度使刘知远送叛臣乌古指挥使由燕京赴阙	《辽史》，第52页
癸酉	遣天城军节度使萧拜石吊祭于晋 契丹遣使致祭于高祖，赙礼御马二匹、羊千口、绢千匹，契丹主母亦遣使来慰	同上 《薛史新辑》第2514-2515页
九月壬辰	遣使贺晋帝嗣位	《辽史》，第52页
十月己未	契丹使舍利来	《新五代史》，第90页
庚辰	契丹遣使致祭于高祖，赙马三匹、衣三袭	《薛史新辑》，第2519页
十一月己亥	牛羊使董殷使于契丹	《新五代史》，第91页
十二月癸亥	晋遣使来谢	《辽史》，第52页
十二月庚午	契丹于越使令骨支来	《新五代史》，第91页
辛未	（契丹于越）又使野里巳来	同上
会同六年正月	契丹于越使乌多奥来	同上
二月乙卯	晋遣使进先帝遗物	《辽史》，第52页
辛酉	晋遣使请居汴，从之	同上
三月辛丑	引进使、太府卿孟承诲使契丹	《薛史新辑》，第2530页
丁未	晋至汴，遣使来谢	《辽史》，第53页
四月庚午	董殷使于契丹	《新五代史》，第91页
五月己亥	遣使如晋致生辰礼	《辽史》，第53页
六月	晋遣使贡金	同上
七月丁酉	契丹使梅里等来	《新五代史》，第92页
八月丁未	晋复贡金	《辽史》，第53页
己未	晋遣其子延煦来朝	同上

从上表可以看出，少帝即位之初，虽然可能已经因称臣问题引发争议，但情况在表面上并不危急。❶这或许是一贯谨慎的德光并不急于轻举妄动，也可能是太宗试图迷惑对手。但会同六年九月契丹回图使乔荣归国，带回了景延广一番刺激性极强的言论，终于引爆了大战。按《通鉴》载：

> 初，河阳牙将乔荣从赵延寿入契丹，契丹以为回图使，往来贩易于晋，置邸大梁。及契丹与晋有隙，景延广说帝囚荣于狱，悉取邸中之货。凡契丹之人贩易在晋境者，皆杀之，夺其货。大臣皆言契丹有大功，不可负。戊子，释荣，慰赐而归之。
>
> 荣辞延广，延广大言曰："归语而主，先帝为北朝所立，故称臣奉表。今上乃中国所立，所以降志于北朝者，正以不敢忘先帝盟约故耳。为邻称孙，足矣，无称臣之理。北朝皇帝勿信赵延寿诳诱，轻侮中国。中国士马，尔所目睹。翁怒则来战，孙有十万横磨剑，足以相待。他日为孙所败，取笑天下，毋悔也！"荣自以亡失货财，恐归获罪，且欲为异时据验，乃

---

❶《薛史新辑》卷88《景延广传》（第2690页）云："朝廷遣使告哀北虏，无表致书，去臣称孙，虏怒，遣使来让。延广乃奏，令契丹回图使乔荣告戎王曰：'先帝则北朝所立，今上则中国自册，为邻为孙则可，无称臣之理。'且言：'晋朝有十万口横磨剑，翁若要战则早来，他日不禁孙子，则取笑天下，当成后悔矣。'由是与虏立敌，干戈日寻。"又同书卷137《契丹传》（第4289页）曰："及少帝嗣位，遣使入契丹，德光以少帝不先承禀，擅即尊位，所赍文字，略去臣礼，大怒，形于责让，朝廷使去，即加谴辱。会契丹回图使乔荣北归，侍卫亲军都指挥使景延广谓荣曰……"《通鉴》卷283《后晋纪四》（第9242—9243页）亦载："（天福七年十二月）契丹大怒，遣使来责让，且言：'何得不先承禀，遽即帝位？'延广复以不逊语答之。契丹卢龙节度使赵延寿欲代晋帝中国，屡说契丹击晋，契丹主颇然之。……帝闻契丹将入寇，（天福八年）二月，己未，发邺都；乙丑，至东京。然犹与契丹间遗相往来，无虚月。"按景延广、乔荣事在会同六年九月，所谓少帝即位初双方已爆发严重冲突恐不可信。乃

曰:"公所言颇多,惧有遗忘,愿记之纸墨。"延广命吏书其语以授之,荣具以白契丹主。契丹主大怒,入寇之志始决。❶

据《册府元龟》,是年七月壬午,"契丹回图使乔荣、通事郝在殷到阙,各进马一匹"。❷因此,乔荣确系回图使无疑。在乔荣带回的景延广言论中,"十万横磨剑"一段杀气逼人。在这种态势面前,纵然德光觉得军事准备还不充分,也已别无选择。《册府元龟》载契丹军至澶渊城下,"使人宣言曰:'景延广唤我来相杀,何不急战'?"❸正说明了此番言论的效果。而《通鉴》所谓"入寇之志始决",应当理解为南征日程表的正式敲定。

据《辽史·太宗纪》,会同六年十一月辛卯,"上京留守耶律迪辇得晋谍,知有二心。……十二月丁未,如南京,议伐晋。命赵延寿、赵延昭、安端、解里等由沧、恒、易、定分道而进,大军继之"。❹契丹伐晋之师正式出发。值得注意的是,得晋谍的是上京而非南京留守,这可以有两种解释。其一,此时上京留守耶律迪辇正统军驻防于辽晋边境;其二,晋谍远至上京地区。笔者以为,前者的可能性较大。此外,这次德光下定决心,除了景延广的言论太过刺激外,还跟晋青州藩帅杨光远通款有关。

会同七年(944,晋天福九年)正月,契丹大军南下,进抵元城。《旧五代史》曰:"邺都留守张从恩遣人夜缒城间行,奏契丹主以铁骑三四万建牙帐于元城,以赵延寿为魏博节度使,改封魏王,

---

❶《通鉴》卷283《后晋纪四》齐王天福八年,第9253—9254页。这段记载不见新旧《五代史》之《帝纪》,仅见《列传》,系年不明。
❷《册府元龟》卷972《外臣部朝贡五》,第11424页。"事"字本缺,王超《〈册府元龟〉中的契丹史料初探》(第138页)据宋本补。
❸《册府元龟》卷453《将帅部怯懦》,第5375页。
❹《辽史》卷4《太宗纪下》,第53页。

延寿日率骑军摩垒而退。"❶任命魏博节度使，说明德光的目的并不仅仅是教训少帝，而是欲踞其地而有之。在这种局面下，少帝试图妥协。据《辽史》，"晋遣使来修旧好，诏割河北诸州，及遣桑维翰、景延广来议"。❷关于后晋这次外交努力，中原文献记载有所不同。《旧五代史》云："遣译语官孟守忠致书于契丹主，求修旧好。守忠自敌帐回，契丹主复书曰：'已成之势，不可改也。'"❸笔者认为《辽史》记载有误，"诏割河北"云云是太宗对次年晋使的答复（说详下）。此时契丹兵锋正锐，德光自信满满，从上文封延寿魏博节度使即可看出其志在必得的骄兵之态，因此虽然后晋已经屈膝，仍断然予以拒绝。

不过，三月戚城决战，辽晋双方伤亡都非常惨重，征服中原已成泡影，德光遂于四月引军北归。七月辛卯，"晋遣张晖奉表乞和，留晖不遣"。❹同年底再度南伐。在南征已然付出惨痛代价的情况下，仍拒绝后晋的求和，只能说明太宗志不在和。晋开运二年（945，会同八年）三月，在白团卫村发生大战，"辽军不利，上乘奚车退十余里，晋追兵急，获一橐驼乘之乃归"。❺契丹大败，其君主仅孤身鼠窜得免，似乎形势对契丹极为不利。四月甲申，"（太宗）还次南京，杖战不力者各数百。庚寅，宴将士于元和殿"；七月，"晋遣孟守中奉表请和，仍以前事答之"。❻所谓"前事"，当即上文所引"割河北诸州，及遣桑维翰、景延广来议"。但从中原文献来看，

---

❶ 《薛史新辑》卷 82《晋少帝纪二》，第 2552 页。
❷ 《辽史》卷 4《太宗纪下》，第 53 页。
❸ 《薛史新辑》卷 82《晋少帝纪二》，第 2553 页。《通鉴》卷 283《后晋纪四》齐王开运元年正月（第 9263 页）同。
❹ 《辽史》卷 4《太宗纪下》，第 54 页。
❺ 同上书，第 56 页。
❻ 同上。

这是辽太宗白团卫大败后的新态度。按《旧五代史·契丹传》,辽军大败、德光单骑逃亡后,"晋相桑维翰劝少帝求和于契丹,以纾国难,少帝许之,乃遣使奉表称臣,卑辞首过。使回,德光报曰:'但使桑维翰、景延广自来,并割镇、定与我,则可通和也。'朝廷知其不可,乃止"。❶《通鉴》略同,谓"朝廷以契丹语忿,谓其无和意,乃止。及契丹主入大梁,谓李崧等曰:'向使晋使再来,则南北不战矣'"。❷

德光这次虽然没有明确拒绝和谈,但条件极其苛刻。我们还注意到,中原文献明确指出晋使此来"奉表称臣",也就是说,在当初引发纠葛的问题上已完全让步,重新接受石敬瑭时的辽晋君臣名分。考虑到契丹在军事上的进展并不顺利,如果德光对中原没有野心,这应该就是他求之不得的理想结果。如此强硬的表现,说明后晋最初的挑衅只是诱因,太宗所想要的并非回到此前的局面,而是不得河北绝不罢休。"已成之势,不可改也"之语,赤裸裸地表现出太宗的真实目的是入主中原,少帝的鲁莽只是辽晋冲突的表象。至于入汴后德光所说"向使晋使再来,则南北不战矣",若非后人演绎,则正显其沉鸷狡诈之本色。会同九年(946,晋开运三年)八月,辽太宗再度自将南伐,这一次终于灭亡了后晋。

以上的分析表明,晋出帝继位后的鲁莽表现,是辽晋冲突的导火索,但可能并不是其根本原因。下面笔者将力图证明,灭晋、入主中原是德光早已有之的目标。

首先,即使石敬瑭尚在位时,辽晋友好的表象下已有暗潮汹涌,契丹与南唐密使往来频繁,共谋石晋。

---

❶《薛史新辑》卷137《契丹传》,第4292页。
❷《通鉴》卷284《后晋纪五》齐王开运二年六月,第9294页。

表2　石敬瑭在位期间契丹、南唐交聘表

时　间	记　载	出　处
天显十二年（937）五月	吴徐诰用宋齐丘策，欲结契丹以取中国，遣使以美女、珍玩泛海修好，契丹主亦遣使报之	《通鉴》，第9173页
八月庚寅	南唐李昇遣使来贡	《辽史》，第41页
九月庚申	遣直里古使晋及南唐	同上
会同元年（938）六月辛卯	南唐来贡	《辽史》，第44页
六月	契丹使梅里捹卢古、东丹使兵器寺少令高徒焕奉书致贡	陆游：《南唐书》，收入傅璇琮等主编：《五代史书汇编》，杭州：杭州出版社，2004年，第5606页
七月丁卯	梅里了古使南唐	《辽史》，第44页
会同二年（939）二月乙未	契丹使曷鲁来，以兄礼事帝	《十国春秋》，见《五代史书汇编》第7册，第3610页
五月	南唐遣使来贡	《辽史》，第46页
会同三年（940）三月乙未	南唐遣使来觐	《辽史》，第47页
四月乙丑	南唐进白龟	同上
十月辛丑	略姑使南唐	《辽史》，第49页
十一月己巳	南唐遣使奉蜡丸书言晋密事	同上
会同四年（941）正月丙子	南唐遣使来贡	同上
七月癸亥	南唐遣使奉蜡丸书	《辽史》，第50页
八月癸巳	南唐奉蜡丸书	同上
十二月庚寅	南唐遣使奉蜡丸书	同上

据上表，早在天显十二年，即援立石晋的次年，南唐就与契丹建立了联系，其后双方使节不断。特别值得注意的是会同三年十一月，"南唐遣使奉蜡丸书言晋密事"。此前南唐与契丹往来中是否明

确以共取中原为目标,已不得而知。但至少从这时候起,共谋石晋应当已成为共识。因为次年双方来往异常紧密。难以想象,如果太宗对蜡丸书没有作出积极回应,南唐会在短短一年中再次三奉蜡丸书。而这发生在石敬瑭一命呜呼之前,亦即石重贵继位之前。

其次,德光伐晋的真实企图,《辽史》中有明文记载。《耶律图鲁窘传》云:

> (会同九年)从讨石重贵,杜重威拥十万余众拒滹沱桥,力战数日,不得进。帝曰:"两军争渡,人马疲矣,计安出?"诸将请缓师,为后图,帝然之。图鲁窘厉色进曰:"臣愚窃以为陛下乐于安逸,则谨守四境可也;既欲扩大疆宇,出师远攻,讵能无廑圣虑。……"帝喜曰:"国强则其人贤,海巨则其鱼大。"于是塞其饷道,数出师以牵挠其势,重威果降如言。❶

图鲁窘明确指出,太宗南征的真正目的是"扩大疆宇"。也正是由于这一原因,后晋方面"称臣"的退让仍然无法满足德光的要求。

不过,或有论者会怀疑,德光灭晋后可能意在建立另一个傀儡政权,而非直接统治中原。这种说法恐怕不能成立。

《旧五代史·赵延寿传》载:

> 天福末,契丹既与少帝绝好,契丹主委延寿以图南之事,许以中原帝之。延寿乃导诱蕃戎,蚕食河朔。晋军既降于中渡,戎王命延寿就寨安抚诸军,仍赐龙凤赭袍,使衣之而往,谓之曰:"汉儿兵士,皆尔有之,尔宜亲自慰抚。"延寿至营,

---

❶ 《辽史》卷75《耶律图鲁窘传》,第1242页。

杜重威、李守贞已下皆迎谒于马前。❶

又同书《杜重威传》曰：

> 重威密遣人诣敌帐，潜布腹心，契丹主大悦，许以中原帝之。重威庸暗，深以为信。一日，伏甲于内，召诸将会，告以降敌之意，诸将愕然，以上将既变，乃俯首听命，遂连署降表，令中门使高勋赍送敌帐。军士解甲，举声恸哭。是日，有大雾起于降军之上。契丹主使重威衣赭袍以示诸军，寻伪加守太傅，邺都留守如故。契丹主南行，命重威部辖晋军以从。既至东京，驻晋军于陈桥，士伍饥冻，不胜其苦。重威每出入衢路，为市民所诟，俯首而已。❷

《新五代史》兼采二传，云："重威等被围粮绝，遂举军降。德光喜，谓赵延寿曰：'所得汉儿皆与尔。'因以龙凤赭袍赐之，使衣以抚晋军，亦以赭袍赐重威。"❸《通鉴》因之，并下按语曰"其实皆戏之耳"，胡注云："契丹主非特戏杜威、赵延寿也，亦以愚晋军。彼其心知晋军之不诚服也，驾言将以华人为中国主，是二人者必居一于此。晋人谓丧君有君，皆华人也，夫是以不生心，其计巧矣。"❹

司马光与胡三省之说，盖得其实。德光虽以赭袍衣重威，但仅"加守太傅，邺都留守如故"，显然没有兑现诺言的意思。这可以得

---

❶《薛史新辑》卷98《赵延寿传》，第3026-3027页。
❷《薛史新辑》卷109《杜重威传》，第3289、3291页。
❸《新五代史》卷72《四夷附录一》，第896页。《辽史》卷76《赵延寿传》（第1248页）曰："上喜，赐延寿龙凤赭袍，且曰：'汉兵皆尔所有，尔宜亲往抚慰。'延寿至营，杜重威、李守贞皆迎谒马首。"当系综合《新五代史》及《旧五代史》而成，然不取重威事。
❹《通鉴》卷285《后晋纪六》齐王开运三年十二月，第9319页。

到《辽史·太宗纪》的证实:"杜重威、李守贞、张彦泽等率所部二十万众来降。上拥数万骑,临大阜,立马以受之。授重威守太傅、邺都留守,守贞天平军节度使,余各领旧职。分降卒之半付重威,半以隶赵延寿。"❶而对德光了解应当颇深的赵延寿,似乎也很清楚其用意。《旧五代史·赵延寿传》云:

> 及戎王入汴,时南北降军数万,皆野次于陈桥,戎王虑其有变,欲尽杀之。延寿闻之,遽请见于戎王,曰:"臣伏见今日已前,皇帝百战千征,始收得晋国,不知皇帝自要治之乎,为他人取之乎?"戎王变色曰:"尔何言之过也!朕以晋人负义,举国南征,五年相杀,方得中原,岂不自要为主,而为他人耶?卿有何说,速奏朕来!"……戎王曰:"念在壶关失断,阳城时亦曾言议,未获区分,致五年相杀。此时入手,如何更不翦除?"延寿曰:"晋军见在之数,如今还似从前尽在河南,诚为不可。臣请迁其军,并其家口于镇、定、云、朔间以处之,每岁差伊分番于河外沿边防戍,斯上策也。"戎王忻然曰:"一取大王商量。"由是陈桥之众获免长平之祸焉。❷

此事又见《通鉴》。❸需要强调的是,在《旧五代史·赵延寿传》中,这一记载紧跟在上文所引许帝中原、加赐赭袍的故事之后。延寿问语曰"皇帝百战千征,始收得晋国,不知皇帝自要治之乎,为他人取之乎",德光变色作答,表明辽太宗实无意委延寿以中原,赵氏也深知这一点。又所谓"壶关失断",是指援立石晋时的失策。这

---

❶ 《辽史》卷4《太宗纪下》,第58页。
❷ 《薛史新辑》卷98《赵延寿传》,第3027—3028页。
❸ 《通鉴》卷286《后汉纪一》高祖天福十二年正月,第9331—9332页。

说明，德光南下，正是试图改变辽晋体制。而迁军于镇、定、云、朔的建议，表明太宗对中原的统治，将以这些区域为统治中心。大同元年（947）二月，镇州升为中京，正与此合。

总之，虽然德光曾许赵延寿及杜重威为帝并赐赭袍，但这只是太宗的诡计。耶律德光南下灭晋，绝无意再立傀儡政权，而是为了实现多年来苦心经营的称帝中原之梦。

第四节　建号大辽

会同九年十二月杜重威、张彦泽降后，太宗遣张氏先入汴京，石重贵遂派人纳降书、传国玺，请太宗入汴。有学者以为，契丹最初对传国玺并不以为意，辽中期以后才逐渐认识到其政治价值。❶对此笔者有不同看法。《旧五代史·晋少帝纪》载："时契丹主以所送传国宝制造非工，与载籍所述差异，使人来问。帝进状曰：'顷以伪主王从珂于洛京大内自焚之后，其真传国宝不知所在，必是当时焚之。先帝受命，旋制此宝，在位臣僚备知其事。臣至今日，敢有隐藏'云。"❷试想，如果德光不清楚此玺之含义，怎么会怀疑其伪，并要求献出真传国玺呢？

不过，中原文献中确有记载似乎表明太宗对汉文化并无好感，这就需要作一番辨析。据《通鉴》，入汴之前，"有司欲备法驾迎契丹主，契丹主报曰：'吾方攐甲总戎，太常仪卫，未暇施也。'皆却

---

❶ 刘浦江：《德运之争与辽金王朝的正统性问题》，《松漠之间》，第4—5页。另参本书第6章第二节关于穆宗用石晋旧玺的讨论。
❷ 《薛史新辑》卷85《晋少帝纪五》，第2657—2658页。

之"。胡注云:"用太常仪卫,则当改胡服而华服,故言未暇。"❶曾瑞龙据此以为,德光不屑华服,对统治汉地并无多大兴趣。❷然据《辽史》,会同间太宗屡备法驾幸燕,且尝行入阁礼。❸这又该如何解释呢?事实上,李锡厚曾指出,德光拒绝法驾入汴是因为其当务之急是处理军务,胡服代表可汗身份,而可汗才是契丹军队最高统帅,所以缓行汉服。❹李说已接近事实真相,然尚未能彻底澄清疑团。

按《通鉴》这一记载亦见《新五代史·四夷附录》,其文曰:"德光将至京师,有司请以法驾奉迎,德光曰:'吾躬擐甲胄,以定中原,太常之仪,不暇顾也。'止而不用。"❺结合契丹方面对传国玺的怀疑,笔者以为,一向谨慎的太宗担心后晋诈降,深恐入汴仪式中藏有杀机,因此对后晋朝廷的安排一概拒绝。所谓"躬擐甲胄,以定中原"或"擐甲总戎"之答语,表明德光拒绝法驾,是要坚持在保持高度军事戒备的状态下进入汴京,而非基于华胡之辨。❻自古以来,受降就是一个非常微妙的场合。如宋开宝二年(969),宋太祖围太原,《长编》曰:"夜半,忽传呼壁外,云北汉主降。上令

---

❶《通鉴》卷285《后晋纪六》齐王开运三年十二月,第9325页。按《辽史》卷4《太宗纪下》(第59页),大同元年正月丁亥朔,"备法驾入汴,御崇元殿受百官贺"。然中原文献一致记载"御崇元殿受百官贺"系二月时事,《辽史》恐误,"法驾入汴"当非实录。

❷ 曾瑞龙:《经略幽燕——宋辽战争军事灾难的战略分析》,香港:香港中文大学出版社,2003年,第45页。

❸《辽史》卷4《太宗纪下》,第47页;卷58《仪卫志四》,第919页。

❹ 李锡厚:《中国历史·辽史》,北京:人民出版社,2006年,第66页。

❺《新五代史》卷72《四夷附录一》,第896页。

❻ 按《通鉴》(卷285《后晋纪六》齐王开运三年十二月,第9325页)在上引一段之上记云:"(晋)帝闻契丹主将渡河,欲与太后于前途奉迎。张彦泽先奏之,契丹主不许。有司又欲使帝衔璧牵羊,大臣舆榇,迎于郊外,先具仪注白契丹主,契丹主曰:'吾遣奇兵直取大梁,非受降也。'亦不许。""吾遣奇兵直取大梁,非受降也"颇堪寻味,正可为此说做一注脚。

卫士擐甲，开壁门，八作使赵璘曰：'受降如受敌，讵可夜半轻诺乎！'上使伺之，果谍者诈为也。"❶辽太宗之谨慎，还可以得到其他材料的印证。《旧五代史·晋少帝纪》云："（入汴后）契丹主遂入大内，至昏出宫，是夜宿于赤冈。"❷按赤冈在汴梁城外，当日出城，恐怕也是出于安全考虑。❸

按《辽史·太宗纪》，入汴之后，二月丁巳，"建国号大辽，大赦，改元大同"。❹不过，中原文献中存在另一种说法，如《新五代史》与《通鉴》谓会同元年契丹即已建号大辽。❺因此，20世纪80年代佟家江与刘凤翥先生曾分别撰文，认为《辽史》有误。❻其后刘浦江先生又作补充论证，指出中原文献中大同元年的相关记载多作"改晋国为大辽国"，认为大同元年系将晋国也改称大辽，而非始建国号。❼

笔者以为，这一问题还有再加检讨的必要。如果会同元年契丹

---

❶《长编》卷10，太祖开宝二年闰五月，第224页。

❷《薛史新辑》卷85《晋少帝纪五》，第2659页。《新五代史》卷72《四夷附录一》（第897页）曰："（德光）入晋宫，宫中嫔妓迎谒，皆不顾，夕出宿于赤冈。……癸巳，入居晋宫，以契丹守诸门。"《通鉴》（卷286《后汉纪一》高祖天福十二年正月，第9328-9330页）云："日暮，契丹主复出，屯于赤冈。……（癸巳）契丹主自赤冈引兵入宫，都城诸门及宫禁门，皆以契丹守卫，昼夜不释兵仗。"

❸《通鉴》（卷286《后汉纪一》高祖天福十二年正月，第9331-9332页）甚至以为，入汴之前，太宗已在考虑尽杀后晋降兵。德光之疑虑，由此可见一斑。

❹《辽史》卷4《太宗纪下》，第59页。

❺《新五代史》卷72《四夷附录一》，第894页；《通鉴》卷281《后晋纪二》高祖天福二年，第9185页。还须说明的是，中原文献亦有同《辽史》者。如《宋会要辑稿·蕃夷一·辽上》（《宋会要辑稿·蕃夷道释》，郭声波点校，成都：四川大学出版社，2010年，第2页）云："晋祖起并州，藉其（契丹）兵势，割幽……十六州以报之。又改元会同。少帝末，南牧渡河，伪称大辽。"

❻佟家江：《契丹首次改辽年代考》，《民族研究》1983年第4期；刘凤翥：《契丹王朝何时何故改称大辽？》，《昭乌达蒙族师专学报（哲学社会科学版）》1987年第2期。

❼刘浦江：《辽朝国号考释》，载《松漠之间》，第31-36页。《薛史新辑》卷99《汉高祖纪上》（第3050页）及卷137《契丹传》（第4295页）、《新五代史》卷72《四夷附录一》（第897页）均谓"改晋国为大辽国"，而《契丹国志》卷3《太宗纪下》（第37页）云"以晋国称大辽"。

已建号大辽,那么灭晋就意味着大辽吞并了后晋,将这样简单明了的事实非常曲折地表述为"改晋国为大辽国",不免有些奇怪。单从字面意义判断,将"改晋国为大辽国"理解为大辽吞并晋国,似乎并不妥当。

事实上,九十多年前,冯家昇先生就提出过一个非常精辟的解释:

> 辽与契丹究有何分别乎?余以辽与契丹之分,犹元与蒙兀之别也。"元"指蒙古治下之中国本部,"蒙兀"则兼含东亚一大国。……太宗灭晋建号辽,盖指治下之晋土也,后弃晋北去,中道而殂,嗣主遂以"辽"施于南京路。而"契丹"为漠北诸族所称,自若也。……故知辽之为国号,犹元之为国号,指对治下之汉人言也。❶

按照冯先生的说法,所谓"大辽",并非大契丹国的国号,而是耶律德光灭晋后在中原建立的一个国中之国。

无独有偶,半个多世纪前,姚从吾在一次学术座谈会上,也曾提出过类似观点:辽朝"是契丹族在汉地建立的新国家",是太宗灭晋后"正式宣布的","因此'大辽'应当是汉地新朝的通称,而不通行于契丹本部。至于'契丹',则是在汉地有时可与'大辽'并用的"。❷

遗憾的是,由于冯、姚二位先生既未提供证据,亦未加以论证,此说长期以来并没有引起学界的重视。笔者翻检史籍,发现确有材料可支持冯、姚说。首先,我们需要注意,大同改元之际,太

---

❶ 冯家昇:《契丹名号考释》,原刊1922年《燕京学报》第13期,收入《冯家昇论著辑粹》,北京:中华书局,1987年,第29页。

❷ 姚从吾:《契丹汉化的分析》,原刊1952年《大陆杂志》第4卷第4期,收入《姚从吾先生全集》第5集,台北:正中书局,1981年,第35页。

宗还有另外一个重要举措，那就是"升镇州为中京"。❶众所周知，契丹以幽州为南京，镇州北距幽州有数百里之遥，却升为"中京"，这明显有违常理，让人觉得匪夷所思。

后晋置东京开封、西京洛阳、北京太原及邺都。耶律德光南下灭晋之役，石晋大将杜重威降后，官邺都留守如故。❷太宗在升镇州为中京的同时，"降东京为防御州"。❸而西京则被保留，曾为契丹南京留守的刘晞被任命为西京留守。❹北京太原为刘知远所据，刘氏最初遣人向德光示好，实系观望，太宗亦优容之，但在刘氏称帝后，下诏削夺其官爵。❺如果大辽即大契丹，南京（幽州）及后晋北京均应废除或改名，但史料中却找不到任何相关记载。

因此，笔者怀疑，镇州之所谓"中京"，可能并非大契丹国之中京，大辽亦非大契丹国，而是承继后晋的汉地新朝。大辽继承了后晋的西京洛阳、北京太原与邺都，但废东京而代之以中京，因为镇州更靠近契丹本土，更便于太宗统治中原。东京之罢、中京之立，恐怕与上节所述赵延寿的建议有关。因为"北京"尚存，虽然镇州在大辽疆域的北部（与太原纬度相近），仍名之曰"中京"。❻

---

❶《辽史》卷4《太宗纪下》，第59页。
❷《薛史新辑》卷109《杜重威传》，第3289页。
❸《薛史新辑》卷137《契丹传》，第4295页。
❹《通鉴》卷286《后汉纪一》高祖天福十二年正月，第9333页。
❺《薛史新辑》卷99《汉高祖纪上》，第3054页。
❻关于中京，还有一个问题需要澄清。按《辽史》卷13《圣宗纪四》（第145页），统和十二年七月辛酉，"南院枢密使室昉为中京留守"。同书卷79《室昉传》（第1272页）亦云："（室昉）病剧，遣翰林学士张幹就第授中京留守。"自钱大昕以来，学界多以为两处"中京"系"南京"之误。晚近余蔚撰文（《论辽代府州遥领制度》，《历史地理》第23辑，2008年）指出，留守可遥授。同时笔者发现，天禄元年八月中京镇州失守，至1007年（统和二十五年）契丹建中京大定府之间，中京留守尚别有一例。《辽史》卷81《王继忠传》（第1284页）云："（统和二十二年）诏继忠与宋使相见，仍许讲和。以继忠家无奴隶，赐官户三十，加左武卫上将军，摄中京（转下页）

其次，德光北归，中道而殂后，唐晋之交归降契丹的赵延寿曾有非常之举。《旧五代史·汉高祖纪上》云："契丹主耶律德光卒于镇之栾城。赵延寿于镇州自称权知国事。"❶又《汉高祖纪下》曰："契丹所署大丞相、政事令、东京（盖中京之误）留守、燕王赵延寿为永康王兀欲所絷，既而兀欲召蕃汉臣僚于镇州牙署，矫戎王遗诏，命兀欲嗣位，于是发哀成服。"❷同书《赵延寿传》载："契丹主死，延寿下教于诸道，称权知南朝军国事。是岁六（"五"之误）月一日，为永康王兀欲所锁，籍其家财，分给诸部。"❸《册府元龟》载是年五月刘知远给延寿之子匡赞的诏书也提道："今酋长为神物所诛，俄闻暴卒。兴亡之兆，其理昭然。其永康王遁入镇州，与卿显相疑贰，今月一日于待贤馆内，已被絷俘。"❹

关于此事，《通鉴》有非常详细的记载，其文曰：

> （赵延寿）先引兵入恒州（即镇州），契丹永康王兀欲及南北二王，各以所部兵相继而入。延寿欲拒之，恐失大援，乃纳之。……（延寿）自称受契丹皇帝遗诏，权知南朝军国事，仍下

（接上页）留守。"笔者以为，室昉与继忠的中京留守均不误，俱系遥领。《辽史》卷82《耶律隆运传》（第1290页）载："（统和）十一年，耶律隆运丁母忧，诏强起之。明年，室昉致政，以隆运代为北府宰相。"统和十二年室昉病剧致仕，所授中京留守只可能是虚衔。

辽代石刻中遥授留守还有二例。乾亨三年（981）《刘继文墓志》（《辽代石刻文编》，第72页）载其曾官"北京留守"，所谓"北京"当指太原。又统和十一年《韩匡嗣妻秦国太夫人墓志》（盖之庸《内蒙古辽代石刻文研究》增订本，呼和浩特：内蒙古大学出版社，2007年，第112页）载："次（子）曰德让，枢密使、洛京留守、守司徒、兼政事令、楚王。"

❶《薛史新辑》卷99《汉高祖纪上》，第3063页。
❷《薛史新辑》卷100《汉高祖纪下》，第3065页。
❸《薛史新辑》卷98《赵延寿传》，第3030页。
❹《册府元龟》卷166《帝王部招怀四》，第2009页。"贰"，原作"惑"，王超《〈册府元龟〉中的契丹史料初探》（第159页）据宋本改。

教布告诸道……壬午,延寿下令,以来月朔日于待贤馆上事,受文武官贺。其仪:宰相、枢密使拜于阶上,节度使以下拜于阶下。李崧以虏意不同,事理难测,固请赵延寿未行此礼,乃止。

五月乙酉朔,永康王兀欲召延寿及张砺、和凝、李崧、冯道于所馆饮酒。兀欲素以兄事延寿,兀欲从容谓延寿曰:"妹自上国来,宁欲见之乎?"延寿欣然与之俱入。良久,兀欲出,谓砺等曰:"燕王谋反,适已锁之矣。"又曰:"先帝在汴时,遗我一筹,许我知南朝军国。近者临崩,别无遗诏。而燕王擅自知南朝军国,岂理邪!"下令:"延寿亲党,皆释不问。"

间一日,兀欲至待贤馆受蕃、汉官谒贺,笑谓张砺等曰:"燕王果于此礼上,吾以铁骑围之,诸公亦不免矣。"后数日,集蕃、汉之臣于府署,宣契丹主遗制。其略曰:"永康王,大圣皇帝之嫡孙,人皇王之长子,太后钟爱,群情允归,可于中京即皇帝位。"于是始举哀成服。既而易吉服见群臣。❶

赵延寿一度准备以权知南朝军国事的身份,接受百官朝贺,从仪式内容来看,事实上等同于称帝。李锡厚曾敏锐地指出,赵氏意欲与兀欲争夺帝位。❷这又是一件大为蹊跷之事,疑点甚多。赵延寿野心再大,也不至于利令智昏到梦想成为大契丹国的天子吧?再者,延寿此举,完全是公开行事,古今中外,又哪有这样搞政变的呢?第三,从纳兀欲等入镇州,到被兀欲轻松擒拿,赵延寿、李崧等人对竞争对手的防范,居然仅限于取消朝贺而已。最后,"南朝"之说也让人困惑。

---

❶ 《通鉴》卷286《后汉纪一》高祖天福十二年四月,至卷287《后汉纪二》天福十二年五月,第9356—9359页。
❷ 李锡厚:《中国历史·辽史》,第72—76页。

在石敬瑭向契丹称臣后，契丹和后晋被时人习称为"北朝""南朝"。❶若"改晋国为大辽"即以晋入辽，那么天下归一，南北朝之称当息矣。实则不然。不仅赵延寿自称"权知南朝军国事"，而兀欲虽将"谋反"的帽子扣在了延寿头上，但也口称"南朝"，扬言太宗离汴前已许他本人"知南朝军国"。囚禁延寿后，辽世宗至待贤馆受蕃、汉官谒贺，虽然史籍没有明言所贺之事及所行之仪，但"燕王果于此礼上"云云，表明兀欲所行的，正是延寿欲行又止的称帝仪式。然而，数日后他又"集蕃、汉之臣于府署"，宣布遗诏，即皇帝位。短短几天之内，两度举行称帝仪式，前者系接掌南朝军国事，而后者是即契丹皇帝位，泾渭分明。

无独有偶，此时在汴州，也出现了一位"知南朝军国事"。德光北还，留下萧翰为汴州节度使。得知太宗驾崩后，萧氏欲弃汴北归，"虑京师无主，则众皆为乱，乃遣蕃骑至洛京，迎唐明宗幼子许王从益知南朝军国事。从益至，翰率蕃将拜于殿上"。❷《通鉴》则径称"立以为帝"（《通鉴》卷287《后汉纪二》高祖天福十二年五月，第9362页）。

因此，笔者赞同冯家昇、姚从吾的意见，大辽本非契丹国号，而是太宗灭晋后建立的汉地新朝。❸契丹征服渤海之初，因其与契

---

❶ 南北朝之称为后晋惯用，史有明文。按照中原文献记载，也流行于契丹。详见苗润博：《十至十一世纪"南北朝"称号问题再检讨》，第11-15页。

❷ 《薛史新辑》卷98《萧翰传》，第3031页。另参同书卷51《许王从益传》，第1699页；卷100《汉高祖纪下》，第3066页；卷123《高行周传》，第3775页。

❸ 《薛史新辑》卷98《赵延寿传》（第3029-3030页）载："延寿在汴久之，知戎主无践言之意，乃遣李崧达语戎王，求立己为皇太子。"其事亦见《新五代史》卷72《四夷附录一》，第897页；《通鉴》卷286《后汉纪一》高祖天福十二年二月，第9339页；《契丹国志》卷3《太宗下》，第37页；《辽史》卷76《赵延寿传》，第1248页。诸书记载大体相同，《辽史》当抄自中原文献，但改"燕王"为"魏王"尔。此时大契丹国的太子是李胡，延寿所谓"皇太子"，乃大辽之太子也。

丹旧制差异过大，故设立国中之国东丹以为过渡时期之权宜。德光建立大辽，正与乃父太祖阿保机立东丹一脉相承。不同的是，阿保机以皇太子耶律倍君临东丹，太宗则干脆大权独揽。

作为一个国中之国，大辽存在时间仅一年余，堪称短命。不过，中原丢失后，"大辽"作为国号并没有被废止。可能契丹君主并不愿承认现实，主动放弃大辽皇帝的称号，在面对燕云汉人时，仍自称大辽皇帝。在已发现的辽代石刻材料中，最早记载"大辽"的，是康熙年间出土于北京宣武门西南的仙露寺葬舍利佛牙石匣上刻于辽天禄三年（949）的铭文，其中提到该寺欲建释迦舍利塔，"具表奏闻，大辽皇帝降宣头一道，钱三百贯，以充资助"，其下施主名具列"大辽皇帝、皇后"等。❶久而久之，大辽遂演变为契丹专用于汉地的国号。

那么，为何中原文献会出现会同元年建号大辽说呢？清代学者于敏中等以为："辽灭晋始更国号，而欧阳修《五代史》则书更国号于会同元年之下。至会同十年改元，《薛史》《欧史》皆不书，而书改晋国曰大辽国。与《辽史》皆不符，盖传闻异词耳。"❷这就牵涉另一费解之处，不仅大辽建号时间中原文献与《辽史》不符，大同改元一事亦不见中原文献。于敏中等将其归因于"传闻异词"，但冯家昇并不以为然：

> 于敏中等以新旧《五代史》与《辽史》不符，为传闻异词；揆其意，似以《辽史》可靠。第考《辽史》乃依耶律俨诸帝《实录》、陈大任书成之。所谓《实录》，辽圣宗始命置局编

---

❶《辽代石刻文编》，第4-5页。
❷《日下旧闻考》卷3，于敏中等按语，北京：北京古籍出版社，1983年，第46页。

修,圣宗以前事,皆是时所追述。是太宗入汴、改元、建号等记载,并非依当时《实录》无疑。《薛史》则全采《实录》,《晋少帝实录》虽成周广顺中,相去仅五六年,目击亲见者甚多,改元大事,岂能不知?且此奇耻大辱,亦非易忘,苟有其事,宁肯不书?何得谓之传闻?虽然,吾人生千余年后,既无直接之确据,又乏可靠之旁证,孰是孰非,尚有待于地下发现也。❶

冯先生以为《辽史》圣宗前皆系追述,笔者有不同看法。固然圣宗始置局编修《实录》,但不代表此前并无相应的文献档案。《辽史》帝纪自太祖元年起,记事月日甚明,说明太祖至景宗诸朝《实录》不可能系圣宗时追述,必有所据。

按太祖阿保机制契丹大小字,并设文班林牙,任职者有耶律突吕不及鲁不古。《辽史·耶律突吕不传》载:"幼聪敏嗜学。事太祖见器重。及制契丹大字,突吕不赞成为多。未几,为文班林牙,领国子博士、知制诰。明年,受诏撰决狱法。……渤海平,承诏铭太祖功德于永兴殿壁。"❷鲁不古则"授林牙、监修国史"。❸另据《太祖纪》,太祖三年,"诏左仆射韩知古建碑龙化州大广寺以纪功德";❹天赞三年,"诏砻辟遏可汗故碑,以契丹、突厥、汉字纪其功"。❺又按《太宗纪》,天显五年,"建'太祖圣功碑'于如迂正集会埚";天显七年,"御制'太祖建国碑'";❻会同四年,"诏有司编

---

❶ 冯家昇:《契丹名号考释》,《冯家昇论著辑粹》,第17页。
❷ 《辽史》卷75《耶律突吕不传》,第1240页。
❸ 《辽史》卷75《耶律鲁不古传》,第1246-1247页。
❹ 《辽史》卷1《太祖纪上》,第4页。
❺ 《辽史》卷2《太祖纪下》,第20页。
❻ 《辽史》卷3《太宗纪上》,第32、34页。

《始祖奇首可汗事迹》"。❶尤其是编奇首事迹，太宗既已留意于此，怎么可能不关注他本人在位时期的历史记录呢？

不过，冯家昇对新旧《五代史》乃"传闻异词"之批驳，则很有道理。也正因此，他在同一篇文章中，一方面提出大辽是灭晋后所立汉地新朝，另一方面又有如上论述，说明对自己的观点并没有把握。受他启发，笔者大胆提出一个推测，中原文献谓会同元年大辽建号，且不载大同改元，既非为"传闻"所误，亦非"易忘"之故，原因之一也许正是冯家昇提出的"奇耻大辱"这四个字。

大辽作为承继后晋的汉地新朝，对后汉的挑战不仅限于军事。契丹在丢失后晋故土后，在名义上并不承认大辽已亡，可能也是为了彰显其拥有中原的"合法"主权。在中京镇州失守五十七年后，仍遥授中京留守，可为其证。另据刘浦江师考证，辽自称承晋统，为水德。❷其用意亦在此。对于后汉、后周乃至宋朝之法统，这显然是直接的挑战。因此，在五代官方文书中，刻意回避了大同年号。❸而非官方的士人，因"奇耻大辱"之故，亦讳言之。这与中原文献众口一词将德

---

❶ 《辽史》卷4《太宗纪下》，第49页。
❷ 刘浦江：《德运之争与辽金王朝的正统性问题》，《松漠之间》，第3-6页。
❸ 检诸《辽史》，大同纪年散见纪、志、表、传多处记载，绝无可疑。然《楼钥集》卷71《跋赵振文经幢碑》（杭州：浙江古籍出版社，2010年，第1261页）云："赵振文为临安郡从事，寄示小碑，得于井中，盖钱氏专知回图酒务曹从晖所立经幢也。后书'会同十年岁在丁未七月十五日'。"吴越奉契丹正朔，却不知大同改元，甚可怪也。清人吴任臣（《十国春秋》，北京：中华书局，2010年，第1145页）云："盖契丹降赦则称会同，而改元则曰大同，改元之后不三月而德光卒，故大同之号不行于南土，则吴越之称会同于丁未七月也，又奚疑焉！"所谓"降赦则称会同"，《十国春秋》（第1140页）于是年正月书曰："契丹主入东京，称会同十年，肆赦天下。"检《通鉴》（卷286《后汉纪一》高祖天福十二年二月丁巳，第9339页）、《薛史新辑》（卷137《契丹传》，第4295页）及《辽史》（卷4《太宗纪下》，第59页），肆赦在二月朔改元大同之际无疑，惟《通鉴》《薛史新辑》不载改元，且《通鉴》曰"下制称大辽会同十年，大赦"。《十国春秋》"称会同十年，肆赦天下"源自《通鉴》，然系于正月，不知何据。要之，其说似不足取。

光北归描述为遁逃,出于同一心理(详下节)。此后,辗转流传,遂有会同元年建号大辽说之出现,并被欧阳修采入《新五代史》。

第五节　中原旋失

以往学界一致认为,契丹入主中原,措置未当,各地义军蜂起,于是被迫退出汴州,放弃中原。❶但这一长期以来被视为定谳的成说,尚有再加检讨之必要。

太宗入汴之初,形势并不差。中原藩镇对契丹灭晋的反应,与梁唐及唐晋之交并无二致。据《通鉴》记载,"契丹主分遣使者,以诏书赐晋之藩镇;晋之藩镇争上表称臣,被召者无不奔驰而至"。❷当月即入朝的藩镇,可考者至少有晋昌赵在礼、同州刘继勋及潞州张从恩。❸刘知远虽未入朝,但"遣牙将王峻奉表于契丹,契丹主赐伪诏褒美,呼帝(刘知远)为儿,又赐木拐一。蕃法,贵重大臣方得此赐,亦犹汉仪赐几杖之比也。王峻持拐而归,契丹望之皆避路"。❹王峻所奉之表,内容如下:"一、贺入汴;二、以太原夷、夏杂居,戍兵所聚,未敢离镇;三、以应有贡物,值契丹将刘九一军自土门

---

❶ 陈述:《契丹政治史稿》,第116-118页;张正明:《契丹史略》,第35-36页;蔡美彪等:《中国通史》第六册,北京:人民出版社,1979年,第42-43页;舒焚:《辽史稿》,第245-246页;王仲荦:《隋唐五代史》,上海:上海人民出版社,2003年,第780-782页;吴宗国:《隋唐五代简史》(修订版),福州:福建人民出版社,2006年,第341-342页;李锡厚:《中国历史·辽史》,第68-72页。
❷ 《通鉴》卷286《后汉纪一》高祖天福十二年正月,第9330页。
❸ 《薛史新辑》卷90《赵在礼传》,第2760页;卷96《刘继勋传》,第2953页;卷125《王守恩传》,第3829页;《通鉴》卷286《后汉纪一》高祖天福十二年正月,第9333-9334、9336-9337页。
❹ 《薛史新辑》卷99《汉高祖纪上》,第3050页。此事被误系于二月。

西入屯于南川，城中忧惧，俟召还此军，道路始通，可以入贡。"❶刘九一军入屯南川，说明此次南侵，太宗作了周密的全盘计划。

与此同时，耶律德光也派遣契丹人及信任的汉人出掌藩镇，以稳固统治。《辽史·耶律拔里得传》曰："太宗入汴，以功授安国军节度使，总领河北道事。"❷《耶律朗传》云："太宗入汴，命知澶渊，控扼河渡。"❸又《通鉴》载："契丹主以前（契丹）燕京留守刘晞为西京留守，永康王兀欲之弟珪为义成节度使，族人郎五（即耶律郎）为镇宁节度使，兀欲姊婿潘聿捻为横海节度使，赵延寿之子匡赞为护国节度使。"❹此外，契丹将刘愿出任保义节度副使。❺

入汴后，太宗与南方政权也有来往。据南唐方面的文献记载，德光曾邀南唐国主与其会盟，但遭李璟拒绝。❻天显、会同中，南唐与契丹来往频繁，共谋后晋。此时后晋已亡，按理李璟应急于会见德光，以期分得一杯羹，为何拒绝会面呢？遗憾的是，南唐史料并没有说明李璟拒绝的原因。不过，《通鉴》提供了一条线索。是年正月，"（南）唐主遣使贺契丹灭晋，且请诣长安修复唐室诸陵。契丹不许，而遣使报之"。❼修复唐陵，表面上看来不是大事，但却牵涉南唐的法统问题。承认南唐与唐玄宗的关系，就意味着承认南唐才是合法的中原主人。德光显然明了其背后的政治含义，所以加以拒绝。可能因为双方在这一问题上相持不下，

---

❶ 《通鉴》卷286《后汉纪一》高祖天福十二年正月，第9336页。
❷ 《辽史》卷76《耶律拔里得传》，第1246页。
❸ 《辽史》卷113《耶律朗传》，第1507页。
❹ 《通鉴》卷286《后汉纪一》高祖天福十二年正月，第9333页。
❺ 《通鉴》卷286《后汉纪一》高祖天福十二年二月，第9340页。
❻ 陆游：《南唐书》卷2《元宗本纪》，第5475页；龙衮：《江南野史》卷4《宋齐丘传》，《五代史书汇编》，第5184-5185页。
❼ 《通鉴》卷286《后汉纪一》高祖天福十二年正月，第9338页。

令会盟无法实现。❶

　　南唐以外，与契丹往来的还有荆南与楚。据《通鉴》记载，"荆南节度使高从诲遣使入贡于契丹，契丹遣使以马赐之"。❷另按《十国春秋》，辽太宗曾遣使册楚王马希范为尚父。❸从这些举动来看，据有后晋故土后，耶律德光似乎摆出了天下共主的架势，将目光投向了南方。

　　二月朔日，东京降称汴州，镇州升为中京。同日，太宗下令曰："自今节度使、刺史，毋得置牙兵，市战马。"❹此举显然是为了削夺藩镇权力。太宗还将入朝节度使扣押在汴州，应当也是出于同一目的。在石晋献出燕云十六州后，耶律德光欲深入控制汉地，几度与燕云旧藩镇势力有过较量（详第5章第二节）。可能正是基于燕云经验，太宗索性不让节度使还镇。这表明，至少就德光本人的意愿而言，他是希望长期控制中原的。

　　是月十五日，刘知远称帝太原，辽太宗迅速做出了反应，"诏以耿崇美为昭义军节度使，高唐英为昭德军节度使，崔廷勋为河阳军节度使，分据要地"。❺此三人虽系汉人，均入辽有年，为德光所信赖。值得注意的是，后汉建旗，并未出现一呼百应的局面。《旧五代史·汉高祖纪》载：

---

❶ 南唐文献记载另有一说，谓辽太宗欲册封南唐皇帝为中原之主，同样被李璟谢绝（详见龙衮：《江南野史》卷2《嗣主传》，第5161页；马令：《南唐书》卷3《嗣主书》，《五代史书汇编》，第5273页）。王吉林（《契丹与南唐外交关系之探讨》，《幼狮学志》5卷2期，1966年，第5—6页）及任爽（《南唐史》，长春：东北师范大学出版社，1995年，第181页）已指出此说非常可疑，恐非实录。

❷ 《通鉴》卷286《后汉纪一》高祖天福十二年正月，第9337页。与此同时，"从海亦遣使诣河东劝进"。

❸ 《十国春秋》卷68《楚文昭王世家》，《五代史书汇编》，第4273页。

❹ 《通鉴》卷286《后汉纪一》高祖天福十二年二月丁巳，第9339页。

❺ 《辽史》卷4《太宗纪下》，第59页。

（二月）己卯，帝遣都将史弘肇率兵讨代州，平之。初，代州刺史王晖叛归契丹，弘肇一鼓而拔之，斩晖以徇。

庚辰，权晋州兵马留后张晏洪奏，军乱，杀知州副使骆从朗及括钱使、谏议大夫赵熙，以城归顺。时晋州留后刘在明赴东京，朝于契丹，从朗知军州事，帝方遣使张晏洪、辛处明等告谕登极，从朗囚之本城。大将药可俦杀从朗于理所，州民相率害赵熙，三军请晏洪为留后，处明为都监。❶

代州一度叛归契丹，而晋州守将最初也囚禁了后汉的使者。是月降河东的，仅晋潞陕三镇而已。

对辽朝而言，更大的威胁是民间烽火四起。《旧五代史·汉高祖纪》载：

（二月）癸未，澶州贼帅王琼与其众断本州浮桥，琼败，死之。时契丹以族人朗五为澶州节度使，朗五性贪虐，吏民苦之。琼为水运什长，乃构夏津贼帅张乙，得千余人，沿河而上，中夜窃发，自南城杀守将，绝浮航，入北城，朗五据牙城以拒之。数日，会契丹救至，琼败死焉。契丹主初闻其变也，惧甚，由是大河之南，无久留之意，寻遣天雄军节度使杜重威归镇。❷

又《通鉴》曰：

东方群盗大起，陷宋、亳、密三州。契丹主谓左右曰：

---

❶《薛史新辑》卷99《汉高祖纪上》，第3055页。
❷ 同上书，第3055-3056页。

"我不知中国之人难制如此!"亟遣泰宁节度使安审琦、武宁节度使符彦卿等归镇,仍以契丹兵送之。

彦卿至埇桥,贼帅李仁恕帅众数万急攻徐州。彦卿与数十骑至城下,扬鞭欲招谕之,仁恕控彦卿马,请从相公入城。彦卿子昭序,自城中遣军校陈守习缒而出,呼于贼中曰:"相公已陷虎口,听相公助贼攻城,城不可得也。"贼知不可劫,乃相率罗拜于彦卿马前,乞赦其罪。彦卿与之誓,乃解去。❶

烽火四起,是因为契丹横征暴敛、倒行逆施,也与太宗有意削夺藩镇权力,没有及时遣入朝的节度使还镇有关,事后德光主动作了检讨。这从侧面反映出,当时绝大多数藩镇都乖乖地入朝,并无意反对契丹统治。因此,虽然形势不妙,但并非不可收拾。"群盗"只是乌合之众,易与之辈。辽太宗遣节度使归镇后,局面有所缓和。

三月朔日,耶律德光开始为离开汴州做准备。《辽史·太宗纪》载:"丙戌朔,以萧翰为宣武军节度使,赐将吏爵赏有差。壬寅,晋诸司僚吏、嫔御、宦寺、方技、百工、图籍、历象、石经、铜人、明堂刻漏、太常乐谱、诸宫悬、卤簿、法物及铠仗,悉送上京。"❷四

---

❶ 《通鉴》卷286《后汉纪一》高祖天福十二年二月,第9346—9347页。
❷ 《辽史》卷4《太宗纪下》,第59—60页。辽朝文献关于德光离汴前后诸事日期的记载,非常明确,前后一致。三月壬寅只是先送内诸司及王朝礼器等北返,太宗本人则在四月朔日离汴。《太宗纪》又云:"(三月)磁州帅梁晖以相州降汉,己酉,命高唐英讨之。……(四月)乙丑,济黎阳渡。"高唐英讨梁晖在德光至相州之先,可得《薛史新辑》卷99《汉高祖纪上》(第3059页)之印证。《旧五代史》又曰相州破后,契丹"屠其城。翌日,虏主北去,命高唐英镇之。唐英阅城中遗民,得男女七百人而已。乾祐中,王继弘镇相州,奏于城中得髑髅十余万,杀人之数,从可知也"。屠城一事可得《辽史》证实。是书卷113《耶律牒蜡传》(第1506页)载:"大同元年,平州之叛,斩首数万级。"《辽史》谓德光四月丙辰发自汴州,乙丑济黎阳渡赴相州,行程也很合理。中原文献(如《薛史新辑》卷99《汉高祖纪上》,第3057页)却都误将三月壬寅认作德光启行之日。

月朔日，辽太宗正式启行。

三月朔日任命萧翰为宣武军节度使时，辽太宗应当已定下北归的日程。上引《旧五代史》在记载澶州之乱时曰："契丹主初闻其变也，惧甚，由是大河之南，无久留之意。"这暗示德光离汴是逃跑。《新五代史·四夷附录》更明确说："汉高祖起太原，所在州镇多杀契丹守将归汉，德光大惧。又时已热，乃以萧翰为宣武军节度使。……德光已留翰守汴，乃北归。"❶同书《汉高祖纪》云："契丹遁，以其将萧翰为宣武军节度使守汴州。"徐无党注曰："闻汉起太原，畏而去，故与自去异其文，'遁'者，退避之称。"❷

笔者以为，汉主建号及烽火四起，辽太宗忧惧在所难免，但因此北遁，放弃中原，恐非事实。首先，二月朔日，废东京而立中京，表明德光早有意将中原之统治中心北移。既然镇州已取代汴州成为统治汉地之中心，那德光北上只在早晚耳。三月壬寅内诸司及法物等北返，上引《太宗纪》谓"悉送上京"，然《辽史·仪卫志》云："（太宗）将幸中京镇阳（即镇州），诏收卤簿法物，委所司押领先往。未几镇阳入汉，卤簿法物随世宗归于上京。"❸又《乐志》曰："太宗自汴将还，得晋太常乐谱、宫悬、乐架，委所司先赴中京。"❹内诸司及法物的目的地原本正是中京。《通鉴》亦云："契丹王欲尽以晋之百官自随。或曰：'举国北迁，恐摇人心，不如稍稍迁之。'乃诏有职事者从行，余留大梁。"（《通鉴》卷286《后汉纪一》高祖天福十二年三月，第9348页）所谓"有职事者从行"，表明德光是有计划地将中原统治中心迁往镇州。太宗死后，镇州即位的世宗以麻答为中京留守，

---

❶《新五代史》卷72《四夷附录一》，第898页。
❷《新五代史》卷10《汉高祖纪》，第101页。
❸《辽史》卷58《仪卫志四》，第919–920页。
❹《辽史》卷54《乐志》，第883页。

"晋文武官及士卒悉留于恒州"（《通鉴》卷287《后汉纪二》高祖天福十二年五月，第9364页），应当是遵循太宗的原定方案。

其次，契丹畏暑，以往南下，三四月间即北返，太宗三月朔日定下日程，四月朔日启程，一方面符合惯例，另一方面相当从容，似非仓皇逃窜。《通鉴》载："契丹主复召晋百官，谕之曰：'天时向热，吾难久留，欲暂至上国省太后。当留亲信一人于此为节度使。'百官请迎太后。契丹主曰：'太后族大，如古柏根，不可移也。'"❶如果暑热纯系托词，百官恐不至如此行事。又《宋史·侯章传》云："一日于朝堂与故旧言晋、汉间事，时有轻忽章者，章厉声曰：'当辽主疾作谋归，有上书请避暑嵩山者，我粗人，以战斗取富贵，若此谀佞，未尝为之。'坐中有惭者。"❷所谓"疾作谋归"，乃据德光之死逆推，并不可信，但"上书请避暑嵩山"，说明当时汴州朝臣中确有人相信德光北归系因暑热，正可与《通鉴》相印证。

又次，太宗离汴后，各地的契丹藩镇并未作鸟兽散。河阳、洛阳虽一度失守，但契丹随即展开反攻，并夺回洛阳。在这些军事行动中，看不到放弃中原的迹象。《旧五代史》载：

> （四月）戊辰，权河阳留后武行德以城来归。初，契丹主将发东京，船载武库兵仗，自汴浮河，欲置之于北地，遣奉国都虞候武行德部送，与军士千余人并家属俱行。至河阴，军乱，夺兵仗，杀契丹监吏，众推行德为帅，与河阴屯驻军士合，乃自汜水抵河阳。河阳伪命节度使崔廷勋率兵拒之，兵败，行德等追蹑之，廷勋弃城而遁，行德因据其城。伪命西京

---

❶ 《通鉴》卷286《后汉纪一》高祖天福十二年三月，第9348页。
❷ 《宋史》卷252《侯章传》，北京：中华书局，1977年，第8859页。

留守刘晞弃洛城，南走许州，遂奔东京，洛京巡检使方太自署知留守事。……崔廷勋以契丹众攻武行德于河阳，行德出战，为廷勋所败。汴州萧翰遣蕃将高牟翰将兵援送刘晞复归于洛。牟翰至，杀前澶州节度使潘环于洛阳。❶

崔廷勋失守河阳后，并没有率众北窜，而是整军回攻。刘晞逃离洛阳后，方太自署留守，《通鉴》记方太事曰："契丹遣武定节度使方太诣洛阳巡检，至郑州；州有戍兵，共迫太为郑王。……太以契丹尚强，恐事不济，说谕戍兵，欲与俱西；众不从，太自西门逃奔洛阳。"❷方氏因"契丹尚强"不敢起兵，说明其时契丹之统治并未随着太宗北归土崩瓦解。而刘晞至汴州后，萧翰遣高牟翰送其复归洛阳。如果德光是狼狈逃窜，有意放弃中原，崔廷勋、萧翰等的行为该如何解释呢？山西方面，"虏（契丹）主命大将耿崇美率众登太行，欲取上党，（后汉）高祖命弘肇以军应援。军至潞州，契丹退去"。❸虽然取上党未果，但值得注意的是，德光采取的是攻势。

最后，辽太宗在返途中，曾对此次南下进行总结检讨，《辽史》载：

（四月）乙丑，济黎阳渡，顾谓侍臣曰："朕此行有三失：纵兵掠刍粟，一也；括民私财，二也；不遽遣诸节度还镇，三也。"皇太弟遣使问军前事，上报曰："……及入汴，视其官属具员者省之，当其才者任之。司属虽存，官吏废堕，犹雏飞之后，徒有空巢。久经离乱，一至于此。所在盗贼屯结，土功不

---

❶《薛史新辑》卷99《汉高祖纪上》，第3061-3062页。
❷《通鉴》卷287《后汉纪二》高祖天福十二年四月，第9353页。
❸《薛史新辑》卷107《史弘肇传》，第3230页。

息，馈饷非时，民不堪命。河东尚未归命，西路酋帅亦相党附。夙夜以思，制之之术，惟推心庶僚、和协军情、抚绥百姓三者而已。今所归顺凡七十六处，得户一百九万百一十八。非汴州炎热，水土难居，止得一年，太平可指掌而致。且改镇州为中京，以备巡幸。欲伐河东，姑俟别图。其概如此。"❶

以往学者多引"三失"，以说明德光处境之艰难，不得不退出中原，却对更为详细具体的太宗报皇太弟语不够重视。笔者以为，对"三失"的理解应当与后者相结合，才能较准确地把握其含义。我们先看太宗报皇太弟语。引文的前半部分，固然是在感慨形势不利，但后半部分则表示，已经找到对策，若非暑热，被迫北归，"止得一年，太平可指掌而致"。而且，尽管犯了错误，从"今所归顺凡七十六处，得户一百九万百一十八"来看，德光总体上对此行仍较为满意。另外，"欲伐河东，姑俟别图"，说明太宗北归只是暂时停止扩张，而非放弃中原，恰恰相反，河东也在他的计划之中。《旧五代史》同样记载了辽太宗的"三失"之叹，且云："十八日晡时，有大星落于穹庐之前，若迸火而散。德光见之，西望而唾，连呼曰：'刘知远灭！刘知远灭！'"❷可见《辽史》所言不虚。

德光的这些话，并非失败者的大言不惭。刘知远虽称帝，但当时拥护他的，的确只有"西路酋帅"。契丹政权在中原面临的最大问题，是民间烽火四起。太宗关于"三失"的检讨，针对的正是这一问题。值得注意的是，"三失"之一是"不遽遣诸节度还镇"。也就是说，除了少数依附后汉者外，多数藩镇并不反对契丹统治。事

---

❶《辽史》卷4《太宗纪下》，第60页。
❷《薛史新辑》卷137《契丹传》，第4298页。

实上,五代时期,华夷区分泯灭,对于藩镇而言,只要能保住自己的地盘,天子究竟是汉人、沙陀人,还是契丹人,又有什么分别?在这种情况下,如果停止横征暴敛,并维护藩镇利益,与之相勾结,民间烽火恐不难扑灭。

综上所述,笔者认为,太宗北返是其既定策略,并非避让后汉兵锋,放弃中原。以往学界所以虑不及此,显然是受中原文献,尤其是《新五代史》"遁"说误导的结果。

不料,辽太宗归途中意外死亡,❶局势陡变。德光死时,皇太子李胡远在龙沙,军中无主。赵延寿乘机欲自立,但被太宗之侄耶律阮设计擒拿。在这种局面下,耶律阮取得了军中实力派北南大王的支持,即位于中京镇州,是为世宗。然李胡尚在,一场内战迫在眉睫(详下章)。这一内讧的直接后果之一,就是中原的契丹守将纷纷弃镇北归。

在德光死讯传出后,后汉开始相机而动。《通鉴》载:

> (五月)丁酉,史弘肇奏克泽州。始,弘肇攻泽州,刺史翟令奇固守不下。帝以弘肇兵少,欲召还。苏逢吉、杨邠曰:"今陕、晋、河阳皆已向化,崔廷勋、耿崇美朝夕遁去;若召弘肇还,则河南人心动摇,虏势复壮矣。"帝未决,使人谕诣于弘肇。弘肇曰:"兵已及此,势如破竹,可进不可退。"与逢吉等议合。帝乃从之。……帝之即位也,绛州刺史李从朗与契丹将成霸卿等拒命,帝遣西南面招讨使、护国节度使白文珂攻之,未下。帝至城下,命诸军四布而勿攻,以利害谕之。戊申,从朗举城降。❷

---

❶《薛史新辑》卷137《契丹传》(第4298页)以为系得寒热疾而亡。
❷《通鉴》卷287《后汉纪二》高祖天福十二年五月,第9361、9364-9365页。

刘知远虽已于二月建号，但一直在观望，并未出动大军讨伐契丹。此时德光暴卒，可谓天赐良机，然汉高祖仍相当谨慎。他欲召还史弘肇，说明局势并不明朗，苏逢吉等甚至以为"若召弘肇还，则河南人心动摇，虏势复壮矣"。显然直至此时，后汉君臣仍不认为契丹会主动放弃中原。此外，值得注意的是，翟令奇、李从朗等既非契丹，也不是随德光南下的汉人，却并没有望后汉之风而靡，仍然坚守城池。

契丹留守诸镇对德光死讯及世宗即位的反应，可能在后汉意料之外。《旧五代史·刘晞传》曰："契丹主死，晞自洛复至东京。"❶洛阳首先被放弃。又《辽史·萧翰传》云："会帝崩栾城，世宗即位。翰闻之，委事于李从敏，径趋行在。"❷汴州亦弃守。而崔廷勋原本正围攻河阳，《通鉴》载：

崔廷勋、耿崇美、奚王拽剌合兵逼河阳，张遇帅众数千救之，战于南阪，败死。武行德出战，亦败，闭城自守。拽剌欲攻之，廷勋曰："今北军已去，得此城何用！且杀一夫犹可惜，况一城乎！"闻弘肇已得泽州，乃释河阳，还保怀州。弘肇将至，廷勋等拥众北遁，过卫州，大掠而去。契丹在河南者相继北去。❸

胡三省注"北军"曰："契丹聚于恒州之军。"也就是说，契丹放弃河南诸地，并不始于太宗离汴，而是由耶律阮率大军北归以诛除异己引发的。

有趣的是，即便在萧翰北归后，汴州的傀儡政权仍相信契丹会

---

❶《薛史新辑》卷98《刘晞传》，第3033页。
❷《辽史》卷113《萧翰传》，第1505页。
❸《通鉴》卷287《后汉纪二》汉高祖天福十二年五月，第9361–9362页。

有援军到来。《通鉴》载:

> （萧）翰留燕兵千人守诸门，为从益宿卫。……淑妃惧，召大臣谋之曰："吾母子为萧翰所逼，分当灭亡。诸公无罪，宜早迎新主，自求多福，勿以吾母子为意！"众感其言，皆未忍叛去。或曰："今集诸营，不减五千，与燕兵并力坚守一月，北救必至。"淑妃曰："吾母子亡国之余，安敢与人争天下！……"众犹欲拒守。❶

胡三省注"北救"曰："谓契丹之救也。"

契丹失守河南之后，由于辽世宗完全无暇顾及中原形势，❷河北也逐渐丢失。六月，"契丹所命相州节度使高唐英为屯驻指挥使王继弘、楚晖所杀"。❸闰七月时，局势一度出现反复。杜重威叛汉，"遣其子弘璲等告急于镇州麻答，乞师救援，且以弘璲为质。麻答遣蕃将杨衮赴之。未几，镇州诸军逐麻答，杨衮至洺州而回"。❹

世宗北上后，以麻答为中京留守。如果麻答能与杜重威结成稳固的同盟，恐怕足以与后汉抗衡。但麻答实不堪用，有负所托。史称其人"贪猾残忍，民间有珍货、美妇女，必夺取之。又捕村民，诬以为盗，披面，抉目，断腕、焚炙而杀之，欲以威众。常以其具自随，左右悬人肝、胆、手、足，饮食起居于其间，语笑自若"（《通鉴》卷287《后汉纪二》高祖天福十二年闰七月，第9370页）。

---

❶《通鉴》卷287《后汉纪二》高祖天福十二年五月，第9363页。
❷《通鉴》卷287《后汉纪二》高祖天福十二年闰七月（第9371页）云，留驻中京之契丹兵"不满二千"。
❸《薛史新辑》卷100《汉高祖纪下》，第3074页。
❹《薛史新辑》卷109《杜重威传》，第3291页。

于是，众心怨愤，八月壬午朔，"镇州驻屯护圣左厢都指挥使白再荣等，逐契丹所命节度使麻答，复其城。麻答与河阳节度使崔廷勋、洛京留守刘晞，并奔定州"。❶麻答北归后，"契丹主责以失守。麻答不服，曰：'因朝廷征汉官致乱耳。'契丹主鸩杀之"。❷可见耶律阮亦非有意放弃汉地，而是力不能至。

　　镇州失守后，契丹大势已去。幽州以南，重要的军事据点只留下了定州。不过，契丹还是坚持到了次年三月。《旧五代史》云："定州孙方简奏，三月二十七日，契丹弃定州遁去。"❸至此，辽太宗耶律德光南下所侵占的汉地全部丢失了。

---

❶《薛史新辑》卷100《汉高祖纪下》，第3081页。
❷《通鉴》卷288《后汉纪三》高祖乾祐元年三月，第9389-9390页。
❸《薛史新辑》卷101《汉隐帝纪上》，第3114页。

第4章

短命世宗

第一节 登临大宝

一度入主中原的辽太宗耶律德光，少时与兄长太子倍一起，在其父阿保机的安排下，接受了汉式教育。其继承人——亦即耶律倍之子——世宗兀欲的情况又如何呢？《旧五代史·契丹传》称辽世宗"好行仁惠，善丹青，尤精饮药"。❶《新五代史·四夷附录》云："兀欲为人俊伟，亦工画，能饮酒，好礼士。"❷这似乎表明世宗汉化较深。但《辽史·世宗纪》的记载与此不同："帝仪观丰伟，内宽外严，善骑射。"❸在这里我们看不到世宗的汉化倾向。不过，确有坚实的证据表明世宗汉化较深。

第2章曾提到，有位饱学之士张谏，曾是耶律倍的高参，"自后让皇（倍）入汉，天授（世宗）潜龙，公（谏）为王府郎中，重元臣也。天授帝龙飞，公授密直学士，转给事，除朔州顺义军节度

---

❶ 《薛史新辑》卷137《契丹传》，第4308页。
❷ 《新五代史》卷73《四夷附录二》，第902页。
❸ 《辽史》卷5《世宗纪》，第63页。

使、检校太保"。❶由此可推知,世宗其人当有一定的汉学修养。

又《辽史·世宗妃甄氏传》曰:"世宗妃甄氏,后唐宫人,有姿色。帝从太宗南征得之,宠遇甚厚,生宁王只没。及即位,立为皇后。"❷《契丹国志·世宗甄皇后传》云:"后唐潞王时为宫人。世宗从太宗南入大梁,得之宫中。时后年四十一岁,世宗幸之,生六子,长曰明记,后即位为景宗;次曰平王、荆王、吴王、宁王、河间王。世宗既登位,册为皇后。"❸按《辽史》目录及《后妃传》卷首均作"世宗妃甄氏",不曰"皇后",且位次世宗怀节皇后萧氏之后,疑《辽史》"立为皇后"说盖袭自《国志》,实不见辽末耶律俨《皇朝实录》及金陈大任《辽史》。

按《国志》此传悖谬之处颇多。其一,甄氏既为后唐宫人,当在洛阳,如何得之大梁?且援立石晋之役,太宗止步太原,并未南下。其二,景宗实乃怀节皇后萧氏之子,《辽史》昭然,绝无可疑。其三,据《辽史·景宗纪》,保宁元年(969)四月,"封隆先为平王,稍为吴王,道隐为蜀王",❹《皇族表》则作"晋王道隐",❺《国志》之平王、荆王、吴王当即此三人。❻然按《辽史·义宗倍传》,稍、隆先、道隐乃世宗弟,非其子,❼又《皇子表》谓甄氏仅宁王只没一子而已。❽

不过,《国志》甄氏封后的说法却能得到辽朝石刻的印证。上

---

❶《张正嵩墓志》,见《辽代石刻文编》,第68页。
❷《辽史》卷71《世宗妃甄氏传》,第1201页。
❸《契丹国志》卷13《世宗甄皇后传》,第141页。
❹《辽史》卷8《景宗纪上》,第90页。
❺《辽史》卷66《皇族表》,第1021页。
❻ 河间未详何人。
❼《辽史》卷72《义宗倍传》,第1211页。
❽《辽史》卷64《皇子表》,第985页。

章提到的仙露寺葬舍利佛牙石匣所刻天禄三年铭文，列施主有大辽皇帝、皇后。❶按《辽史·世宗纪》，怀节皇后萧氏立于天禄四年（950），❷其本传亦谓"天禄末，立为皇后"。❸则天禄三年之皇后当系甄氏。此外，细绎《辽史》，甄氏为后尚可得一旁证。

按《皇子表》谓世宗有三子，以只没为第三，然曰："旧史《皇族传》书在第一。"世宗另一子吼阿不条云："旧史《皇族传》书在第三，且云未详所出。按《景宗本纪》云，景宗皇帝，世宗第二子。又按旧史本传云，景宗立，亲祭于墓，追册为皇太子。当是世宗嫡长子也。（按：元人以萧氏所出为嫡。）"❹检《景宗纪》，保宁三年（971）八月辛卯，"祭皇兄吼墓，追册为皇太子，谥庄圣"。❺从《皇子表》的记载来看，《景宗纪》所谓"皇兄"亦当出自元史臣之手，非旧史原文。元人仅据景宗追册吼为皇太子一事，断言旧史排行有误，于事理未谐。

笔者怀疑，旧史《皇族传》实不误，只没为长，景宗其次，吼又次之。既然旧史《皇族传》以只没为第一，则旧史《景宗本纪》云景宗为世宗第二子，当谓只没为长子。而只没长于景宗，亦可得确证。按《圣宗纪》，统和元年（983）正月乙丑，"奉遗诏，召先帝庶兄质睦于菆涂殿前，复封宁王"。❻质睦即只没异译。不过，元人推测吼亦为萧氏所出，当得其实。而从景宗追册一事，恰恰可为吼乃景宗同母弟之旁证。

所谓皇太子，并非以世宗论，而是景宗以吼为其本人之皇太

---

❶《辽代石刻文编》，第5页注2。
❷《辽史》卷5《世宗纪》，第65页。
❸《辽史》卷71《世宗怀节皇后传》，第1201页。
❹《辽史》卷64《皇子表》，第984—985页。
❺《辽史》卷8《景宗纪上》，第91页。
❻《辽史》卷10《圣宗纪一》，第108页。

子。契丹仿效中原建立皇太子制度之初，并不明了"皇太子"之确切含义，以为凡皇储，不拘行辈，皆称皇太子。太宗立李胡为皇太子即其例。❶契丹旧有兄终弟及之传统，辽太宗立李胡为皇太子，一方面是政治妥协的结果，另一方面也是这一传统的反映。

景宗追册呬为己之皇太子，也应当同样跟兄终弟及传统有关。笔者的这一推测有一个佐证。按《景宗纪》，保宁元年三月，"太平王罨撒葛亡入沙沱。己丑，夷离毕粘木衮以阴附罨撒葛伏诛。癸巳，罨撒葛入朝"。❷《皇子表》谓罨撒葛系穆宗同母弟，"景宗即位，撒葛惧，窜于大漠，召还，释其罪"。❸看来，穆宗死后，罨撒葛可能曾与景宗争夺帝位。尽管如此，保宁四年（972）罨撒葛薨后，仍被"追册为皇太叔"。❹景宗之所以这么做，恐怕是因为在穆宗未立太子的情况下，按照契丹传统，罨撒葛应当是其继承人。

据《景宗纪》，"察割之乱（时为天禄五年，951），帝甫四岁"。❺知景宗当生于天禄二年（948）。只没既系世宗长子，当生于会同中。据此，《契丹国志》谓世宗随太宗入大梁得甄氏说显误，甄氏当在后唐灭后因某种机缘没入契丹，为兀欲所得。按《辽史·世宗怀节皇后传》云："帝为永康王，纳之，生景宗。"❻检《世宗纪》，大同元年二月封永康王，❼则萧氏归世宗亦当在此年。世宗后妃见诸

---

❶ 邱靖嘉：《辽太宗朝的"皇太子"名号问题》，《历史研究》2010年第6期。
❷ 《辽史》卷8《景宗纪上》，第90页。
❸ 《辽史》卷64《皇子表》，第979页。
❹ 《辽史》卷8《景宗纪上》，第92页。景宗后姊为齐王罨撒葛妃，《辽史》卷13《圣宗纪四》（第145页）、卷69《部族表》（第1094页）、卷85《萧挞凛传》（第1313页）、卷103《萧韩家奴传》（第1447页）俱称"皇太妃"。学界多以为系王太妃之误。然罨撒葛既追册皇太叔，皇太妃实不误。
❺ 《辽史》卷8《景宗纪上》，第89页。
❻ 《辽史》卷71《世宗怀节皇后传》，第1201页。
❼ 《辽史》卷5《世宗纪》，第63页。

史籍者惟甄、萧二人，看来甄氏是萧后归世宗前他身边最得宠的女人，世宗即位之初，立其为后是完全有可能的。❶世宗作为一个契丹君主，继位后立汉女为后，晚至天禄四年方改立萧氏，这应当可以作为其人汉化倾向的另一个佐证。

总而言之，从张谏、甄氏二人之际遇来看，兀欲应当是个汉化较深的人。

世宗之继位，起因于辽太宗灭晋后于北返途中不意暴卒，从而使其有可乘之机。陈述、李桂芝先后对兀欲继位之经过作过较详细的考辨，均以为世选制起了决定性作用。❷但此说实属空穴来风。

世宗继位之过程，大体由三大事件构成。其一，太宗灭晋后北返，崩于栾城，北、南院大王与耶律安抟拥立世宗于军中。其二，世宗回师草原，败皇太子李胡于泰德泉。其三，潢水畔两军对垒，经耶律屋质调解，李胡与主要支持者其母应天太后妥协让步。下面笔者将进行细致分析，证明这三个事件中都没有证据支持世选说。

关于诸将拥立世宗的经过，《辽史》有详细的记载。《耶律安抟传》云：

> 世宗在藩邸，尤加怜恤，安抟密自结纳。太宗伐晋还，至栾城崩，诸将欲立世宗，以李胡及寿安王（太宗嫡长子耶律璟）在朝，犹豫未决。时安抟直宿卫，世宗密召问计。安抟曰："大王聪安宽恕，人皇王之嫡长；先帝虽有寿安，天下属意多在大王。今若不断，后悔无及。"会有自京师来者，安抟诈以李胡死传报军中，皆以为信。于是安抟诣北、南二大王计

---

❶ 元人《进辽史表》（见《辽史》，第1555页）曰："耶律俨语多避忌。"俨不记甄氏为后，正可为其注脚。

❷ 陈述：《契丹政治史稿》，第74-77页；李桂芝：《契丹贵族大会钩沉》，第76-78页。

之。北院大王洼闻而遽起曰:"吾二人方议此事。先帝尝欲以永康王为储贰,今日之事有我辈在,孰敢不从!但恐不白太后而立,为国家启衅。"安抟对曰:"大王既知先帝欲以永康王为储副,况永康王贤明,人心乐附。今天下甫定,稍缓则大势去矣。若白太后,必立李胡。且李胡残暴,行路共知,果嗣位,如社稷何?"南院大王吼曰:"此言是也。吾计决矣!"乃整军,召诸将奉世宗即位于太宗柩前。❶

《耶律吼传》曰:

及帝崩于栾城,无遗诏,军中忧惧不知所为。吼诣北院大王耶律洼议曰:"天位不可一日旷。若请于太后,则必属李胡。李胡暴戾残忍,讵能子民。必欲厌人望,则当立永康王。"洼然之。会耶律安抟来,意与吼合,遂定议立永康王,是为世宗。❷

又《耶律洼传》亦云:

太宗崩于栾城,南方州郡多叛,士马困乏,军中不知所为。洼与耶律吼定策立世宗,乃令诸将曰:"大行上宾,神器无主,永康王人皇王之嫡长,天人所属,当立;有不从者,以军法从事。"诸将皆曰:"诺。"❸

我们注意到,由于太宗之死事出突然,"军中不知所为"。按

---

❶《辽史》卷77《耶律安抟传》,第1260页。
❷《辽史》卷77《耶律吼传》,第1258–1259页。
❸《辽史》卷77《耶律洼传》,第1261页。

118

照《吼传》的说法，这是因为太宗没有留下遗诏，《抟传》则明确说诸将在世宗、李胡及寿安间犹豫不定。但这些说法有值得怀疑的地方。虽然可能太宗确无遗诏，但李胡是其生前所立皇太子，正是合法继承人，诸将何疑之有？笔者怀疑，太宗薨后军中汹汹当是事实，不过其真正原因并非嗣君未定，而是因为其时太宗麾下大将赵延寿先据镇州，意图称帝。稍一不慎，契丹可能全军覆没于中原。在这种情况下，嗣君李胡远在龙沙，军中之忧惧可想而知。

其时这千钧一发的紧张局面，给了世宗可乘之机。世宗与安抟的密谋主要在于两个环节。其一，散布李胡已死的谣言。其二，由安抟出面，争取军中最重要的实力派北、南院大王支持世宗。❶其时"安抟直宿卫"，可能掌握了皮室军。因此，在这三大军事巨头的支持下，世宗得以继位。安抟是世宗的亲信，而北、南院大王支持世宗，一方面可能得到了世宗的优厚承诺，另一方面可能也是迫于时局。

在世宗军中继位时关于嗣君的讨论中，我们并没有找到世选的证据。首先，虽然李胡的皇太子身份被回避，但这些记载强调的都是太宗本人的意愿。《吼传》提到太宗"无遗诏"，《抟传》载洼曾试图用"先帝尝欲以永康王为储贰"证明世宗的合法性。其次，三人密议中也反复提到了"若请于太后"云云，这说明太后的向背也非常关键。甚至可以说，按照正常的程序，在太宗已薨的情况下，如欲变更继承人，其决定权力很大程度上在于太后。"若白太后，必立李胡"可为其证。其三，耶律吼、耶律洼及安抟决意立世宗，这是非常危险的政治上的投机行为，军中其他将领能否认同尚

---

❶ 上引《抟传》及《吼传》均谓吼、洼密议在安抟来之前，笔者怀疑这是为了掩盖世宗阴谋的曲笔。

在未定之数。《耶律牒蜡传》云:"世宗即位,遣使驰报,仍命牒蜡执偏将尤者以来。其使误入尤者营,尤者得诏,反诱牒蜡,执送太后。"❶可见其侥幸行险之处。因此,耶律吼等人一方面提出"永康王人皇王之嫡长"作为合法性的依据,另一方面用赤裸裸的暴力相威胁,"今日之事有我辈在,孰敢不从","有不从者,以军法从事"云云,软硬兼施,才稳定了局面。

根据上文的分析,世宗的军中继位看来是其本人亲自设计的一个阴谋。世宗之所以能压服军中的反对意见,除了北、南院大王鼎力相助外,他成功解决了赵延寿问题,保证了契丹大军的安全,是其关键。主张世宗继位出于世选的学者认为,诸将拥立世宗即世选。但所谓拥立或共推,无非是二三实力派主导下的表演,与陈桥兵变并无二致。是为世选,孰非世选?《通鉴》记载此事如下:

> 契丹主兀欲以契丹主德光有子在国,己以兄子袭位,又无述律太后之命,擅自立,内不自安。初,契丹主阿保机卒于勃海,述律太后杀酋长及诸将凡数百人。契丹主德光复卒于境外,酋长诸将惧死,乃谋奉契丹主兀欲勒兵北归。❷

温公既曰诸酋奉世宗北归,又云兀欲擅自立,说明在他看来,诸将拥立与世选并无必然联系。

此外,世选说还有一个无法解释的矛盾。其说若成立,那么在此后的事态发展中,由世选而来的合法性当是世宗手中最大的筹码。但事实并非如此(详下)。可能是有鉴于此,陈述对世选说进

---

❶《辽史》卷 113《耶律牒蜡传》,第 1506 页。牒蜡当系兀欲亲信。
❷《通鉴》卷 287《后汉纪二》高祖天福十二年五月,第 9364 页。

行了修正，认为这还只是"非正式的或预备的推选会议，不过这些参预聚谋的契丹大人，不是诸大首领的全体，故而诸部未宁一"。❶那么，正式的推选会议是什么时候举行的呢？陈述以为发生在潢河畔。❷但这一观点却源自对文献的误读（详下），因此，对世选说的修正并不能成立。

下面我们再来分析泰德泉之役。据《辽史·世宗纪》，大同元年（947）六月甲寅，"次南京，五院夷离堇安端（太祖弟）、详稳刘哥（太祖弟寅底石子）遣人驰报，请为前锋；至泰德泉，遇李胡军，战败之"。❸安端决定支持世宗的经过，见于《耶律察割传》："世宗即位于镇阳，安端闻之，欲持两端。察割（安端子）曰：'太弟（李胡）忌刻，若果立，岂容我辈！永康王宽厚，且与刘哥相善，宜往与计。'安端即与刘哥谋归世宗。"❹看来刘哥是个关键人物，其传云：

> 会同十年，叔父安端从帝伐晋，以病先归，与刘哥邻居，世宗立于军中，安端议所往，刘哥首建附世宗之策，以本部兵助之。时太后命皇太弟李胡率兵而南，刘哥、安端遇于泰德泉。既接战，安端坠马。王子天德（太宗庶子）驰至，欲以枪刺之。刘哥以身卫安端，射天德，贯甲不及肤。安端得马复战，太弟兵败。刘哥与安端朝于行在。及和议成，太后问刘哥曰："汝何怨而叛？"对曰："臣父无罪，太后杀之，以此怨耳。"❺

---

❶ 陈述：《契丹政治史稿》，第 77 页。
❷ 同上书，第 75 页。
❸ 《辽史》卷 5《世宗纪》，第 63 页。
❹ 《辽史》卷 112《耶律察割传》，第 1500 页。
❺ 《辽史》卷 113《耶律刘哥传》，第 1507–1508 页。

阿保机死前，指定寅底石辅佐长子倍，为应天后所不容而见杀。❶刘哥以是怨太后。安端父子则纯是投机分子。值得注意的是，在回应事后太后的指责时，刘哥直言其与太后之恩怨，却并没有提到世宗的世选合法性，以此反驳"叛"的罪名。如果这仅系孤例，或者我们可以理解为刘哥之率真。但《耶律安抟传》亦载："太后问安抟曰：'吾与汝有何隙？'安抟以父死为对，太后默然。"❷又《萧翰传》云："太后问翰曰：'汝何怨而叛？'对曰：'臣母无罪，太后杀之，以此不能无憾。'"❸按安抟父亦因支持太子倍为应天所杀，萧翰母事不详。不论如何，这两位世宗的支持者在面对太后的责难时，同样没有援引世选，似乎默认了己之所为确属叛行。这也间接说明，世宗立于军中与世选无关。

最后，我们再来分析潢河和解。世宗回师龙沙，与太后隔潢河而阵，在耶律屋质斡旋下太后与世宗相见。据《屋质传》，太后质问世宗曰："大王何故擅立，不禀尊亲？"❹由于史官取舍不当，世宗对这一问题的回答并不见《屋质传》，❺但太后这一责问本身就表明，世宗并无世选合法性这样的法宝。在两人和解后，《屋质传》载：

> 太后复谓屋质曰："议既定，神器竟谁归？"屋质曰："太后若授永康王，顺天合人，复何疑？"李胡厉声曰："我在，兀欲安得立！"屋质曰："礼有世嫡，不传诸弟。昔嗣圣（太

---

❶《辽史》卷64《皇子表》，第969页。
❷《辽史》卷77《耶律安抟传》，第1260-1261页。
❸《辽史》卷113《萧翰传》，第1506页。
❹《辽史》卷77《耶律屋质传》，第1256页。
❺ 刘浦江、聂文华：《〈辽史·列传第七〉校勘长编》，未刊稿。

宗）之立，尚以为非，况公暴戾残忍，人多怨谤。万口一辞，愿立永康王，不可夺也。"太后顾李胡曰："汝亦闻此言乎？汝实自为之！"乃许立永康。❶

所谓"议既定"，是指双方放弃武力，同意和平解决争端。在讨论皇帝人选时，李胡"我在，兀欲安得立"的依据显然是其皇太子的身份，而屋质用来说服太后接受世宗的理由有二。其一，"礼有世嫡，不传诸弟"，"嗣圣之立，尚以为非"。也就是说，太宗以弟李胡为继承人并不妥，更何况，太宗之帝位，乃从其兄耶律倍手中所夺，其合法性本就存在争议。其二，也是屋质真正说服太后的原因，那就是"万口一辞，愿立永康王，不可夺也"。表面上看，这似乎是世选的证据。其实不然。首先，屋质的这句话上承的是"（李胡）暴戾残忍，人多怨谤"。也就是说，"万口一辞"表明的并非是部落首领具有选汗的权利，而是强调李胡失人心。其次，这句话以"不可夺也"结尾，正说明"万口一辞"本身并不构成帝位的合法性，相反，太后的意愿可能更为权威，屋质只是希望（或者说威胁）太后要顺应人心。总之，笔者认为，潢河和解的记载也无法提供没有争议的世选证据。

需要补充说明的事，《李胡传》对潢河和解也有记载，曰："及会议，世宗使解剑而言"。❷陈述将"会议"理解为"推选大汗的议会"，❸但参考《屋质传》，所谓"会议"显然专指世宗与太后、李胡间的会晤，这是陈述对文献的误读。

综上所述，笔者认为，并无有说服力的证据表明世宗继位的过

---

❶ 《辽史》卷77《耶律屋质传》，第1257页。
❷ 《辽史》卷72《李胡传》，第1213页。
❸ 陈述：《契丹政治史稿》，第75页。

程中存在世选因素。世宗之所以能登大宝，最关键的因素是他敏锐果敢地把握住了稍纵即逝的时机，以及在处理赵延寿事件中表现出的高超政治技巧，慑服了契丹诸酋。另外一个关键因素是他在身边集结了一批当年太后扳倒让国皇帝的政治斗争的失败者和受害者的后人，安抟、刘哥因此都站在了世宗一边。笔者怀疑，图谋帝位，刻意利用当年的政治斗争培植自己的势力是世宗一直以来暗中进行之事。不过，若非太宗突然去世引发了危机，恐怕世宗之图谋未必能得逞。

第二节　再向中原

世宗得国不正，于其南向政策影响巨大。由于兀欲篡位，与太子李胡发生严重冲突，中原的契丹守将纷纷弃镇北归。此后兀欲虽监禁了应天及李胡，但因内乱频仍，对中原完全采取守势。

世宗即位初无心外务，还有其他证据。按《辽史·世宗纪》，天禄二年（948）四月，"南唐遣李朗、王祚来慰且贺，兼奉蜡丸书，议攻汉"。❶这一提议并未得到兀欲的响应。另据《新五代史·汉隐帝纪》，同年七月，"契丹郑州刺史王彦徽来奔"，❷也可以看出局势对辽朝相当不利。不过，到天禄三年，也就是世宗即位两年多后，开始改变策略。《辽史·世宗纪》谓是年九月，"召群臣议南伐"，十月，"遣诸将率兵攻下贝州高老镇，徇地邺都、南宫、堂阳，杀深州刺史史万山，俘获甚众"。❸契丹大捷可以得到中原文献

---

❶《辽史》卷5《世宗纪》，第64页。
❷《新五代史》卷10《汉隐帝纪》，第104页。
❸《辽史》卷5《世宗纪》，第65页。

的印证。《旧五代史·汉隐帝纪》载："契丹陷贝州高老镇，南至邺都北境，又西北至南宫、堂阳，杀掠吏民。数州之地，大被其苦，藩郡守将，闭关自固。"❶

世宗初期的保守策略，并非由于对太宗时期的国策有所检讨，而是因为兀欲一直忙于巩固帝位，平定叛乱，根本无暇南顾。❷天禄三年春萧翰伏诛后，世宗已基本控制住了契丹诸酋中的异己分子（详下），因此当年九月即兴师南下，恰恰说明兀欲是德光南进策略的忠实继承者。

按《辽史·世宗纪》，天禄四年三月，"南唐遣赵延嗣、张福等来贺南征捷"；十月，"自将南伐，攻下安平、内丘、束鹿等城，大获而还"。❸虽然连续两年南征均得胜，契丹并未能击溃后汉主力，得城尚不能守之。辽朝入侵更重要的后果，却是给郭威代汉制造了机会。据《旧五代史·汉隐帝纪》，天禄三年（汉乾祐二年），因契丹兵锋南至邺都，隐帝被迫"遣枢密使郭威率师巡边"。❹同书《周太祖纪》亦云："帝至邢州，遣王峻前军趋镇、定。时虏已退，帝大阅，欲临寇境，诏止之。"❺在任命郭威为邺都留守时，对于是否让其仍领枢密使，后汉朝廷中发生过激烈的争论。一方认为，枢密使出领节镇向无先例，虑有尾大不掉之虞。另一方则强调大敌当

---

❶《薛史新辑》卷102《汉隐帝纪中》，第3154页。
❷《通鉴》（卷287《后汉纪二》高祖天福十二年六月，第9367页）载："契丹主（兀欲）慕中华风俗，多用晋臣，而荒于酒色，轻慢诸酋长，由是国人不附，诸部数叛，兴兵诛讨，故数年之间，不暇南寇。"所谓"慕中华风俗，多用晋臣，而荒于酒色，轻慢诸酋长"，得不到辽朝文献的印证，恐非其实，但不暇南寇因国人不附说，倒与本书之结论相符。
❸《辽史》卷5《世宗纪》，第65页。
❹《薛史新辑》卷102《汉隐帝纪中》，第3154页。
❺《薛史新辑》卷110《周太祖纪一》，第3324页。

前，枢密使的身份可以使郭威节制诸军，有效地组织防御。❶在契丹的威胁面前，隐帝冒险赋予郭威大权，实非得已。次年年底，郭威即凭借所掌握的兵权取代了后汉。若说辽世宗南征是造就五代最后一个王朝的关键因素之一，实非过论。

就在汉周嬗代之时，兀欲向后汉派出了使者。《旧五代史·周太祖纪》曰："先是，去年契丹永康王兀欲寇邢、赵，陷内丘。及回，兀欲遣使与汉隐帝书，使至境上，会朝廷有萧墙之变，帝定京城，回至澶州，遇蕃使至，遂与入朝。至是，遣朱宪伴送来使归蕃，兼致书叙革命之由。"❷《册府元龟·外臣部奸诈》则对辽、周往来有较完整的叙述：

> 契丹永康王兀欲自汉末遣使，寓书于汉少帝，会汉室有萧墙之乱。周太祖登极时，邢州节度使刘词驰送虏使至阙，周太祖览其书，欲因便以和之。广顺元年（辽天禄五年）正月，遣将军朱宪伴送虏使归国，仍遗兀欲金器玉带，以结其意。二月，朱宪回，兀欲复遣使来贺，兼献良马。朝廷寻遣尚书左丞田敏报命，仍厚其礼。既而兀欲留我行人将军姚汉英、华光裔，不令复命，由是复绝。❸

世宗主动遣使后汉，可能是因为军事上局面一时难以打开，❹

---

❶ 曹流：《契丹与五代十国政治关系诸问题》，第73页。
❷ 《薛史新辑》卷110《周太祖纪一》，第3347页。
❸ 《册府元龟》卷998《外臣部奸诈》，第11713—11714页。
❹ 《通鉴》（卷290《后周纪一》太祖广顺元年正月，第9452页）载："契丹之攻内丘也，死伤颇多，又值月食，军中多妖异，契丹主惧不敢深入，引兵还，遣使请和于汉。"不过上引《辽史》则曰此役"大获而还"。不论如何，得城不能守，说明并未能真正形成突破。

所以寻求在外交上进行突破。而议和的条件，可能是循石敬瑭之例（详下）。后周建立后，一度也试图与辽媾和。但在数度来往后，兀欲突然翻脸，个中奥秘，则是北汉之屈膝。

关于辽与北汉间的往来，《通鉴》认为亦由兀欲发端，该书于是年正月己卯（十七日）至丁亥（二十五日）间有记载如下：

> 初，契丹主北归，横海节度使潘聿捻弃镇随之，契丹主以聿捻为西南路招讨使。及北汉主立，契丹主使聿捻遗刘承钧书；北汉主使承钧复书，称："本朝沦亡，绍袭帝位，欲循晋室故事，求援北朝。"契丹主大喜。❶

此事除为《契丹国志·世宗天授皇帝纪》承袭外不见其他文献，❷其中疑窦颇多，笔者以为并不可靠。首先，刘崇称帝在正月十六日，而据《通鉴》，该月二十五日前，事情已经历了契丹西南路招讨使潘聿捻获得消息、上报世宗，世宗下令聿捻致书刘承钧，承钧传送太原，太原下令承钧复书，兀欲得书这诸多环节。从时间上看，这是完全不可能的。因此，晚近曹流撰文提出，二十五日前可能潘聿捻刚与北汉取得联系，北汉回书尚在其后。即便如此，短短不到十天，上报契丹中枢并得到指示仍然不太可能，所以，为弥合计，曹流怀疑这是潘聿捻的自主行为，而非世宗的命令。❸但这至少已经说明，这段记载的可信度是要大打折扣的。更何况，潘聿捻是否可能擅自处理事关辽朝国策的大事，是很值得怀疑的。其

---

❶《通鉴》卷290《后周纪一》太祖广顺元年正月，第9455页。

❷《契丹国志》卷4《世宗天授皇帝纪》，第47页。可能正是因为下文所指出的《通鉴》纪事时间的疑点，《国志》改置其事于二月。

❸ 曹流：《契丹与五代十国政治关系诸问题》，第80页。

次，记载中提到北汉主动屈膝，"欲循晋室故事，求援北朝"，但综合辽朝与中原文献，事实上这一结果是兀欲巧妙利用后周对北汉施压，来回往复多个回合后才取得的成果（详下）。总之，笔者以为，《通鉴》的这一记载不足采信。

下面我们来具体分析辽、周、汉间的纵横捭阖。上引《册府元龟》提到，后周朱宪使辽后，契丹遣使后周并致良马，这可以得到《辽史·世宗纪》的验证。❶《册府元龟》对辽朝此番来使有更详细的记载："周太祖广顺元年二月丁未，左千牛卫将军朱宪使于契丹复命，契丹王充（兀之讹）欲复遣使裹骨支伴送朱宪归京师，又贺我登极，兼献良马一驷，仍达蕃情云：'两地通欢，近因晋祖，议和好之理，为远大之谋。'"❷辽世宗援引石敬瑭一事，可能代表的正是其开出的议和条件，即遵循石敬瑭模式。

据《五代会要》，同月"（周）太祖复命尚书左丞田敏、供奉官蒋光遂衔命往聘"。❸双方使节往复如此迅速，说明两家对于和议都很热衷。但此时北汉亦遣使赴契丹求援，❹局势变得相当微妙。按《通鉴》，三月，"北汉李晋至契丹，契丹主使拽剌梅里报之"；四月，"契丹主遣使如北汉，告以周使田敏来，约岁输钱十万缗。北汉主使郑珙以厚赂谢契丹，自称'侄皇帝致书于叔天授皇帝'，请

---

❶《辽史》卷5《世宗纪》，第65—66页。但《辽史》隐去了兀欲主动遣使后汉一事。
❷《册府元龟》卷980《外臣部通好》，第11522页。《五代会要》卷29《契丹》（第461页）系其于正月。然《薛史新辑》卷111《周太祖纪二》（第3360页）及《通鉴》卷290《后周纪一》（太祖广顺元年，第9456页）亦作二月丁未。《会要》疑误。
❸《五代会要》卷29《契丹》，第461页。又见《薛史新辑》卷111《周太祖纪二》（第3363页）、《新五代史》卷11《周太祖纪》（第112页）、《通鉴》卷290《后周纪一》（太祖广顺元年，第9457页）。三处均作二月丁巳。
❹据《新五代史》卷70《东汉世家》（第864页），正月戊寅，"遣通事舍人李晋间行使于契丹"。然《通鉴》卷290《后周纪一》（太祖广顺元年，第9457页）系此事于二月丁巳，且曰"乞兵为援"。

行册礼"。❶看来，郭威对契丹的苛刻条件并没有全部拒绝，答应"岁输钱十万缗"，但坚持平等关系。❷

北汉与后周使者见到兀欲的时间应当非常接近。据《旧五代史·周太祖纪》，四月丁巳，"尚书左丞田敏使契丹回，契丹主兀欲遣使实六报命，并献碧玉金涂银裹鞍勒各一副，弓矢、器仗、貂裘等，土产马三十匹，土产汉马十匹"。❸《通鉴》记载了契丹以后周要挟北汉，笔者怀疑，世宗对后周可能也采取了同样伎俩。不过，郭威并没有就范。据《旧五代史·周太祖纪》，五月己巳，"（周）遣左金吾卫将军姚汉英、前右神武将军华光裔使于契丹"。❹《通鉴》称"契丹留之"。❺《辽史·世宗纪》则云："二月，周遣姚汉英、华昭胤来，以书辞抗礼，留汉英等。"❻兀欲突然翻脸，应当是因为此时郑珙已抵辽廷，在北汉已屈膝的情况下，世宗当然就倒向了北汉一边。

《辽史》将汉英来使记作"二月"，其误自不待言，笔者甚至怀疑此系契丹史官有意作伪。按《世宗纪》又云："六月辛卯朔，刘崇为周所攻，遣使称侄，乞援，且求封册。即遣燕王牒蠟、枢密使

---

❶ 《通鉴》卷290《后周纪一》太祖广顺元年，第9459–9460页。《薛史新辑》卷136《刘崇传》（第4264页）云："崇自僭窃之后，以重币求援于契丹述律，仍称侄以事之。"《新五代史》卷70《东汉世家》（第864页）曰："契丹永康王兀欲与旻约为父子之国，旻乃遣宰相郑珙致书兀欲，称侄皇帝，以叔父事之而已。"

❷ 参苗润博：《十至十一世纪"南北朝"称号问题再检讨》，第28页。

❸ 《薛史新辑》卷111《周太祖纪二》，第3373页。又见《五代会要》卷29《契丹》，第461页。

❹ 《薛史新辑》卷111《周太祖纪二》，第3375页。又见《五代会要》卷29《契丹》（第461页），唯作四月误。

❺ 《通鉴》卷290《后周纪一》太祖广顺元年五月己巳，第9460页。又见《册府元龟》卷980《外臣部通好》，第11522页。

❻ 《辽史》卷5《世宗纪》，第66页。

高勋册为大汉神武皇帝。"❶《辽史》中辽与北汉的往来始见于此,这是另一蹊跷之处。如果没有中原文献,我们很容易误以为刘崇之称侄、求封册乃其主动献媚。契丹史官将辽、周决裂提前至二月,并系辽、汉往来于六月,恐系有意为之,可能是为了掩盖世宗不太光明的外交手段。

还须补充说明的是,上引《册府元龟·外臣部奸诈》认为周使被留后,后周与契丹"由是复绝",但同书《外臣部通好》又载:"(是年)八月,契丹遣幽州教练使曹继筠护送宰相赵莹丧柩至其家。"❷似乎外交关系并未由此中断。据同书《总录部患难》,"莹初被病,遣人祈告于虏主,愿归骨于南朝,使羁魂幸复乡里,虏主闵而许之。及卒,遣其子易从及家人数辈护丧而还,仍遣大将送至京师"。❸又按《辽史·世宗纪》,"夏五月壬戌朔,太子太傅赵莹薨,辍朝一日,命归葬于汴"。❹看来汉英等羁留未返,并不代表辽、周迅即转入敌对状态。

不过,辽、汉既已结盟,辽、周军事上的冲突已在所难免。据《通鉴》,当年七月,"北汉主遣翰林学士博兴卫融等诣契丹谢册礼,且请兵"。❺然天不佑契丹,正当世宗欲大举南攻,他却意外遇弑。《辽史·世宗纪》载:"九月庚申朔,自将南伐。壬戌,次归化州祥古山。癸亥,祭让国皇帝于行宫,群臣皆醉。察割反,帝遇弑。"❻《世宗纪》未提及兀欲遇弑的原因。《新五代史·四夷附录》曰:

---

❶《辽史》卷5《世宗纪》,第66页。
❷《册府元龟》卷980《外臣部通好》,第11522页。又见同书卷140《帝王部旌表四》,第1702页;《薛史新辑》卷111《周太祖纪二》,第3385页。
❸《册府元龟》卷940《总录部患难》,第11078页。
❹《辽史》卷5《世宗纪》,第66页。
❺《通鉴》卷290《后周纪一》太祖广顺元年七月,第9462页。
❻《辽史》卷5《世宗纪》,第66页。

兀欲立五年，会诸部酋长，复谋入寇，诸部大人皆不欲，兀欲强之。燕王述轧与太宁王呕里僧等率兵杀兀欲于大神淀。德光子齐王述律闻乱，走南山。契丹击杀述轧、呕里僧，而迎述律以立。❶

《通鉴》云：

> 九月，北汉主遣招讨使李存瑰将兵自团柏入寇。契丹欲引兵会之，与酋长议于九十九泉。诸部皆不欲南寇，契丹主强之。癸亥，行至新州之火神淀，燕王述轧及伟王之子太宁王沤僧作乱，弑契丹主而立述轧。契丹主德光之子述律逃入南山，诸部奉述律以攻述轧、沤僧，杀之，并其族党。立述律为帝，改元应历。自火神淀入幽州，遣使告于北汉，北汉主遣枢密直学士上党王得中如契丹，贺即位，复以叔父事之，请兵以击晋州。❷

《新五代史》及《通鉴》俱以为，世宗被弑是因为诸酋不同意其南寇的主张。兀欲被弑与穆宗继位因此被认为是辽朝历史上的一个分水岭，契丹国策由此转向草原本位。❸对于这一阐释，笔者尚有保留意见。

首先，《新五代史》与《通鉴》之记载有不实之处。如两书均以为述轧乃主谋，❹且后者云述轧自立，其说显误（详下节）。

---

❶ 《新五代史》卷73《四夷附录二》，第903页。
❷ 《通鉴》卷290《后周纪一》太祖广顺元年九月，第9462-9463页。
❸ 陈述：《契丹政治史稿》，第120-121页。
❹ 《五代会要》卷29《契丹》（第461页）曰："兀欲为部下太宁王、燕王述轧所杀。"列太宁王察割于述轧前，则得其实。

第4章 短命世宗

其次，《新五代史》及《通鉴》有自相矛盾之处。如果兀欲因援汉被弑，北汉怎么可能在穆宗即位后"请兵以击晋州"？穆宗又怎么会在即位次月（十月）即出兵与北汉共伐后周？❶

又次，从《辽史》关于此事的记载来看，世宗遇弑实与南征无关，下节将详论之。

第三节　意外遇弑

要弄清辽世宗遇弑的真相，我们必须先来回顾世宗一朝数次的篡位阴谋。按上文已论及，世宗即位之初，最大的对手是李胡及应天太后。据《辽史·世宗纪》，就在兀欲与太后和解当月，"既而闻太后、李胡复有异谋，迁于祖州；诛司徒划设及楚补里"。❷《淳钦传》云："迁太后于祖州。"❸《李胡传》曰："会有告李胡与太后谋废立者，徙李胡祖州，禁其出入。"❹看来兀欲对李胡始终保持了高度警惕，因此终世宗一朝，李胡始终无所作为。

但李胡之外，觊觎帝位者仍大有人在。按《世宗纪》，天禄二年正月，"天德、萧翰、刘哥、盆都等谋反。诛天德，杖萧翰，迁刘哥于边，罚盆都使辖戛斯国"。❺这次谋反的过程颇为曲折，需稍加辨析。《耶律屋质传》载：

---

❶《薛史新辑》卷136《刘崇传》，第4264页；《新五代史》卷70《东汉世家》，第865页；《通鉴》卷290《后周纪一》太祖广顺元年十月，第9466页。
❷《辽史》卷5《世宗纪》，第64页。同书卷64《皇子表》（第969页）曰："太祖命（寅底石）辅东丹王，淳钦皇后遣司徒划沙杀于路。"划设或即划沙，当系应天心腹。
❸《辽史》卷71《淳钦皇后传》，第1200页。
❹《辽史》卷72《李胡传》，第1213页。
❺《辽史》卷5《世宗纪》，第64页。

> 天禄二年，耶律天德、萧翰谋反下狱，惕隐刘哥及其弟盆都结天德等为乱。耶律石剌潜告屋质，屋质遽引入见，白其事。刘哥等不服，事遂寝。未几，刘哥邀驾观樗蒲，捧觞上寿，袖刃而进。帝觉，命执之，亲诘其事。刘哥自誓，帝复不问。屋质奏曰："当使刘哥与石剌对状，不可辄恕。"帝曰："卿为朕鞫之。"屋质率剑士往讯之，天德等伏罪，诛天德，杖翰，迁刘哥，以盆都使辖戛斯国。❶

《耶律刘哥传》云：

> 天禄中，与其弟盆都、王子天德、侍卫萧翰谋反，耶律石剌发其事，刘哥以饰辞免。后请帝博，欲因进酒弑逆，帝觉之，不果，被囚。一日，召刘哥，锁项以博。帝问："汝实反耶？"刘哥誓曰："臣若有反心，必生千顶疽死！"遂贳之。耶律屋质固诤，以为罪在不赦。上命屋质按之，具服。诏免死，流乌古部，果以千顶疽死。❷

又《萧翰传》曰：

> 天禄二年，尚帝妹阿不里。后与天德谋反，下狱。复结惕隐刘哥及其弟盆都乱，耶律石剌告屋质，屋质遽入奏之，翰等不伏。帝不欲发其事，屋质固诤以为不可，乃诏屋质鞫按。翰伏辜，帝竟释之。❸

---

❶《辽史》卷77《耶律屋质传》，第1257页。
❷《辽史》卷113《耶律刘哥传》，第1508页。
❸《辽史》卷113《萧翰传》，第1506页。

据此，这次谋逆大体由三个环节构成。首先，太宗庶子天德与萧翰因谋反而下狱。其次，刘哥及盆都欲作乱，为耶律石剌所告，但世宗息事宁人，不予处理。这里有个疑问，天德与萧翰既已因谋反下狱，"复结惕隐刘哥及其弟盆都乱"究系何指？考《皇子表》云："（天德）与侍卫萧翰谋反，系狱。耶律留哥、盆都等辞连天德，并按之。天德断锁，不能出。"❶据此，天德、萧翰系狱之初，不伏，刘哥盆都尚未暴露，二人或于狱中联络刘哥等谋举事，然为石剌所告，事遂寝。其三，刘哥再度铤而走险，试图行刺兀欲，在屋质坚持之下世宗同意展开全面调查，阴谋终于彻底暴露。

值得注意的是，刘哥及萧翰在兀欲、李胡之争中都是世宗的支持者。刘哥因此得为惕隐，❷萧翰之尚帝妹当亦缘此。刘哥弟盆都在世宗继位时的态度不详，但其本传曰"天禄初，以族属为皮室详稳"，❸应当也是兀欲的支持者。这次谋反之缘由，史籍未载。不过，除了争夺帝位之外似乎没有其他的可能解释。从对谋反诸人的不同处理来看，刘哥等欲推戴的可能是天德。

到了天禄三年，又发生了一次谋反。按《世宗纪》，是年正月，"萧翰及公主阿不里谋反，翰伏诛，阿不里瘐死狱中。庚申，肆赦。内外官各进一阶"。❹据《萧翰传》，"（翰）复与公主以书结明王安端反，屋质得其书以奏，翰伏诛"。❺《耶律屋质传》则曰："（天禄）三年，表列泰宁王察割阴谋事，上不听。"❻看来，萧翰可能是要鼓动安端夺位，察割也在旁怂恿。再次需注意的是，安端父子也曾是

---

❶ 《辽史》卷64《皇子表》，第980页。
❷ 《辽史》卷5《世宗纪》，第64页。
❸ 《辽史》卷113《耶律盆都传》，第1508页。
❹ 《辽史》卷5《世宗纪》，第65页。
❺ 《辽史》卷113《萧翰传》，第1506页。
❻ 《辽史》卷77《耶律屋质传》，第1257页。

世宗的支持者。这次谋反平定后，看来世宗已大体控制住了局面，因而当年九月即议南征。

但到天禄五年，兀欲最终还是为察割所弑。我们先来看《察割传》的记载：

> 七月，帝幸太液谷，留饮三日，察割谋乱不果。帝伐周，至详古山，太后与帝祭文献皇帝于行宫，群臣皆醉。察割归见寿安王，邀与语，王弗从。察割以谋告耶律盆都，盆都从之。是夕，同率兵入弑太后及帝，因僭位号。百官不从者，执其家属。至夜，阅内府物，见码瑙碗，曰："此希世宝，今为我有！"诧于其妻。妻曰："寿安王、屋质在，吾属无噍类，此物何益！"察割曰："寿安年幼，屋质不过引数奴，诘旦来朝，固不足忧。"……寿安王复令敌猎诱察割，脔杀之。诸子皆伏诛。❶

在这段记载中，我们看不到任何对世宗南征的抱怨，察割弑帝只是为了"僭位号"。事实上，在《辽史》所有有关此事的记载中，我们都找不到任何能将察割此举跟反对南征加以联系的证据。屋质在劝说寿安讨贼时说："大王嗣圣子，贼若得之，必不容。群臣将谁事，社稷将谁赖？万一落贼手，悔将何及？"❷也说明这场政变的实质是帝位之争。

而从谋反的参与者来看，天禄五年弑君事件很大程度上是天禄二年、三年谋逆的延续，与辽朝、北汉的结盟并无关系。主谋察割曾参与天禄三年的未遂政变，另一要角盆都因天德谋反罚使绝域。

---

❶《辽史》卷112《耶律察割传》，第1500–1501页。
❷《辽史》卷77《耶律屋质传》，第1257–1258页。

还有一个重要人物耶律牒蜡（即上引中原文献中的述轧），上文分析世宗继位过程时曾提到此人，当系兀欲之亲信，世宗即位后得到重用，"封燕王，为南京留守。天禄五年，察割弑逆，牒蜡方醉，其妻扶入察割之幕，因从之"。❶ 又《耶律朗传》云："先是，朗祖罨古只为其弟辖底诈取夷离堇，自是族中无任六院职事者；世宗不悉其事，以朗为六院大王。及察割作乱，遣人报朗曰：'事成矣！'朗遣详稳萧胡里以所部军往，命曰：'当持两端，助其胜者。'穆宗即位，伏诛，籍其家属。"❷ 从世宗对耶律朗的任用看，此人与兀欲的关系也应当不差。

那么，为什么一度支持兀欲的萧翰、刘哥兄弟、察割、牒蜡等在天禄年间频繁谋逆、图谋帝位呢？这一现象常被引作可汗世选、汗位不定的证据。笔者以为，此说尚可商榷。天禄中的动荡，当然说明了契丹部族势力之强大，但《辽史》中没有任何记载能使我们将天禄年间的谋反跟世选相联系。正如西晋没有世选，但也会有八王之乱，游牧族政权部族势力大是个普遍现象，这不能作为世选这一非常特殊的制度的证明。

笔者以为，察割等人都是政治上的投机分子，而给他们制造投机机会的，一方面是契丹传统部族强大的势力，另一方面恰恰是世宗得国不正之恶果。从第一节引《察割传》看，安端、察割父子当初选择世宗时，就表现出典型的投机性。察割之狡诈，下面还将详述。另外，上引《耶律朗传》所谓"当持两端，助其胜者"正说明这也是个投机分子。由于世宗继位是扳倒皇太子李胡的结果，所以他特别需要刘哥、察割等人的支持，这也是为什么他一再对萧翰、刘哥等忍让的

---

❶ 《辽史》卷113《耶律牒蜡传》，第1506页。
❷ 《辽史》卷113《耶律朗传》，第1507页。

原因。但他得国不正，却可能恰恰给察割等人开启了恶例。也就是说，世宗朝的纷乱恐怕只是现实中政治势力角逐的结果，并不能作为察割等人在世选制度下具有帝位候选人身份的直接证据。

最后，还需要特别说明的是，虽然世宗遇弑，但这并不代表兀欲因夺位引发的动荡始终没有平息。事实上，世宗对待谋反者的策略在整体上是相当成功的。与太祖阿保机处理诸弟之乱非常相似，兀欲一方面对主犯并不手软，另一方面对附从进行怀柔。从天禄三年起，安反侧的效果已然显现，他已经控制了局面，在这种情况下他才能腾出手来南伐。但对于察割，世宗却犯了一个致命的错误。究其原因，实在是因为察割太过狡诈。《察割传》载：

> （察割）貌恭而心狡，人以为懦。太祖曰："此凶顽，非懦也。"其父安端尝使奏事，太祖谓近侍曰："此子目若风驼，面有反相。朕若独居，无令入门。"……（世宗朝）安端为西南面大详稳，察割佯为父恶，阴遣人白于帝，即召之。既至上前，泣诉不胜哀，帝悯之，使领女石烈军。出入禁中，数被恩遇。帝每出猎，察割托手疾，不操弓矢，但执炼锤驰走。屡以家之细事闻于上，上以为诚。察割以诸族属杂处，不克以逞，渐徙庐帐迫于行宫。右皮室详稳耶律屋质察其奸邪，表列其状。帝不信，以表示察割。察割称屋质疾己，哽咽流涕。帝曰："朕固知无此，何至泣耶！"察割时出怨言，屋质曰："汝虽无是心，因我过疑汝，勿为非义可也。"他日屋质又请于帝，帝曰："察割舍父事我，可保无他。"屋质曰："察割于父既不孝，于君安能忠！"帝不纳。❶

---

❶《辽史》卷112《耶律察割传》，第1499—1500页。

而受察割蒙蔽的,也不止兀欲一人。《萧塔剌葛传》云:

> 世宗即位,以舅氏故,出其籍,补国舅别部敞史。或言泰宁王察割有无君心。塔剌葛曰:"彼纵忍行不义,人孰肯从!"他日侍宴,酒酣,塔剌葛捉察割耳,强饮之曰:"上固知汝傲狠,然以国属,曲加矜悯,使汝在左右,且度汝才何能为。若长恶不悛,徒自取赤族之祸!"察割不能答,强笑曰:"何戏之虐也!"天禄末,塔剌葛为北府宰相,及察割作乱,塔剌葛醉詈曰:"吾悔不杀此逆贼!"寻为察割所害。❶

世宗与塔剌葛之受欺,察割能行人所不能,自是最主要原因。另外,塔剌葛"人孰肯从""且度汝才何能"诸语恰恰反映了天禄三年后局面趋于稳定,兀欲等可能放松了警惕,才酿成悲剧。

总之,笔者以为,中原文献的记载并不可信,世宗之死与南征无涉,察割等人亦非草原本位主义者,而只是贪婪阴险的投机分子。

---

❶ 《辽史》卷90《萧塔剌葛传》,第1358–1359页。

第5章

从部族到官僚体制

第一节 国初制度

如何将较松散的部族体制改造为中央集权的王朝体制，将传统部族首领改造为君臣关系下的官僚，是辽初君主必须面对的艰巨任务。终太祖一朝，契丹政权的部族色彩仍非常浓重。阿保机不意辞世，不仅将开疆拓土的使命留给了后人，在制度建设、改造契丹政权方面，后人面临的任务也相当艰巨。太祖的努力已经使契丹传统部族体制发生了很大变化，但走向中央集权的官僚制之路还只是刚刚开始。

阿保机时代，大契丹国最重要的职官大抵有北南宰相、于越、夷离毕、惕隐等。其中惕隐系阿保机取代遥辇氏成为契丹可汗之次年所置，典其族属，❶余职为契丹旧有。❷不过这些旧职官并非原封

---

❶ 惕隐对于契丹政治体制转变之意义，参见蔡美彪：《契丹的部落组织和国家的产生》，《辽金元史十五讲》，第51页。

❷ 蔡美彪：《契丹的部落组织和国家的产生》(《辽金元史十五讲》，第60页) 认为夷离毕乃辽建国后始置。然契丹建国前、阿保机称可汗后已见夷离毕（详下），蔡说显误。不过夷离毕始建时间已不可考，笔者倾向于认为，应当是遥辇时代故官。

不动保留，而是经过了改造。

我们先来看二府宰相。据《辽史·兵卫志》，大贺氏中衰后，"有耶律雅里者，分（契丹）五部为八，立二府以总之"。❶而《萧塔列葛传》称其八世祖只鲁"遥辇氏时尝为虞人……以功为北府宰相，世预其选"。❷又按《太祖纪》，阿保机即可汗位时，"北宰相萧辖剌、南宰相耶律欧里思率群臣上尊号"。❸据此，二府的建立及宰相的设置就应当在遥辇氏始立之初，一直延续至太祖时代。

然而，出土墓志提供了另一种说法。1976年出土于辽宁法库县叶茂台、刻于天庆二年（1112）的《萧义墓志》载："其先迪烈宁，太祖姑表弟，应天皇后之长兄也。佐佑风云，赞翊日月。初置北相，首居其位。"❹墓志中的"迪烈宁"即《辽史》中的萧敌鲁。❺据《辽史·太祖纪》，太祖四年（910）七月，"后兄萧敌鲁为北府宰相，后族为相自此始"。❻墓志中的"初置北相，首居其位"指的应当就是敌鲁任北府宰相一事。据此，则此职为太祖四年所设，与上段所引文献矛盾。无独有偶，1967年发现于辽宁北镇县龙岗子、刻于咸雍元年（1065）的《耶律宗允墓志》谓其清宁初拜南宰相，曰"斯则我朝所置之元辅也"，❼同样认为南府宰相也是辽朝始置。那么，该如何解释传世与出土文献的矛盾呢？

笔者以为，契丹部落分二府，遵循的是北方游牧民族的传统组

---

❶《辽史》卷34《兵卫志上》，第395页。
❷《辽史》卷85《萧塔列葛传》，第1318页。
❸《辽史》卷1《太祖纪上》，第3页。
❹《辽代石刻文编》，第623页。
❺ 同上书，第625页注3。
❻《辽史》卷1《太祖纪上》，第4页。
❼《辽代石刻文编》，第320页。

织方式,❶完全可能在遥辇氏始立初已然。不过,二府之长未必以宰相为其正式官称,《萧塔列葛传》称只鲁为"北府宰相"可能是后世史家之追称。❷所谓"初置北相""(南宰相)我朝所置之元辅"云云,可能是指阿保机在太祖四年正式将二府长官的职名定为宰相。

阿保机对二府的改革不只限于正名,还特意加强了对二府宰相人选的控制。上引文曰"后兄萧敌鲁为北府宰相,后族为相自此始"。敌鲁乃太祖淳钦后同母异父兄。神册三年敌鲁死后,淳钦的弟弟阿古只继任。❸可见自太祖四年起,阿保机就依赖其妻族对北府进行控制。同样的策略也施用于南府。按《辽史·太祖纪》,"(神册)六年春正月丙午,以皇弟苏为南府宰相,迭里为惕隐。南府宰相,自诸弟构乱,府之名族多罹其祸,故其位久虚,以锄得部辖得里、只里古摄之。府中数请择任宗室,上以旧制不可辄变;请不已,乃告于宗庙而后授之。宗室为南府宰相自此始"。❹从此,阿保机通过皇族对南府进行了渗透。

关于于越,《辽史·百官志》云:"无职掌,班百僚之上,非有大功德者不授,辽国尊官,犹南面之有三公。太祖以遥辇氏于越受禅。终辽之世,以于越得重名者三人。"❺据蔡美彪考证,此职置于契丹建国前夕,阿保机叔父释鲁系其首任,于越"仅次于联盟长可汗,但是握有可汗所没有的军事和行政的实际权力","执掌兵马的

---

❶ 详见肖爱民:《中国古代北方游牧民族两翼制度研究》,北京:人民出版社,2007年,第182–204页。
❷ 辽代墓志屡见以"北大王"称契丹建国前之迭剌夷离堇。类似的例子在蒙元之初也有不少。参见张帆:《元代宰相制度研究》,北京:北京大学出版社,1997年,第4页。
❸ 关于三人族系,参爱新觉罗·乌拉熙春:《契丹文墓志より见た辽史》,京都:松香堂,2006年,第19–22页。
❹《辽史》卷2《太祖纪下》,第16页。
❺《辽史》卷45《百官志一》,第694页。

夷离堇也从此听从于越的指挥"。❶按《太祖纪》，天复元年，阿保机为迭剌部夷离堇；三年，为于越，得以总知军国事。❷《耶律曷鲁传》谓太祖为于越后，"欲命曷鲁为迭剌部夷离堇"。❸是知阿保机为于越后，已解去迭剌部夷离堇一职，其得以掌军国事正在于于越之身份。

太祖元年，阿保机取代遥辇氏成为契丹可汗，为取得其叔父辖底的支持，将于越授予辖底。太祖七年（913）辖底因反叛被诛，神册元年阿保机称帝建元，其心腹、本传所谓"太祖二十一功臣"之首并拟称"心"的曷鲁被任命为于越。❹但神册三年曷鲁即病卒，此后终阿保机之世，再未见于越之任。笔者怀疑，由于于越地位过于尊崇，权力过大，且阿保机以于越代遥辇，深知其关系重大，明了其对皇权的潜在威胁，在完全信赖的曷鲁故去之后，索性虚而不授，此后于越在辽朝逐渐荣衔化，演变成了无职掌的尊官。❺

夷离毕一职，《辽史·百官志》谓"掌刑狱"，❻《国语解》则曰："即参知政事，后置夷离毕院以掌刑政。宋刁约使辽有诗云

---

❶ 蔡美彪：《契丹的部落组织和国家的产生》，《辽金元史十五讲》，第49页。
❷ 《辽史》卷1《太祖纪上》，第2页。
❸ 《辽史》卷73《耶律曷鲁传》，第1220页。
❹ 同上书，第1222页。
❺ 太宗朝于越明确可考者有耶律鲁不古。《辽史》卷76《耶律鲁不古传》（第1247页）载："为西南边大详稳……天册中，拜于越。"按辽无天册年号，点校本径改为"天禄"，然据邱靖嘉（《〈辽史·耶律鲁不古传〉辨误》，《中国史研究》2009年第2期，第100页）考证，实系"会同"之误。《册府元龟》卷995《外臣部交侵》（第11688页）云："（会同三年）四月辛亥，北京奏契丹于越王进宁掠山后诸蕃。"又据《辽史》卷4《太宗纪下》（第51页），会同五年二月，"诏以明王隈恩代于越信恩为西南路招讨使以讨之"。西南路招讨使即西南边大详稳，进宁、信恩俱系鲁不古字信宁异译，"掠山后诸蕃"说明鲁不古时在西南路招讨使任上。可见他拜于越后，未卸西南路招讨使一职，表明于越经过太祖朝的演变，此时已成为虚衔。
❻ 《辽史》卷45《百官志一》，第695页。

'押宴夷离毕',知其为执政官也。"❶岛田正郎据《国语解》疑夷离毕所掌本泛,圣宗时始置夷离毕院,方专主刑政。❷但唐统天指出,《国语解》的解释实际上乃综合出自其他文献的两条记载所成。按《契丹国志·建官制度》云:"夷离毕,参知政事也。"❸《国语解》"即参知政事"说盖袭自《国志》。"宋刁约"至"执政官也"一句出自《梦溪笔谈》:"刁约使契丹,戏为四句诗曰:'押燕移离毕'……移离毕,官名,如中国执政官。"❹而"后置夷离毕院以掌刑政"当系元史臣语。❺元修史者对契丹职官,常不甚了了。《国语解》的记载恐怕并不可靠。

笔者以为,夷离毕自契丹建国之初即以刑狱为其本职。按《辽史·太祖纪》,太祖七年三月,阿保机引兵讨逆,"留夷离毕直里姑总政务";十月,诸弟之乱平,"诏群臣分决滞讼,以韩知古录其事,只里姑掌捕亡"。❻"只里姑"当即"直里姑",以夷离毕"掌捕亡"恐非巧合。又《康默记传》云:"时诸部新附,文法未备,默记推析律意,论决重轻,不差毫厘。罹禁网者,人人自以为不冤。顷之,拜左尚书。神册三年,始建都,默记董役,人咸劝趋,百日而讫事。五年,为皇都夷离毕。"❼皇都夷离毕仅此一见,职掌未明。

---

❶ 《辽史》卷116《国语解》,第1535页。
❷ 参见岛田正郎:《辽朝鞫狱官考(上)》,原载《大陆杂志》第31卷第11期,1965年,收入孙进己等编:《契丹史论著汇编》上册,沈阳:辽宁省社会科学院历史研究所,1988年,第1162—1163页。
❸ 《契丹国志》卷23《建官制度》,第224页。
❹ 沈括撰、胡道静校证:《梦溪笔谈校证》卷25,上海:上海古籍出版社,1987年,第806页。
❺ 详见唐统天:《辽朝鞫狱机构研究》,《辽金史论集》第4辑,北京:书目文献出版社,1989年,第50—51页。
❻ 《辽史》卷1《太祖纪上》,第8页。
❼ 《辽史》卷74《康默记传》,第1230页。卷2《太祖纪下》(第16页)神册五年闰六月条则云"康默记为夷离毕",无"皇都"二字。疑本纪文有疏漏,今从传。

第5章 从部族到官僚体制 143

但联想到默记此前主刑狱，皇都夷离毕恐亦与刑名有关，这也间接说明夷离毕在阿保机时代可能就是决狱官。而《萧敌鲁传》载："五世祖曰胡母里，遥辇氏时尝使唐，唐留之幽州。一夕，折关遁归国，由是世为决狱官。"❶可知契丹在遥辇后期即有专任之刑狱官，作为决狱官的夷离毕可能在阿保机崛起前就已存在。

太祖时代任夷离毕者，史籍所见仅上文所引直里姑一人。至于康默记，本传只提到其因断狱功拜左尚书，或因系汉人，虽有夷离毕之实，无夷离毕之名。另外，据《辽史·太祖纪》，神册六年五月，"诏定法律"。❷检《耶律突吕不传》，"受诏撰决狱法"的人是耶律突吕不，其于神册五年制契丹大字后为文班林牙，卒于会同五年。❸而据《太宗纪》，天显十一年突吕不仍为林牙。❹就是说，主持制定契丹刑法的突吕不，始终没有担任过夷离毕。这似乎说明，夷离毕的地位，在契丹新政权中可能一度有变低的趋势。

在改造北、南宰相等职官的同时，太祖也相应增设了一些新官职。除了惕隐之外，由阿保机创置、在契丹政权中发挥重要作用的还有文班林牙。按《辽史·天祚纪》，"辽以翰林为林牙"。❺《国语解》释林牙曰"掌文翰官，时称为学士"。❻《契丹国志·建官制度》

---

❶《辽史》卷73《萧敌鲁传》，第1222-1223页。
❷《辽史》卷2《太祖纪下》，第16页。
❸《辽史》卷75《耶律突吕不传》，第1240-1241页。
❹ 按《辽史》卷3《太宗纪上》（第39页），天显十一年闰十一月，"林牙迪离毕来献俘。晋帝辞归……命迪离毕将五千骑送入洛"。而卷75《耶律突吕不传》（第1241页）谓天显十一年突吕不送晋主石敬瑭入洛，陈汉章《辽史索隐》卷1（载杨家骆主编：《辽史汇编》，台北：鼎文书局，1973年，第3册，第16-17页）据此指出，迪离毕即突吕不。
❺《辽史》卷30《天祚纪四》，第355页。
❻《辽史》卷116《国语解》，第1537页。

载："林牙，翰林学士也。"❶"林牙"恐系契丹语所谓博学之士，"文班林牙"应是阿保机模仿汉制翰林学士所设，当有助于加强皇权。

另外，太祖朝的政事令，也值得注意。唐朝晚期，虽然宰相名号基本统一到"同中书门下平章事"上，但中书（政事）令在制度上仍是真宰相，而五代时期也不乏以中书令为真相的实例。而"崇（弘）文馆大学士"，则是五代时期由宰相兼领、非宰相不加的三馆职之首。❷阿保机时代，汉人功臣首推韩延徽。其本传曰："为守政事令、崇文馆大学士，中外事悉令参决。……太祖初元，庶事草创，凡营都邑，建宫殿，正君臣，定名分，法度井井，延徽力也。"❸太祖以韩延徽任"守政事令、崇文馆大学士"，显然是对中原制度的模仿。当然，辽政事省之置晚至世宗朝，此时的"政事令"系以汉职羁縻。但《皇子表》载："太祖遗诏寅底石守太师、政事令，辅东丹王。"❹阿保机此诏，是欲以寅底石辅佐他属意的太子倍即大契丹国天子位，而寅底石的虚衔中居然也有"政事令"，这或许说明，太祖去世前可能已经在考虑将政事令制度化。

以上我们对阿保机时代核心职官的基本情况作了辨正分析，下面将考察太祖如何改造契丹部族。这方面阿保机首先要面对的是其所从出之迭剌部。迭剌部是太祖崛起的基础，但对其权力的维系同时也是一个巨大的威胁。在平定诸弟之乱后，太祖心腹耶律曷鲁出任迭剌部夷离堇。❺但迭剌部的强盛始终让太祖忧心。诸弟之乱的主角之一、阿保机的叔父辖底在被缢杀前建议分迭剌部为二以弱

---

❶《契丹国志》卷23《建官制度》，第224页。
❷ 李全德：《唐宋变革期枢密院研究》，北京：国家图书馆出版社，2009年，第152–161页。
❸《辽史》卷74《韩延徽传》，第1231–1232页。
❹《辽史》卷64《皇子表》，第969页。
❺《辽史》卷1《太祖纪上》，第9页。

之，❶而神册三年曷鲁死前也说："臣既蒙宠遇，虽瞑目无憾。惟析迭剌部议未决，愿亟行之。"❷阿保机终于下定决心，在天赞元年十月"分迭剌部为二院"，北、南院各置夷离堇。❸太祖朝北院夷离堇史籍仅见耶律斜涅赤一人，系南院皇族，南院夷离堇则有孟父房安抟、迭里及仲父房绾思。❹也就是说，阿保机对迭剌部的改造不仅限于析分，在人选上也显示了其强势，因为以上四位夷离堇均非该院本部所出。

对于其他部族，太祖显然也加强了控制。《辽史·营卫志》"品部"条曰："太祖更诸部夷离堇为令稳。"❺蔡美彪认为，这意味着诸部酋长变成了国家官员。❻据《太祖纪》，神册六年五月，"正班爵"。❼《耶律颇德传》载：

> 旧制，肃祖以下宗室称院，德祖宗室号三父房，称横帐，百官子弟及籍没人称著帐。耶律斜的言，横帐班列，不可与北、南院并。太宗诏在廷议，皆曰然，乃诏横帐班列居上。颇德奏曰："臣伏见官制，北、南院大王品在惕隐上。今横帐始图爵位之高，愿与北、南院参任；兹又耻与同列。夫横帐与诸族皆臣也，班列奚以异？"帝乃谕百官曰："朕所不知，卿等不宜面从。"诏仍旧制。❽

---

❶ 《辽史》卷112《耶律辖底传》，第1499页。
❷ 《辽史》卷73《耶律曷鲁传》，第1222页。
❸ 《辽史》卷2《太祖纪下》，第18页。
❹ 武田和哉：《辽朝の北院大王・南院大王について》，《立命馆史学》第10号，1989年，第143-144页。
❺ 《辽史》卷33《营卫志下》，第385页。
❻ 蔡美彪：《契丹的部落组织和国家的产生》，《辽金元史十五讲》，第58页。
❼ 《辽史》卷2《太祖纪下》，第16页。
❽ 《辽史》卷73《耶律颇德传》，第1225-1226页。

所谓旧制,太宗不知其所以然,则当系太祖所定。也就是说,《太祖纪下》"正班爵"并非虚语,的确太祖对其时诸职的品级班列进行了明确规定。而"横帐与诸族皆臣也,班列奚以异"又反映出,阿保机正班爵的一个重要目的是明君臣之别,将部族首领改造为官僚。

另据《食货志》,"太祖平诸弟之乱,弭兵轻赋,专意于农。尝以户口滋繁,纠辖疏远,分北大浓兀为二部,程以树艺,诸部效之"。❶积极发展契丹农业,也代表了他对旧部族的改造。

我们还要注意的是,自阿保机开始,历代契丹君主均设置宫卫(斡鲁朵)作为皇帝直属力量,与政府所属的部族、州县分治。李锡厚认为:"如果单纯分析斡鲁朵的性质,说它是契丹及北方游牧民族独有的制度,尚可以说得通,但如果就连其同州县组成的'宫'而言,则显然不该视为契丹特殊的制度。"后梁朱温称帝后,以其潜龙旧宅为"宫",并别置"宫使"领其称帝前所辖四镇兵车、税赋、诸色课利。李锡厚以为,此即辽朝宫卫之真正来源。❷

此外,余蔚近作对斡鲁朵制度也有新的认识,他指出:"宫卫制度较其他游牧族政权以核心部落来压服震慑其他部落的体制更进一步,它直接从属于首领个人而非部落。建立这支力量,很大程度上,正是为了防备核心部落内部反对首领的势力。而宫卫的组成人员,也自不同部落抽取。宫卫制度的出发点,似乎与中原政权的禁卫军制度有异曲同工之妙,并且对于数百年后蒙古人以组建'千户'的方式彻底打破原来的部落结构,或有相当大的启发。或许可以说,宫卫制度不但不是契丹部落时代的遗存物,反而是为了将较

---

❶《辽史》卷 59《食货志上》,第 924 页。
❷ 李锡厚:《论辽朝的政治体制》,载《临潢集》,第 17 页。

为松散的部族政权改建为中央集权的国家体制的强力手段,虽然因涉及部族,而成为契丹的特殊制度,但却更多地体现出中原制度的影响。"❶

对于创立于太祖时期的头下军州制度,❷笔者赞同岛田正郎的意见,❸以为也是阿保机根据汉制改造契丹的结果。《辽史·地理志》曰:"头下军州,皆诸王、外戚、大臣及诸部从征俘掠,或置生口,各团集,建州县以居之。横帐诸王、国舅、公主许创立州城,自余不得建城郭。朝廷赐州县额。"❹需要说明的是,头下固然契丹古已有之,但以头下置军州则始于阿保机。从上引文来看,头下军州制度的设置,一方面代表了朝廷对宗亲勋戚及部族首领特权的承认,但另一方面也是太祖为将私属头下纳入国家管理体系所采取的策略。❺

此外,太祖时期,刑法与财赋制度也都有制作。《刑法志》曰:

> 太祖初年,庶事草创,犯罪者量轻重决之。其后治诸弟逆党,权宜立法。……岁癸酉,下诏曰:"朕自北征以来,四方狱讼,积滞颇多。今休战息民,群臣其副朕意,详决之,无或冤枉。"乃命北府宰相萧敌鲁等分道疏决。有辽钦恤之意,昉见于此。神册六年,克定诸夷,上谓侍臣曰:"凡国家庶务,巨细各

---

❶ 余蔚:《中国行政区划通史·辽金卷》,上海:复旦大学出版社,2012年,第31页。
❷ 刘浦江:《辽朝的头下制度与头下军州》,载《松漠之间》,第80—81页。
❸ 岛田正郎:《大契丹国——辽代社会史研究》,何天明译,呼和浩特:内蒙古人民出版社,2007年,第156—157页。
❹ 《辽史》卷37《地理志一》,第448页。
❺ 忽必烈为削弱地方势力,强化中央集权,以投下食邑置路州(参温海清:《画境中州——金元之际华北行政建置考》,上海:上海古籍出版社,2012年,第29—33页),可为此说佐证。

148

殊，若宪度不明，则何以为治，群下亦何由知禁。"乃诏大臣定治契丹及诸夷之法，汉人则断以律令，仍置钟院以达民冤。❶

而《食货志》云："夫赋税之制，自太祖任韩延徽，始制国用。"❷法令及赋税的制度化，都意味着皇权的加强。

综上所述，太祖时代之制度建设卓有成效，但整体上说，契丹中央权力还不算强大，部族势力在其政治体制中仍据有举足轻重的地位。太宗会同改制，正应当在这一背景下去认识。

第二节 会同改制

天显十二年六月，"晋遣户部尚书聂延祚等请上尊号，及归雁门以北与幽、蓟之地，仍岁贡帛三十万匹，诏不许"；八月，"晋遣使复请上尊号，不许"。❸直到次年五月，"晋复遣使请上尊号"，德光才"从之"。❹十一月，晋册上尊号使至，辽太宗以此为契机，宣布改元会同，并发布了一系列重大的制度改革的诏令。这是辽朝历史上非常重要的事件，笔者称之为"会同改制"。遗憾的是，迄今尚无学者对此进行专门深入的探讨。因此，本节将详细分析改制的具体内容及其对契丹政治体制演变的影响。

我们先来看《辽史·太宗纪》关于会同改制的直接记载：

---

❶《辽史》卷61《刑法志上》，第936-937页。
❷《辽史》卷59《食货志上》，第926页。
❸《辽史》卷3《太宗纪上》，第41页。两让不许，看来辽太宗对汉地政治文化颇为了解。
❹《辽史》卷4《太宗纪下》，第44页。

大赦，改元会同。是月，晋复遣赵莹奉表来贺，以幽、蓟、瀛、莫、涿、檀、顺、妫、儒、新、武、云、应、朔、寰、蔚十六州并图籍来献。于是诏以皇都为上京，府曰临潢。升幽州为南京，南京为东京。改新州为奉圣州，武州为归化州。升北、南二院及乙室夷离堇为王，以主簿为令，令为刺史，刺史为节度使，二部梯里已为司徒，达剌干为副使，麻都不为县令，县达剌干为马步。置宣徽、阁门使，控鹤、客省、御史大夫、中丞、侍御、判官、文班牙署、诸宫院世烛，马群、遥辇世烛，南北府、国舅帐郎君官为敞史，诸部宰相、节度使帐为司空，二室韦冈林为仆射，鹰坊、监冶等局官长为详稳。❶

刘浦江师指出，"会同"这一年号，意味着"蕃汉一家"。❷从上引文可以看出，改制的内容大体有三项。其一即改皇都为上京，升幽州为南京，另将东丹国南京升为大契丹国东京。❸《辽史·地理志》"上京"条曰："太宗援立，晋遣宰相冯道、刘昫等持节，具卤簿、法服至此，册上太宗及应天皇后尊号。太宗诏蕃部并依汉制，御开皇殿，辟承天门受礼，因改皇都为上京。"❹所谓"诏蕃部并依汉制"，虽然可能只限于当时的仪式，但可以间接反映出这次改制系改从汉制。而南京的设置，是将新入辽的汉地纳入契丹版图。

对于东京的设立，以往一般认为无关东丹国之存废。但康鹏指出，会同元年后，史籍石刻中再无东丹国中台省某官或东丹国某官

---

❶ 《辽史》卷4《太宗纪下》，第44—45页。
❷ 刘浦江：《辽朝国号考释》，载《松漠之间》，第35页。
❸ "南京为东京"之"南京"乃东丹而非契丹之南京，说详康鹏：《东丹国废罢时间新探》，《北方文物》2010年第2期，第75页。
❹ 《辽史》卷37《地理志一》，第440页。

之记载，唯见东京中台省某官或东京某官。此外，会同元年前东丹国频繁活动于当时的外交舞台，而其后再无东丹与他国通使记载，代之而起的是频频见诸史籍的东京留守与高丽通使的记录。因此，康鹏推断，会同元年东丹国除，中台省变为东京地方机构。❶也就是说，与燕云十六州入辽同步，此前作为附庸国存在的东丹国被废除，太宗对其控制区域实施直接统治。

所以，三京的设置，并不仅仅关乎都城制度，而且代表了大契丹国建国道路上的一个里程碑。燕云十六州和渤海故地纳入契丹版图，成为其直接统治区域，占了契丹国土的不小比重，这标志着契丹已不再是局限于草原一隅的小政权，而变成了跨有草原与农耕地区的庞大帝国。随着这一转变，其政治体制当然也会发生重要的变化。关于辽朝在这两个农耕区域的统治方式及其对于我们理解契丹政治体制的意义，稍后再谈。我们先来分析上引《太宗纪》中会同改制的第二、三项内容。

会同改制的第二项重要内容是部族官如夷离堇等改从汉名。❷关于改名之意，史料中并无直接说明，但根据会同中皇权与部族权力的消长来看，当与皇权深入部族有关。

上节引《耶律颇德传》所载横帐班列之争，就发生在会同中，颇德力排众议，但却得到了太宗的支持，他打动太宗的理由是"横帐与诸族皆臣也"。从中可以清楚地看到德光的政策走向。不仅如此，有明确的证据可以说明，会同元年后，太宗的权力深入渗透到了部族中。《辽史·太宗纪》曰：

---

❶ 康鹏：《东丹国废罢时间新探》，《北方文物》2010年第2期，第75—76页。

❷ 不过，有两个例外。"县达剌干为马步"，"鹰坊、监冶等局官长为详稳"，所改仍为契丹名。

（会同二年）闰（七）月癸未，乙室大王坐赋调不均，以木剑背挞而释之；并罢南、北府民上供及宰相、节度诸赋役非旧制者。……己丑，以南王府二刺史贪盝，各杖一百，仍系虞候帐，备射鬼箭；选群臣为民所爱者代之。❶

德光对乙室大王、南王府二刺史的处罚，再清楚不过地反映出他们是国家官员而非旧日的部族酋豪。而此时南王府下属刺史之任命，看来是由皇帝直接掌握。此外，太宗对上供、赋役的调整，也说明其对部族能实行有效的控制。

又《耶律沤里思传》云："六院夷离堇蒲古只之后……是年（会同九年），总领敌烈皮室军，坐私免部曲，夺官。"❷沤里思是二院皇族，他对部曲的处理成为国家管理事务之一，这也是皇权加强的表现。

另一方面，太宗效仿太祖，继续推进契丹部族的农业化。《食货志》曰：

太宗会同初，将东猎，三克奏减辎重，疾趋北山取物，以备国用，无害农务。寻诏有司劝农桑，教纺绩。以乌古之地水草丰美，命瓯昆石烈居之，益以海勒水之善地为农田。三年，诏以谐里河、胪朐河近地，赐南院欧堇突吕、乙斯勃、北院温纳河刺三石烈人，以事耕种。……是年（八年），诏征诸道兵，仍戒敢有伤禾稼者以军法论。❸

---

❶《辽史》卷4《太宗纪下》，第46页。
❷《辽史》卷76《耶律沤里思传》，第1251页。
❸《辽史》卷59《食货志上》，第924页。

《食货志》的记载可以得到帝纪的印证。按《太宗纪》，会同三年十一月，"诏有司教民播种纺绩。除姊亡妹续之法"。❶有司所教之民，当即契丹部民，而除姊亡妹续之法，也恐怕是在汉文化影响下，对契丹旧俗的改造。此外，《食货志》所论乌古问题也值得讨论。乌古所踞，正在上京北方、大兴安岭以西的草原地带。契丹部族驻防于草原，却以耕种为业，这更接近中原王朝屯田防御游牧民族的传统，说明其农业化已颇深。而部族之农业化，当然有助于中央加强控制。

　　会同改制的第三项内容，是在契丹中央政权中设置汉式职官，如宣徽使、阁门使、控鹤使、客省使等。据《文献通考》，自五代至北宋初，宣徽使"掌总领内诸司及三班内侍之籍，郊祀、朝会、宴享、供帐之事，应内外进奉悉检视其名物"。❷辽之宣徽使与此相近，《辽史·百官志》谓其掌"御前祗应之事"。❸阁门使，唐末五代掌供奉乘舆、朝会游幸、大宴引赞等。❹控鹤使，《辽史·礼志》作"控鹤官"，屡与宣徽、阁门共同主持礼仪。❺客省使掌四方进奉、四夷朝贡及百僚朝见节仪等，与以上三职官属于同一性质。

　　与此相关，会同三年四月庚子，"（德光）至燕，备法驾，入自拱辰门，御元和殿，行入阁礼"。❻据《辽史·仪卫志》，其起因是

―――――――

❶ 《辽史》卷4《太宗纪下》，第49页。
❷ 《文献通考》卷58《职官十二·宣徽院》，北京：中华书局，1986年影印本，上册，第525—526页。
❸ 《辽史》卷45《百官志一》，第693、694页。又宋人余靖《武溪集》卷18《契丹官仪》（《北京图书馆古籍珍本丛刊》第85册，北京：书目文献出版社，1998年，第175页）曰："宣徽使惟掌宣传诏命而已，文谦侍立如阁门使之比。"
❹ 《文献通考》卷58《职官十二·知阁门事》，第531页。
❺ 《辽史》卷50《礼志二》，第843、844页；卷51《礼志四》，第849、854、855页；卷53《礼志六》，第867、869、870页。
❻ 《辽史》卷4《太宗纪下》，第47页。

"上在蓟州观《导驾仪卫图》",且会同六年又"备法驾幸燕,迎导御元和殿"。❶李锡厚曾指出,太宗会同新制的重要举措之一就是模仿中原王朝建立一套礼乐制度,而入阁礼正是唐末以来天子见群臣最隆重的礼仪。❷

《辽史·乐志》云:"晋高祖使冯道、刘昫册应天太后、太宗皇帝,其声器、工官与法驾,同归于辽。……晋天福三年,遣刘昫以伶官来归,辽有散乐,盖由此矣。"❸又《仪卫志》载:"太宗皇帝会同元年,晋使冯道、刘昫等备车辂法物,上皇帝、皇太后尊号册礼。自此天子车服昉见于辽。"❹礼乐制度的逐渐形成,与负责朝仪的宣徽、阁门、控鹤、客省四使的设置,都是模仿汉制以强化君主的地位与权力,❺与会同改制中的第二项内容殊途而同归。

下面我们再来详细分析会同改制中的第一项内容,即三京的设置。改皇都为上京,只是名称的变化。但南京与东京的出现,则牵涉大契丹国国策的转变。王朝如何统治这两个农耕区域,上引《太宗纪》会同元年的记载并未明言,不过我们可以通过其他材料寻找线索。

辽朝对东京地区的统治,应当还是通过东丹国原有的中台省。按《太祖纪》,天显元年二月,平渤海后,以中台省为其中枢,"皇

---

❶ 《辽史》卷58《仪卫志四》,第919页。
❷ 李锡厚:《中国历史·辽史》,第59-60页。
❸ 《辽史》卷54《乐志》,第885、891页。
❹ 《辽史》卷55《仪卫志一》,第901页。
❺ 《辽史》卷113《耶律海思传》(第1509页)载:"会同五年,诏求直言。时海思年十八,衣羊裘,乘牛诣阙。有司问曰:'汝何故来?'对曰:'应诏言事。苟不以贫稚见遗,亦可备直言之选。'有司以闻。会帝将出猎,使谓曰:'俟吾还则见之。'海思曰:'臣以陛下急于求贤,是以来耳;今反缓于猎,请从此归。'帝闻,即召见赐坐,问以治道。……擢宣徽使,屡任以事。"诏求直言,及君臣间的对答,都反映出汉文化对太宗的影响。

弟迭剌为左大相，渤海老相为右大相，渤海司徒大素贤为左次相，耶律羽之为右次相"❶。是年七月，首相迭剌卒。据《耶律羽之墓志》，羽之于天显二年"迁升左相""位居冢宰"，❷即出任左大相。❸

会同改制只是废除东丹国，中台省仍然保留，耶律羽之也仍以左大相的身份主管东京地区事务。按《辽史·太宗纪》，会同三年六月乙未，"东京宰相耶律羽之言渤海相大素贤不法，诏僚佐部民举有才德者代之"。❹大素贤乃渤海旧臣，其去职当然有利于契丹权力在东京地区的深入。但另一方面，据《契丹国志·东丹王传》，"凡渤海左右平章事（即左右次相）、大内相已下百官，皆其（东丹）国自除授"。❺大素贤罢后，德光没有空降新人，而让东京"僚佐部民举有才德者"，看来意在安抚，也说明东京地区还存在一定程度的自治色彩。

燕云地区，情况则要复杂得多。天显十一年十一月，幽州藩帅赵德钧、赵延寿父子降辽，幽州自此入辽。《辽史·赵延寿传》曰："（天显十二年）德钧卒，以延寿为幽州节度使，封燕王。及改幽州为南京，迁留守，总山南事。"❻似乎赵氏父子始终掌控幽州，但事实并非如此。

《辽史·赵思温传》载："天显十一年，唐兵攻太原，石敬瑭遣

---

❶ 《辽史》卷2《太祖纪下》，第23页。
❷ 《耶律羽之墓志》拓片见盖之庸：《内蒙古辽代石刻文研究》（增订本），第3页。《辽史》卷75《耶律羽之传》（第1238页）认为羽之加守太傅、迁中台省左相事在人皇王奔唐后，恐误。
❸ 《辽史》卷75《耶律觌烈传》（第1237页）曰："天显二年，留守南京。"刘浦江师（《辽代的渤海遗民》，《松漠之间》，第374页）已据《耶律羽之墓志》指出，觌烈实际上出任的是东丹国大内相，而"二年"系"五年"之误。余蔚（《中国行政区划通史·辽金卷》，第80页）则以为"二年"是"三年"之误，且"留守"非官称，乃动词。
❹ 《辽史》卷4《太宗纪下》，第48页。
❺ 《契丹国志》卷14《东丹王传》，第150页。
❻ 《辽史》卷76《赵延寿传》，第1247页。

使求救，上命思温自岚、宪间出兵援之。既罢兵，改南京留守、卢龙军节度使……寻改临海军节度使。"❶赵思温尝为南京留守亦见中原文献。《旧五代史·契丹传》载："契丹改天显十一年为会同元年，以赵延寿为枢密使，升幽州为南京，以赵思温为南京留守。"❷又据《册府元龟》，天显十二年（晋天福二年）十一月，"（晋高祖）诏赐北朝曷鲁相公、聂相公、幽州赵思温缯帛器皿"。❸可见赵思温确曾短暂地担任过南京留守。

无独有偶，会同中南京留守曾再度易人。《旧五代史·刘晞传》曰："天福中，契丹命晞为燕京留守。尝于契丹三知贡举。"❹另据新旧《五代史》，会同四年（晋天福六年），晋安重荣密与辽幽州守臣（《旧五代史》作"契丹幽州帅"，《新五代史》作"幽州节度使"）刘晞通款。❺又按《通鉴》会同十年（947，汉天福十二年）正月，"契丹主以前燕京留守刘晞为西京留守"。❻会同中刘晞确曾任南京留守无疑。

检《辽史·太宗纪》，会同三年四月尚见"留守赵延寿"，❼则刘晞出任此职当在会同三年四月后或会同四年。《宋史·宋琪传》云："晋祖割燕地以奉契丹，契丹岁开贡部。"❽刘晞"三知贡举"，说明仅任南京留守三年。《契丹国志·赵延寿传》载："会同六年，

---

❶ 《辽史》卷76《赵思温传》，第1250-1251页。
❷ 《薛史新辑》卷137《契丹传》，第4288页。此处系年当有误。刘浦江师（《辽朝国号考释》，《松漠之间》，第34-35页）认为，天显十一年赵德钧降辽后，幽州事实上已经在契丹掌握之中，而石敬瑭也已许割燕云十六州，辽朝可能在次年正月即改幽州为南京，但到会同元年（即天显十三年）才正式宣布。
❸ 《册府元龟》卷973《外臣部助国讨伐二》，第11436页。
❹ 《薛史新辑》卷98《刘晞传》，第3033页。
❺ 《薛史新辑》卷98《安重荣传》，第3008页；《新五代史》卷51《安重荣传》，第584-585页。
❻ 《通鉴》卷286《后汉纪一》高祖天福十二年正月，第9333页。
❼ 《辽史》卷4《太宗纪下》，第47页。
❽ 《宋史》卷264《宋琪传》，第9121页。

藩镇旧将只能为副手。耶律孔阿之后，云州节度使可考者有崔廷勋。《旧五代史·崔廷勋传》载："幼陷虏庭，历伪命云州节度使。"❶按《通鉴》，会同十年正月，"契丹迁晋主及其家人于封禅寺，遣大同节度使兼侍中河内崔廷勋以兵守之"。❷《册府元龟》则称廷勋为契丹主之"近臣"。❸此外，按《辽史·太宗纪》，会同四年六月，"振武军节度副使赵崇逐其节度使耶律画里，以朔州叛"。❹赵崇疑系藩镇旧人，朔州正职则是契丹人耶律画里。从这里也可以看出，太宗两度让赵延寿复任南京留守实系情非得已。

南京留守除无法掌控平州及山后地区外，即使在幽州，其军事职权也存在种种限制。按《辽史·太宗纪》，会同五年正月，"诏政事令僧隐等以契丹户分屯南边"。❺僧隐辖下的契丹户，恐非南京留守所能节制。

总之，在新入辽的燕云十六州，太宗大体维系了原有藩镇体制。在平州及山后地区，契丹或汉人近臣出掌藩镇，中央权力得以渗透其间。但在幽州，赵延寿始终是难啃的一块骨头，太宗虽两度试图绕过赵氏对幽州进行统治，但都没有成功。

不过，太宗亦非一无所得。在南京置三司使后，幽州之财政权收归中央。《韩延徽传》载："使晋还，改南京三司使。"❻按三司使始置于后唐长兴元年（930，辽天显五年），❼韩氏使晋，当在辽晋关系破裂之前，即会同前中期。也就是说，在中原设置三司使十年前后，

---

❶《薛史新辑》卷98《崔廷勋传》，第3034页。
❷《通鉴》卷286《后汉纪一》高祖天福十二年正月癸巳，第9329页。
❸《册府元龟》卷980《外臣部通好》，第11521页。
❹《辽史》卷4《太宗纪下》，第50页。
❺《辽史》卷4《太宗纪下》，第51页。
❻《辽史》卷74《韩延徽传》，第1231页。
❼《薛史新辑》卷41《唐明宗纪七》，第1306页。

契丹即设南京三司使，对中原制度的模仿相当迅速。韩延徽入辽前曾任"幽州观察度支使"。❶《辽史·食货志》云："夫赋税之制，自太祖任韩延徽，始制国用。"❷可见其系财政专家。可能在这次出使中他对三司印象深刻，所以还辽后即建议太宗在南京设三司使。

《辽史·韩延徽传》曰："（太祖朝）中外事悉令参决。……太宗朝，封鲁国公，仍为政事令。……太祖初元，庶事草创，凡营都邑，建宫殿，正君臣，定名分，法度井井，延徽力也。"❸以韩氏之身份，他出任南京三司使，一方面说明契丹朝廷对这一职务的重视；另一方面，似可推断三司使不受南京留守统辖。南京地区的财政权得以收归中央，极大地削弱了留守的权力。笔者怀疑，南京三司使的最初辖区可能并不限于幽州，应当包括平州及山后诸镇。

太宗的另一创举是兴科举。上文已提到，南京留守刘晞"三知贡举"。北宋田况《儒林公议》载："契丹既有幽、蓟及雁门以北，亦开举选，以收士人。"❹据此，南京贡举所网罗的似不限于幽州士人，可能燕云汉人均可参加。《宋史·宋琪传》曰："琪举进士中第，署寿安王侍读，时天福六年也。"❺正在刘晞任内。又《辽史·百官志》"南京学"曰："亦曰南京太学，太宗置。"❻从南京贡举的对象、宋琪任职及太宗置南京学等看，贡举可能是刘晞在中央授意下所开。太宗应当是想利用科举及南京学培植忠于中央的官僚，逐步瓦解赵延寿等藩镇势力，对燕云进行渗透。另一方面，此举可能还有更深远的意义，即依赖汉族士人改造契丹政权。太宗对

---

❶《辽史》卷74《韩延徽传》，第1231页。
❷《辽史》卷59《食货志上》，第926页。
❸《辽史》卷74《韩延徽传》，第1231–1232页。
❹ 田况：《儒林公议》，《丛书集成初编》本，北京：中华书局，1985年，第33页。
❺《宋史》卷264《宋琪传》，第9121页。
❻《辽史》卷48《百官志四》，第807页。

寿安王教育的安排，正与太祖对太子耶律倍和他本人的安排相似。

不过，兴科举的效果似不如三司使之设置。刘晞离任，赵延寿重新入主幽州后，贡举可能就停开了。宋琪后来也被赵氏辟为从事，进入其幕府。❶又《辽史·刘景传》云："河间人。四世祖怦，即朱滔之甥，唐右仆射、卢龙军节度使。父守敬，南京副留守。景资端厚，好学能文。燕王赵延寿辟为幽都府文学。"❷刘氏一族，当系幽州土豪，赵延寿势力在幽州之盘根错节，由此可见一斑。

综上所述，辽太宗耶律德光会同改制，其根本在于加强君主权力，一方面是契丹部族改造的深化，另一方面中央开始向渤海故地及燕云十六州渗透。不过，时势所限，辽朝建立中央集权的任务仍很艰巨。

第三节　二元体制初步建立

世宗在位不足五年，在开疆拓土方面，世宗完全无法与乃祖乃叔相比，因此学界以往对兀欲之成就重视不够。事实上，在制度建设层面，世宗为契丹打开了一个全新局面。辽朝政治中最独特同时又是最重要的制度，是北、南枢密院分掌部族与州县，即二元体制。而枢密院之发轫，即在世宗朝。

辽太宗入汴后，以"晋李崧为枢密使"。❸《辽史·百官志》"汉人枢密院"条云："太宗入汴，因晋置枢密院……太宗大同元年见

---

❶ 《宋史》卷264《宋琪传》，第9121页。
❷ 《辽史》卷86《刘景传》，第1322页。
❸ 《辽史》卷4《太宗纪下》，第59页。

枢密使李崧。"❶按李崧本系后晋枢密使,❷太宗入汴时诸事草创,所谓"因晋置枢密院"疑即接管后晋枢密院,李崧亦得以留任。❸不过,这时的枢密院,还只是国中之国大辽的机构。

枢密院出现在大契丹国朝廷中,是在世宗即位初。按《辽史·世宗纪》,天禄元年(947)八月,"始置北院枢密使,以安抟为之";九月,"高勋为南院枢密使"。❹兀欲因何设立北、南枢密院?其最初职掌又是什么?

近年关于五代枢密院研究的突破,使我们对辽朝枢密院初创时期的认识有了深化的可能。据李全德研究,"后唐的枢密院自建立之初,就与唐代的枢密院以及后梁崇政院有着显著的区别。此前的枢密院(原注:崇政院)还只是内廷文书保存以及秘书咨询机构,后唐的枢密院则从一开始就已经走向外朝,与中书、门下分领政事,其主要的职掌已经是军政。正是在后唐时期,中书与枢密对掌文武大政的中枢机制开始出现"。后唐枢密使的直接渊源是藩镇体制下的中门使,"藩镇之中门使多由亲信担任,在掌四方表奏之外,又负有部分类似掌书记的职责。中门使的这种职能及其人选上的密迩性质,使得它经常可能作为主上的个人代表,负沟通内外之责"。❺也就是说,后唐枢密院有两大特点:其一,与中书对掌武文

---

❶ 《辽史》卷47《百官志三》,第773页。据中原文献,此前辽朝政权中已出现了枢密使,不过应当是虚衔。参见杨若薇:《契丹王朝政治军事制度研究》,第134页。

❷ 《新五代史》卷57《李崧传》,第654页。

❸ 太宗灭晋后沿用其官僚可以得到佐证。按《辽史》卷4《太宗纪下》(第58页),入汴前太宗至汴郊赤冈,"晋百官缟衣纱帽,俯伏待罪。上曰:'其主负恩,其臣何罪。'命领职如故"。《薛史新辑》卷89《刘昫传》(第2752页)云:"开运初,授司空、平章事、监修国史,复判三司。契丹主至,不改其职。"

❹ 《辽史》卷5《世宗纪》,第64页。

❺ 李全德:《唐宋变革期枢密院研究》,第129、142页。

大政;其二,虽开始走向外朝,仍深具内朝色彩。❶

那么,北、南枢密院成立之初,是否也具有这两个特点呢?关于世宗朝南枢密院之职掌,史籍有较明确的记载。《辽史·高勋传》云:"天禄间,为枢密使,总汉军事。"❷可见南枢密院最初专掌兵政。不过,《辽史·百官志》"汉人枢密院"条载:"太宗入汴,因晋置枢密院,掌汉人兵马之政,初兼尚书省。"❸似乎南枢密院兼理民政。然所谓"初兼尚书省"并不可信。

按《辽史·百官志·南面序》云:"其始,汉人枢密院兼尚书省,吏、兵刑有承旨,户、工有主事,中书省兼礼部……中叶弥文……斡古得为常侍,刘泾为礼部尚书,知有门下、尚书省矣。"检《三朝北盟会编》卷21引《亡辽录》曰:"中书门下共一省,兼礼部……尚书省并入枢密院,有副、都承旨,吏房、兵房、刑房承旨,户房、厅房——即工部也——主事。"❹两相比较,《百官志》上引记载的前半部分,乃源自《亡辽录》无疑。

《亡辽录》作者史愿原为辽朝进士,保大二年(1122,宋宣和四年)入宋,辽亡后撰此书。❺此书反映的很可能是辽末制度,为何《辽史·百官志》反而认定乃辽初之制呢?这就牵涉上引《百官志》记载后半部分的错误。《百官志》作者认为,辽朝中期设置了门下、尚书省,其证据即所谓"斡古得为常侍,刘泾为礼部尚书"。

---

❶ 后晋初年,石敬瑭惩前朝枢密使专权之失,先以宰相兼枢密使,后废枢密院。但石敬瑭废枢密院并不彻底,尽管枢密院职事并入中书,在中书内部,兵政、民政仍截然二分。石重贵即位后恢复了枢密院,又以宰相兼枢密使。参见李全德:《唐宋变革期枢密院研究》,第166—173页。

❷ 《辽史》卷85《高勋传》,第1317页。

❸ 《辽史》卷47《百官志三》,第773页。

❹ 《三朝北盟会编》卷21引《亡辽录》,上海:上海古籍出版社,1987年,第152页。

❺ 参见陈乐素:《〈三朝北盟会编〉考》,载氏著《求是集》第1集,广州:广东人民出版社,1986年,第276—277页。

考《百官志·南面朝官·门下省·常侍》载:"兴宗重熙十四年见常侍斡古得。"❶按《辽史·兴宗纪》,是年,"常侍斡古得战殁"。❷礼部尚书刘泾不见他处,然《圣宗纪》开泰六年(1017)有"礼部尚书刘京",❸疑即此人。但斡古得之常侍,刘泾(京)之礼部尚书,均系虚衔,辽朝自始至终均未设置门下及尚书省。❹正是因为《百官志》史臣不能区分实职与虚衔,误认为辽朝中期设置了门下、尚书省,进而错误地推定《亡辽录》所载"尚书省并入枢密院"乃辽初制度。

南枢密使"总汉军事",北枢密使职责何在呢?《辽史·耶律安抟传》曰:"置北院枢密使,上命安抟为之,赐奴婢百口,宠任无比,事皆取决焉。"❺所谓"事皆取决",其意含混。枢密院制度袭自中原,且南枢密院专掌汉人军政,以此类推,北枢密院最初可能亦专掌契丹军政。❻

后唐枢密院的第二个特点,即内朝色彩,在辽朝枢密使的人选上也有体现。安抟与世宗之关系,上文论述已详。而高勋也是一个值得推敲的角色。《辽史·高勋传》云:"性通敏。仕晋为阁门使。会同九年,与杜重威来降。太宗入汴,授四方馆使。好结权贵,能服勤大臣,多推誉之。"❼然考《旧五代史·杜重威传》,重威降时,

---

❶ 《辽史》卷47《百官志三》,第776页。
❷ 《辽史》卷19《兴宗纪二》,第232页。
❸ 《辽史》卷15《圣宗纪六》,第180页。
❹ 参见王曾瑜:《辽朝官员的实职和虚衔初探》,载氏著《点滴编》,保定:河北大学出版社,2010年,第243–259页。
❺ 《辽史》卷77《耶律安抟传》,第1261页。
❻ 不过,对于北族而言,兵政、民政似难有效区分,也可能北枢密使起始即兼掌军民大政。
❼ 《辽史》卷85《高勋传》,第1317页。

"令中门使高勋赍送（降表）",❶则高勋在杜重威幕下为中门使，而非阁门使。《旧五代史·张彦泽传》谓"彦泽与伪阁门使高勋不协",❷既称"伪",则阁门使当系契丹署官。世宗任命曾在后晋藩镇为中门使的高勋出任南枢密使，正可印证上引李全德后唐枢密使源自藩镇中门使的观点，同时也反映出辽朝南枢密院初创时的内朝色彩。此外，高勋为人乖巧机敏，所结交的"权贵"中可能就有潜龙之世宗。用这样的人为枢密使，亦可作枢密院内朝色彩之旁证。南枢密院属官有枢密直学士。《张正嵩墓志》谓其父张谏仕世宗朝为"密直学士",谏不仅曾辅佐世宗之父、太祖朝太子耶律倍，且为世宗藩邸旧人。❸这是辽枢密院具内朝色彩的第三条证据。❹

太宗在汴京置枢密院，是统治汉地之需要。而退出中原后，世宗创置北、南院，当有深意在焉。世宗之继位，经历了一场大风波，即位初帝座并不稳固。掌军政并具备内朝色彩的枢密院，显然有利于巩固统治。另外，恐怕这又与世宗试图从体制上改造契丹政权的努力有关。

辽初太祖太宗二朝，皇权并不张扬。大同元年六月，契丹大将、后族萧翰弃守汴京，退至镇州，遇到了太宗入汴后曾主持大局的张砺。《旧五代史·张砺传》载：

> 会契丹主卒，永康王北去，萧翰自东京过常山，乃引铁

---

❶ 《薛史新辑》卷109《杜重威传》，第3289页。
❷ 《薛史新辑》卷98《张彦泽传》，第3019页。
❸ 《辽代石刻文编》，第68页。
❹ 后晋以宰相兼枢密使，可谓褪去了其内朝色彩。契丹灭晋后始置枢密院，为何不从晋制，而远追后唐呢？笔者以为，后晋为时甚短（936—946），时人对后唐体制肯定记忆犹新。而辽世宗建枢密院，并非对中原制度的盲目模仿，而是基于自身需要，有所去取似在情理之中。

第5章 从部族到官僚体制

骑围其第。时砺有疾，方伏枕，翰见砺，责之曰："尔言于先帝，云不得任蕃人作节度使，如此则社稷不永矣；又先帝来时，令我于汴州大内安下，尔言不可；又我为汴州节度使，尔在中书，何故行帖与我？"砺抗声而对，辞气不屈，翰遂锁砺而去。❶

萧翰不理解中书可使用堂帖，可能在他看来，中书等机构只是皇帝（可汗）私属，节度使相当于部族首领，而在契丹传统中，部族首领与可汗的关系在一定程度上存在"平等"的一面。

此外，《通鉴》所载麻答事亦可资参考：

（麻答留守中京镇州时）出入或被黄衣，用乘舆，服御物，曰："兹事汉人以为不可，吾国无忌也。"又以宰相员不足，乃牒冯道判弘文馆，李崧判史馆，和凝判集贤，刘昫判中书，其僭妄如此。❷

这同样表明辽初皇权不振。

在这种局面下，首任北枢密使安抟与世宗的密迩关系，就显得特别引人注目。事实上，世宗之后穆、景二朝的北枢密使也表现出这一特点。穆宗朝可考的北院枢密使有萧护思，《辽史》本传曰："世为北院吏。累迁御史中丞，总典群牧部籍。应历初，迁左客省使。未几，拜御史大夫。时诸王多坐事系狱，上以护思有才干，诏穷治，称旨，改北院枢密使。"❸关于此人有两点值得注意。首先，

---

❶《薛史新辑》卷98《张砺传》，第3038页。
❷《通鉴》卷287《后汉纪二》天福十二年闰七月，第9370页。
❸《辽史》卷78《萧护思传》，第1266页。

出身低微。其次，以穷治诸王称旨出任北枢密使。

景宗初年，萧思温、耶律贤适相继担任北枢密使。思温尚太宗女燕国公主，穆宗朝以密戚预政。穆宗遇弑之际，思温与南枢密使高勋、飞龙使女里拥立景宗。景宗遂以为北枢密使，并纳其女为后。不过，景宗即位次年，思温即为人谋杀。❶继任北枢密使的是耶律贤适。《贤适传》云：

> 景宗在藩邸，常与韩匡嗣、女里等游，言或刺讥，贤适劝以宜早疏绝，由是穆宗终不见疑，贤适之力也。景宗立，以功加检校太保，寻遥授宁江军节度使，赐推忠协力功臣。时帝初践阼，多疑诸王或萌非望，阴以贤适为腹心，加特进、同中书门下平章事。保宁二年秋，拜北院枢密使。❷

作为藩邸旧人，耶律贤适出任北院枢密使，应当正是为了防范"或萌非望"之诸王。

枢密院之内朝色彩，加之萧护思、耶律贤适这两个例证，说明世宗建立北枢密院，其用意可能是为伸张皇权，打击、压制诸王等部族首领。那么，南枢密院之重建，又是出于什么考虑呢？笔者怀疑，世宗以高勋出任南枢密使，是为了加强对燕云地区藩镇势力的控制。

如上节所述，太宗在保留藩镇体制的同时，已试图通过置三司、开科举等措施削夺藩镇权力，虽有建树，但遇到了赵延寿这一障碍。会同后期，辽晋交恶，赵延寿如鱼得水，为太宗所倚重，权势大涨。在太宗死于北归途中时，赵延寿甚至一度欲称帝，但被世宗设计擒拿。

---

❶ 《辽史》卷78《萧思温传》，第1267–1268页；卷8《景宗纪上》，第89–90页；卷71《景宗睿智皇后萧氏》，第1201页。

❷ 《辽史》卷79《耶律贤适传》，第1272–1273页。

显然，如何处理盘踞幽州的赵延寿势力，对刚即位的世宗而言已刻不容缓。笔者怀疑，世宗重建南枢密院，并以地位不高的高勋出任南枢密使，"总汉军事"，很大程度上针对的就是赵延寿。天禄间南京留守人选的变更可为佐证。

按《辽史·世宗纪》，天禄二年十月，"南京留守魏王赵延寿薨，以中台省右相牒蜡为南京留守，封燕王"。❶赵延寿虽一度被囚，看来世宗仍不得不让其出任南京留守，但继任者耶律牒蜡不仅是契丹皇族，且与世宗关系密切。❷按天禄五年六月，"（世宗）遣燕王牒蜡、枢密使高勋册（刘崇）为大汉神武皇帝"。❸此时牒蜡似仍在留守任上。不过，是年九月世宗遇弑前，留守人选可能有所变更。按《辽史·穆宗纪》，应历二年（952）六月，"国舅政事令萧眉古得、宣政殿学士李澣等谋南奔，事觉，诏暴其罪"。❹国舅政事令萧眉古得，《通鉴》作"幽州节度使萧海真"，并谓"契丹主兀欲（世宗）之妻弟也"。❺《册府元龟》亦云："永康妻弟曰萧海真，亦谓之蝉得舍利，为幽州节度使。"❻其出掌幽州当在天禄末。总之，赵延寿死后，世宗委派亲党入主幽州，中央势力终于得以深入南京地区，消除了一个巨大的隐患。❼

---

❶《辽史》卷5《世宗纪》，第64页。
❷《辽史》卷113《耶律牒蜡传》，第1506页。
❸《辽史》卷5《世宗纪》，第66页。
❹《辽史》卷6《穆宗纪上》，第70页。
❺《通鉴》卷290《后周纪一》太祖广顺二年六月，第9479页。
❻《册府元龟》卷762《总录部忠义三》，第9059页。
❼ 世宗是个政治手腕相当高明之人，他在山后的策略稍有不同。上文提到后唐云州军校许从赟，太宗时归降契丹，为大同军节度副使。世宗继位后，"特旌勋旧，授大同军节度使、检校司徒"（《许从赟墓志》，见王银田、解廷琦、周雪松：《山西大同市辽代大同军节度使许从赟夫妇壁画墓》，《考古》2005年第8期）。这里世宗采用了软的一手，恐怕与山后地区藩镇分立，中央势力会同中就得以深入其间有关。

另外，所谓"总汉军事"，似不限于幽州一地，疑亦领平州、山后诸州兵。这是在军事上削夺藩镇权力，与三司类似，代表了中央权力之扩张。附带要说明的是，世宗时东京地区之军事，似不在南枢密院统辖范围内。

总而言之，天禄元年世宗重建南枢密院，设置北院，在很大程度上是为了加强中央对契丹部族及燕云藩镇的军事控制，这是辽初皇权发展中极其关键的一步。

世宗即位初，似尚无暇顾及民政。待天禄三年内乱平息，局面稳定后，民事方面的制度调整也提上了日程。按《辽史·世宗纪》，天禄四年二月，"建政事省"；次年五月，"诏州县录事参军、主簿，委政事省铨注"。❶

将州县录事参军及主簿之任命权收归政事省，是进一步从藩镇手中夺权。至此，在财政、军事、人事这三个对藩镇来说最重要的方面，其权力都被大大削弱。可以说，到世宗朝，契丹中央才得以真正深入有效地控制燕云十六州。对唐末以来藩镇问题的解决，契丹大体与中原同步。

政事省首任长官，当是韩延徽。《韩传》曰："世宗朝，迁南府宰相，建政事省，设张理具，称尽力吏。"❷所谓"南府宰相"，与北府宰相分掌部族，历来从无人提出异议。世宗让汉人出任南府宰相，值得特别注意。二府宰相常领本部兵出征或戍守边境，❸而延徽乃一书生，这多少让人觉得有些蹊跷。

无独有偶，景宗朝汉族文人室昉亦出任北府宰相。《室昉传》云：

---

❶ 《辽史》卷5《世宗纪》，第65-66页。
❷ 《辽史》卷74《韩延徽传》，第1231页。
❸ 如景宗朝南面宰相耶律沙一直镇守南境。参《辽史》卷84《耶律沙传》，第1307-1308页；卷8《景宗纪上》，第95页；卷9《景宗纪下》，第101、102页。

第5章 从部族到官僚体制

保宁间,兼政事舍人,数延问古今治乱得失,奏对称旨。上多昉有理剧才,改南京副留守,决讼平允,人皆便之。迁工部尚书,寻改枢密副使,参知政事。顷之,拜枢密使,兼北府宰相,加同政事门下平章事。乾亨初,监修国史。❶

考《耶律隆运传》载:

(圣宗统和)四年,宋遣曹彬、米信将十万众来侵,隆运从太后出师败之。……师还,与北府宰相室昉共执国政。……明年(统和十二年),室昉致政,以隆运代为北府宰相,仍领枢密使,监修国史。❷

可见室昉自保宁至统和中一直担任北府宰相。

让人困惑的是,室昉、耶律隆运(韩德让)之外,统和前中期尚另有一位北府宰相。《萧继先传》曰:

小字留只哥。……叔思温命为子,睿智皇后尤爱之。乾亨初,尚齐国公主,拜驸马都尉。统和四年,宋人来侵,继先率逻骑逆境上,多所俘获,上嘉之,拜北府宰相。自是出师,继先必将本府兵先从。❸

按《圣宗纪》,统和六年(988)十二月,"遣北宰相萧继远等往觇

---

❶《辽史》卷79《室昉传》,第1271页。
❷《辽史》卷82《耶律隆运传》,第1290页。
❸《辽史》卷78《萧继先传》,第1268页。

安平";统和二十年（1002）三月，"遣北府宰相萧继远等南伐"。❶继远即继先。❷其为北府宰相尚可得宋朝文献佐证。按《续资治通鉴长编》，统和二十一年（1003，宋咸平六年），契丹归明人李信提到："戎主（辽圣宗）之父明记，号景宗，后萧氏……女三人：长曰燕哥，年三十四，适萧氏弟北宰相留住哥。"❸萧继先所任北府宰相，掌契丹部族无疑。那么，同一时段内汉人室昉、韩德让先后担任的北府宰相又是怎么回事呢？

我们且先来分析室昉所任枢密使。按《辽史·圣宗纪》，统和元年正月，"枢密使兼政事令室昉以年老请解兼职，诏不允"；统和九年（991）正月，"枢密使、监修国史室昉等进《实录》"；统和十二年七月，"南院枢密使室昉为中京留守"。❹据此，自保宁至统和中，室昉是以南院枢密使兼北府宰相。这就更显得蹊跷了。

而继任的韩德让，也是如此。按《景宗纪》，乾亨三年（981）十二月，"以辽兴军节度使韩德让为南院枢密使"。❺《耶律隆运传》亦云："以功拜辽兴军节度使，征为南院枢密使。"❻检《圣宗纪》，统和七年（989）二月，"枢密使韩德让封楚国王"。❼又《邢抱朴传》曰："（统和）十年，拜参知政事。以枢密使韩德让荐，按察诸道守令能否而黜陟之。"❽可见统和前期韩德让仍为枢密使。而统和前中

---

❶《辽史》卷12《圣宗纪三》，第132页；卷14《圣宗纪五》，第157页。
❷ 参《辽史》卷78《校勘记》，第1269页。
❸《长编》卷55，真宗咸平六年七月己酉，第1207页。
❹《辽史》卷10《圣宗纪一》，第109页；《辽史》卷13《圣宗纪四》，第141、145页。
❺《辽史》卷9《景宗纪下》，第104页。
❻《辽史》卷82《耶律隆运传》，第1289页。
❼《辽史》卷12《圣宗纪三》，第133页。又按卷10《圣宗纪一》（第110页），统和元年五月，"诏近臣议皇太后上尊号册礼，枢密使韩德度以后汉太后临朝故事草定上之"。德度疑德让之误。
❽《辽史》卷80《邢抱朴传》，第1279页。

期，北院枢密使是耶律斜轸。❶统和十七年（999）九月，"北院枢密使魏王耶律斜轸薨，以韩德让兼知北院枢密使事"。❷上引《耶律隆运传》提到室昉致政后，"隆运代为北府宰相，仍领枢密使"，此"枢密使"当指南院枢密使。这说明，景宗末至统和中，室昉、韩德让二人同为南院枢密使。❸

此说尚可得二旁证。按《圣宗纪》，统和四年（986）八月乙巳，"韩德让奏宋兵所掠州郡，其逃民禾稼，宜募人收获，以其半给收者，从之"；己未，"用室昉、韩德让言，复山西今年租赋"；十月，"政事令（虚衔）室昉奏山西四州自宋兵后，人民转徙，盗贼充斥，乞下有司禁止"。❹《耶律隆运传》在上引"与北府宰相室昉共执国政"后紧接着记载说："上言山西四州数被兵，加以岁饥，宜轻税赋以来流民，从之。"❺韩德让与室昉共同建议安抚山西灾民，说明二人同掌南面事。

又按《圣宗纪》，统和二十年，"以邢抱朴为南院枢密使"；❻统和二十二年（1004），"南院枢密使邢抱朴薨"。❼《邢抱朴传》亦谓其曾"改南院枢密使"。❽而统和十七年耶律斜轸死后，韩德让权势滔天，兼掌二院，直至统和二十九年（1011）去世。也就是说，统

---

❶ 《辽史》卷9《景宗纪下》（第105页）乾亨四年四月有"枢密使斜轸"。然卷10《圣宗纪一》（第111页）统和元年六月条称其为枢密副使。又卷83《耶律斜轸传》（第1302页）云："统和初，皇太后称制，益见委任，为北院枢密使。"是知斜轸在景宗末乃北院枢密副使，统和元年六月后方升枢密使。
❷ 《辽史》卷14《圣宗纪五》，第154页。
❸ 枢密使可备多员，五代宋朝制度亦同。
❹ 《辽史》卷11《圣宗纪二》，第124、125页。
❺ 《辽史》卷82《耶律隆运传》，第1289–1290页。
❻ 《辽史》卷14《圣宗纪五》，第157页。
❼ 同上书，第159页。
❽ 《辽史》卷80《邢抱朴传》，第1279页。

和二十年至二十二年，南院枢密使亦设二员，即邢抱朴与韩德让。

汉人室昉、韩德让相继以南院枢密使兼北府宰相（尤其是室昉，乃文人），加之同时存在另一个掌部族之北府宰相，这提示我们，作为职官，可能存在名同实异的两个北府宰相。

《辽史·百官志·北面朝官》有北、南宰相府，其下分置北府左、右宰相及南府左、右宰相。❶按照传统理解，此处北、南宰相府即北面分掌部族之北、南府，而这二府宰相复分左右得不到任何佐证。不过，《百官志·北面朝官》错误不少，如将南面之南枢密院、宣徽南院俱误认作北面官。❷而辽人所谓左右，亦即南北。❸有无可能《北面朝官》中的北、南宰相府实际应当理解作北、南面宰相府下均置左（北府）宰相、右（南府）宰相？

笔者认为，这并非没有可能。《张琳传》云："天祚即位，累迁户部使。顷之，擢南府宰相。初，天祚之败于女直也，意谓萧奉先不知兵，乃召琳付以东征事。琳以旧制，凡军国大计，汉人不与，辞之。上不允。"❹所谓汉人不预军国大事，王曾瑜已指出其说不确，应当理解为南面官不能参预军事。❺而张琳担任的，恰恰是南府宰相。

另按《兴宗纪》，重熙十七年（1048）四月，"武定军节度使杜防复为南府宰相"；十九年十一月，"出南府宰相韩知白为武定军

---

❶ 《辽史》卷45《百官志一》，第690页。

❷ 参见津田左右吉：《辽の制度の二重體系》，载《津田左右吉全集》第12册，東京：岩波書店，1964年，第347-352頁；傅乐焕：《辽史复文举例》，载氏著《辽史丛考》，北京：中华书局，1984年，第299-302页；关树东：《辽朝宣徽使初探》，《昭乌达蒙族师专学报》1994年第1期。

❸ 王曾瑜：《也谈辽宰相的南、北与左、右问题》，《隋唐宋辽金元史论丛》第4辑，上海：上海古籍出版社，2014年。

❹ 《辽史》卷102《张琳传》，第1441页。

❺ 王曾瑜：《辽朝军制稿》，载氏著《辽金军制》，保定：河北大学出版社，2011年，第11页。

节度使,枢密副使杨绩长宁军节度使"。❶《杨绩传》载:"太平十一年进士及第,累迁南院枢密副使。与杜防、韩知白等擅给进士堂帖,降长宁军节度使。"❷杜防、韩知白似同为南府宰相,❸与南院枢密副使杨绩因"擅给进士堂帖"获罪,此处南府宰相也应当是南面官。

又《亡辽录》云:"置南面汉官左右相、参知政事、枢密院直学士,主治汉事、州县。"❹所谓左右相,疑即北府、南府宰相。而《亡辽录》这段记载,似出辽末耶律俨《建官制度》。

耶律俨《建官制度》,今已不传,❺现存史籍唯一一处提及此书是《辽史·百官志·南面朝官·中书省》。是处"主事""守当官"二条云:"并见耶律俨《建官制度》。"❻冯家昇以为耶律俨《建官制度》即《皇朝实录》之《百官志》。❼对此,笔者有不同意见。元修《辽史》引《皇朝实录》志书,例称旧《志》""耶律俨《志》"或"耶律俨旧《志》"。❽《建官制度》未必系《皇朝实录》之志典,疑如《百官志》曾多次引用的《辽朝杂礼》,属单独行世。

当然,即便《建官制度》并非《皇朝实录》之《百官志》,但系辽朝官制专书无疑。从上引文看,似乎元人曾直接参考此书。但是,早在20世纪初,日本学者津田左右吉就曾指出,《辽史·百官

---

❶《辽史》卷20《兴宗纪三》,第238、242页。
❷《辽史》卷97《杨绩传》,第1410页。
❸按《辽史》卷20《兴宗纪三》(第238页),重熙十六年十二月,"南府宰相杜防、韩绍荣奏事有误,各以大杖决之"。
❹《三朝北盟会编》卷21,第152页。
❺《契丹国志》亦立《建官制度》一目,然此目全抄《续资治通鉴长编》,与耶律俨《建官制度》实风马牛不相及。
❻《辽史》卷47《百官志三》,第775页。
❼冯家昇:《〈辽史〉源流考》,载氏著《辽史证误三种》,北京:中华书局,1959年,第27、29页。
❽同上书,第27页。

志》南面官二卷全系元人新作，为旧本《辽史》所无，元人取唐制为式，摘取其见之旧本者拉杂成章。❶ 傅乐焕也认为，该部分"实为一篇'《辽史》中所见唐官考'，非根据官书或旧档著成之详明辽官志也"。❷ 杨若薇亦云，辽朝南面官制并未真正实行唐朝官制，只是元史臣"模写"唐朝官制而已。❸ 王曾瑜则进一步证明，《南面朝官》所载职官绝大部分属于虚衔。❹ 而恰恰就是征引《建官制度》的《百官志》南面部分，其序文曰：

> 耶律杨六为太傅，知有三师矣。忽古质为太尉，知有三公矣。于斡古得为常侍，刘泾为礼部尚书，知有门下、尚书省矣。库部、虞部、仓部员外出使，则知备郎官列宿之员。室昉监修，则知国史有院。程翥舍人，则知起居有注。邢抱朴承旨，王言敷学士，则知有翰林内制。张斡政事舍人，则知有中书外制。大理、司农有卿，国子、少府有监，九卿、列监见矣。金吾、千牛有大将，十六列卫见矣。……凡唐官可考见者，列具于篇，无征者不书。❺

这段文字明明白白表示，南面部分系元人以唐官为式，将散见诸处之职衔拼凑而成。

如果《辽史·百官志》曾参考耶律俨《建官制度》，上引记载该如何解释呢？《百官志》四卷连篇累牍的错误，又该如何解释呢？其次，如果《建官制度》乃《百官志》所本，史臣为何特意在

---

❶ 津田左右吉：《辽の制度の二重體系》，《津田左右吉全集》第12册，第321-391页。
❷ 傅乐焕：《辽史复文举例》，《辽史丛考》，第301页。
❸ 杨若薇：《契丹王朝政治军事制度研究》，第128-152页。
❹ 王曾瑜：《辽朝官员的实职和虚衔初探》，《点滴编》，第243-259页。
❺ 《辽史》卷47《百官志三》，第771-772页。

主事、守当官这两个无足轻重的小官之后注明这一出处呢?

要解释以上困惑,似乎只有一种可能:《百官志》得之耶律俨《建官制度》的条目,为数很少。但随之而来的问题是:既然存在耶律俨《建官制度》这样的文献,为何元史臣不大规模加以利用呢?

为了解释这一疑惑,笔者大胆提出一个猜测:元人见到的,并非耶律俨《建官制度》原书,而是转引自他书。检《三朝北盟会编》引《亡辽录》云:"中书、门下共一省……有堂后主事、守当官各一员。"❶此处恰恰提到了堂后主事及守当官。笔者怀疑,《亡辽录》原书可能曾提到,其所本即耶律俨《建官制度》。

《辽史》成书极速,史臣恐未暇翻检《三朝北盟会编》这样大部头的著作来寻找其中有关辽朝制度的史料。更大的可能是,其时《亡辽录》原书尚存,是《辽史》的直接来源。❷而元修宋、辽、金三史,始终笼罩在正统之争的阴影下。《亡辽录》因系史愿入宋后所作,其价值存在争议。如元好问《故金漆水郡侯耶律公墓志铭》曰:"《通鉴长编》所附见及《亡辽录》、《北顾备问》等书,敌国诽谤之词,可尽信邪?"❸征引《亡辽录》显然容易引发事端,故史臣避而不书,代之以耶律俨《建官制度》。❹

---

❶ 《三朝北盟会编》卷 21 引《亡辽录》,第 152 页。
❷ 傅乐焕(《辽代四时捺钵考五篇》,《辽史丛考》,第 159-172 页)指出,《辽史·天祚纪》多段抄袭《契丹国志》,而《契丹国志》复又抄自《亡辽录》。据此,似乎元代史臣未能直接引用《亡辽录》。但笔者以为,元史臣并不知道《契丹国志》是部伪书,也不清楚其与《亡辽录》的承袭关系,而前者是元修《辽史》最重要的来源之一,在史料同见于两书的情况下,不抄《亡辽录》而抄《契丹国志》是很自然的事。
❸ 《国朝文类》卷 51,四部丛刊本,上海:上海书店出版社,1989 年,第 2a 页。从《会编》所引《亡辽录》来看,关于辽朝官制的记载,无所谓"诽谤",这可能特指其所载辽末史事。
❹ 元人修史草率仓促,《辽史》中确有场景、事件的描述竟然出自宋人(敌国)立场,但这只是疏漏所致,并不能表明史臣无所避忌。

因此，对《亡辽录》之价值，需重新加以审视。耶律俨《建官制度》虽非《皇朝实录》之志典，但地位可相仿佛。史愿虽是辽朝进士，但并非朝廷要员。如果他只是根据个人经历描述辽朝官制，其中疏漏讹误在所难免，但如源自《建官制度》这样等同于辽朝官方典志的文献，其价值自然大大提高。"左右相"一说应当非常可信。

综上所述，笔者认为，天禄四年世宗建政事省，仿照北面部族，其长官亦称北、南府宰相。❶《百官志》所谓"南宰相府"，实系南面政事省之重出。首任南府宰相即韩延徽，上引《延徽传》"迁南府宰相"与"建政事省"实系一事。史籍中屡屡见到的政事（中书）令乃虚衔。

那么，如何区分北面掌部族的北、南府宰相与南面的北、南府宰相呢？就现有史料而言，出任参知政事者，均为汉人，而北、南府宰相可确定系掌部族者，均为契丹人。因此，笔者怀疑，凡汉人所任之北、南府宰相，均为南面官，而契丹人所任之北、南府宰相，乃北面官。

北、南枢密院及政事省之出现，代表了辽朝北南分治体制之形成。在此之前，虽然契丹王朝对契丹部民与入辽汉人已实行区别对待，❷部族官与燕云汉官也有明确区分，❸但真正在中枢行政层面明确将北、南分治制度化，则要归功于世宗。

---

❶ 辽朝后期，南面二府宰相之名号有所变化，容另文讨论。
❷ 《辽史》卷61《刑法志上》（第937页）云："（太祖）诏大臣定治契丹及诸夷之法，汉人则断以律令。"
❸ 按《辽史》卷3《太宗纪上》（第49页），会同三年十二月，"诏契丹人授汉官者从汉仪，听与汉人婚姻"。所谓授汉官，当指出仕燕云。又卷56《仪卫志二》（第908页）云："会同中，太后、北面臣僚国服，皇帝、南面臣僚汉服。乾亨以后，大礼虽北面三品以上亦用汉服。"

不过，世宗朝之枢密院与政事省，与辽朝中后期的枢密院与政事省，还有很大不同。首先，至少就南枢密院而言，最初专掌军政，而辽中后期的南枢密院掌南面民政，军政统归北院。其次，南枢密院掌民政，显然是对政事省职权的侵夺。❶上引《亡辽录》"中书、门下共一省，兼礼部"，"尚书省并入枢密院"，应当是世宗之后的制度。其三，太宗废除东丹国，建东京后，❷东京地区似仍具特殊性，世宗朝之南枢密院，其辖境恐不及东京地区。南院权力延伸至东京，似亦在世宗之后。

---

❶ 如王曾瑜（《辽朝官员的实职和虚衔初探》，《点滴编》，第261页）推测，政事省之铨选职能后来为枢密院吏房继承。

❷ 参见康鹏：《东丹国废罢时间新探》，《北方文物》2010年第2期。

第6章

扩张中止

第一节 穆宗继位

辽穆宗耶律璟之得位,系出于耶律屋质之拥戴。《辽史·耶律屋质传》云:

> (天禄)五年,为右皮室详稳。秋,上祭让国皇帝于行宫,与群臣皆醉,察割弑帝。屋质闻有言"衣紫者不可失",乃易衣而出,亟遣人召诸王,及喻禁卫长皮室等同力讨贼。时寿安王归帐,屋质遣弟冲迎之。王至,尚犹豫。屋质曰:"大王嗣圣子,贼若得之,必不容。群臣将谁事,社稷将谁赖?万一落贼手,悔将何及?"王始悟。诸将闻屋质出,相继而至。迟明整兵,出贼不意,围之,遂诛察割。乱既平,穆宗即位,谓屋质曰:"朕之性命,实出卿手。"命知国事,以逆党财产尽赐之,屋质固辞。❶

---

❶《辽史》卷77《耶律屋质传》,第1257–1258页。

不过，屋质拥立穆宗，并不表明他不忠于世宗，与耶律璟早有勾结。本书第 4 章曾指出，屋质是个相当正直，总以大局为重之人。在调解兀欲与应天的冲突时，虽然他在私人关系上与后者更亲密，但仍主张太后妥协退让。其时他有语云："礼有世嫡，不传诸弟。"❶更何况穆宗只是世宗从弟。兀欲死时，其子尚幼，亦未立太子。当时情况紧急，加之世宗诸弟可能不餍人望，屋质遂毅然选择了素有人望的耶律璟。

考《萧幹传》云："初，察割之乱，其党胡古只与幹善，使人召之。幹曰：'吾岂能从逆臣！'缚其人送寿安王。"❷《耶律敌禄传》曰："察割作乱，敌禄闻之，入见寿安王，慷慨言曰：'愿得精兵数百，破贼党。'"❸上引《屋质传》谓"诸将闻屋质出，相继而至"，《察割传》亦载："寿安遣人谕曰：'汝等既行弑逆，复将若何？'有夷离堇划者委兵归寿安王，余众望之，徐徐而往。"❹又《耶律敌猎传》云："及寿安王与耶律屋质率兵来讨，诸党以次引去。"❺可见察割不得人心，而屋质与穆宗素为众人所服。

乱定后，耶律璟对谋逆者的处置非常坚决，绝不手软。《察割传》曰："寿安王复令敌猎诱察割，脔杀之。诸子皆伏诛。"❻手刃察割的人之一正是世宗弟娄国。❼又《耶律䗩蜡传》载："寿安王讨乱，凡胁从者皆弃兵降；䗩蜡不降，陵迟而死。妻子皆诛。"❽《耶律

---

❶《辽史》卷 77《耶律屋质传》，第 1257 页。
❷《辽史》卷 84《萧幹传》，第 1309 页。
❸《辽史》卷 90《耶律敌禄传》，第 1359 页。
❹《辽史》卷 112《耶律察割传》，第 1500–1501 页。
❺《辽史》卷 113《耶律敌猎传》，第 1509–1510 页。
❻《辽史》卷 112《耶律察割传》，第 1501 页。
❼《辽史》卷 112《耶律娄国传》（第 1501 页）载："娄国手刃察割。"
❽《辽史》卷 113《耶律䗩蜡传》，第 1506 页。

朗传》曰:"穆宗即位,伏诛,籍其家属。"❶《盆都传》云:"预察割之乱,陵迟而死。"❷

　　从穆宗对弑君者的处理来看,他并非优柔寡断之人。但上引《屋质传》提到,变起仓促之际,耶律璟虽不附察割,但在屋质聚众讨逆时,尚犹疑不定,意存观望。这又是为什么呢?笔者以为,耶律璟乃辽太宗嫡长子,其堂兄世宗即位后,自然身处嫌隙之地,故一向非常谨慎,避免卷入纷争。《耶律娄国传》曰:"穆宗沉湎,不恤政事,娄国有觊觎之心,诱敌猎及群不逞谋逆。事觉,按问不服。帝曰:'朕为寿安王时,卿数以此事说我,今日岂有虚乎?'娄国不能对。"❸可见世宗在位时确有人屡屡蛊惑穆宗,然其不为所动。察割弑帝前,也曾欲拉耶律璟入伙,但同样遭拒。当察割知事不济,欲杀所囚群臣及家属,时耶律敌猎亦在缧绁中,其传云:"敌猎进曰:'杀何益于事?窃料屋质将立寿安王,故为此举,且寿安未必知。若遣人藉此为辞,庶可免。'……察割遣之。"❹据此,众虽知屋质将立穆宗,仍怀疑耶律璟本人未必清楚其意,这恐怕就是因为穆宗平日非常之低调。

　　事实上,耶律璟一直对世宗篡位耿耿于怀。《耶律何鲁不传》载:"尝与耶律屋质平察割乱。穆宗以其父吼首议立世宗,故不显用。"❺《耶律安抟传》云:"穆宗即位,以立世宗之故,不复委用。"❻又《耶律颓昱传》曰:"及穆宗立,以匡赞功,尝许以本部大王。后将葬世宗,颓昱恳言于帝曰:'臣蒙先帝厚恩,未能报;

---

❶《辽史》卷113《耶律朗传》,第1507页。
❷《辽史》卷113《耶律盆都传》,第1508页。
❸《辽史》卷112《耶律娄国传》,第1501页。
❹《辽史》卷113《耶律敌猎传》,第1510页。
❺《辽史》卷77《耶律何鲁不传》,第1259页。
❻《辽史》卷77《耶律安抟传》,第1261页。

幸及大葬，臣请陪位。'帝由是不悦，寝其议。"❶凡此种种，均可为证。

穆宗继位后，除了严惩逆党外，也有软的一手。《皇子表》安端条曰："子察割弑逆被诛，穆宗赦通谋罪，放归田里。"❷又《盆都传》云："异母弟二人：化葛里、奚蹇。应历初，无职任，以族子，甚见优礼。"❸这是安反侧。《景宗纪》载："察割之乱，帝甫四岁。穆宗即位，养永兴宫。"这多半是故作姿态的表演，亦有安抚之意。另一方面，也可能是为了便于对景宗加以控制。

耶律璟即位之初，局势与世宗即位初相似，很不稳定。据《穆宗纪》，应历二年正月壬戌，"太尉忽古质谋逆，伏诛"；六月壬辰，"国舅政事令萧眉古得、宣政殿学士李澣等谋南奔"。❹《辽史·李澣传》云：

> 晋亡归辽，当太宗崩、世宗立，恟恟不定，澣与高勋等十余人羁留南京。久之，从归上京，授翰林学士。穆宗即位，累迁工部侍郎。时澣兄涛在汴为翰林学士，密遣人召澣。澣得书，托求医南京，易服夜出，欲遁归汴。至涿，为徼巡者所得。❺

按《旧五代史·周太祖纪》，是年六月壬寅，"前翰林学士李澣自契丹中上表，陈奏机事，且言伪幽州节度使萧海贞欲谋向化，帝甚嘉之"。❻又《册府元龟》载：

---

❶《辽史》卷77《耶律颓昱传》，第1262页。
❷《辽史》卷64《皇子表》，第970页。
❸《辽史》卷113《耶律盆都传》，第1508页。
❹《辽史》卷6《穆宗纪上》，第70页。
❺《辽史》卷103《李澣传》，第1450页。
❻《薛史新辑》卷112《周太祖纪三》，第3418页。

> 永康为述轧所杀，述律代立，部族首领多被戮。永康妻弟曰萧海真，亦谓之蝉得舍利，为幽州节度使，与澣相善，每与澣言及中国，意深慕之。澣尝微以言挑之，欣然遂纳。会定州节度使遣谍者田重霸继往幽州，侦逻军事，每令潜至澣所，密谋还计。澣亦致书於定帅致谢。定帅表其事，太祖哀澣羁离异域，尝有南归之意，乃令田重霸赍诏赐之，兼令澣兄太子宾客涛密通家问。……（澣）与涛书言契丹述律事云："……亲密贵臣，尚怀异志……"❶

萧眉古得与李澣同谋南奔，也反映出时局不稳，可能耶律璟正在清洗世宗势力。

另据《辽史·穆宗纪》，是年七月乙亥，"政事令娄国、林牙敌烈、侍中神都、郎君海里等谋乱就执"；八月己丑，"眉古得、娄国等伏诛，杖李澣而释之"。❷林牙敌烈当即平定察割之乱的功臣耶律敌猎，其传云："乱既平，帝嘉赏，然未显用。敌猎失望，居常怏怏，结群不逞，阴怀不轨。应历二年，与其党谋立娄国，事觉，陵迟死。"❸

谋逆并不到此为止，应历三年（953）十月，"李胡子宛、郎君嵇幹、敌烈谋反，事觉，辞逮太平王罨撒葛、林牙华割、郎君新罗等，皆执之"；次年正月，"华割、嵇幹等伏诛，宛及罨撒葛皆释之"。❹罨撒葛为穆宗同母弟，据《皇子表》，"穆宗委以国政"，"谋乱，令司天魏璘卜日，觉，贬西北边戍"。❺《魏璘传》曰："尝为太

---

❶ 《册府元龟》卷762《总录部忠义三》，第9059-9060页。又见《通鉴》卷290《后周纪一》太祖广顺二年六月己亥，第9479页；《宋史》卷262《李澣传》，第9063页。
❷ 《辽史》卷6《穆宗纪上》，第70页。
❸ 《辽史》卷113《耶律敌猎传》，第1510页。
❹ 《辽史》卷6《穆宗纪上》，第72页。
❺ 《辽史》卷64《皇子表》，第979页。

平王罨撒葛卜僭立事，上闻之，免死，流乌古部。"❶又《盆都传》云："（应历）三年，或告化葛里、奚瘳（盆都异母弟）与卫王宛谋逆，下狱，饰辞获免。四年春，复谋反，伏诛。"❷

这种种情形，与世宗初极其相似。穆宗之位，得之于宫廷变乱。加之契丹立国以来，皇位更替无一例外伴随着阴谋与鲜血，在耶律璟立足未稳之时，诸王焉能不萌异志？而穆宗的对策，亦沿世宗之旧，倚仗北枢密院以加强君主权力。❸此外，耶律璟仿效中原制度，置殿前都点检。《耶律夷腊葛传》载："本宫分人检校太师合鲁之子。应历初，以父任入侍。数岁，始为殿前都点检。时上新即位，疑诸王有异志，引夷腊葛为布衣交，一切机密事必与之谋。"❹

在穆宗采取了这种种措施后，局面大致稳定了下来。据《册府元龟》，应历二年、三年（周广顺二年、三年）这两年，契丹南奔非常严重。兹列表如下。

表3 穆宗朝契丹南奔史事表

时间	事件	出处
应历二年四月	定州言契丹羽林都署辛霸卿等二十三人、马三匹并车牛来奔	卷977《外臣部降附》，第11484页
六月	契丹降人孙重勋等四十四人到阙	同上
七月戊寅	以契丹长庆宫提辖使、户部郎中韩僚为鄜州延庆县令，契丹虞部员外郎胡峤为汝州鲁山县令，并以其归化故也	卷170《帝王部来远》，第2059页
八月	定州言有户三百自契丹来归	卷977《外臣部降附》，第11484页

---

❶《辽史》卷108《魏璘传》，第1476页。
❷《辽史》卷113《盆都传》，第1508页。化葛里或即华割。
❸ 上章已提到，穆宗时北院枢密使萧护思，出身低微，以穷治诸王称旨而迁枢密使。
❹《辽史》卷78《耶律夷腊葛传》，第1265页。

续表

时 间	事 件	出 处
应历二年十月辛卯	契丹钓台镇将王彦、镇都将卢晓文、招收军使王琼等八人来奔	同上
十一月	契丹界阙南都舡务使王希、乾宁军使孙章而下二十四人来归	同上
十二月	契丹殿头王进、龙武羽林军校及通事舍人胡延等六人来奔	同上
十二月	补契丹武州刺史石越为南府知兵马使,张延煦为许州都知兵马使。是月,契丹部建州掌书记马震兴、州录事参军李超、普州主簿李署、可汗州怀来主簿王自真等宣中书,各授州县参赞之官	卷170《帝王部来远》,第2059页
应历三年正月	契丹降人伪授儒州晋山簿李著、郑县簿王裔、泰州司法刘裴等,着赐比明经出身,裔、裴比学究出身	卷167《帝王部招怀五》,第2015页
正月	契丹王子元禄二人、羽林军使王遇、军将张超等十九人来奔	卷977《外臣部降附》,第11484页
二月	镇州言部送契丹来奔银院使张知训等七人	同上
三月	契丹羽林军士十五人来降	同上
四月	契丹乾宁军使张韬等三十八人、羽林军将王兴等十五人来奔	同上
五月	深州送契丹来奔魏院官李绪等十七人、指挥使李重筠等十人、为仪郎四十人至京师	同上
六月	契丹瀛州戎军陶洞文等十二人及巡简指挥使葛知友、云州牙将崔崇等十九人、招收军使李彦晖二十一人来奔。是月,定州送奚、契丹来奔绣院使邢福顺等十三人并顺州刺史男戴原等至阙	同上
七月	契丹羽林军士杨泽等十三人、殿直杨晏等二十五人来奔。是月,沧州李晖送契丹降人卢台军使张藏英等二百二十二人、马二十三匹	同上
八月	定州部送契丹归明军士齐武等二十九人至京师	同上
九月	云州浑吐指挥使党富达等五十一人、马驼四十二匹并朔州军使马延嗣等来奔	同上

第6章 扩张中止

需要注意的是，应历三年正月南奔的有"契丹王子元禄二人"。❶但到了应历四年（954，周显德元年），《册府元龟》却连一则契丹南奔之事都没有记录，这说明政局已趋于稳定。

当然，这并不意味着谋逆完全销声匿迹了。按《辽史·穆宗纪》，应历九年（959）十二月，"庚辰，王子敌烈、前宣徽使海思及萧达干等谋反，事觉，鞫之。辛巳，祀天地、祖考，告逆党事败"。❷据《皇子表》，敌烈系太宗庶子，"与宣徽使耶律海思等谋反，事觉，穆宗释之"。❸次年七月，"政事令耶律寿远、太保楚阿不等谋反，伏诛"；十月，"李胡子喜隐谋反，辞连李胡，下狱死"。❹《李胡传》云："穆宗时，其子喜隐谋反，辞逮李胡，囚之，死狱中。"❺《喜隐传》曰："应历中，谋反，事觉，上临问有状，以亲释之。未几，复反，下狱。"❻

不过，总的来说，应历三年后，穆宗的地位相当稳固。尤其是应历十三年（963）起，耶律璟开始酗酒，这对有心篡位者，应当说是个很好的机会。但至应历十九年（969）穆宗为近侍所杀，六年间却并没有谋逆之事发生，这恐怕不能不归功于北枢密院对部族的压制，也说明耶律夷腊葛是个称职的殿前都点检。

第二节　汉化深入

后周显德六年（辽应历九年），世宗北伐，《新五代史·四夷附

---

❶ 契丹习称皇子为王子，参"附录二"《斡鲁朵横帐补说——兼论辽朝部族制度》。
❷ 《辽史》卷6《穆宗纪上》，第76页。
❸ 《辽史》卷64《皇子表》，第982页。另参卷113《耶律海思传》，第1509页。
❹ 《辽史》卷6《穆宗纪上》，第76页。
❺ 《辽史》卷72《章肃皇帝李胡传》，第1213页。另参卷64《皇子表》，第978页。
❻ 《辽史》卷72《耶律喜隐传》，第1214页。

录》云:"周师下三关、瀛、莫,兵不血刃。述律(穆宗)闻之,谓其国人曰:'此本汉地,今以还汉,又何惜耶?'"❶关于辽穆宗,《新五代史》又云:"畋猎好饮酒,不恤国事,每酣饮,自夜至旦,昼则常睡,国人谓之'睡王'。"❷陈述认为,"汉地还汉"的说法表明,耶律璟"一切反于世宗的主张,趋重保守,对于燕蓟汉地不很重视,不采积极政策","睡王"一称,则反映出穆宗"满足于牛马奴隶的享受",二者都是"草原本位政策"的表现。换言之,主要基于《新五代史》的上引记载,陈述提出,耶律璟代表了主张草原本位的保守势力,辽朝转趋守势便是穆宗实施草原本位政策的结果。❸

所谓草原本位政策,是一个综合概念,"内容很多,如懂汉语不说汉话;朝廷官职重北面;不许契丹人应科举等等。对宋的不积极进攻是一个时期表现的一种倾向"。❹要之,生活方式上、政治制度上、疆域辖境上都以草原为本。不过,所谓"懂汉语不说汉话",是史籍中关于阿保机的记载,❺契丹人不能应科举则发生在辽朝后期。❻就穆宗而言,陈述提供的证据,仅限于生活方式("睡王")及疆域辖境("汉地还汉")二者。但就统治者而言,最能说明其政策倾向的,恰恰是其政权的制度建设。因此,本节先论穆宗朝之内政。耶律璟若确持草原本位政见,制度沿革上当有反映。事实则不然。

---

❶ 《新五代史》卷73《四夷附录二》,第904页。《契丹国志》卷5《穆宗纪》(第54-55页)曰:"瀛、莫之失,幽州急递以闻,帝曰:'三关本汉地,今以还汉,何失之有?'"《新五代史》疑即《国志》所本。
❷ 《新五代史》卷73《四夷附录二》,第904页。
❸ 陈述:《契丹政治史稿》,第120-123页。
❹ 同上书,第121页注3。
❺ 《薛史新辑》卷137《契丹传》,第4282页。
❻ 李桂芝:《辽金科举研究》,北京:中央民族大学出版社,2012年,第31-32页。

据《辽史·穆宗纪》，应历元年（951）九月丁卯，"（穆宗）即皇帝位"；十一月乙亥，"诏朝会依嗣圣皇帝故事，用汉礼"。❶《仪卫志》对此有更详细的记载："（大同元年）三月，（太宗）将幸中京镇阳，诏收卤簿法物，委所司押领先往。未几镇阳入汉，卤簿法物随世宗归于上京。……太宗崩，世宗即位，卤簿法物备而不御。穆宗应历元年，诏朝会依嗣圣皇帝故事，用汉礼。"❷也就是说，穆宗即位伊始，就宣布在朝廷上使用太宗掠自后晋的中原礼器。无独有偶，应历三年二月辛亥，"诏用嗣圣皇帝旧玺"。❸《仪卫志》曰："玉印，太宗破晋北归，得于汴宫，藏随驾库。穆宗应历二年，诏用太宗旧宝。"❹那么，这一旧玺也来自后晋。很难想象，如果耶律璟乃草原本位主义者，他会有上述举动。

与此相应，穆宗朝制度上的汉化较太宗世宗朝更有所推进。首先，上文已提到，穆宗置殿前都点检。值得注意的是，中原文献中，后周显德三年（956，辽应历六年）十二月十四日始见殿前都点检，❺穆宗对中原制度模仿之速让人瞠目。❻

其次，翰林院制度确立，开始有较多饱学之士接近契丹权力中枢。太祖朝入辽的汉人，只有韩延徽算是文人，但没有证据表明他以学问见长。太宗朝有张砺，原后唐翰林学士，然仅见此一人而已。世宗在位未久，史料阙如。至穆宗朝，才学之士才真正开始涌现。《辽史·刘景传》载："景资端厚，好学能文。……应历初，迁右拾遗、知制诰，为翰林学士。……会父忧去。未几，起复旧职。一日，

---

❶ 《辽史》卷6《穆宗纪上》，第69页。
❷ 《辽史》卷58《仪卫志四》，第919–920页。
❸ 《辽史》卷6《穆宗纪上》，第71页。
❹ 《辽史》卷57《仪卫志三》，第914页。
❺ 《薛史新辑》卷116《周世宗纪三》，第3628页。
❻ 杨若薇：《契丹王朝政治军事制度研究》，第231页。

召草赦，既成，留数月不出。景奏曰：'唐制，赦书日行五百里，今稽期弗发，非也。'"❶ 又《室昉传》曰："幼谨厚笃学，不出外户者二十年，虽里人莫识。其精如此。会同初，登进士第……应历间，累迁翰林学士，出入禁闼十余年。"❷ 从二传可以看出，穆宗朝翰林院制度已完全确立，翰林学士也形成了一个群体，出入禁中，起草文书，成为君主的左膀右臂。而刘景以父忧去职，说明契丹王朝对儒家伦理并不陌生，在一定程度上亦将其吸纳入王朝体制之中。

此外，汉人李澣之遭遇，也颇能说明问题。上文提到，李澣与萧眉古得同谋南奔，但眉古得伏诛，李澣则获释。《李澣传》云：

> 帝欲杀之。时高勋已为枢密使，救止之。屡言于上曰："澣本非负恩，以母年八十，急于省觐致罪。且澣富于文学，方今少有伦比，若留掌词命，可以增光国体。"帝怒稍解，仍令禁锢于奉国寺，凡六年，艰苦万状。会上欲建"太宗功德碑"，高勋奏曰："非李澣无可秉笔者。"诏从之。文成以进，上悦，释囚。寻加礼部尚书，宣政殿学士，卒。❸

可见穆宗有一定的汉文修养，他对汉人及汉文化不仅不反感，还颇能欣赏。

其三，太宗朝昙花一现的贡举，穆宗朝也曾举行过。《常遵化墓志》云：

> 考讳宾嗣，字仁继。前霸州观察判官……早食禄于先朝，

---

❶《辽史》卷86《刘景传》，第1322页。
❷《辽史》卷79《室昉传》，第1271页。
❸《辽史》卷103《李澣传》，第1450-1451页。

久依仁于大国。……公幼而聪愍，长以刚直。辩理从童，登场得弟（第）。闻孝悌于乡里，达声誉于朝廷。则知玉出海心，本是礼天之器；松生昆顶，终为建厦之材。应历十年，除授霸州文学参军。❶

遵化父宾嗣入辽时间难以详考，但遵化卒于统和二十五年（1007），时年六十五，则应历十年（960）盖十八，所谓登场得第当即其时或之前不远，即应历中。常遵化是统和六年之前史料仅见三例辽朝科举及第之一（其余二例均在太宗朝）。❷

其四，穆宗朝幽州地区出现了有关州学的记载，这也是辽朝历史上州县学首次见诸史籍。北京房山十字寺今存应历十年所刻《三盆山崇圣院碑记》，撰者系"涿州学廪膳生员卢进达"。❸对于州学的支持，是地方政府的自主决定，还是中央政府的指令，已不得而知。不论如何，这与上文揭示穆宗朝翰林学士活跃这一现象是相吻合的。

其五，为压制藩镇势力，世宗建立南枢密院，总汉军事。但军事上北南分立，只是过渡时期的权宜之计，从长远上看，反而可能变成深入控制汉地的障碍。因此，穆宗采取进一步措施，让契丹势力直接向汉地渗透。❹《辽史·耶律屋质传》载："应历五年，为北

---

❶《辽代石刻文编》，第127页。
❷ 高井康典行：《辽朝科举与辟召》，程妮娜译，《史学集刊》2009年第1期，第87页。
❸《辽代石刻文编》，第30页。
❹《辽史》卷85《高勋传》（第1317页）云："应历初，封赵王，出为上京留守，寻移南京。……十七年，宋略地益津关，勋击败之，知南院枢密事。景宗即位，以定策功，进王秦。保宁中，以南京郊内多隙地，请疏畦种稻，帝欲从之。林牙耶律昆宣言于朝曰：'高勋此奏，必有异志。果令种稻，引水为畦，设以京叛，官军何自而入？'帝疑之，不纳。"上京留守是辽朝地方大员中较不重要的位置（参见康鹏：《辽代地方要员选任方式浅议》，《隋唐宋辽金元史论丛》第4辑，上海：上海古籍出版社，2014年），显然穆宗即位后，对首任南院枢密使高勋并不信任。此后高勋虽拥立景宗，定策有功，仍然备受猜忌。

院大王，总山西事。"❶这意味着，在军事上，山后地区脱离了南枢密院，转归北院统辖。

在幽州，南京汉军的地位也被削弱。应历八年（958），周师北伐，辽南京留守萧思温请益兵，其本传载："帝报曰：'敌来，则与统军司并兵拒之；敌去，则务农作，勿劳士马。'……思温与诸将议曰……诸将从之。遂与统军司兵会。"❷这是南京统军司首次在史料中出现，值得注意的是，统军司似不受留守节制。

宋人余靖所撰《契丹官仪》在谈到辽幽州守军时说："燕中有元帅府，杂掌蕃汉……大抵胡人以元帅府守山前，故有府官，又有统军掌契丹、渤海之兵，马军、步军一掌汉兵。……胡人于燕京置元帅府，统军、马军、步军三司。"❸圣宗以前，未置元帅府，南京留守仅掌汉兵马步二司。上引《萧思温传》云"敌去则务农作"，可为其证。《辽史·兵卫志》曰："惟南、北、奚王，东京渤海兵马，燕京统军兵马，虽奉诏，未敢发兵，必以闻。"❹这说明统军司兵马，可能要比汉军精锐许多。耶律璟组建契丹、渤海精锐部队驻防幽州，统军司不受留守节制，恐怕也由北枢密院而非南院统辖。

总而言之，与世宗朝相比，穆宗时期对汉地的控制显然更为深入。

还须一提的是，就契丹部族而言，穆宗时代的农业化也到达了一个高峰。《辽史·耶律挞烈传》云："应历初，升南院大王，均赋役，劝耕稼，部人化之，户口丰殖。……（景宗）保宁元年（即穆宗应历十九年），加兼政事令，致政。……在治所不修边幅，百姓

---

❶ 《辽史》卷77《耶律屋质传》，第1258页。
❷ 《辽史》卷78《萧思温传》，第1267页。
❸ 余靖：《武溪集》卷18《契丹官仪》，第175–176页。
❹ 《辽史》卷34《兵卫志上》，第397页。

无称,年谷屡稔。时耶律屋质居北院,挞烈居南院,俱有政迹,朝议以为'富民大王'云。"❶所谓"劝耕稼""年谷屡稔"云云,说明契丹部族此时农业化已经相当深入。

综上所述,穆宗朝政权汉化、契丹部族农业化均有深入发展的趋势。就其内政而言,耶律璟表现得完全不像是一位草原本位主义者。那么,他在后周北伐时"汉地还汉"的言论,又该如何解释呢?

第三节　中原政策

要揭开"汉地还汉"说的真相,找到契丹转攻为守的真正原因,我们必须对穆宗朝与中原之纠葛做通盘考察。天禄五年(951)九月,辽世宗遇弑之时,正准备出兵协同北汉攻周。是月穆宗即位,"改元应历。戊辰,如南京。……遣刘承训告哀于汉"。❷十月,刚刚即位的耶律璟便按照世宗的既定方针,出兵助刘崇攻平阳,后周随遣大军来援,北汉契丹遂退。穆宗嗣位后即赴南京,恐怕是为了协调出兵一事。

尽管应历初契丹政局持续动荡,耶律璟仍连年出兵助汉,与北汉关系异常紧密。应历元年十一月,"汉、周、南唐各遣使来吊";十二月,"汉遣使献弓矢、鞍马";次年六月,"汉为周所侵,遣使求援,命中台省右相高模翰赴之";十月,"汉遣使进葡萄酒";十二月,"高模翰及汉兵围晋州";应历三年闰正月,"汉以

---

❶《辽史》卷77《耶律挞烈传》,第1262–1263页。
❷《辽史》卷6《穆宗纪上》,第69页。

高模翰却周军,遣使来谢";三月,"汉遣使进球衣及马";五月,"汉遣使言石晋树先帝'圣德神功碑'为周人所毁,请再刻,许之"。❶还须注意的是,应历元年后周主动遣使来吊,但穆宗看来并无意媾和。

又按《辽史·穆宗纪》,应历四年二月,"周攻汉,命政事令耶律敌禄援之"。❷是年正月,周太祖郭威卒,养子柴荣继位,帝位更替之际,何暇攻汉?而北汉乘机图谋进取,倒在情理之中。《旧五代史·周世宗纪》载柴荣欲亲征御敌,冯道等谏曰:"刘崇自平阳奔遁之后,势弱气夺,未有复振之理,窃虑声言自来,以误于我。陛下纂嗣之初,先帝山陵有日,人心易摇,不宜轻举。"世宗不从,云:"刘崇幸我大丧,闻我新立,自谓良便,必发狂谋,谓天下可取,谓神器可图,此际必来,断无疑耳!"❸《辽史》谓"周攻汉",疑非实录,主动进攻的,应当正是北汉与契丹。不过,柴荣御驾亲征,高平一战,辽汉联军先胜后败,狼狈而遁。

除了联汉攻周,穆宗初年,也在积极联络南唐。上引《辽史·穆宗纪》提到应历元年十一月南唐遣使来吊,而次年更是频频来使。是年正月,"南唐遣使奉蜡丸书,及进犀兕甲万属"。❹南唐使臣公乘镕在幽州见到了辽穆宗,他向南唐朝廷报告说:"(契丹主)问国书中机事,臣即述奕世欢好,当谋分裂之事。契丹主喜,

---

❶ 《辽史》卷6《穆宗纪上》,第69—71页。
❷ 同上书,第72页。
❸ 《薛史新辑》卷114《周世宗纪一》,第3508—3509页。又同书卷136《刘崇传》(第4266页)云:"及周世宗嗣位,崇复乞师于虏,以图入寇。"《五代会要》卷29《契丹》(第461页)曰:"太原刘崇将图南寇,述律使番将杨衮率虏骑万余以助之。"《新五代史》卷70《东汉世家》(第865页)及《通鉴》卷291(后周太祖显德元年二月,第9501页)亦谓崇幸周有大丧,联辽出兵。据曹流《契丹与五代十国政治关系诸问题》(第94页注3)考证,杨衮即敌禄。
❹ 《辽史》卷6《穆宗纪上》,第70页。

问复有何事,臣云军机别有密书,契丹主接置袖间。"❶曹流已指出,"当谋分裂之事"云云,盖密谋分裂后周。❷而所谓"密书",当即《辽史》"蜡丸书"。又三月癸亥,"南唐遣使奉蜡丸书";丁卯,"复遣使来贡";五月,"南唐遣使来贡"。❸一年之中,两奉密书,两番来贡,实属罕见。应历三年三月,"南唐遣使来贡,因附书于汉,诏达之"。❹针对后周的三方同盟已呼之欲出。但高平败后,辽、汉趋于消极,这一同盟迹近胎死腹中。

总而言之,穆宗初年,对于进取中原还是相当积极的。他连年出兵与北汉组成联军,并联络南唐建立三方同盟。辽朝南下政策之转变,发生在应历四年高平败后。一方面北汉受到重创,其势渐颓;另一方面穆宗领教了柴荣之英武后,可能自此不敢小觑后周,遂转趋稳健,不再轻易南下。

应历六年正月,周世宗亲征淮南。二月,"唐主遣人以蜡丸求救于契丹……静安军使何继筠获而献之"。❺而契丹赴南唐使者也为后周所获。《宋史·李处耘传》云:"得契丹谍者,索之,有与西川、江南蜡书。"❻考《通鉴》载:"(周显德二年,辽应历五年)蜀主遣间使如北汉及唐,欲与之俱出兵以制周,北汉主、唐主皆许之。"❼看来辽朝得知后蜀的这一动向后,亦有意与之结盟。

应历七年(957)二月,再次携带蜡丸书的南唐使者终于抵达辽廷。六月,"周遣使来聘。南唐遣使来贡"。八月,"周遣使来

---

❶ 陆游:《南唐书》卷18《契丹传》,第5607页。
❷ 曹流:《契丹与五代十国政治关系诸问题》,第67页。
❸ 《辽史》卷6《穆宗纪上》,第70页。
❹ 同上书,第71页。
❺ 《通鉴》卷292,后周世宗显德三年二月,第9541页。
❻ 《宋史》卷257《李处耘传》,第8961页。
❼ 《通鉴》卷292,后周世宗显德二年六月丁未,第9528页。

聘"。❶周世宗延续了太祖的政策，又一次试图与辽朝改善关系，但看来再次被穆宗拒绝。是年十一月，柴荣再至淮南。《通鉴》曰："（周世宗）至镇淮军，是夜五鼓，济淮……是月，契丹遣其大同节度使、侍中崔勋将兵来会北汉，欲同入寇，北汉主遣其忠武节度使、同平章事李存瑰将兵会之，南侵潞州，至其城下而还。"❷辽、汉此番入寇，应当正是为了缓解南唐的军事压力。可见应历四年后穆宗虽转趋稳健，但其战略方向仍坚定不变，始终以后周为对手。至于"至其城下而还"，可能是因为周人早有防备，实无可乘之机。

《通鉴》于是年十二月又记曰："唐使者陈处尧在契丹，白契丹主请南游太原，北汉主厚礼之；留数日，北还，竟卒于契丹。"❸陈处尧至北汉，可能是为了进一步协调军事行动。关于处尧初至辽的时间，《通鉴》系于显德三年（应历六年），云："（南唐）遣兵部郎中陈处尧持重币浮海诣契丹乞兵；契丹不能为之出兵，而留处尧不遣。处尧刚直有口辩，数面责契丹主，契丹主亦不之罪也。"❹陆游《南唐书》之《段处常传》曰：

> 周侵淮南，元宗命处常浮海使契丹，乞援师。处常为契丹陈利害，甚辩。契丹本通南唐，徒持虚辞，利南方茶药、珠贝而已，至是了无出师意，而留处常不遣。处常怒其无信，誓死国事，数面诮虏主。虏主亦愧其言，优容之。以病卒于虏。❺

---

❶《辽史》卷6《穆宗纪上》，第74页。
❷《通鉴》卷293，后周世宗显德四年十一月，第9573-9574页。按崔勋当即崔廷勋，《新五代史》卷70《东汉世家》（第867页）作"高勋"，误。
❸《通鉴》卷293，后周世宗显德四年十二月，第9576页。
❹《通鉴》卷293，后周世宗显德三年，第9562页。
❺ 陆游：《南唐书》卷17《段处常传》，第5601页。

陈处尧、段处常当有一误。据上文，应历六年南唐求援使为后周所获，笔者怀疑陈处尧（或段处常）实乃应历七年二月携蜡丸书抵辽之使。

《通鉴》及陆游《南唐书》都认为契丹完全无视南唐安危，这并不是事实。唐使北汉一行并无实质性成果，看来刘承钧已无意再出兵，于是辽朝独自采取了行动。据《辽史·穆宗纪》，应历八年四月，"南京留守萧思温攻下沿边州县"。❶《萧思温传》载："周人攻扬州，上遣思温蹑其后，惮暑不敢进，拔缘边数城而还。"❷但契丹为声援南唐付出了惨痛代价。

按《旧五代史》，是年四月甲戌，"澶州节度使张永德准诏赴北边，以契丹犯境故也"。❸柴荣一代雄主，屈尊求好而不见纳，胡萝卜既不见效，当然要祭起大棒了。据《辽史·穆宗纪》，五月，"周陷束城县"；六月，"萧思温请益兵，乞驾幸燕"。❹《萧思温传》云：

> 思温在军中，握觚修边幅，僚佐皆言非将帅才。……后周师来侵，围冯母镇，势甚张。思温请益兵，帝报曰："敌来，则与统军司并兵拒之；敌去，则务农作，勿劳士马。"会敌入束城，我军退渡滹沱而屯。思温勒兵徐行，周军数日不动。思温与诸将议曰："敌众而锐，战不利则有后患。不如顿兵以老其师，蹑而击之，可以必胜。"诸将从之。遂与统军司兵会，饰他说请济师。周人引退，思温亦还。❺

---

❶《辽史》卷6《穆宗纪上》，第75页。
❷《辽史》卷78《萧思温传》，第1267页。
❸《薛史新辑》卷118《周世宗纪五》，第3685页。
❹《辽史》卷6《穆宗纪上》，第75页。
❺《辽史》卷78《萧思温传》，第1267页。

萧氏显系庸才，"惮暑不敢进""饰他说请济师"等足见此人懦弱畏战。无能之辈出掌幽州，实在是穆宗的一大失策。按《萧思温传》又曰："尚燕国公主（耶律璟之姊妹）……思温以密戚预政。"❶耶律璟以思温为南京主帅，看来主要是因为他的密戚身份。不过这让他付出了极大的代价。另外，值得注意的是，"敌去，则务农作，勿劳士马"的指示，说明穆宗此时的南向政策以防御为主。虽然声援南唐，但耶律璟并不愿意与后周彻底翻脸，掀起大战。

可能是因为薄示小惩犹嫌未够，再加上淮南初定，柴荣也想一探契丹虚实，应历九年，后周主又亲征北伐。《旧五代史》曰："关南平，凡得州三、县十七、户一万八千三百六十一。是役也，王师数万，不亡一矢，虏界城邑皆迎刃而下。"❷而《新五代史》则出现了上引"汉地还汉"之词。正是周师出乎寻常的顺利，及穆宗的这番话，被认为是耶律璟代表草原本位主义的确证。然笔者犹有疑焉。

首先，此番世宗亲征，事出突然，"河北州县非车驾所过，民间皆不之知"。正是因为志在掩袭，一度柴荣身边的"侍卫之士不及一旅，从官皆恐惧"。❸周师北伐呈如此摧枯拉朽之势，很大程度上是因为柴荣这一着险棋，让契丹措手不及。

其次，契丹不善守险守城，在关南并未部署重兵，而南京统帅萧思温非将帅才，畏战不出，龟缩于幽州。《萧思温传》载：

> 周主复北侵，与其将傅元卿、李崇进等分道并进，围瀛州，陷益津、瓦桥、淤口三关，垂迫固安。思温不知计所出，但云车驾旦夕至；麾下士奋跃请战，不从。已而，陷易、瀛、

---

❶ 《辽史》卷78《萧思温传》，第1267页。
❷ 《薛史新辑》卷119《周世宗纪六》，第3727–3729页。
❸ 《通鉴》卷294，后周世宗显德六年四月，第9596–9597页。

莫等州,京畿人皆震骇,往往遁入西山。思温以边防失利,恐朝廷罪己,表请亲征。会周主荣以病归,思温退至益津,伪言不知所在。❶

幽州若有大将在,周师恐怕不会如此顺利。❷

其三,在南京真正受到威胁时,穆宗并未等闲视之。《穆宗纪》载:"五月乙巳朔,(周师)陷瀛、莫二州。癸亥,如南京。"❸耶律璟不仅亲临幽州,坐镇指挥,并遣使向北汉求援。❹因此后周军中对进攻幽州,反对声音极其强烈。《旧五代史》曰:"帝与诸将议攻幽州,诸将皆以为未可,帝不听。是夜,帝不豫,乃止。"❺《通鉴》则具体记录了诸将以为不可的理由:"今虏骑皆聚幽州之北,未宜深入。"❻可见其时穆宗调集了大军,并非对汉地失守漠不关心。

周世宗北伐,一举夺回幽州似非初衷,取得关南之地可能就已超过了其预期。❼尽管战事极其顺利,在周人官方《日历》中,世宗的辉煌战绩却只被称为"侥幸一胜"。欧阳修曰:"予读周《日历》,见世宗取瀛、莫,定三关,兵不血刃,而史官讥其以王者之

---

❶《辽史》卷78《萧思温传》,第1267页。
❷ 参见张其凡:《赵普评传》,北京:北京出版社,1991年,第122-123页。
❸《辽史》卷6《穆宗纪上》,第75页。同书卷86《刘景传》(第1322页)载:"帝欲俟秋出师,景谏曰:'河北三关已陷于敌,今复侵燕,安可坐视!'上不听。"其说显误。
❹《新五代史》卷70《东汉世家》(第867页)载:"世宗北伐契丹,下三关,契丹使来告急,承钧将发兵,而世宗班师,乃已。"
❺《薛史新辑》卷119《周世宗纪六》,第3730页。
❻《通鉴》卷294,后周世宗显德六年四月丙午,第9597页。
❼ 徐规:《评宋太祖"先南后北"的统一战略》(原载《宋史研究论文集》1982年年会编刊,郑州:河南人民出版社,1984年;收入《仰素集》,杭州:杭州大学出版社,1999年)一文认为,此役初衷是为解除南征后顾之忧。

师,驰千里而袭人,轻万乘之重于萑苇之间,以侥幸一胜。"❶虽然欧公对此说不以为然,但这至少说明,周史官并不以为契丹不堪一击。在辽朝大军云集南京后,世宗若非遇疾而退,幽州一战结果如何,实未可知。❷

其四,周师退后,辽军旋即收复了容城县,并加强了范阳的防务。赵延寿之后,世宗以契丹人出任南京留守,穆宗前期仍是如此。❸大概在丢失三关后不久,汉人高勋出任留守。❹此时耶律璟用并不信任的高勋代替萧思温,应当是形势所迫,不得已的选择。这恰恰说明,他对幽州非常重视。

其五,"汉地还汉"一说似难采信。三关是汉地,难道幽州不是汉地?欧公也正作此解:"述律以谓周之所取,皆汉故地,不足顾也。然则十四州之故地,皆可指麾而取矣。"❺然据上文分析,

---

❶《新五代史》卷73《四夷附录二》,第904页。
❷ 据《通鉴》(卷291,后周世宗显德元年四月,第9509—9519页;卷292,后周世宗显德元年五月,第9515页),高平战后,世宗"遣符彦卿等北征,但欲耀兵于晋阳城下,未议攻取。既入北汉境,其民争以食物迎周师,泣诉刘氏赋役之重,愿供军需,助攻晋阳,北汉州县继有降者。帝闻之,始有兼并之意。遣使往与诸将议之,诸将皆言'刍粮不足,请且班师以俟再举'。帝不听。既而诸军数十万聚于太原城下,军士不免剽掠,北汉民失望,稍稍保山谷自固。帝闻之,驰诏禁止剽掠,安抚农民,止征今岁租税,及募民入粟拜官有差,仍发泽、潞、晋、绛、慈、隰及山东近便诸州民运粮以馈军"。"时大发兵夫,东自怀、孟,西及蒲、陕,以攻晋阳,不克;会久雨,士卒疲病,及史彦超死,乃议引还。"其事与伐燕一役绝类,结局可资参考。另参张正明:《契丹史略》,第38—39页。又张其凡《赵普评传》(第124—125页)一书以为,世宗班师是其审时度势后的英明决断,遇疾并非退兵之真正原因,然此说并无史料支持。
❸《辽史》卷112《耶律娄国传》(第1501页)云:"(穆宗初,)改南京留守。"其后任应当就是萧思温。
❹ 按《辽史》卷6《穆宗纪上》(第76页),应历十年六月,"汉以宋兵围石州来告,遣大同军节度使阿剌率四部往援,诏萧思温以三部兵助之"。此时思温应仍在留守任上。然同卷(第77页)十三年正月,"宋欲城益津关,命南京留守高勋、统军使崔廷勋以兵扰之"。高勋已接任。
❺《新五代史》卷73《四夷附录二》,第904页。

"十四州可指麾而取"显然与事实不符。关于世宗北伐时契丹的反应,中原流传着种种不实之说。如陶岳《五代史补》曰:"世宗末年,大举以取幽州,契丹闻其亲征,君臣恐惧,沿边城垒皆望风而下,凡蕃部之在幽州者,亦连宵遁去。"❶所谓蕃部连宵遁去,完全是中原士人的想象。《新五代史》"汉地还汉"说之所据,疑即类似文献,恐不可信,❷故《通鉴》不取。即便退一步说,穆宗确曾说过类似汉地还汉之语,也只能理解为丢失三关后为脸面计的掩饰之词,而非出自衷心,并不能作为其持草原本位政见之证据。

综上所述,周师北伐之际,并无坚实证据表明穆宗漠视汉地。应历四年后,的确耶律璟趋于保守,但这很大程度上是迫于周人的强大,并非其在战略方向上有重大改变。如果穆宗果真持保守立场,周世宗主动示好,岂非求之不得之良机?南唐求援,他又何必联汉出师,在北汉退缩后又独自行动,终于惹恼柴荣,以致丢掉了三关?

世宗亲征,不仅收回了关南之地,也让契丹不敢再贸然援助南唐。是年十二月,"契丹主遣其舅使于唐,泰州团练使荆罕儒募客使杀之。唐人夜宴契丹使者于清风驿,酒酣,起更衣。久不返,视之,失其首矣。自是契丹与唐绝"。❸按辽太宗时,南唐及石晋藩镇

---

❶ 陶岳:《五代史补》卷5"世宗上病龙台"条,收入《五代史书汇编》第5册,第2529—2530页。

❷ 按南朝陈太建五年,宣帝伐齐,破寿阳。是时齐后主昏庸荒淫,佞幸"(韩)凤与穆提婆闻告败,握槊不辍,曰:'他家物,从他去。'"《北齐书》卷50《韩凤传》,北京:中华书局,1972年,第692页。)《通鉴》(卷171,陈宣帝太建五年十月,第5329页)作"本是彼物,从其取去"。韩穆语或即辽穆宗"汉地还汉"说之祖源。

❸《通鉴》卷294,后周世宗显德六年十二月,第9606页。曹流《契丹与五代十国政治关系诸问题》(第69页)据陆游及马令《南唐书》以为其事当在显德元年,然显德元年后契丹与南唐仍有往来,今从《通鉴》。

都曾暗杀辽朝使者,意图嫁祸石敬瑭,但太宗并未中其圈套。❶此次暗杀事件,也未必是耶律璟与南唐断绝往来的真正原因,后周的军事胜利可能更为关键。不过,南唐虽然终被放弃,辽穆宗也无意因三关丢失与周人开战,但其底线非常明确,幽州要保证安全,北汉不主动放弃。

宋建隆元年(辽应历十年),陈桥兵变,赵匡胤建立了大宋王朝。❷此后至应历十九年穆宗被弑,辽宋边境除偶有小冲突外相当平静。赵宋的策略,是先取北汉。而在辽朝这一方面,则始终尽力保护北汉政权不被宋朝吞并。

按《穆宗纪》,应历十年六月,"汉以宋兵围石州来告,遣大同军节度使阿剌率四部往援,诏萧思温以三部兵助之";应历十三年七月,"汉以宋侵来告"。❸《辽史》虽未载应历十三年辽朝对北汉求援做出的反应,但据中原文献,穆宗同样出师相助。《长编》载:"(八月)丁亥,王全斌言,复与郭进、曹彬等帅师攻北汉乐平县,降其拱卫指挥使王超等及所部兵一千八百人。北汉侍卫都指挥使蔚

---

❶ 曹流:《契丹与五代十国政治关系诸问题》,第61-63页。
❷ 周世宗身故,幼子即位,赵匡胤才得以篡位成功。那么,为什么辽穆宗没有利用这一天赐良机收复三关呢?澶渊之盟辽宋交后,从存留至今的宋方记录(如《长编》所载史料)来看,宋廷对于辽朝内部政治斗争,相关信息仍然错误百出。可想而知,五代末期,契丹对中原信息的了解,情况只会更差而不会更好。穆宗没有及时做出反应,在当时的历史条件下,完全可以理解。再者,"主少"虽是事实,"国疑"则并非必然。按照王育济的精彩研究(《论陈桥兵变》,《文史哲》1997年第1期,第20页;另参《世宗遗命的匿废和陈桥兵变》,《史学月刊》1994年第1期,第28-31、38页),世宗死时,原本对身后事有一个相当妥帖的安排。但遗憾的是,"身为宰相之首的范质,虽无篡周之心,但出于嫉贤妒能的私心,为了维护自己在中枢执政阶层中的首席地位,不但积极倡议匿废世宗遗命,而且还要在'慎勿泄此'这一点上有求于甚至受制于赵匡胤"。陈桥兵变后,范质悔恨交加,据《长编》(卷1,太祖建隆元年正月,第3页)记载,"宰相早朝未退,闻变,范质下殿执王溥手曰:'仓卒遣将,吾辈之罪也。'爪入溥手,几出血"。
❸ 《辽史》卷6《穆宗纪上》,第76、78页。

进、马军都指挥使郝贵超等悉蕃汉兵来救，三战，皆败之，遂下乐平，即建为乐平军。"❶《太平治迹统类》则曰："北汉都指挥使蔚进、郝贵超与契丹悉兵入寇，又击走之。"❷知前所谓蕃兵即契丹。《长编》又云："是月（九月），北汉主诱契丹兵攻平晋军，命洺州防御使郭进、濮州防御使张彦进、客省使曹彬、赵州刺史陈万通领步骑万余往救之，未至一舍，北汉引兵去。"❸

应历十四年（964）正月，"汉以宋将来袭，驰告"；二月壬子，"诏西南面招讨使挞烈进兵援汉"；壬申，"汉以败宋兵石州来告"；四月，"汉以击退宋军，遣使来谢"。❹《长编》云："是（正）月，昭义节度使李继勋、兵马钤辖康延沼、马步军都军头尹勋等帅步骑万余攻辽州……刺史杜延韬危蹙……籍部下兵三千人举城来降。……北汉寻诱契丹步骑六万入侵，继勋复与彰德节度使罗彦瑰、西山巡检使郭进、内客省使曹彬等领六万众赴之，大破契丹及北汉军于辽州城下。"❺据《宋史·太祖纪》，杜延韬降事在二月戊申朔，❻则"契丹步骑六万"当即挞烈援兵。

此后，辽、汉往来仍非常频繁。按《穆宗纪》，应历十六年（966）八月，"汉遣使贡金器、铠甲"；十月，"汉主有母丧，遣使赙吊"；十二月，"汉遣使来贡"；十八年（968）七月辛丑，"汉主

---

❶《长编》卷4，太祖乾德元年八月丁亥，第103页。
❷《太平治迹统类》卷2"太祖太宗亲征北汉"条，《景印文渊阁四库全书》第408册，台北：台湾商务印书馆，1986年，第51页。《统类》误系此事于建隆三年（即辽应历十二年）四月。
❸《长编》卷4，太祖乾德元年九月，第106页。
❹《辽史》卷七《穆宗纪下》，第81页。
❺《长编》卷5，太祖乾德二年正月，第121页。另参《宋史》卷254《李继勋传》，第8893页。
❻《宋史》卷1《太祖纪一》，第217页。

承钧殂,子继元立,来告,遣使吊祭"。❶《新五代史》载:"承钧卒,继恩告哀于契丹而后立。"❷《长编》亦曰:"继恩遣使告终称嗣于契丹,契丹许之,然后即位。"❸

君位更迭,正是可乘之机,宋人遂出师讨汉,但辽朝早有准备。据《穆宗纪》,是年九月,"知宋欲袭河东,谕西南面都统、南院大王挞烈豫为之备";十月,"宋围太原,诏挞烈为兵马总管,发诸道兵救之"。❹《长编》载:"继元始立,王师已入其境,乃急遣使上表契丹,且请兵为援。……是月(十一月),契丹以兵来援北汉,李继勋等皆引归,北汉因入侵,大掠晋、绛二州之境。"❺《辽史·耶律挞烈传》云:"既出雁门,宋谍知而退。"❻与《长编》合。

应历十九年二月甲寅,"汉刘继元嗣立,遣使乞封册";辛酉,"遣韩知范册为皇帝";甲子,"汉遣使进白麂"。❼当月,赵匡胤亲征北汉。《长编》载:"彰德节度使韩重赟来朝,上谓之曰:'契丹知我是行,必率众来援。彼意镇、定无备,将由此路入。卿可为朕领兵倍道兼行,出其不意破之。'"❽宋太祖的话,正说明辽汉同盟之稳固。❾不过,宋师尚未出境,辽穆宗已于是年二月死于肘腋之变。

纵观耶律璟在位十九年,辽朝中原政策虽在战术上确有变化,但战略大方向始终如一。穆宗即位之初,虽然内忧尚强,仍无视郭

---

❶《辽史》卷7《穆宗纪下》,第84、86页。按是年七月刘继恩即位,九月为侯霸所杀,继元方立,《辽史》七月作继元误。
❷《新五代史》卷70《东汉世家》,第869页。
❸《长编》卷9,太祖开宝元年七月,第206页。
❹《辽史》卷7《穆宗纪下》,第86页。
❺《长编》卷9,太祖开宝元年九月、十一月,第208、212页。
❻《辽史》卷77《耶律挞烈传》,第1262页。
❼《辽史》卷7《穆宗纪下》,第87页。
❽《长编》卷10,太祖开宝二年二月,第217页。
❾参见本章"附记"。

威主动示好，连年遣兵联合北汉攻击后周，并积极联络南唐乃至后蜀，志在组成灭周的多方同盟。应历四年高平之败，柴荣之英武展现无遗，北汉丧胆，耶律璟也由此趋于稳健，转而避免与后周发生正面的大规模冲突。但周世宗两番遣使，再度屈尊，穆宗仍置若罔闻。柴荣亲征淮南，耶律璟与刘承钧共同出师声援。其后北汉退缩，穆宗仍独自出兵河北。从这点可以看出，辽、汉、唐这三方同盟，契丹实是其轴心。淮南初定，为惩戒辽朝，周世宗率师北伐。契丹幽州守将萧思温乃庸庸之辈，周师得以兵不血刃下三关，逼近幽州。穆宗调集大军，亲临指挥。若非柴荣染疾旋师，幽州城下一战，胜败尚是未定之数。

周宋易代，赵匡胤与耶律璟对形势的判断如出一辙，都力图避免正面冲突，以待时变。宋辽之博弈，转而聚焦于北汉。宋太祖决意先取河东，徐图幽燕，但辽穆宗维护北汉安全之决心，并未动摇。

因此，结合上节的分析，笔者以为，辽穆宗不可能是草原本位主义者。契丹转攻为守的主要原因，恐怕是中原形势之变化。周世宗乃一代雄主，这是周宋以降的共识，亦是现代史家的定评。五代之纷乱至此渐趋平息，中原重新开始统一。承柴荣之基，赵匡胤之大宋王朝亦蒸蒸日上。契丹遇此二劲敌，徒唤奈何，唯叹天不助辽也！

其次，穆宗之保守也可能与其本人有关。与辽初三帝不同，耶律璟即位前，似乎并没有多少军事经验。灭晋之役，穆宗年已十八，但并未随父南下。此后世宗嗣位，史料中也找不到任何耶律璟参与军事的记载。面对柴荣、赵匡胤这样的对手时，采取防御姿态也在情理之中。更何况，应历后期耶律璟为隐痛困扰，势难有进取雄心。关于这一点，请看下节。

第四节　个人悲剧

如上所论,"睡王"一称首见《新五代史》。《通鉴》亦曰:"(穆宗)年少,好游戏,不亲国事,每夜酣饮,达旦乃寐,日中方起,国人谓之'睡王'。"❶陈述据此以为,在生活上穆宗满足于草原传统,明显推论过甚,本无须详细辨析。不过,耶律璟的这一形象,直接牵涉史家对辽宋关系的理解。有关契丹为何转攻为守、赵匡胤先南后北是否妥当,尤其是后者众说纷纭,在相当程度上,都取决于"睡王"一说该如何理解。

为此,笔者将《辽史·穆宗纪》所见耶律璟酗酒、不恤政事、妄杀近侍等记载制成下表。

表4　《穆宗纪》所见耶律璟酗酒、不恤政事、妄杀近侍等史事表

时	事
应历三年七月	不视朝
六年七月	不视朝
七年四月辛巳	初,女巫肖古上延年药方,当用男子胆和之。不数年,杀人甚多。至是,觉其妄。辛巳,射杀之
是秋	不听政
八年七月迄于九月	猎于拽剌山。迄于九月,射鹿诸山,不视朝
十年八月庚午	以镇茵石狻猊击杀近侍古哥
十一年四月	射鹿,不视朝
十三年正月丁巳起	昼夜酣饮者九日

---

❶《通鉴》卷290,后周太祖广顺元年九月,第9463页。

续表

时	事
十三年正月癸酉	杀兽人海里
三月癸丑	杀鹿人弥里吉，枭其首以示掌鹿者
六月癸未	近侍伤獐，杖杀之
六月甲申	杀獐人霞马
八月	幸近山，呼鹿射之，旬有七日而后返
九月庚戌	以青牛白马祭天地。饮于野次，终夕乃罢
九月辛亥	以酒脯祭天地，复终夜酣饮
十一月庚午	猎，饮于虞人之家，凡四日
十二月庚寅	杀彘人曷主
十四年二月戊辰	支解鹿人没答、海里等七人于野，封土识其地
五月	射舐碱鹿于白鹰山，至于浃旬
六月	猎于玉山，竟月忘返
十一月壬午	日南至，宴饮达旦。自是昼寝夜饮。杀近侍小六于禁中
十五年三月癸酉	近侍东儿进匕箸不时，手刃刺之
三月癸巳	虞人沙剌迭侦鹅失期，加炮烙、铁梳之刑而死
十二月甲辰	以近侍喜哥私归，杀其妻
十二月丁未	杀近侍随鲁
十六年正月丁卯朔	被酒，不受贺
正月乙酉	杀近侍白海及家仆衫福、押剌葛、枢密使门吏老古、挞马失鲁
三月	庚午获鸭，甲申获鹅，皆饮达旦
闰八月乙丑	观野鹿入驯鹿群，立马饮至晡
九月庚子至壬子	以重九宴饮，夜以继日，至壬子乃罢
九月己未	杀狼人裹里
十二月甲子	幸酒人拔剌哥家，复幸殿前都点检耶律夷腊葛第，宴饮连日
十七年四月戊辰	杀鹰人敌鲁
五月辛卯	杀鹿人札葛
六月己未	支解雉人寿哥、念古，杀鹿人四十四人

续表

时	事
十七年九月	自丙戌朔猎于黑山、赤山,至于月终
十月乙丑	杀酒人粹你
十一月辛卯	杀近侍廷寿
十一月壬辰	杀豕人阿不札、曷鲁、术里者、涅里括
十一月庚子	司天台奏月当食不亏,上以为祥,欢饮达旦
十一月壬寅	杀鹿人唐果、直哥、撒剌
十二月辛未	手杀饔人海里,复脔之
十八年正月乙酉朔	宴于宫中,不受贺
正月己亥	观灯于市。以银百两市酒,命群臣亦市酒,纵饮三夕
二月乙卯	幸五坊使霞实里家,宴饮达旦
三月庚戌	杀鹘人胡特鲁、近侍化葛及监囚海里,仍剉海里之尸
四月癸丑	杀彘人抄里只
五月丁亥	重五,以被酒不受贺
五月壬辰	获鹅于述古水,野饮终夜
五月丁酉	与政事令萧排押、南京留守高勋、太师昭古、刘承训等酣饮,连日夜
五月己亥	杀鹿人颇德、腾哥、陶瑰、札不哥、苏古涅、雏保、弥古特、敌答等
六月丙辰	杀彘人屯奴
九月戊子	杀详稳八剌、拽剌痕笃等四人
十一月癸卯	冬至,被酒,不受贺
十二月丁丑	杀酒人搭烈葛
十九年正月己丑	立春,被酒,命殿前都点检夷腊葛代行击土牛礼
正月戊戌	醉中骤加左右官。……自立春饮至月终,不听政
二月癸亥	杀前导末及益剌,剉其尸,弃之
二月己巳	如怀州,猎获熊,欢饮方醉,驰还行宫。是夜,近侍小哥、盥人花哥、庖人辛古等六人反,帝遇弑

从上表可以清楚看出，穆宗昼寝夜饮、滥杀无辜，应历十三年是一个转折点。此前十二年中无酗酒记载，杀人仅二例，一例不详，一例系因女巫妄言延年药方，罪在必诛。"不视朝（听政）"亦仅得五例，其二明言因射鹿故。然自应历十三年正月始，情况陡变。昼夜酣饮，滥杀近侍，史不绝书，几无月无之。《辽史·萧护思传》谓"上晚岁酗酒，用刑多滥"，❶当得其实。

不仅如此，虽然应历十三年起辽穆宗的确沉湎于酒，对下人极端暴虐残忍，但这只是事实之一面，历史真相尚有另外一面。《辽史·萧韩家奴传》载：

> 帝（兴宗）问韩家奴："我国家创业以来，孰为贤主？"韩家奴以穆宗对。帝怪之曰："穆宗嗜酒，喜怒不常，视人犹草芥，卿何谓贤？"韩家奴对曰："穆宗虽暴虐，省徭轻赋，人乐其生。终穆之世，无罪被戮，未有过今日秋山伤死者。臣故以穆宗为贤。"❷

韩家奴意在借古讽今，然其说非无根之谈。《辽史·刑法志》在评价耶律璟时曰："虽云虐止亵御，上不及大臣，下不及百姓，然刑法之制，岂人主快情纵意之具邪。"❸又《穆宗纪》元史臣赞云："穆宗在位十八年，知女巫妖妄见诛，谕臣下滥刑切谏，非不明也。"❹虽然两处对穆宗都持批评态度，但并不回避其可取之处。

耶律璟之爱民，确有其证。按《穆宗纪》，应历三年，"以南京

---

❶《辽史》卷78《萧护思传》，第1266页。
❷《辽史》卷103《萧韩家奴传》，第1449页。
❸《辽史》卷61《刑法志上》，第938页。
❹《辽史》卷7《穆宗纪下》，第87页。

水，诏免今岁租"；十三年五月，"以岁旱，泛舟于池祷雨；不雨，舍舟立水中而祷，俄顷乃雨"；七月，"谕有司：凡行幸之所，必高立标识，令民勿犯，违以死论"。❶《刑法志》载是谕之由来甚详："自先朝行幸顿次，必高立标识以禁行者。比闻楚古辈，故低置其标深草中，利人误入，因之取财。自今有复然者，以死论。"❷穆宗爱民拳拳之心，可见一斑。另据上表，耶律璟虽暴虐，确无一例下及百姓。

对于大臣，穆宗相当尊敬。按《穆宗纪》，应历十七年五月，"北府宰相萧海璃薨，辍朝，罢重五宴"。❸《萧海璃传》云："汉主刘承钧每遣使入贡，必别致币物，诏许受之。年五十卒，帝愍悼，辍朝二日。"❹又据《穆宗纪》，同年八月辛酉，"生日，以政事令阿不底病亟，不受贺"。❺另按上表，被杀者除侍从外，仅有应历十六年枢密使门吏老古、挞马失鲁及十八年详稳八刺、拽刺痕笃等四人。《刑法志》"上不及大臣"所言不虚。

不过，对于"亵御"，耶律璟的确残忍异常。《刑法志》云：

> 帝嗜酒及猎，不恤政事，五坊、掌兽、近侍、奉膳、掌酒人等，以獐鹿、野豕、鹘雉之属亡失伤毙，及私归逃亡，在告逾期，召不时至，或以奏对少不如意，或以饮食细故，或因犯者迁怒无辜，辄加炮烙、铁梳之刑。甚者至于无算。或以手刃刺之，斩击射燎，断手足，烂肩股，折腰胫，划口碎齿，弃尸

---

❶《辽史》卷6《穆宗纪上》，第72页；卷7《穆宗纪下》，第83-84页。
❷《辽史》卷61《刑法志上》，第937页。
❸《辽史》卷7《穆宗纪下》，第84页。
❹《辽史》卷78《萧海璃传》，第1266页。
❺《辽史》卷7《穆宗纪下》，第85页。

于野。❶

然对己之滥刑,穆宗颇有悔意。据《穆宗纪》,应历七年十二月丁巳,"诏大臣曰:'有罪者,法当刑。朕或肆怒,滥及无辜,卿等切谏,无或面从。'"❷十六年正月,"杀近侍白海"。然六月,"以白海死非其罪,赐其家银绢"。❸白海之死,可能是耶律璟醉酒的缘故。又十九年正月,"戊戌,醉中骤加左右官。乙巳,诏太尉化哥曰:'朕醉中处事有乖,无得曲从。酒解,可覆奏。'"❹可见穆宗清醒时并不以此为乐。对于近侍,耶律璟也并不是只有残忍的一面。如十八年四月己巳,"诏左右从班有材器干局者,不次擢用;老耄者,增俸以休于家"。❺

其酗酒滥刑,大体始于应历十三年,然"上不及大臣,下不及百姓"。那么,是什么促成了这一古怪的转变呢?对此,《穆宗纪》中确有踪迹可寻。按应历七年四月,"初,女巫肖古上延年药方,当用男子胆和之。不数年,杀人甚多。至是,觉其妄。辛巳,射杀之"。❻是年耶律璟二十七,据此他在二十四五时已开始服用延年之药,这颇有些蹊跷。再者,其时穆宗正当壮年,即便其药确无延年之功,亦无从检验,他又如何能"觉其妄"?故笔者怀疑,所谓延年药方,实是契丹史官隐晦之语,耶律璟可能有病在身。应历十三

---

❶《辽史》卷61《刑法志上》,第937-938页。《刑法志》以为事在应历七年女巫肖古事败前,显误。
❷《辽史》卷6《穆宗纪上》,第74页。
❸《辽史》卷7《穆宗纪下》,第83页。
❹ 同上书,第87页。
❺ 同上书,第85-86页。
❻《辽史》卷6《穆宗纪上》,第74页。同书卷61《刑法志下》(第938页)曰:"以鸣镝丛射、骑践杀之。"

年起穆宗之变化，可能是治愈痼疾无望后心理扭曲、寻求宣泄的结果。然据《辽史·游幸表》，应历三年至十八年，几乎年年都有耶律璟田猎之记载。❶这说明他的身体并非不能承受剧烈运动。

那么，究竟是何等怪病，能让这位君主变得如此古怪呢？对此，中原文献提供了一个线索。《新五代史·四夷附录》云："述律有疾，不能近妇人，左右给事，多以宦者。"❷《契丹国志·穆宗纪》亦曰："帝体气卑弱，恶见妇人。居藩时，述律太后欲为纳妃，帝辞以疾；即位后，嫔御满前，并不一顾。朝臣有言椒房虚位者，皆拒而不纳。"❸

关于耶律璟性无能的说法，究竟是中土文人的污蔑，还是确有所据呢？按《辽史》之《皇子表》《公主表》均未见穆宗子嗣，然其书有《穆宗皇后萧氏传》，云："穆宗皇后萧氏，父知璠，内供奉翰林承旨。后生，有云气馥郁久之。幼有仪则。帝居藩，纳为妃。及正位中宫，性柔婉，不能规正。无子。"❹而《契丹国志·穆宗萧皇后传》曰："穆宗皇后萧氏，幽州厌次人。父知璠，内供奉翰林承旨。后初产之日，有云气馥郁久之。幼有仪观，进趋轨则。帝居藩时纳为妃。暨即位，后正中宫。……后性柔婉，不能规正，黑山之弑，帝酗忍罹祸焉。后无子。"❺两相比较，可以清楚看出，《辽史》系删削《国志》而成。

按《辽史》后妃诸传，大多在辽金文献基础上参考《国志》写定。比如，《国志》所载诸后均无谥号，《辽史》中的谥号显然来源

---

❶《辽史》卷68《游幸表》，第1042-1046页。
❷《新五代史》卷73《四夷附录二》，第903-904页。
❸《契丹国志》卷5《穆宗纪》，第54页。
❹《辽史》卷71《穆宗皇后萧氏传》，第1201页。
❺《契丹国志》卷13《穆宗萧皇后传》，第141页。

于辽末耶律俨《皇朝实录》或金陈大任《辽史》。不过,《辽史·后妃传》上起肃祖,下至天祚,十三帝之皇后无谥者仅穆宗萧皇后及天祚萧皇后。天祚亡国之君,事在情理之中。而穆宗萧后之例却不能不让人生疑。且《辽史》其传又全抄《国志》,故笔者大胆推断,耶律俨或陈大任书中原未见穆宗皇后。换言之,耶律璟可能根本就没有立过皇后! ❶

此外,关于穆宗,《辽史》还给我们留下了一个困惑。按《景宗纪》,"察割之乱,帝甫四岁。穆宗即位,养永兴宫"。❷景宗乃世宗子,世宗为察割弑后为穆宗收养,但蹊跷的是,永兴宫非穆宗本人斡鲁朵,而是太宗之斡鲁朵。景宗不养于穆宗延昌宫,恐怕正是因为其宫实无有生养经验之妇人。

穆宗无子女,不立后,养景宗于永兴宫,以及扭曲的酗酒施暴心理,这种种迹象表明,耶律璟的怪病,看来正是性功能障碍!

穆宗后期因久病不愈心理失衡,常常酗酒施暴,虐杀近侍。表面上看,这似乎是赵宋收复燕云的黄金时机。但我们注意到,穆宗醉中施暴,"上不及大臣,下不及百姓",醒时亦常悔之。可见其宣泄亦能理性选择对象,并未丧失自制。固然,穆宗之状态使其难有进取之心。但应历十三年以来,辽朝对北汉之援助始终如一,这说明穆宗并未放松对宋朝之警惕,仍能保持防御积极性。更何况,穆宗之失态并没有影响到契丹整体国力。上引《挞烈传》称穆宗朝北、南院大王耶律屋质、挞烈为"富民大王",似乎其国力有增无

---

❶ 辽保宁十一年《耶律琮神道碑》(收入盖之庸编著:《内蒙古辽代石刻文研究》[增订本],第63页)曰:"夫人之父,乃有国之后也,世为大契丹国皇亲……夫人之姊,寔助天顺皇帝(穆宗)内治,六宫化冷,万姓德标,彤管口播口口,乃妻姊后妃口之伦也。"然所谓"寔助内治",未必即封后,且此人并非幽州萧氏。按穆宗虽无性能力,表面上可能仍有姬妾。

❷ 《辽史》卷8《景宗纪上》,第89页。

减。因此，赵匡胤若贸然北伐，耶律璟当不会坐视不理，"河东差可自固，而太祖顿于坚城之下"，北伐实无胜算。❶

然日后宋太宗两度亲征铩羽，澶渊之盟后辽人又乘李元昊屡败宋军之机逼迫增币，时人痛定思痛，赵匡胤的"先南后北"策略开始受到质疑。欧阳修在评论周史官称世宗北伐为"侥幸一胜"时曰：

> 夫兵法，决机因势，有不可失之时。世宗南平淮甸，北伐契丹，乘其胜威，击其昏殆，世徒见周师之出何速，而不知述律有可取之机也。是时，述律以谓周之所取，皆汉故地，不足顾也。然则十四州之故地，皆可指麾而取矣。不幸世宗遇疾，功志不就。然瀛、莫、三关，遂得复为中国之人，而十四州之俗，至今陷于夷狄。彼其为志岂不可惜，而其功不亦壮哉！夫兵之变化屈伸，岂区区守常谈者所可识也！❷

欧公虽未点名批评太祖，但言外之意昭然若揭。

南宋时期，因北宋亡国之痛，士大夫中批评赵匡胤的论调更是甚嚣尘上。余波所及，明末大儒王夫之、现代史学大师钱穆亦以为然。❸ 上世纪80年代以来，宋史学界开始反思，多数着眼于宋辽双方实力，主张重新评价宋太祖"先南后北"之战略，但对有关辽穆

---

❶ 王夫之：《宋论》卷2《太宗》"使曹彬潘美争幽州"条，《船山全书》第11册，长沙：岳麓书社，2011年，第57页。
❷ 《新五代史》卷73《四夷附录二》，第904-905页。
❸ 王夫之：《读通鉴论》卷30《五代下》"王朴画策急幽燕而缓河东"条，《船山全书》第10册，第1164-1166页；钱穆：《国史大纲》（修订本），北京：商务印书馆，1996年，第527-528页。不过，船山在《宋论》中改变了看法，参上引"使曹彬潘美争幽州"条及卷1《太祖》"赵普论取幽州二"条，第35-36页。

宗史实之考辨，尚无暇顾及，因此争议尚存。❶

按照批评者的思路，如果宋初能夺回燕云，那么日后金、元之南下，北宋、南宋之灭亡也就不会发生。换言之，赵匡胤的这一策略，与此后数百年间历史大势密切相关。古今学人聚讼纷纭，其深意亦在于此。

但不仅欧公及南宋士人是有感而发，王夫之、钱穆对这一历史问题的探讨也深深打上了"当代史"的烙印。满人入关对船山之刺激，相信《读通鉴论》的读者都有深切体会。❷而《国史大纲》之成书，正在"卢沟桥倭难猝发"，宾四先生随北大南下，"播迁流离之际"。❸既然对"先南后北"策略之批判，主要建立在耶律璟不恤国事，欲弃汉地的错误基础之上，而批评者又往往过多掺杂了当世情怀，或许有理由期待，对赵匡胤之质疑可从此休矣。

附记

文献中多处有辽汉不和的记载。其一，《新五代史》卷70《东汉世家》（第868页）云："自旻世凡举事必禀契丹，而承钧之立多略。契丹遣使者责承钧改元、援李筠、杀段常不以告，承钧惶恐谢罪。使者至契丹辄见留，承钧奉之愈谨，而契丹待承钧益薄。承钧自李筠败而失契丹之援，无复南侵之意。地狭产薄，以岁输契丹，故国用日削，乃拜五台山僧继颙为鸿胪卿。继颙，故燕王刘守光之子……即其治建宝兴军。"《长编》卷4太祖乾德元年闰十二月（第113-114页）亦曰："初，北汉主嗣位，所以事契丹者多略，不如世祖时每事必禀之。于是，契丹遣使持书来责，其略曰：'尔先人

---

❶ 参曹流：《契丹与五代十国政治关系诸问题》，第108-112页。
❷ 如王夫之：《读通鉴论》卷16《齐明帝》"史备纪拓跋宏之伪政"条，第616-617页。
❸ 钱穆：《书成自记》，《国史大纲》（修订本），第3页。

穷来归我，我先兄天授皇帝待以骨肉。洎余继统，益修前好。尔父即世，我用命尔即位置前，丹青之约，我无所负。尔父据有汾州七年，止称乾祐，尔不遵先志，辄肆改更。李筠包藏祸心，舍大就小，无所顾虑，姑为觊觎，轩然举兵，曾不我告。段常尔父故吏，本无大恶，一旦诬害，诛及妻子，妇言是听，非尔而谁？我务敦大义，曲容瑕垢，父子之道，所不忍渝。尔宜率德改行，无自贻伊戚也。'北汉主得书恐惧，遣使重币往谢，契丹执其使不报。北汉主再遣使修贡，契丹又执其使不报。北汉地狭产薄，又岁输契丹，故国用日削，乃拜五台僧继颙为鸿胪卿。继颙，故燕王刘守光之子……因即其冶建宝兴军。"比较两书，似出同源，《长编》更接近原出处，《新五代史》则将前半部分压缩改写。

其二，《长编》卷5太祖乾德二年末（第140页）记曰："北汉主四遣使诣契丹贺正旦、生辰、端午，契丹皆执其使不报。"李焘注云："此据《九国志》。然诸书多言北汉引契丹兵入侵平晋军，辽州之役，契丹兵皆在焉。而遣使修好，辄被执，岂虽执其使，犹借其兵乎？当考。"

其三，《长编》卷6太祖乾德三年（第161页）云："是岁，北汉主遣驸马都尉白升奉表谢过于契丹，具请释遣前使，契丹不报，又遣其子继文及宣徽使李光美往，亦被执。自是文武内外官属悉以北使为惧，而抱负才气不容于权要者，乃多为行人矣。"

其四，穆宗之后的景宗时代，《长编》（卷11，太祖开宝三年正月［辽保宁二年］，第241页）也有辽汉不和的记载："北汉主遣使持礼币贺契丹主，枢密使高勋言于契丹主曰：'我与晋阳，父子之国也。岁尝遣使来觐，非其大臣，即其子弟。先君以一怒而尽拘其使，甚无谓也。今嗣主新立，左右皆非旧人，国有忧患，宁不我怨？宜以此时尽归其使。'契丹主曰：'善。'乃悉索北汉使者前后凡十六人，厚其礼而归之。即命李弼为枢密使，刘继文为保义节度使，诏北汉主委任之。继文等久驻契丹，复受其命，归秉国政，左右皆谮毁之。未几，继文为代州刺史，弼为宪州刺史。契丹主闻之，下诏责北汉主曰：'朕以尔国连丧二主，僻处一隅，期于再安，必资共治。继文尔之令弟，李弼尔之旧臣，一则有同气之亲，一则有耆年之故，遂行并命，俾效纯诚，庶几辑宁，保成欢好。而席未遑暖，身已弃捐，将顺之心，于我何有！'北汉主得书恐惧，且疑继文报契丹，乃密遣使按责继文，继文以忧惧死。"

以上第二则记载，李焘明确说源自《九国志》，而第四则可证实亦出自《九国志》。《长编》卷20"太宗太平兴国四年五月甲申"条李焘注（第452页）云："《郭守文传》又云：'刘继元弟继文据代州，依契丹以拒命，守文讨平之。'按《九国志》则继文前死矣，此盖守文墓志所载，《国史》因之。"所谓"按《九国志》则继文前死矣"，证明《九国志》正是上引开宝三年正月记载之来源。

《九国志》，宋真宗朝路振撰，由世家、列传两种体裁构成。其书久佚，清邵晋涵自《永乐大典》中辑出一百多篇列传，然世家仍付阙如。《长编》征引此书颇多，据裴汝诚、许沛藻《续资治通鉴长编考略》（北京：中华书局，1985年，第41、45页）一书统计，太祖朝（卷1至卷17）直接注明取自《九国志》的共四十处，太宗朝卷20共三处。上引四则记载，内容通贯，疑均出自《九国志》之《东汉世家》。

但这一系列记载，疑点不少。首先，第一则所谓援李筠不以告，核以《辽史》，系不实之语。《辽史》卷6《穆宗纪上》（第76页）明明白白记载，应历十年五月，"汉以潞州归附来告"；七月，"潞州复叛，汉使来告"。

其次，李焘对第二则已表示怀疑。他所谓入侵平晋军、辽州之役，即上引应历十三、十四年事。事实上，除了李焘指出的这两次契丹出兵助汉，应历十年契丹亦援石州及十三年援乐平。因此，李焘的怀疑颇有道理。

又次，第三则刘继文事亦不确。据乾亨三年《刘继文墓志》（《辽代石刻文编》，第72页），继文非承钧子，乃其侄，其兄承赟之子。继文使辽事在应历十二年，亦非《长编》所谓乾德三年（应历十五年）。他留居辽国的原因，《墓志》则谓系"质而未还"。

最后，第四则疑点最多。其一，据《辽史》记载，景宗保宁间辽汉关系相当亲密，同盟毫无破裂的迹象。保宁二年十二月，"汉遣使来贡"；三年六月，"汉遣使问起居，自是继月而至"；十月，"汉遣使来贡"；四年二月，"汉以皇子生，遣使来贺"；五年正月，"汉遣使来贡"；六月，"汉遣人以宋事来告"；十二月，"汉将改元，遣使禀命"（《辽史》卷8《景宗纪上》，第91-93页）。而面对大宋的威胁，辽朝对北汉的援助也始终如一（详参下章第二节）。其二，《辽史》卷72《宗室传·宋王喜隐》（第1214页）载："（喜隐）见上（景宗）与刘继元书，辞意卑逊，谏曰：'本朝于汉为祖，书旨如此，恐亏国体。'帝寻改之。"究竟如何卑逊，已不得其详。不过可想而知，景宗刻意笼络北汉，恐怕不会因刘继文而冒与北汉决裂的风险。其三，刘继文并未因汉主谴责忧惧致死。按《辽史》卷9《景宗纪下》（第101页），乾亨元年五月，大宋灭汉之役，刘继文奔辽。据《刘继文墓志》（《辽代石刻文编》，第73页），刘氏没于契丹。

总而言之，辽穆、景二朝所谓辽汉不和之记载似均出《九国志》一源，别无他证，且疑点重重，恐难据信。按宋人对《九国志》评价颇高，如《郡斋读书志校证》（晁公武撰、孙猛校证，上海：上海古籍出版社，2011年，第278页）卷7"《十国纪年》"条云:"温公又题其后,云:世称路氏《九国志》在五代史之中最佳,此书又过之。"然仅就《东汉世家》而言,恐宋人评价有误。

按《通鉴》卷292后周太祖显德元年十一月"北汉主疾病"条(第9520页)《考异》曰:"河东刘氏有国,全无记录,惟其旧臣中书舍人、直翰林院王保衡归朝后所纂《晋阳伪署见闻要录》云……右谏议大夫杨梦申奉敕撰《大汉都统追封定王刘继颙神道碑》云……诸书皆传闻相因,前后相戾,惟《晋阳见闻录》《刘继颙碑》,岁月最可考正,故以为据。"据此可知,北汉历史,由于没有官方文献,在北宋中期就已经成为难题。《九国志》出现错误,完全可以理解。

即便退一步说,辽汉不和属实,在这种情况下辽朝仍连连出兵援助北汉,更能说明穆宗维护北汉存在之决心不可动摇。

第7章

走向鼎盛

第一节 景宗朝政局概观

景宗耶律贤之继位,《辽史》云:

> 察割之乱,帝甫四岁。穆宗即位,养永兴宫。……应历十九年二月戊辰,入见,穆宗曰:"吾儿已成人,可付以政。"己巳,穆宗遇弑,帝率飞龙使女里、侍中萧思温、南院枢密使高勋率甲骑千人驰赴。黎明,至行在,哭之恸。群臣劝进,遂即皇帝位于柩前。❶

所谓"吾儿已成人,可付以政",似乎表明穆宗欲以耶律贤为嗣。兀欲潜龙时,《辽史》亦云"太宗爱之如子"。❷当德光暴卒于中原,世宗篡位,耶律洼亦宣言"先帝尝欲以永康王为储贰"。❸所谓"爱

---

❶《辽史》卷8《景宗纪上》,第89页。
❷《辽史》卷5《世宗纪》,第63页。
❸《辽史》卷77《耶律安抟传》,第1260页。

之如子",不排除安抚让国一系之可能,但"欲以永康王为储贰",恐无其事。景宗之后,帝位牢牢掌握在世宗一系手中。"可付以政"与"欲以永康王为储贰",疑同为史家之润饰。

笔者此说,别可得一旁证。耶律贤即位后,迅即"以殿前都点检耶律夷腊、右皮室详稳萧乌里只宿卫不严,斩之"。❶而与之形成鲜明对比的是,杀害穆宗的真正凶手,却迟至四年多后才捕获。❷《辽史·刑法志》云:"(景宗)缓于讨贼,应历逆党至是始获而诛焉,议者以此少之。"❸耶律贤并未着力追捕凶手,一方面说明,景宗对穆宗并无真感情;另一方面暗示,耶律贤斩耶律夷腊葛等或别有用心。

检《穆宗纪》,应历十七年,"林牙萧幹、郎君耶律贤适讨乌古还,帝执其手,赐卮酒,授贤适右皮室详稳"。❹《耶律贤适传》曰:"会讨乌古还,擢右皮室详稳。"❺另按《景宗纪》,保宁二年(970),"以右皮室详稳贤适为北院枢密使"。❻可见应历末之右皮室详稳实乃贤适,萧乌里只所任之"右皮室详稳"疑系左皮室详稳之误。《贤适传》又云:

> 应历中,朝臣多以言获谴,贤适乐于静退,游猎自娱,与亲朋言不及时事。……景宗在藩邸,常与韩匡嗣、女里等游,言或刺讥,贤适劝以宜早疏绝,由是穆宗终不见疑,贤适之力也。景宗立,以功加检校太保,寻遥授宁江军节度使,赐推忠协力功

---

❶《辽史》卷8《景宗纪上》,第89页。
❷ 同上书,第91页。
❸《辽史》卷61《刑法志上》,第939页。
❹《辽史》卷7《穆宗纪下》,第84页。
❺《辽史》卷79《耶律贤适传》,第1272页。
❻《辽史》卷8《景宗纪上》,第91页。

臣。时帝初践阼，多疑诸王或萌非望，阴以贤适为腹心。❶

殿前都点检与北、南皮室详稳分掌禁军，同领宿卫。而耶律贤独诛夷腊葛与乌里只，贤适反得恩宠，这应当是因为贤适有旧恩于景宗，而夷腊葛乃耶律璟心腹的缘故。换言之，景宗此举，恐意在铲除前朝重臣，排斥异己，以杀伐立威。

耶律贤之得位，关键在女里、萧思温、高勋这三人之支持。《女里传》载："积庆宫人。……景宗在藩邸，以女里出自本宫，待遇殊厚，女里亦倾心结纳。及穆宗遇弑，女里奔赴景宗。是夜，集禁兵五百以卫。"❷积庆宫为世宗斡鲁朵，故景宗谓其"出自本宫"，以此交好。高勋为世宗所重，穆宗一度对其有所裁抑。勋与兀欲有旧，其与耶律贤交接亦在情理之中。萧思温为何归心景宗，史料阙如，已不得其详。

按照《景宗纪》的记载，耶律贤继位似乎乃众望所归。其实不然，第4章第一节提到，穆宗弟罨撒葛曾与景宗争夺帝位。因此，耶律贤即位后，"进封太平王罨撒葛为齐王，改封赵王喜隐为宋王，封隆先为平王，稍为吴王，道隐为蜀王，必摄为越王，敌烈为冀王，宛为卫王"。❸喜隐、宛为李胡子，隆先、稍、道隐为耶律倍子、景宗亲叔父，必摄、敌烈为太宗二庶子。这样的安排，一方面是为抚慰众心，另一方面看来对亲叔父意欲有所仰仗。

《平王隆先传》云："景宗即位，始封平王。未几，兼政事令，留守东京。"❹又《晋王道隐传》载："景宗即位，封蜀王，为上京留

---

❶ 《辽史》卷79《耶律贤适传》，第1272–1273页。
❷ 《辽史》卷79《女里传》，第1273页。
❸ 《辽史》卷8《景宗纪上》，第90页。
❹ 《辽史》卷72《平王隆先传》，第1211页。

守。"❶因此，上引《耶律贤适传》所谓萌非望之"诸王"，恐怕并不包括寄予重任的亲叔父。其时对耶律贤帝位构成威胁的，主要是穆宗朝俱曾谋反的罨撒葛与喜隐。

耶律璟遇害时，喜隐尚在狱中。《喜隐传》曰："景宗即位，闻有赦，自去其械而朝。上怒曰：'汝罪人，何得擅离禁所。'诏诛守者，复置于狱。及改元保宁，乃宥之，妻以皇后之姊，复爵，王宋。"❷《景宗睿智皇后萧氏传》云："北府宰相思温女。……帝即位，选为贵妃。寻册为皇后，生圣宗。"❸萧氏之立，应当是思温定策的酬劳之一。更有甚者，妻喜隐以萧后之姊，耶律贤之高超政治手腕展露无遗。据《长编》，圣宗时，契丹供奉官李信归宋，言辽国事云："（圣宗母）萧氏有姊二人，长适齐王……次适赵王。"❹笔者怀疑，萧后长姊归罨撒葛恐亦在景宗即位后，否则萧思温似不应舍罨撒葛而立耶律贤。萧后二姊分嫁齐、宋二王，应当都是景宗的安排，同时也反映出这二人在其时朝局中的影响。

耶律贤即位后，除了安抚罨撒葛、喜隐，重用亲叔父外，定策诸公与藩邸旧人当然也是其倚重对象。按《辽史·景宗纪》，保宁元年三月丙戌，"入上京，以萧思温为北院枢密使。……甲午，以北院枢密使萧思温兼北府宰相。己亥，南院枢密使高勋封秦王"；❺保宁三年三月丁未，"以飞龙使女里为契丹行宫都部署"。❻此外，应历中失意的韩匡嗣也得以复起。《韩匡嗣传》载："应历十年，为太祖庙详稳。后宋王喜隐谋叛，辞引匡嗣，上置不问。初，景宗在

---

❶ 《辽史》卷72《晋王道隐传》，第1212页。
❷ 《辽史》卷72《耶律喜隐传》，第1214页。
❸ 《辽史》卷71《景宗睿智皇后萧氏传》，第1201页。
❹ 《长编》卷55，真宗咸平六年七月己酉，第1207页。
❺ 《辽史》卷8《景宗纪上》，第90页。
❻ 同上书，第91页。

藩邸，善匡嗣。即位，拜上京留守。"❶《韩匡嗣墓志铭》曰：

> 三年不鸣，久栖于散地；七日来复，果验于连山。属孝成皇帝缵绍宗祧，振拔淹滞。一见奇表，便锡徽章。授始平军节度使、特进、太尉，封昌黎郡开国公。寻加推诚奉上宣力功臣。……俄授上京留守。❷

又《韩匡嗣妻秦国太夫人萧氏墓志铭》云："应历中，秦王守兹直道，遘彼流言，因屈壮图，久居散地。……俄属景宗成皇帝中兴宝祚，图任旧人。"❸所谓应历中之流言，据李桂芝考证，当即辞引喜隐谋叛一事，穆宗虽未治罪，但匡嗣以此闲置。❹

经过这一系列安排，朝局大致稳定了下来。不过，保宁二年，萧思温从帝出猎时为人谋杀。按《辽史·景宗纪》，是年五月，"次盘道岭，盗杀北院枢密使萧思温"；九月，"得国舅萧海只及海里杀萧思温状，皆伏诛，流其弟神睹于黄龙府"；次年四月丁卯，"世宗妃啜里及蒲哥厌魅，赐死"；戊子，"萧神睹伏诛"。❺笔者怀疑，啜里及蒲哥厌魅事可能与萧思温遇害有关，所以事发后萧神睹伏诛，这两件事的背后可能隐藏着一起未遂宫廷政变。然史料阙如，其事难详。

保宁四年，罨撒葛死，❻景宗心腹大患已去其一。两年后，"宋王喜隐坐谋反废"。❼又二年，"宁王只没妻安只伏诛，只没、高勋

---

❶ 《辽史》卷74《韩匡嗣传》，第1234页。
❷ 刘凤翥、唐彩兰、青格勒编著：《辽上京地区出土的辽代碑刻汇辑》，北京：社会科学文献出版社，2009年，第1页。
❸ 刘凤翥、唐彩兰、青格勒编著：《辽上京地区出土的辽代碑刻汇辑》，第4页。
❹ 李桂芝：《辽景宗即位考实》，《学习与探索》2006年第6期，第160页。
❺ 《辽史》卷8《景宗纪上》，第90、91页；《辽史》卷78《萧思温传》，第1268页。
❻ 《辽史》卷8《景宗纪上》，第92页。
❼ 同上书，第94页。

等除名"。❶按只没为耶律贤异母兄,《皇子表》"只没"条云:"保宁八年,妻造鸩毒,夺爵,贬乌古部。"❷《高勋传》曰:"(勋)以毒药馈驸马都尉萧啜里,事觉,流铜州。"❸据李桂芝考证,萧啜里之妻乃景宗姐妹和古典,高勋与安只合谋,制造鸩毒馈萧啜里。❹鉴于史料不足,这一阴谋之真相也已不得而明。

据《辽史·景宗纪》,保宁十年(978),"赐女里死,遣人诛高勋等"。❺《女里传》云:"保宁末,坐私藏甲五百属,有司方按诘,女里袖中又得杀枢密使萧思温贼书,赐死。"❻《高勋传》谓勋流铜州后,"寻又谋害尚书令萧思温,诏狱诛之,没其产,皆赐思温家"。❼此事颇蹊跷。李桂芝指出,保宁二年萧思温遇害不久,凶手即已查明并伏诛,八年后才从女里袖中搜出杀枢密使萧思温贼书,实在令人难以置信。❽《耶律贤适传》载:"大丞相高勋、契丹行宫都部署女里席宠放恣,及帝姨母、保母势薰灼。一时纳赂请谒,门若贾区。"❾可能这才是二人被诛之主因。至于景宗为何以思温被害为由,亦已难明。

保宁十一年(宋太平兴国四年),宋太宗北伐,高梁河一役仅以身免。次年,"喜隐复谋反,囚于祖州"。乾亨三年五月,"上京汉军乱,劫立喜隐不克,伪立其子留礼寿,上京留守除室

---

❶《辽史》卷8《景宗纪上》,第95页。
❷《辽史》卷64《皇子表》,第986页。
❸《辽史》卷85《高勋传》,第1317页。
❹ 李桂芝:《辽景宗即位考实》,《学习与探索》2006年第6期,第163页。
❺《辽史》卷9《景宗纪下》,第100页。
❻《辽史》卷79《女里传》,第1274页。
❼《辽史》卷85《高勋传》,第1317页。
❽ 李桂芝:《辽景宗即位考实》,《学习与探索》2006年第6期,第163–164页。
❾《辽史》卷79《耶律贤适传》,第1273页。

擒之";七月,"留礼寿伏诛";次年七月,"遣使赐喜隐死"。❶《喜隐传》曰:"(喜隐)诱群小谋叛,上命械其手足,筑圜土囚祖州。宋降卒二百余人欲劫立喜隐,以城坚不得入,立其子留礼寿,上京留守除室擒之。留礼寿伏诛,赐喜隐死。"❷是年九月,景宗薨。

景宗在位十四年,虽然喜隐两度谋反,其他政治阴谋亦时有发生,但总体而言,耶律贤具备把握政局的能力,朝局基本稳定。不过,《长编》记载了这样一种说法:"(辽景宗)婴风疾,国事皆燕燕(皇后)决之。"❸《契丹国志》对此有更详细的记载:

> (景宗)婴风疾,多不视朝。……刑赏政事,用兵追讨,皆皇后决之,帝卧床榻间,拱手而已。……(帝)自幼得疾,沉疴连年,四时游猎,间循故典,体惫不能亲跨马;令节大朝会,郁郁无欢,或不视朝者有之。耽于酒色,暮年不少休。燕燕皇后以女主临朝,国事一决于其手。大诛罚,大征讨,蕃汉诸臣集众共议,皇后裁决,报之知帝而已。易、定、幽、燕间两大战,烽书旁午,国内惶惶,帝婴疾,不能亲驾,基业少衰焉。❹

证之《辽史》,中原文献的这一传说并不可信。据上引《景宗纪》,穆宗遇害当夜,景宗率女里等领甲骑千人持赴,"不能亲跨马"显

---

❶《辽史》卷9《景宗纪下》,第103–105页。
❷《辽史》卷72《喜隐传》,第1214页。
❸《长编》卷10,太祖开宝二年,第237页。
❹《契丹国志》卷6《景宗纪》,第57、60页。

系误传。按《游幸表》，耶律贤春渔秋猎年不绝书。❶又据《景宗纪》，保宁十一年，"南院枢密使兼政事令郭袭上书谏畋猎"；乾亨四年（982）三月，"（帝）与诸王大臣较射，宴饮"；四月，"自将南伐"。❷凡此足证风疾说不可信。

不过，景宗在世时，萧皇后的确可能曾参与国事，辅助景宗。按《景宗纪》，保宁八年（976），"谕史馆学士，书皇后言亦称'朕'暨'予'，着为定式"；❸乾亨四年，"遗诏梁王隆绪嗣位，军国大事听皇后命"。❹耶律贤对燕燕之信赖及倚重，从圣宗朝历史发展来看，确属知人之明。

第二节　北汉与大宋之间

穆宗遇弑之际，正值宋太祖赵匡胤亲征北汉。不过，辽朝皇位更替并没有影响其对北汉的救援。保宁元年三月，赵匡胤亲至太原，率军围攻北汉都城。四月，契丹分道援汉。《长编》载：

> 初，棣州防御使何继筠为石岭关部署，屯于阳曲。上闻契丹分道来援北汉，其一自石岭关入，乃驿召继筠诣行在所，授以方略，并给精骑数千，使往拒之。……战于阳曲县北，大败契丹，擒其武州刺史王彦符，斩首千余级，获生口百余人，马七百余匹，铠甲甚众。……北汉阴恃契丹，城久不下，上乃以

---

❶ 《辽史》卷68《游幸表》，第1047—1050页。
❷ 《辽史》卷9《景宗纪下》，第102、105页。
❸ 《辽史》卷8《景宗纪上》，第95页。
❹ 《辽史》卷9《景宗纪下》，第105页。

所献铠甲、首级示之，城中人夺气。❶

李焘注曰：

《孔守正传》云："上征太原，守正隶前锋何继筠麾下，会契丹南大王沙相公来援，守正接战于石岭关，契丹败退，奔过关北，斩首万余级，获伪排阵使王破得，太祖壮之，召令从驾。"按守正从继筠破敌，当是此役也。其斩获数皆不同，疑必有一误，今但从继筠本传。❷

此役不见《辽史》。所谓"南大王沙相公"，当即南府宰相耶律沙。《长编》又云："（五月，契丹）分道由定州来援，韩重赟阵于嘉山以待之。契丹见旗帜，大骇，欲遁去。重赟急击之，大破其众，获马数百匹。"❸注引《李汉超传》曰：

太祖亲征太原，汉超为北面行营都监，其子守恩从在军中，会契丹遣兵来援，众至定州西嘉山，将入土门，守恩领牙兵数千与战，败之，斩首三千级，获战马器甲甚众，擒首领二十七人。❹

在契丹援汉的同时，北汉亦遣使贺景宗即位。❺辽朝并未因援

---

❶ 《长编》卷10 太祖开宝二年四月，第220-221页。
❷ 同上书，第221页。
❸ 同上。
❹ 同上书，第221-222页。
❺ 《辽史》卷8《景宗纪上》，第90页。

第7章 走向鼎盛　227

兵失利而放弃北汉。据《长编》,是年闰五月,"(契丹)复遣兵来援"。❶由于太原久攻不下,又天会暑雨,宋军染疾,且外有强援,薛化光建策言:

> 今河东外有契丹之助,内有人户赋输,窃恐岁月间未能下,宜于太原北石岭山及河北界西山东静阳村、乐平镇、黄泽关、百井社各建城寨,扼契丹援兵……如此,不数年间,自可平定。❷

因此,宋太祖决定班师。而契丹又一拨援军亦于六月到来。《长编》云:

> 契丹遣其将南大王来援,屯于太原城下,刘继业言于北汉主曰:"契丹贪利弃信,他日必破吾国。今救兵骄而无备,愿袭取之,获马数万,因藉河东之地以归中国,使晋人免于涂炭,陛下长享贵宠,不亦可乎?"北汉主不从。南大王数日北还,赠遗甚厚。❸

显然,无论是耶律贤还是刘继元,都着意维持辽汉同盟。也就是说,辽景宗即位之后,耶律贤继承了穆宗的政策,坚决维护北汉之存在,以对抗大宋。

同时,景宗亦曾尝试南下镇、定,《长编》载:

> 契丹以六万骑至定州,命判四方馆事田钦祚领兵三千御

---

❶《长编》卷10,太祖开宝二年闰五月,第224页。
❷《长编》卷10,太祖开宝二年闰五月己未,第225页。
❸《长编》卷10,太祖开宝二年六月,第228页。

之。……钦祚与敌战满城，敌骑少却，乘胜至遂城。……自旦至晡，杀伤甚众，夜入保遂城。契丹围之数日，钦祚度城中粮少，整兵开南门突围一角出，是夕至保塞，军中不亡一矢。北边传言"三千打六万"。❶

六万大军南下，似乎耶律贤希图有所作为。不过，战事并不顺利，景宗亦再无大动作。整体上看，保宁初辽、汉、宋三方形势依然延续了穆宗后期的局面。

保宁六年（974，宋开宝七年），长期的胶着状态终于有了变化。按《辽史·景宗纪》，是年三月，"宋遣使请和，以涿州刺史耶律曷尤加侍中与宋议和"。❷不过，有关此事，宋、辽文献互相矛盾，都记载说修好由对方首先提出。现代学者亦持两说，各有各的道理。❸不论如何，宋、辽和议之达成，应当是周、宋以来南北局势变化的结果。周世宗北伐，想来对契丹震动不小。而宋初逐次削平割据小政权，似乎无往不利，一改五代颓势，已有天下一统之迹象，对辽朝恐怕也有威慑作用。虽然宋、辽迄未发生大规模正面冲突，但契丹自丢失三关后大体处于守势。因此，辽廷可能担心中原再度北伐。在这种情况下，接受和局在情理之中。而宋朝因为要对江南用兵，需解除后顾之忧。❹

---

❶ 《长编》卷11，太祖开宝三年十一月，第252页。
❷ 《辽史》卷8《景宗纪上》，第94页。
❸ 曹流：《契丹与五代十国政治关系诸问题》，第114页。
❹ 不论宋太祖本人是否有意力收复燕云，对辽朝而言，中原一统无疑构成了潜在的巨大威胁。为什么景宗选择坐视宋朝壮大，而没有试图干扰？让我们不妨设想，如果契丹进行干扰，结果会如何呢？能阻止中原统一壮大吗？穆宗曾进行了干扰，换来的恰恰是后周北伐，三关的丢失！笔者以为，辽朝若对宋朝不断进行干扰，如果规模太小，事实上起不到真正作用，如果大规模入侵，结果只能是宋朝改变策略，先解决契丹问题。也就是说，宋、辽彻底翻脸，进行你死我活的生死大战。（转下页）

第7章 走向鼎盛

议和翌年十一月，宋师入金陵，南唐亡。保宁八年八月，即议和的第三年，赵匡胤出师伐北汉。❶契丹虽与宋修好，但坚决维护北汉存在之底线并未发生丝毫动摇，为此发生大规模冲突亦在所不惜。按《辽史·景宗纪》，是月"汉以宋事来告"；九月，"汉为宋人所侵，遣使求援，命南府宰相耶律沙、冀王敌烈赴之"。❷是年十月，宋太祖崩，太宗继位，遂罢河东之师。❸

不过，大宋欲灭北汉之意图，已暴露无遗。因此，北汉连连向契丹求救，而辽朝屡如所请。契丹虽与宋朝保持正常邦交，但在北汉战场上，景宗绝不惮与宋军兵戎相见，一决高下。按《景宗纪》，保宁八年十二月，"汉以宋军复至、掠其军储来告，且乞赐粮为助"；次年三月癸亥，"耶律沙、敌烈献援汉之役所获宋俘"；戊辰，"诏以粟二十万斛助汉"；五月庚午，"汉遣使来谢，且以宋事来告"；七月壬申，"汉以宋侵来告"；丙子，"遣使助汉战马"。❹

契丹以粟二十万斛援汉，确实让人惊讶。因为辽朝并非产粮大国，能有此举，足见辽汉同盟之稳固。又《耶律题子传》云："（保

（接上页）而一旦发生大战，契丹固然有可能再度实现入主中原的梦想，但同样有可能亡国。在生死存亡面前，选择较稳妥的方式，也是人之常情。宋朝之所以强大，真正的原因是华夏文化与中原腹地所提供的巨大精神与物质资源，契丹干扰与否，并不能改变这一点。换言之，除非辽朝抱着鱼死网破的侥幸心理，宋朝之崛起并非契丹所能遏制。

公元328年，赵主刘曜与后赵石勒在洛阳决战，河西"张骏治兵，欲乘虚袭长安。理曹郎中索询谏曰：'刘曜虽东征，其子胤守长安，未易轻也。借使小有所获，彼若释东方之图，还与我校；祸难之期，未可量也。'骏乃止"（《通鉴》卷94《晋纪十六》成帝咸和三年，第2960页）。其事可资参考。

❶《长编》卷17，太祖开宝九年八月丁未，第374页。
❷《辽史》卷8《景宗纪上》，第95页。
❸《长编》卷17，太祖开宝九年十二月，第386页。
❹《辽史》卷8《景宗纪上》，第96页；卷9《景宗纪下》，第99页。

宁）九年，奉使于汉，具言两国通好长久之计，其主继元深加礼重。"❶亦可为证。而宋朝人士对此也认识得很清楚，《长编》是年五月庚午载："命起居舍人辛仲甫使于契丹，右赞善大夫穆被副之。仲甫至境上，闻朝廷议兴师伐北汉，（似夺'北汉'二字）实倚契丹为援，迟留未敢进，飞奏竢报，有诏遣行。"❷其时赵光义可能在考虑伐汉，但最终没能下定决心。辛仲甫之所以迟留不进，是因为在他看来，宋汉交兵很可能导致辽宋关系的破裂。

不过，辽朝虽力挺北汉，但对此番大宋灭汉之决心，看来估计不足。《辽史·韩匡嗣传》曰："耶律虎古使宋还，言宋人必取河东，合先事以为备。匡嗣诋之曰：'宁有是！'已而宋人果取太原。"❸又《耶律虎古传》载：

> （保宁）十年，使宋还，以宋取河东之意闻于上。燕王韩匡嗣曰："何以知之？"虎古曰："诸僭号之国，宋皆并收，惟河东未下。今宋讲武习战，意必在汉。"匡嗣力沮，乃止。明年，宋果伐汉。帝以虎古能料事，器之，乃曰："吾与匡嗣虑不及此。"❹

保宁十一年正月，赵光义终于下诏出征北汉。❺据《辽史·景宗纪》，二月，"汉以宋兵压境，遣使乞援。诏南府宰相耶律沙为都统、冀王敌烈为监军赴之，又命南院大王斜轸以所部从，枢密

---

❶《辽史》卷85《耶律题子传》，第1314页。
❷《长编》卷18，太宗太平兴国二年五月庚午，第405页。
❸《辽史》卷74《韩匡嗣传》，第1234页。
❹《辽史》卷82《耶律虎古传》，第1295页。
❺《长编》卷20，太宗太平兴国四年正月庚寅，第443页。

副使抹只督之";三月丙戌,"汉遣使谢抚谕军民,诏北院大王奚底、乙室王撒合等以兵戍燕";己丑,"汉复告宋兵入境,诏左千牛卫大将军韩侼、大同军节度使耶律善补以本路兵南援";丁酉,"耶律沙等与宋战于白马岭,不利。冀王敌烈及突吕不部节度使都敏、黄皮室详稳唐筈皆死之,士卒死伤甚众"。❶而《长编》云:"郭进言契丹数万骑入侵,大破之石岭关南。于是北汉援绝,北汉主复遣使间道赍蜡书走契丹告急,进捕得之,徇于城下,城中气始夺矣。"❷

是年六月,刘继元降宋,北汉亡。宋太宗得陇望蜀,进军幽州,七月与辽军于高梁河大战,宋师大败,赵光义仅以身免。高梁河之战,学界已有相当充分的研究,此不赘述。但关于其时辽对宋灭北汉的态度,以及太宗伐辽的原因,尚有疑点需要澄清。

曾瑞龙指出,自石岭关之败至刘氏降宋,这两个多月间,辽军并无行动,而宋军初攻幽州,胜于沙河,景宗责备辽军"不严侦候",故而他推断,契丹对北汉之兴亡并不在意,仍希望与宋朝维持和局,甚至并未因北汉之亡加强幽州防备。❸对此,笔者有不同看法。

辽朝对北汉之支持,除上引《辽史》外,可以得到宋朝文献的佐证。宋太平兴国五年(980,辽乾亨二年),张齐贤谏太宗用兵幽蓟时曰:"自河东初降,臣即权知忻州,捕得契丹纳米典吏,皆云自山后转般以援河东。以臣料,契丹能自备军食,则于太原非不尽力,然终为我有者,盖力不足也。"❹

---

❶《辽史》卷9《景宗纪下》,第101页。
❷《长编》卷20,太宗太平兴国四年三月,第447页。
❸ 曾瑞龙:《经略幽燕》,第87页。
❹《长编》卷21,太宗太平兴国五年十二月,第484页。

另据王曾瑜研究，北、南王府、乙室及奚四大部族军是辽军主力，❶而北、南王府军显然更是主力中的主力，精锐中的精锐。按上引《景宗纪》，耶律沙败于石岭关的大军，其中就包括南院大王耶律斜轸所统率的南王府军。而此时北院大王奚底、乙室王撒合统领之北王府军及乙室军，正在景宗部署下协防幽州。❷也就是说，在北汉告急后，辽军主力一部分用于援救北汉，另一部分则用于加强幽州的防备。的确，契丹未倾巢驰援北汉，但这恰恰是因为景宗意识到辽、汉唇齿相依，幽州必须添加重兵防守的缘故。

关于此次伐辽，学界一般认为太宗过于轻敌躁进。这固然不错，但研究者似乎都没有注意到辽景宗在援汉时所施之诡计。按《长编》记载仁宗朝宋、辽增币交涉时曰：

> 初，契丹书言太宗举无名之师，直抵燕蓟，一时莫知所答。（王）拱辰独请间曰："河东之役，本诛僭伪，契丹遣使行在致诚款，已而寇石岭关，潜假兵以援贼。太宗怒其反复，既平继元，遂下令北征，安得谓之无名！"上喜曰："事本末乃如此。"乃谕执政曰："非拱辰详识故事，殆难答也。"❸

---

❶ 王曾瑜：《辽朝军制稿》，《辽金军制》，第90页。
❷ 《辽史》卷85《耶律撒合传》（第1319页）云："应历中，拜乙室大王，兼知兵马事。乾亨初，宋来侵，诏以本部兵守南京。"又卷83《耶律休哥传》（第1299页）曰："应历末，为惕隐。乾亨元年，宋侵燕，北院大王奚底、统军使萧讨古等败绩，南京被围。帝命休哥代奚底，将五院军往救。""往"字容易产生误解，实际上奚底败后只是退驻燕京之北。
❸ 《长编》卷135，仁宗庆历二年四月，第3235页。此外，是年富弼出使辽国，与契丹人臣刘六符唇枪舌剑，亦云："太宗时，北朝先遣拽剌梅里来聘，既而出兵石岭以助河东，太宗怒其反复，遂伐燕蓟，盖北朝自取之也。"（《长编》卷137仁宗庆历二年七月，第3285页）

第7章 走向鼎盛

王拱辰所谓"契丹遣使行在致诚款"，的确可以得到宋、辽文献之印证。据《辽史·景宗纪》，保宁十一年正月乙酉，"遣挞马长寿使宋，问兴师伐刘继元之故"；丙申，"长寿还，言'河东逆命，所当问罪。若北朝不援，和约如旧；不然则战'"。❶面对宋朝的威胁，是年二月，"契丹遣使尚书耶律拽剌梅里奉书问起居。丁丑，见于临城县"。❷《宋会要》谓太宗"赐梅里金带、银鞍勒马"。❸是时赵光义正在伐汉途中，从《会要》记载来看，王拱辰"致诚款"说似非虚言。辽景宗的这一诡计，可能在一定程度上激怒了太宗，促成了伐辽。

　　高梁河一战，是柴荣北伐以来，契丹与中原王朝第一次大规模正面冲突。后周北伐后，辽朝慑于中原兵威，一直取守势。而高梁河战后，景宗改变保守策略，频频出动大军南下。按《辽史·景宗纪》，是年九月，"燕王韩匡嗣为都统，南府宰相耶律沙为监军，惕隐休哥、南院大王斜轸、权奚王抹只等各率所部兵南伐；仍命大同军节度使善补领山西兵分道以进"。❹然韩匡嗣非帅才，指挥失误，辽军大败于满城。

　　翌年十月，耶律贤亲统大军南下，赵光义亦一度亲征。瓦桥关一战，虽然辽军取得胜利，但宋军的抵抗非常顽强，契丹伤亡不小，❺因此景宗宣布班师。此时宋太宗已挺进至大名，闻讯亦罢兵。乾亨四年四月，耶律贤再度亲征，辽军又至满城，战仍不利，五月班师。九月，景宗崩。

---

❶《辽史》卷9《景宗纪下》，第101页。
❷《长编》卷20，太宗太平兴国四年二月，第446页。
❸《宋会要辑稿·蕃夷一·辽上》太宗太平兴国四年二月，《宋会要辑稿·蕃夷道释》，第6—7页。
❹《辽史》卷9《景宗纪下》，第102页。
❺曾瑞龙：《经略幽燕》，第188页。

第三节　留给圣宗的遗产

景宗朝在制度及社会整体面貌上,与穆宗朝相较如何?在辽朝历史上又占据什么样的地位呢?我们先看枢密院。

《辽史·高勋传》云:"应历初,封赵王,出为上京留守,寻移南京。……十七年,宋略地益津关,勋击败之,知南院枢密事。景宗即位,以定策功,进王秦。保宁中,以南京郊内多隙地,请疏畦种稻,帝欲从之。林牙耶律昆宣言于朝曰:'高勋此奏,必有异志。果令种稻,引水为畦,设以京叛,官军何自而入?'帝疑之,不纳。寻迁南院枢密使。"❶

高勋上奏,请求在南京郊内种稻,而耶律昆怀疑其有"以京叛"的异志,两者都说明高勋知南院枢密事后仍兼南京留守。又保宁六年《石重贵墓志》曰:"卢龙军节度推官、将仕郎、守右拾遗牛藏用奉命撰。……大丞相、秦王怀旧君之义,命幕吏直书其事而志于墓石。"❷卢龙军节度推官自称幕吏,亦可见其时高勋尚在南京任上(大丞相是虚衔)。也就是说,从应历末至保宁八年事败,高勋一直主掌南院,且兼南京留守。

高勋被杀后,接任者应即室昉。按《室昉传》云:"保宁间……上多昉有理剧才,改南京副留守……寻改枢密副使,参知政事。顷之,拜枢密使,兼北府宰相。"❸又《韩匡嗣传》曰:"(景宗)

---

❶《辽史》卷85《高勋传》,第1317页。
❷ 都兴智、田立坤:《后晋石重贵石延煦墓志铭考》,《文物》2004年第11期,第88页。
❸《辽史》卷79《室昉传》,第1271页。

即位……改南京留守。保宁末,以留守摄枢密使。"❶匡嗣改南京留守,盖接替高勋,所摄枢密使恐怕也是南院。也就是说,高勋死后不久,就出现了南院枢密使备二员的情况。

韩氏任南院枢密使后,大约即扈从捺钵,留守由其子德让代领。❷保宁十一年九月,匡嗣回到南京,主持南伐,导致了满城之败。可能是败后被革枢密使一职,《景宗纪》是年十一月出现了"南院枢密使兼政事令郭袭"。乾亨三年十一月,"以南院枢密使郭袭为武定军节度使";十二月,"以辽兴军节度使韩德让为南院枢密使"。❸

继世宗朝之后,景宗朝应当是辽朝枢密院发展的另一个关键时期。南枢密院由"总汉军事"转变为不掌兵而专理民政的中枢机构,可能就发生在此时。《辽史·地理志》"西京道怀安县"条载:"高勋镇燕,奏分归化州文德县置。"又"顺圣县"条云:"高勋镇幽州,奏景宗分永兴县置。"❹高勋得以插手山后民政,恐怕就是因为其所兼南枢密使的身份。此后汉族文人室昉、郭袭出任南枢密使,尤其是室昉长期担任此职并兼南面北府宰相,特别值得深思。又第5章第三节曾提到,圣宗初年,宋人二度北伐后,室昉、韩德

---

❶ 《辽史》卷74《韩匡嗣传》,第1234页。
❷ 《辽史》卷9《景宗纪下》(第102页)乾亨元年七月有"权知南京留守事韩德让",卷82《耶律隆运传》(第1289页)谓其"代父守南京"。又卷86《刘景传》(第1322页)云:"(景)为南京副留守。时留守韩匡嗣因扈从北上,景与其子德让共理京事。"
❸ 《辽史》卷9《景宗纪下》,第104页。卷82《耶律隆运传》(第1289页)云:"以功拜辽兴军节度使,征为南院枢密使。"
❹ 《辽史》卷41《地理志五》,第507页。《金史》卷24《地理志上》(北京:中华书局,1975年,第565页)载:"(顺圣县)本安塞军故地,辽应历中置,金因之。"《辽史·地理志五》之《校勘记》(第515页)误认为高勋知枢密事即卸任留守,因据《金史》以为"景宗"乃"穆宗"之误,恐非。

让两位南枢密使共同上书,建议安抚山西流民。而后者并不兼宰相。

另一方面,继穆宗将山西军政划归北院,并在南京设置由北院管辖的统军司后,景宗进一步让北院全面接管南面防务。《耶律沙传》云:"应历间,累官南府宰相。景宗即位,总领南面边事。"❶又按《景宗纪》,乾亨二年,"以惕隐休哥为北院大王",❷本传曰:"诏总南面戍兵,为北院大王。"❸乾亨四年九月,圣宗即位,十月,以"北院大王、于越休哥为南面行军都统"。统和元年正月,南京留守耶律道隐死后,"以于越休哥为南京留守,仍赐南面行营总管印绶,总边事"。❹南面行营总管休哥兼留守,是景宗朝局势发展的自然结果。又按《圣宗纪》,是年四月,"诏枢密院谕沿边节将,至行礼日,止遣子弟奉表称贺,恐失边备。枢密请诏北府司徒颇德译南京所进律文,从之"。❺此枢密院应为北院,枢密乃北枢密使,"沿边节将"应包括燕云节镇藩帅。

此外,东京地区大体褪尽自治色彩,军政归北院,民事归南院,可能也发生在景宗朝。史籍中可以明确时代的东京留守,最早即出现于此时。《平王隆先传》曰:"母大氏。景宗即位,始封平王。未几,兼政事令,留守东京。薄赋税,省刑狱,恤鳏寡,数荐贤能之士。后与统军耶律室鲁同讨高丽有功。"❻隆先是世宗的弟弟,景宗的叔叔,从他的身份以及留守东京后的政绩来看,此时的东京留守应当已是东京地区事务的总负责人,中台省官员应当在其领导

---

❶《辽史》卷84《耶律沙传》,第1307页。
❷《辽史》卷9《景宗纪下》,第103页。
❸《辽史》卷83《耶律休哥传》,第1300页。
❹《辽史》卷10《圣宗纪一》,第107、108页。
❺同上书,第110页。
❻《辽史》卷72《平王隆先传》,第1211页。卷75《耶律羽之传》(第1238页)云:"子和里,终东京留守。"和里东京留守之任,可能要早于隆先,然其事不详。

之下。正是因为景宗朝中台省已逐渐被架空，才会有圣宗始即位，便"省置中台省官"的举动。❶

而北枢密院，不管成立之初是否已兼民政，有证据表明，景宗时期涉足民政。其一，《萧思温传》云："保宁初，为北院枢密使，兼北府宰相。"❷思温以北枢密兼北宰相，与室昉以南枢密兼南宰相相似。

其二，思温后任是耶律贤适，本传曰："保宁二年秋，拜北院枢密使，兼侍中，赐保节功臣。三年，为西北路兵马都部署。贤适忠介肤敏，推诚待人，虽燕息不忘政务。以故百司首职，罔敢偷惰，累年滞狱悉决之。"❸按《景宗纪》保宁三年七月，"以北院枢密使贤适为西北路招讨使"。❹这是辽朝设置西北路招讨司之始。❺所谓"百司首职，罔敢偷惰，累年滞狱悉决之"指的应当是贤适在北枢密任上的表现。

其三，圣宗初年有明确证据显示，枢密使在掌控军政的同时已将民政纳入其职权范畴。上引《圣宗纪》"枢密请诏北府司徒颇德译南京所进律文"是证据之一。此外，统和三年（985）三月，"枢密奏契丹诸役户多困乏，请以富户代之"，❻这是另一条证据。圣宗初的这些现象，或者承袭景宗之旧，或者是景宗朝制度的进一步发展。

也就是说，辽代北枢密独掌兵政，兼领部族民，南院不掌兵，

---

❶ 《辽史》卷10《圣宗纪一》，第108页。
❷ 《辽史》卷78《萧思温传》，第1268页。
❸ 《辽史》卷79《耶律贤适传》，第1273页。
❹ 《辽史》卷8《景宗纪上》，第91页。
❺ 《契丹国志》卷15《刘珂传》（第157页）曰："（太宗时）迁林牙、行宫都部署、西北路兵马招讨使。"刘珂不见于《辽史》，太宗时已设置西北路招讨司的说法恐不可信。
❻ 《辽史》卷10《圣宗纪一》，第114页。

唯理州县民的基本格局，初步形成于景宗朝。❶而北南分治的局面，也得到进一步深化。按《景宗纪》保宁三年正月，"置登闻鼓院"。❷《刑法志》云："保宁三年，以穆宗废钟院，穷民有冤者无所诉，故诏复之，仍命铸钟，纪诏其上，道所以废置之意。"❸据唐统天考证，钟院专为北面部族民而备，登闻鼓院则用于南面。❹又，是年三月，"以飞龙使女里为契丹行宫都部署"，❺此系文献所见行宫分契丹、汉人之始。这些都反映出，自景宗朝始，辽朝制度开始走向成熟。

史籍中屡屡景、圣并称，如《刑法志》载："太祖、太宗经理疆土，擐甲之士岁无宁居，威克厥爱，理势然也。子孙相继，其法互有轻重；中间能审权宜，终之以礼者，惟景、圣二宗为优耳。"❻又《文学传序》云："辽起松漠，太祖以兵经略方内，礼文之事固所未遑。及太宗入汴，取晋图书、礼器而北，然后制度渐以修举。至景、圣间，则科目聿兴，士有由下僚擢升侍从，骎骎崇儒之美。"❼

景宗朝文学修明，确可得文献印证。按《景宗纪》保宁八年二月，"谕史馆学士，书皇后言亦称'朕'暨'予'，着为定式"。❽这应当是仿汉制修起居注之类。又同年十二月，"诏南京复礼部贡院"。❾与恢复科举相应的是，景宗朝涌现了不少儒臣，最著者为室

---

❶《辽史》卷91《耶律韩八传》（第1361页）载："（圣宗）太平中……会北院奏南京疑狱久不决，帝召韩八驰驿审录，举朝皆惊。"又卷105《大公鼎传》（第1460页）云："（道宗）咸雍十年，登进士第，调沈州观察判官。时辽东雨水伤稼，北枢密院大发濒河丁壮以完堤防。"似乎北院对州县的介入，不仅限于军事。其详待考。

❷《辽史》卷8《景宗纪上》，第91页。

❸《辽史》卷61《刑法志上》，第938页。

❹ 唐统天：《辽朝鞠狱机构研究》，《辽金史论集》第4辑，第53页。

❺《辽史》卷8《景宗纪上》，第91页。

❻《辽史》卷61《刑法志上》，第935页。

❼《辽史》卷103《文学传》，第1445页。

❽《辽史》卷8《景宗纪上》，第95页。

❾ 同上书，第96页。

第7章 走向鼎盛

昉。其次有郭袭，本传曰：

> 性端介，识治体。……以帝数游猎，袭上书谏曰："昔唐高祖好猎，苏世长言不满十旬未足为乐，高祖即日罢，史称其美。伏念圣祖创业艰难，修德布政，宵旰不懈。穆宗逞无厌之欲，不恤国事，天下愁怨。陛下继统，海内翕然望中兴之治。十余年间，征伐未已，而寇贼未弭；年谷虽登，而疮痍未复。正宜戒惧修省，以怀永图。侧闻恣意游猎，甚于往日。万一有衔橛之变，搏噬之虞，悔将何及？况南有强敌伺隙而动，闻之得无生心乎？伏望陛下节从禽酣饮之乐，为生灵社稷计，则有无疆之休。"上览而称善。❶

又有马得臣，传曰：

> 好学博古，善属文，尤长于诗。保宁间，累迁政事舍人、翰林学士，常预朝议，以正直称。……上（圣宗）击鞠无度，上书谏曰："……臣虽不才，陛下在东宫，幸列侍从……"❷

得臣为圣宗藩邸旧人，可见景宗有意起用儒生教育圣宗。此外，圣宗朝名臣邢抱朴，亦于保宁中脱颖而出："抱朴性颖悟，好学博古。保宁初，为政事舍人、知制诰，累迁翰林学士。"❸

不仅儒臣涌现，景宗朝契丹大臣中，也出现了文武全才。《耶律学古传》载："颖悟好学，工译鞮及诗。保宁中，补御盏郎君。

---

❶《辽史》卷79《郭袭传》，第1274页。
❷《辽史》卷80《马得臣传》，第1279页。
❸《辽史》卷80《邢抱朴传》，第1278页。

乾亨元年……为南京马步军都指挥使。"❶而丁忧制度也流行一时。《韩德威传》云:"性刚介,善驰射。……乾亨末,丁父丧,强起复职。"❷又《韩德威墓志》曰:"(乾亨)四年,丁秦王之忧,礼极无容,悲深永诀,绝曾子之浆,泣高柴之血。皇家以得人为急,公议以从权为当。节哀顺变,特示夺情,移孝资忠,俾令摄事。授起复云麾将军,依前充职。公以成命载降,固辞不获。"❸墓志中所谓曾子高柴,固辞不获云云,恐怕是抄的范本中的成文,但韩德威作为深度契丹化的汉人,仍行丁忧之制,在一定程度上说明其时契丹社会可能也颇受儒风影响。

总而言之,圣宗时辽朝鼎盛,文治灿然,实由其父耶律贤奠基。而耶律隆绪对西北、北部疆域之开发,亦蹑景宗之旧。上文提到,耶律贤始置西北路招讨司。契丹北部,为乌古等部。据《辽史·太宗纪》,会同三年,"乌古遣使献伏鹿国俘,赐其部夷离堇旗鼓以旌其功"。❹可见乌古虽然臣服,仍系自治。到了景宗朝,情况则有了变化。《耶律盆奴传》云:"惕隐涅鲁古之孙。景宗时,为乌古部详稳,政尚严急,民苦之。"❺又《圣宗纪》统和元年正月,"以乌隈乌骨里部节度使耶律章瓦同政事门下平章事"。❻乌隈乌骨里与乌古相邻,耶律章瓦当系契丹人,其出任乌隈乌骨里部节度使疑在景宗朝,说明该部其时也已不再自治。

圣宗初年,契丹中央集权表现强劲。统和元年四月,"诏赐西

---

❶ 《辽史》卷83《耶律学古传》,第1303—1304页。
❷ 《辽史》卷82《韩德威传》,第1291页。
❸ 拓本见盖之庸编著:《内蒙古辽代石刻文研究》(增订本),第118页。
❹ 《辽史》卷4《太宗纪下》,第47页。
❺ 《辽史》卷88《耶律盆奴传》,第1340页。
❻ 《辽史》卷10《圣宗纪一》,第108页。

南路招讨使大汉剑，不用命者得专杀"。❶翌年二月，"五国乌隈于厥节度使耶律隗洼以所辖诸部难治，乞赐诏给剑，便宜行事，从之"。❷统和四年三月，宋再度北伐，辽廷"分遣使者征诸部兵益休哥以击之，复遣东京留守耶律抹只以大军继进，赐剑专杀"。❸赐剑专杀，恰恰说明正常情况下不得便宜行事。

又统和元年五月，"以于越休哥在南院过用吏人，诏南大王毋相循袭"。❹次年三月乙卯，"划离部请今后详稳止从本部选授为宜，上曰：'诸部官惟在得人，岂得定以所部为限。'不允"。❺朝廷对部族的控制也已相当深入，诸部族长已大体转变为官僚。

统和元年十一月，"上与皇太后祭乾陵，下诏谕三京左右相、左右平章事、副留守判官、诸道节度使判官、诸军事判官、录事参军等，当执公方，毋得阿顺。诸县令佐如遇州官及朝使非理征求，毋或畏徇。恒加采听，以为殿最。"❻"副留守"下疑应点断，"三京左右相、左右平章事、副留守、判官"当指三京副留守、留守判官及东京中台省四相，均为留守之副贰、属员，"当执公方，毋得阿顺"谓不得逢迎留守，应秉公办事。是年十二月，"敕诸刑辟已结正决遣而有冤者，听诣台诉"。❼《刑法志》曰："敕诸处刑狱有冤，不能申雪者，听诣御史台陈诉，委官覆问。"❽

凡此种种，离开了景宗朝的发展，实难以想象。

---

❶ 《辽史》卷10《圣宗纪一》，第109-110页。大汉即韩德威，卷82本传（第1291页）云"赐剑许便宜行事"。
❷ 《辽史》卷10《圣宗纪一》，第113页。
❸ 同上书，第120页。
❹ 同上书，第110页。
❺ 同上书，第113页。
❻ 同上书，第112页。
❼ 同上。
❽ 《辽史》卷61《刑法志上》，第939页。

综上所述，在内政上，景宗朝承继了辽初以来一以贯之的官僚化、集权化、汉化的大方向，❶进一步加以深化，意义重大。辽朝鼎盛时期政治体制的基本架构，初步形成于此时。同样在景宗朝，宋、辽一度达成了雄州和议。可以说，圣宗朝制度的成熟与澶渊之盟的缔结，都是对景宗的继承。

事实上，景宗朝与圣宗前期（承天称制，圣宗亲政前）应当看作一个整体。不仅承天太后在景宗朝就已经积极参与朝政，是耶律贤之贤内助，且圣宗前期的三重臣韩德让、耶律斜轸与室昉，都是景宗朝的老班底，邢抱朴等人也是先朝旧臣。因此，景、圣交替对于中枢方针几乎没有任何重大影响。诚然，耶律贤以三十五之年，正当壮年而卒，殊为憾事。但他传位嫡长子隆绪，托孤承天，终赖妻、子成其洪业，为后世开太平，其知人之明良足嘉也。可以说，在辽朝历史上，耶律贤之地位实堪与太祖、太宗比肩。

---

❶ 景宗朝也承袭了穆宗朝之农业化。上引《景宗纪》提到保宁八年北汉乞粮，九年助粟二十万斛。《辽史》卷59《食货志上》（第924页）论曰："非经费有余，其能若是？"其说甚是。

第7章 走向鼎盛　　243

第8章

南北和议

第一节 宋人北伐

圣宗之继位,是辽朝开国以来第一次和平的皇位更替,也是首次实现嫡长子继承。但在中原文献中,其过程也并不平静。《长编》云:"初,萧氏与枢密使韩德让通,明记(景宗)疾亟,德让将兵在外,不俟召,率其亲属赴行帐,白萧氏易置大臣,立隆绪。"❶《契丹国志》有更详细的记载:

> 景宗疾亟,隆运(韩德让)不俟诏,密召其亲属等十余人并赴行帐。时诸王宗室二百余人拥兵握政,盈布朝廷。后当朝虽久,然少姻媛助,诸皇子幼稚,内外震恐。隆运请于后,易置大臣,敕诸王各归第,不得私相燕会,随机应变,夺其兵权。时赵王等俱在上京,隆运奏召其妻子赴阙。景宗崩,事出

---

❶ 《长编》卷23,太宗太平兴国七年,第533页。

仓卒，布置已定，乃集番汉臣僚，立梁王隆绪为皇帝。❶

宋人的记载能得到《辽史》的印证。《景宗睿智皇后传》曰："景宗崩，尊为皇太后，摄国政。后泣曰：'母寡子弱，族属雄强，边防未靖，奈何？'耶律斜轸、韩德让进曰：'信任臣等，何虑之有！'于是，后与斜轸、德让参决大政，委于越休哥以南边事。"❷"母寡子弱，族属雄强，边防未靖"正是学界屡屡引用的材料。

为了应付这一局面，太后采取了种种措施，倚重老臣耶律斜轸、韩德让、耶律休哥等即其一。圣宗初年，中枢核心是韩德让、耶律斜轸、室昉三人。《耶律隆运传》载："景宗疾大渐，与耶律斜轸俱受顾命，立梁王为帝，皇后为皇太后，称制，隆运总宿卫事，太后益宠任之。"❸《室昉传》云："（统和初）昉与韩德让、耶律斜轸相友善，同心辅政。"❹

而这三人均是景宗后期的老班底。从景宗末年开始，直至统和中期，室昉、韩德让二人一直共同担任南院枢密使，室昉且兼北府宰相（详参第5章第三节）。❺耶律斜轸在景宗末乃北院枢密副使，

---

❶《契丹国志》卷18《耶律隆运传》，第175页。
❷《辽史》卷71《景宗睿智皇后传》，第1202页。
❸《辽史》卷82《耶律隆运传》，第1290页。
❹《辽史》卷79《室昉传》，第1271页。
❺《辽史》卷79《室昉传》（第1271-1272页）云："统和元年，告老，不许。……八年，复请致政。诏入朝免拜，赐几杖，太后遣阁门使李从训持诏劳问，令常居南京……九年，荐韩德让自代，不从。上以昉年老苦寒，赐貂皮衾褥，许乘辇入朝。"又《宋会要辑稿·蕃夷一·辽上》（《宋会要辑稿·蕃夷道释》，第30页）载："（宋太宗淳化元年［辽统和八年］）十二月四日，契丹伪官室昉种来奔，授顺州刺史。（原注：种自言虏相室昉之子也。）"李锡厚《中国历史·辽史》，第107页）据此以为，由于太后重用汉人室昉，引发了契丹贵族的不满，因此室昉连连求去，其子南奔亦因此。此说似嫌证据不足。统和元年室昉年已六十四，八年为七十一，求去在情理之中，太后、圣宗的反应也证明他确实年老体弱。至于室种，即便真是室昉之子，南奔不必（转下页）

第8章 南北和议

"统和初,皇太后称制,益见委任,为北院枢密使"。❶

此外,圣宗初年除了南向对宋取守势外,在东、西、北三面都表现出了强劲的扩张势头。

我们先看其正北及西北向扩张。乾亨四年(982)九月,圣宗即位;十二月,"耶律速撒讨阻卜"。翌年改元统和,正月,"速撒献阻卜俘";十月,"速撒奏敌烈部及叛蕃来降,悉复故地"。统和二年(984)二月,"五国乌隈于厥节度使耶律隗洼以所辖诸部难治,乞赐诏给剑,便宜行事,从之";十一月,"速撒等讨阻卜,杀其酋长挞剌干"。❷至此北面之乌古敌烈与西北之阻卜大体款服。

再来看西南。统和元年正月甲申,"西南面招讨使韩德威奏党项十五部侵边,以兵击破之";乙酉,"以速撒破阻卜,下诏褒美,仍谕与大汉讨党项诸部"。二月,"速撒奏讨党项捷,遣使慰劳"。三月,"遣使赏西南面有功将士。"四月辛丑,"诏赐西南路招讨使大汉剑,不用命者得专杀"。五月,"西南路招讨使大汉奏,近遣拽剌跋剌哥谕党项诸部,来者甚众,下诏褒美"。六月,"西南路招讨使奏党项酋长执夷离堇子隈引等乞内附,诏抚纳之,仍察其诚伪,谨边备"。七月丙子,"韩德威遣详稳辖马上破党项俘获数,并送夷离堇之子来献";辛巳,"赏西南面有功将士"。八月,"韩德威表请伐党项之复叛者,诏许之,仍发别部兵数千以助之"。统和二年二

(接上页)坐实为室昉之故。如《辽史》卷86《刘六符传》(第1323页)曰:"(三)嘏、(四)端(均为六符兄)俱尚主,为驸马都尉。三嘏献圣宗《一矢毙双鹿赋》,上嘉其赡丽。与公主不谐,奔宋。"《长编》卷152"庆历四年十月甲午"条(第3707页)亦云:"三嘏恶其妻淫乱,遁至广信军。"三嘏之奔宋即与刘氏家族在辽朝的沉浮并无关联。

❶《辽史》卷83《耶律斜轸传》,第1302页。《辽史》卷9《景宗纪下》(第105页)乾亨四年四月有"枢密使斜轸",然卷10《圣宗纪一》(第111页)统和元年(983)六月称其为枢密副使。

❷《辽史》卷10《圣宗纪一》,第108、112、113、114页。

月,"韩德威以征党项回,遂袭河东,献所俘,赐诏褒美"。❶

接下来看东面。统和元年十月,"上将征高丽,亲阅东京留守耶律末只所总兵马。丙午,命宣徽使兼侍中蒲领、林牙肯德等将兵东讨,赐旗鼓及银符"。次年二月,"东路行军、宣徽使耶律蒲宁奏讨女直捷"。统和三年七月甲辰,"诏诸道缮甲兵,以备东征高丽";丁卯,"遣使阅东京诸军兵器及东征道路"。八月,"以辽泽沮洳,罢征高丽。命枢密使耶律斜轸为都统,驸马都尉萧恳德为监军,以兵讨女直"。翌年正月,"枢密使耶律斜轸、林牙勤德等上讨女直所获生口十余万、马二十余万及诸物"。❷

圣宗即位后多方拓边,一方面是与宋太祖异曲同工,先北后南,扫除身后的威胁;而另一方面,恐怕也是为了转移国内矛盾,借军事行动以树立太后之权威。不过,需注意的是,与东、西、北三面形成鲜明对比的是,辽朝在南线采取了截然不同的政策,面对当时最强的也可以说是唯一的真正对手宋朝,主动息兵。自圣宗即位至宋人雍熙北伐,契丹再没有针对宋朝主动采取过大规模军事行动。❸

---

❶ 《辽史》卷10《圣宗纪一》,第108—109、110、111、113页。
❷ 《辽史》卷10《圣宗纪一》,第112、113、115页;卷11《圣宗纪二》,第119页。
❸ 在契丹西南边界宋丰州地区,辽宋曾发生冲突。按《长编》卷23太宗太平兴国七年闰十二月庚寅(第531页),"丰州刺史王承美言契丹日利、月益、没细、兀瑶等十一族七万余帐内附";又与契丹战,破其万余众,斩首二千级,获天德节度使韦太及羊马、兵器万数"。《长编》卷24太平兴国八年三月壬申(第540页),"丰州刺史王承美言契丹来寇,承美击败其众万余,追北百有余里,至青冢,斩首二千余级,降者三千帐,获羊马兵仗以万计"。不过,其时丰州并非宋中央政权直接控制区域。《长编》卷53真宗咸平五年十月(第1158页)载:"先是,麟府部署曹璨请遣别将王万海屯丰州,与王承美同主戎事。上曰:'丰州远僻,不足为边州捍蔽,故命承美自庇其部族,朝廷因授团练之任,俾之防遏,受俸同蕃官例。今若复委万海,又须挽运刍粮,非惟外分兵力,久益劳民,不可许也。'"契丹与王承美之冲突,应当是因为争夺党项诸部的缘故。

与之相应，统和元年，契丹还发生了一件大事，国号由大辽回改为大契丹。此次国号更改，迄今学界尚未有妥当的解释。按大辽本非契丹国号，而是契丹灭晋后在中原建立的汉地新朝、国中之国的国号，契丹丢失中原后，在燕云汉地仍使用大辽一称，以彰显其对中原的合法"主权"。笔者以为，萧后放弃大辽国号，等于委婉地向宋人暗示不再谋求入侵中原。❶这应当也是太后处理国内潜在政治危机的另一策略，清楚地反映出太后过人的政治见识与能力。

不过，改元之前的乾亨四年十二月，"南京留守、荆王道隐奏宋遣使献犀带请和，诏以无书却之"。❷这次求和不见宋朝文献，但《宋会要》收录了是年十月颁赐北边州军的一份诏书：

> 朕受天景命，奄宅中区，以四海为家，视兆民如子，冀咸登于富寿，岂轻举于甲兵？况与契丹本通邻好，昨以河东刘继元不遵朝化，盗据一方，念彼遗民，行兹薄伐。朕所以亲乘戎辂，直抵晋郊，素无黩武之心，盖切吊民之意，而契丹轻举戈甲，辄来救援。一鼓既平于并垒，六师遂指于燕郊。靡辞六月之征，聊报东门之役。虽彼曲可见，亦罪己良多。

---

❶ 刘凤翥《契丹大字〈耶律祺墓志铭〉考释》(《内蒙古文物考古》2006年第1期，第52-54页）指出，契丹将汉地国号由大辽回改为大契丹，但在契丹语中，仍保留双国号，称"契丹辽国"。这恰可支持笔者的推断，改国号是给宋人看的。那么，何谓"委婉"，何谓"暗示"？契丹改国号的诏书今已不存，但既然契丹是辽朝原本的国号，在台面上总能找到合情合理的说法。但笔者怀疑，不论辽朝正式宣称的改国号理由为何，其潜在用意是非常巧妙地向宋人暗送秋波。所以说巧妙，是因为表面上看来，这与辽宋关系并无关系，示好若有若无，只可意会，不可言传。政治上处理类似敏感问题时，若过于主动，反而容易陷入被动。而契丹连年南侵，已经对宋人北伐进行了报复，大棒与胡萝卜并用，向来是政治高手的常用策略。

❷ 《辽史》卷10《圣宗纪一》，第108页。

> 今闻边境谧宁，田秋丰稔，军民等所宜安怀，无或相侵。如今辄入北界剽略及窃盗，所属州军收捉重断，所盗得物，并送还北界。❶

按辽圣宗即位于是年九月，宋太宗在十月颁下这份诏书，似非偶然。太宗进一步暗中指示边将，与契丹做试探性接触，以犀带请和，并非没有可能。

而萧后"以无书却之"，非常得体。化干戈为玉帛，何等大事，犀带确乎不足以示信。加之烽火重燃，责在宋方。如上所言，萧后虽以改国号向宋人传递信息，但正式启动议和，仍需慎之又慎。避免过分主动，正是谈判的要诀。而所谓"却之"，并非拒人千里，恰恰是暗示若正式见之国书，和谈可以重启。而从宋人随后的行为来看，太宗确实尚在游移之中，求和之心并不坚决，萧后的审慎非常明智。

可能与形势误判有关，❷宋太宗最终还是选择了再度北伐，又一次吞下了苦果。统和四年五月，宋军大败于岐沟关。是年冬辽朝南征，取得了君子馆大捷，"长驱入深、祁，陷易州，杀官吏，卤士民。所过郡邑，攻不能下者，则俘取村墅子女，纵火大掠，辇金帛而去。魏、博之北，咸被其祸"。❸其时耶律休哥"上言，可乘宋弱，

---

❶ 《宋会要辑稿·蕃夷一·辽上》，见《宋会要辑稿·蕃夷道释》，第12-13页。
❷ 《长编》卷27，太宗雍熙三年正月（第602页）载："先是，知雄州贺令图与其父岳州刺史怀浦及文思使薛继昭、军器库使刘文裕、崇仪副使侯莫陈利用等相继上言：'……契丹主年幼，国事决于其母，其大将韩德让宠幸用事，国人疾之，请乘其衅以取幽蓟。'上遂以令图等言为然，始有意北伐。"虽然契丹政局存在不安定因素，但如上所言，太后采取了种种措施以巩固统治，局势并不像宋人所以为的那样糟糕。
❸ 《长编》卷28，太宗雍熙四年正月，第631页。

略地至河为界。书奏，不纳"。❶《辽史·耶律善补传》较详细地记载了当时的决策过程：

> 会再举伐宋，欲攻魏府，召众集议。将士以魏城无备，皆言可攻。善补曰："攻固易，然城大巨量，若克其城，士卒贪俘掠，势必不可遏。且傍多巨镇，各出援兵，内有重敌，何以当之？"上乃止。❷

曾瑞龙认为，君子馆之战后辽军未大举入侵中原，原因有二：其一，辽的当务之急是保住燕云；其二，其军事胜利尚不彻底。❸曾氏举出了两个证据，以说明辽必须巩固燕云统治。首先，宋辽战争期间燕云百姓常有向宋之心，由汉将把守的城池亦常望风降附。其次，《辽史·耶律休哥传》云："休哥以燕民疲弊，省赋役，恤孤寡，戒戍兵无犯宋境，虽马牛逸于北者悉还之。"❹

在笔者看来，这一观点尚有可商之处。在宋朝取得军事胜利时，燕云百姓固然会有所动作，但这并不表明他们会在平日组织地下抵抗，反对辽人统治。而汉将降宋似乎也不能说明问题，因为宋辽战争时宋人降辽者亦复不少。如《辽史·圣宗纪》统和七年正月戊子，"宋雞壁砦守将郭荣率众来降，诏屯南京"；二月，"诏雞壁砦民二百户徙居檀、顺、蓟三州"；三月，"宋进士十七人挈家来归，命有司考其中第者，补国学官，余授县主

---

❶《辽史》卷83《耶律休哥传》，第1301页。休哥的这一举动被误置于君子馆大捷前。
❷《辽史》卷84《耶律善补传》，第1310页。
❸ 曾瑞龙：《经略幽燕》，第267页。
❹《辽史》卷83《耶律休哥传》，第1301页。

簿、尉"。❶而上引《休哥传》的那段话，从记载次序看，此事应当发生在统和七年休哥大败于徐河之后，属于辽廷又一次主动政策转向（详下），并不能证明燕云潜藏危机。相反，上文已提到，统和四年时休哥雄心勃勃，甚至提出了"略地至河为界"的建议。

因此，笔者以为，辽军不求深入的真正原因，的确是曾瑞龙所谓军事胜利尚不彻底。不过，所谓"不彻底"，曾氏只强调宋军仍保存相当实力，❷似未点中要害。

辽军无意大举入侵中原，固然是宋辽双方军事实力大体相当之反映，但也与宋辽边境地理环境密切相关。澶渊之盟后，宋人陈贯上书真宗，提到："自威虏城（后改广信军）东距海三百里，其地沮泽碛堨，所谓天隙天陷，非敌所能轻入。由威虏西极狼山不百里，地广平，利驰突，此必争之地。"❸仁宗庆历间，富弼上河北御策，其二曰：

> 景德以前，北敌寇边，多由飞狐、易州界道东西口过阳山子，度满城，入自广信之西，后又多出兵广信、安肃之间。大抵敌骑率由西山下入寇，大掠州郡，然后东出雄、霸之间。景德前，二州塘水不相接，因名东塘、西塘。二塘之交，荡然可以为敌骑归路，遂置保定军介于二州，以当贼冲。……自余东从姑海，西至保州一带数百里，皆塘水弥漫，若用以为险，可以作限。只是保州以西，至山下数十里，无塘水之阻，敌可以

---

❶《辽史》卷12《圣宗纪三》，第133、134页。
❷ 曾瑞龙：《经略幽燕》，第267-268页。
❸《长编》卷59，真宗景德二年三月，第1322-1323页。

平入。❶

也就是说，契丹入侵，一般避开了地理环境极其不利的宋辽河北边界东段（即三关地区），总是由西段南下。

正是针对这一形势，宋朝的防线设置是以重兵驻守镇、定、高阳三镇，定州为其核心，威虏、静戎军（后改安肃军）为其主要屏障，其防守策略大体是主力坚守不出，伺机发动小规模突袭。宋端拱元年（辽统和六年），太宗以宣徽南院使郭守文充镇州路都部署，面命之曰：

> 朝廷以镇、定、高阳三路控扼往来咽喉，若敌无所顾，矜骄而来，则出奇兵掩之，万不失一。……敌若敢逾镇、定，汝但勿战，阳为怯势，骄置其事，朕即以驾前精锐，径发格斗，仍窃取敌号，俟有必胜之策，则分布队伍，纵兵击杀，若其未捷，各保城寨，皆百战百胜之谋也。❷

辽军虽能深入宋境，但不仅对镇、定、高阳三镇毫无办法，连威虏、静戎军亦无力攻取，❸因此总是扫荡一番，然后北归。遭遇雍熙北伐后的这次南征，虽大捷于瀛州以北的君子馆，并连下深、祁二州，似乎战果不小，但并没有真正威胁到镇、定、高阳三镇及威虏、静戎二军构成的防御体系，而继续南下太过冒险，深、祁二州亦不能据而有之，北返在情理之中。

---

❶ 《长编》卷150，仁宗庆历四年六月，第3648页。
❷ 《长编》卷29，"太宗端拱元年八月甲子"条，第656页。
❸ 威虏、静戎二军为此赢得了"铁遂城""铜梁门"的称号。参《三朝北盟会编》卷23《政宣上帙二三》，第167页。

统和六年，辽军再度南侵，虽然攻下了涿、易二州，并从此据而有之，但同样没能撼动三镇二军。次年，宋镇定大军护送粮草赴威虏军，耶律休哥欲逆击之，大败于徐河。此后契丹又一次改变策略，十年不再南牧。

第二节 十年生聚

统和七年冬起，宋、辽间进入了长达十年的休战期。❶据《辽史·圣宗纪》，统和十二年宋两度遣使求和，但均遭拒绝。❷统和十五年（997，宋至道三年）三月，宋太宗驾崩，真宗继位。《宋史·何承矩传》云：

> 真宗嗣位，复遣知雄州，赐承矩诏曰："朕嗣守鸿业，惟怀永图，思与华夷共臻富寿。而契丹自太祖在位之日，先帝继统之初，和好往来，礼币不绝。其后克复汾、晋，疆臣贪地，为国生事，信好不通。今者圣考上仙，礼当讣告。汝任居边要，洞晓诗书，凡有事机，必能详究，轻重之际，务在得中。"承矩贻书契丹，谕以怀来之旨，然未得其要。❸

---

❶ 按《长编》卷37太宗至道元年（辽统和十三年）正月（第807页），契丹西南面招讨使韩德威入寇府州，大败于子河汊。是年十二月（《长编》卷38，第825页），韩德威欲兴师复仇，但在府州守将折御卿威慑下退兵。府州事件可能与争夺边部落有关，并非宋辽正面冲突。如《宋会要辑稿·蕃夷一·辽上》(《宋会要辑稿·蕃夷道释》，第31页）载："（至道）二年六月，仡党族首领迎罗恬及长嗟、黄屯三人诣府州内附，云春初契丹将韩五押（即韩德威）领兵来剽掠，遂与战，杀获多，又擒大将妲连。旧居山后，今乞渡河，居于勒波、马尾族地。诏安抚之，各赐锦袍、银带、器币等。"

❷ 《辽史》卷13《圣宗纪四》，第145页。此事不见宋朝文献。

❸ 《宋史》卷273《何承矩传》，第9329页。

《宋大诏令集》收录了澶渊之际真宗给王继忠的第一份诏书,其中提到"向因何承矩上言,乞差使往,其时亦允所奏,尔后别无所闻"。❶《辽史·王继忠传》所记则作"向以知雄州何承矩已布此恳,自后杳无所闻"。❷真宗即位初的这次求和,并没有得到回应。

在这长达十年的休战期中,辽朝首先致力于内政。统和八年(990)起,契丹开始括田括户。是年五月,"诏括民田"。然翌年正月,"诏免三京诸道租赋,仍罢括田"。❸似乎括田遇到了阻碍。不过,统和十三年有记载曰"诏减前岁括田租赋"。❹可见括田终于还是贯彻了下来。

统和九年七月,"通括户口";十二年十月,"诏定均税法";次年四月,"诏诸道民户应历以来胁从为部曲者,仍籍州县";统和十五年三月,"通括宫分人户"。❺

与此相应,辽廷积极劝农。统和十年八月,"观稼,仍遣使分阅苗稼";十二年七月,"遣使视诸道禾稼";翌年正月,"诏诸道劝农";六月,"诏许昌平、怀柔等县诸人请业荒地"。❻是年又"诏诸道置义仓"。❼统和十四年十一月,"诏诸军官毋非时畋猎妨农";次年正月,"诏诸道劝民种树";三月,"募民耕滦州荒地,免其租赋十年"。❽

同时,大行仁政。统和十年二月壬午,"免云州租赋";辛卯,

---

❶ 《宋大诏令集》卷232《政事八十五》,北京:中华书局,1962年,第903页。
❷ 《辽史》卷81《王继忠传》,第1284页。
❸ 《辽史》卷13《圣宗纪四》,第139、141页。
❹ 同上书,第146页。
❺ 同上书,第141、145、146、149页。
❻ 同上书,第143、144、146页。
❼ 《辽史》卷59《食货志上》,第924页。
❽ 《辽史》卷13《圣宗纪四》,第148、149页。

"给复云州流民";五月,"朔州流民给复三年";十二年正月,"癸丑朔,潞阴镇水,漂溺三十余村,诏疏旧渠。……诏复行在五十里内租。……戊午,蠲宜州赋调。……霸州民李在宥年百三十有三,赐束帛、锦袍、银带,月给羊酒,仍复其家";二月,"免南京被水户租赋";统和十四年正月,"蠲三京及诸州税赋";三月,"诏安集朔州流民";十二月,"以南京道新定税法太重,减之";次年正月,"免流民税";三月,"免南京逋税及义仓粟";四月,"发义仓粟振南京诸县民";十月,"弛东京道鱼泺之禁";统和十六年四月癸卯,"振崇德宫所隶州县民之被水者";丁未,"罢民输官俸,给自内帑"。❶

对于狱讼,辽廷也非常重视。统和八年正月,"诏决滞狱";翌年闰二月,"遣翰林承旨邢抱朴、三司使李嗣、给事中刘京、政事舍人张干、南京副留守吴浩分决诸道滞狱";三月,"复遣库部员外郎马守琪、仓部员外郎祁正、虞部员外郎崔佑、蓟北县令崔简等分决诸道滞狱";十二年六月,"录囚";八月,"录囚,杂犯死罪以下释之";十一月,"诏南京决滞狱";统和十四年五月,"诏参知政事邢抱朴决南京滞狱";次年正月,"诏南京决滞囚";四月,"录囚";五月,"诏平州决滞狱";七月,"诏南京疾决狱讼";十月戊申,"以上京狱讼繁冗,诘其主者";辛酉,"录囚";十一月,"录囚";十二月,"录囚";统和十六年七月,"录囚"。❷

此外,选拔贤才也是太后的关注点之一。统和九年七月,"诏

---

❶ 《辽史》卷13《圣宗纪四》,第142、144、147、148、149、150页;卷14《圣宗纪五》,第153页。唯一的例外是统和十三年正月,"增泰州、遂城等县赋"(卷13《圣宗纪四》,第146页)。蹊跷的是,泰州即满城、遂城即威虏军,均在宋人手中。这条记载让人匪夷所思。

❷ 《辽史》卷13《圣宗纪四》,第139、141、145、148、149、150页;卷14《圣宗纪五》,第154页。

诸道举才行、察贪酷、抚高年、禁奢僭,有殁于王事者官其子孙";十二年六月,"诏州县长吏有才能无过者,减一资考任之";十一月,"诏诸部所俘宋人有官吏儒生抱器能者,诸道军有勇健者,具以名闻。庚戌,诏郡邑贡明经、茂材异等。……己未,官宋俘卫德升等六人"。❶

以上所列种种,大体针对的是契丹治下的州县民。对于部族,这十年似亦不寻常。统和十二年十二月,"诏并奚王府奥理、堕瑰、梅只三部为一,其二剋各分为部,以足六部之数";十四年四月,"东边诸纠各置都监","改诸部令稳为节度使"。❷

仁政也同样广施于部落民。统和八年四月,"以岁旱,诸部艰食,振之";次年三月,"振室韦、乌古诸部";十二年二月,"免诸部岁输羊及关征";翌年五月,"北、南、乙室三府请括富民马以备军需,不许,给以官马";统和十五年二月戊戌,"劝品部富民出钱以赡贫民";丁巳,"诏品部旷地令民耕种";四月,"罢奚五部岁贡麕";十月,"罢奚王诸部贡物"。❸

笔者之所以不厌其烦地征引文献,是为说明,这十年间种种措施如此频繁,在辽朝历史上实属罕见。以往学者分析契丹鼎盛时期之出现,多论及澶渊之盟所造就之外部环境。这确属的论。不过,对于统和中期这十年在内政方面奠基之功,似尚未有人给予注意。笔者认为,这十年内政在契丹历史上的作用同样不可小视,除澶渊之盟外,这应当是承天太后留给辽朝最重要的遗产之一。

当然,内政并非十年间萧后的唯一关注点。统和十年十二月,"以东京留守萧恒德等伐高丽";次年正月,"高丽王治遣朴良柔

---

❶《辽史》卷13《圣宗纪四》,第141、144、145页。
❷ 同上书,第145、148页。
❸ 同上书,第139、141、144、146、149、150页。

奉表请罪,诏取女直鸭渌江东数百里地赐之"。❶《辽史·萧恒德传》云:"高丽未附,恒德受诏,率兵拔其边城。王治惧,上表请降。"❷雍熙北伐时,宋一度欲联络高丽,夹攻契丹。辽朝此番虽云伐高丽,但似以恩为主,威乃其辅,应当正是为了解决这一潜在威胁。❸

统和十二年起,契丹再度出师讨伐西北阻卜诸部。是年八月,"诏皇太妃领西北路乌古等部兵及永兴宫分军,抚定西边,以萧挞凛督其军事";统和十四年十二月,"挞凛诱叛酋阿鲁敦等六十人斩之,封兰陵郡王";翌年三月,"皇太妃献西边捷";五月"敌烈八部杀详稳以叛,萧挞凛追击,获部族之半";九月,"萧挞凛奏讨阻卜捷"。❹《萧挞凛传》载:"十五年,敌烈部人杀详稳而叛,遁于西北荒,挞凛将轻骑逐之,因讨阻卜之未服者,诸蕃岁贡方物充于国,自后往来若一家焉。"❺此外,东北边部兀惹亦于统和十二年反叛,辽军征战数年,至十五年兀惹归款,东北复归平静。

总之,在这十年中,辽朝一方面选拔贤才,括田括户,整顿部族,积极劝农,大行仁政,内政蒸蒸日上;另一方面,东伐高丽,北征阻卜,周边隐患亦得以肃清。在这种情况下,解决与宋朝的争端终于又提上了日程。统和十六年五月,"祠木叶山,告来岁南伐"。❻翌年九月,契丹大军再度南下。

---

❶《辽史》卷13《圣宗纪四》,第143页。

❷《辽史》卷88《萧恒德传》,第1342页。

❸ 按《长编》卷36太宗淳化五年(辽统和十二年)(第789-790页)载:"(六月)庚戌,高丽国王治遣使元郁来乞师,言契丹侵掠其境故也。上以夷狄相攻,盖常事,而北边宁宁,不可轻动干戈。秋七月壬子,厚礼其使而归之,仍优诏答之。高丽自是绝不复朝贡矣。"此后高丽曾尝试联宋反辽,但宋人并不积极,高丽亦无实质性行动。

❹《辽史》卷13《圣宗纪四》,第145、148、149、150页。

❺《辽史》卷85《萧挞凛传》,第1314页。

❻《辽史》卷14《圣宗纪五》,第153页。

第三节　烽烟再起

据《辽史·圣宗纪》，统和十七年十月癸酉，"攻遂城（威虏军），不克。遣萧继远攻狼山镇石砦，破之。次瀛州，与宋军战，擒其将康昭裔、宋顺，获兵仗、器甲无算。进攻乐寿县，拔之。次遂城，敌众临水以拒，纵骑兵突之，杀戮殆尽"❶。由于威虏攻不下，辽军剽掠一番后仍然只能主动撤退。面对契丹来犯，宋真宗御驾亲征，曾督促前线主动出击。❷镇、定、高阳关行营都部署傅潜畏懦不战，事后被削夺官爵，流房州。❸

统和十九年（1001，宋咸平四年）十月，契丹再次入侵，但旋即因雨水班师。❹事实上，早在是年七月，宋方就得到情况，辽人将谋入寇，因此做好了部署，拟驻大军于威虏。❺但谍报有误，契丹南犯时宋师主力尚在定州，真宗为此"甚叹息焉"。❻

翌年，辽朝继续南侵，但不在秋高马肥的九、十月，而选择了三月，太后、圣宗亦未亲征，属于小规模骚扰。在两国交兵的同时，辽朝却又要求宋朝重开榷场。是年四月末，"契丹新城都监种坚移文境上，求复置榷场。朝议以敌情翻覆，未之许。知雄州何承

---

❶《辽史》卷14《圣宗纪五》，第154-155页。关于宋真宗朝宋辽战争的具体过程，可参王晓波：《宋辽战争论考》，成都：四川大学出版社，2011年，第116-181页。

❷ 柳立言：《宋辽澶渊之盟新探》，宋史座谈会编：《宋史研究集》第23辑，台北：编译馆，1995年，第80页。

❸《长编》卷46，真宗咸平三年正月，第986页。

❹《辽史》卷14《圣宗纪五》，第156页。另参《耿延毅墓志》，《辽代石刻文编》，第160页。

❺《长编》卷49，真宗咸平四年七月，第1066页。

❻《长编》卷49，真宗咸平四年十月，第1079页。

矩继以请……于是听雄州复置榷场"。❶

统和二十一年（宋咸平六年）四月，契丹又一次入寇，与宋军战于望都，虏王继忠。但辽人并无进一步行动，很快又退出宋境。此役后，宋朝复罢雄州榷场。《长编》云："时敌数入寇，或言谍者以互市为名，公行侦伺，故罢之。"❷

望都之败让宋真宗恼怒异常，一度又欲亲征。是年七月，"将议亲征。癸卯，命司封郎中栾崇吉自京至镇、定检视行宫顿递"。❸宿将李继隆反对，当面劝阻真宗曰："伏睹车驾将巡幸河朔，陛下向来制置边备，分任将帅，悉合机要。至于戎人入寇，人民小有骚动，盖亦常事。即如太宗朝，城堡往往陷没，然终不能为害。愿专责将帅，不须銮辂亲举。"真宗回答说：

> 先帝天资圣武，混一天下，朕安敢上拟！今外敌岁为民患，既不能以德服，又不能以威制，使边民横被杀伤，骨肉离异，为人父母者，其得安乎！此朕所以必行也。

前枢密使王显亦劝阻真宗，上疏云：

> 陛下将事亲征，臣窃惑其事，谓非谨重之道。且意陛下昨以王师小衄于望都，故决议讨伐。然盛寒在序，未闻犯塞，鸣銮轻举，直抵穷边，敌若不逢，师乃先老。又意或者献说，请复幽燕，此非长策也。且继迁未灭，西鄙不宁，倘北敌与之结援，竟来侵轶，则重为中国之患矣。凡建议大事，上下协力，

---

❶《长编》卷51，真宗咸平五年四月，第1127-1128页。
❷《长编》卷51，真宗咸平五年五月丙申，第1193页。
❸《长编》卷55，真宗咸平六年七月，第1206页。

举必成功。今公卿大夫以及庶人，尚多异同之说，安可行之耶？臣谓止可命将帅以讨之，训士卒以御之，坚垒以挫之，按甲以待之。必欲燕蓟旧地，则宜修文德，养勇锐，伺时利，然后奉行天罚，何往不克也！❶

从三人的话可以看出，真宗亲征的目的，是为了亲临前线、指挥防秋。不过，王显怀疑，真宗可能也有北伐的打算。❷事实上，当时确有人鼓动真宗北伐。《长编》载：

王继忠之战于望都也，张旻为定州行营钤辖，率诸将间道往援。比至，城已陷，旻与敌战，身被数创，杀一枭将。迟明，复战，而继忠为契丹所执。旻还，言天道方利客，先起者胜，宜大举北伐，并上兴师出境之日。上以问辅臣，皆言不可，乃止。❸

对于契丹，真宗的基本态度是保境安民。咸平四年，真宗曾对吕蒙正谈道："朕以边事未宁，劳民供馈，盖不获已也，苟能选将练兵，驱攘戎寇，使不敢侵掠，则近边之民亦获安泰矣。"❹翌年六月，真宗与前线主帅王超讨论是岁防秋，超言："今岁出师，请止如去岁规画。若欲交战，则宜寨于保州北、威虏军南。"真宗曰：

---

❶《长编》卷55，真宗咸平六年十二月，第1219-1220页。
❷ 汪圣铎、胡坤（《宋辽瀛州之战与澶渊之盟》，张希清、田浩、穆绍珩、刘乡英主编：《澶渊之盟新论》，上海：上海人民出版社，2007年，第38-39页）认为，李继隆、王显并不反对北伐，只是不希望真宗领军出征。这似乎是对文献的误读。
❸《长编》卷58，真宗景德元年十一月，第1282页。
❹《长编》卷49，真宗咸平四年八月壬子，第1069页。

"不须力战，但控扼备御，不失机便可也。"❶是年七月，吕蒙正言："昨中山会兵，不深入讨贼，盖所全者大。"真宗曰："民惟邦本，本固邦宁。朕熟计之，北鄙屯盛兵，止为庇民耳。"❷景德元年（辽统和二十二年）正月，"北面三路都部署王超等请募沿边丁壮及发精兵入贼境。上曰：'无故发兵，不足以挫敌，徒生事于边陲，可亟止之。戎人南牧，但于境上驱攘而已，无得轻议深入。'"❸

契丹连岁南侵，宋人败多胜少。更何况，战争在宋朝境内进行，兵锋所及，生灵涂炭，其损失又非单单胜负所能衡量的。由于无险可守，宋军完全陷入被动。而每年的防秋，对宋廷又是极大的负担。上文提到，咸平四年由于情报错误，大军未能及时北上。而错误谍报之所以会发生作用，正是因为后勤供应迫使宋方不能提前出动。咸平六年八月，真宗提到："今河北已屯大兵，而边将屡奏敌未有隙，且聚军虚费，则民力何以充给？"❹在这种完全被动的局面下，真宗内心之窝火可想而知，但并无证据表明，真宗曾计划北伐。❺

不过，真宗无意北伐，并不能理解为畏懦避战。《长编》载：

> （咸平六年）六月己未朔，御便殿，内出阵图示辅臣，曰："今敌势未辑，尤须防遏。屯兵虽多，必择精锐先据要害以制之。凡镇、定、高阳三路兵悉会定州，夹唐河为大阵。量寇远近，出军树栅。寇来坚守勿逐，俟信宿寇疲，则鸣鼓挑

---

❶ 《长编》卷52，真宗咸平五年六月，第1137页。
❷ 《长编》卷52，真宗咸平五年七月，1143页。
❸ 《长编》卷56，真宗景德元年正月己丑，第1224页。
❹ 《长编》卷54，真宗咸平六年八月甲戌，第1210页。
❺ 柳立言《宋辽澶渊之盟新探》（第71页）及李锡厚《论"澶渊之盟"非"城下之盟"》（《澶渊之盟新论》，第5页）均认为真宗一直有意收复燕云，但并没有提供证据。

战,勿离队伍,令先锋策先锋,诱逼大阵,则以骑卒居中,步卒环之,短兵接战,亦勿离队,伍贵持重,而敌骑无以驰突也。又分兵出三路,以六千骑屯威虏军,魏能、白守素、张锐领之;五千骑屯保州,杨延朗、张延禧、李怀岊领之;五千骑屯北平寨,田敏、张凝、石延福领之,以当敌锋。始至,勿与斗,待其气衰,背城诱战,使其奔命不暇。若敌南越保州,与大军遇,则令威虏之师与延朗会,使其腹背受敌,乘便掩杀。若敌不攻定州,纵轶南侵,则复会北平田敏,合势入北界邀其辎重,令雄霸、破虏以来互为应援。又命孙全照、王德钧、裴自荣领兵八千屯宁边军,李重贵、赵守伦、张继旻领兵五千屯邢州,扼东西路,敌将遁,则令定州大军与三路骑兵会击之。又令石普统兵万人于莫州,卢文寿、王守俊监之。俟敌北去,则西趋顺安军袭击,断其西山之路。如河冰已合,贼由东路,则命刘用、刘汉凝、田思明领兵五千会石普、孙全照犄角攻之。自余重兵,悉屯天雄,命石保吉领之,以张军势。"❶

真宗的策略是,大军屯于定州,若契丹攻定州,先坚守不战,待辽兵疲敝,再诱之与战,三路偏师则攻其后路。若契丹不攻定州,径自南下,则在辽军撤退时,断其后路,前后夹击。这一计划考虑到了辽军可能越过定州南下,但对此并不十分重视,以为只要宁边军、邢州"扼东西路",威虏、保州、北平的部队"合势入北界邀其辎重",契丹就会被逼退却,完全没有料到辽军主力可能冒险南下至大名、澶渊一带。而这并非真宗一人之失策,乃是澶渊之盟前

---

❶ 《长编》卷54,真宗咸平六年六月己未,第1195—1196页。

宋朝君臣之共识。❶

第四节　澶渊之盟

统和二十二年，辽朝进行了最后一次南侵。是年八月，宋边臣得到契丹谋入寇的消息，上报朝廷。《长编》记载了宋廷的反应：

> （九月）丁酉，上谓辅臣曰："累得边奏，契丹已谋南侵。国家重兵多在河北，敌不可狃，朕当亲征决胜，卿等共议，何时可以进发？"毕士安等曰："陛下已命将出师，委任责成可也。必若戎辂亲行，宜且驻跸澶渊。然澶渊郛郭非广，久聚大众，深恐不易。况冬候犹远，顺动之事，更望徐图。"寇准曰："大兵在外，须劳圣驾暂幸澶渊，进发之期，不可稽缓。"王继英等曰："禁卫重兵，多在河北，所宜顺动以壮兵威，仍督诸路进军，临事得以裁制。然不可更越澶州，庶合机宜，不亏谨重。所议进发，尤宜缓图。若遽至澶州，必不可久驻。"❷

---

❶《长编》卷52真宗咸平五年六月（第1136页）载："先是，诏戒臣条上今岁防秋便宜。知威虏军魏能、知静戎军王能、高阳关行营都监高素言，敌首若举国自来，贼势稍大，请会兵于保州北徐、曹河之间，列寨以御之；若敌首不至，则止令三路兵犄角邀击。高阳关副都部署刘用、定州钤辖韩守英，请于沿边州军量益师徒，若敌首南侵，即选骁将锐旅自东路入攻贼界。皆图其地形以献。于是御苑东门对辅臣，内出二编，令详阅之，曰：'卿等前议布阵，亦指曹、徐河之间。今诸将之谋，尽在此矣。'"关于宋军战法及其形成过程，详参黄俊峰：《北宋战略防御阶段的宋辽战争与澶渊之盟——立足宋军战法探索及实战应用的讨论》，硕士学位论文，中国人民大学历史学院，2015年。

❷《长编》卷57，真宗景德元年九月丁酉，第1256-1257页。

真宗决定亲征，以抗击入侵之寇。毕士安等以为不必亲行，又建议驻跸澶州，不过应持重缓行。王继英等赞同毕士安的后一意见。只有寇准一人，建议真宗即刻出发赴澶州，然未被采纳。需要特别指出的是，此时契丹尚未南侵，真宗之亲征，是他几年来一直策划之事，并非情况危急下的仓促决定。而宋军的作战计划，应当就是上引咸平六年真宗设计之阵图。

决定亲征之后五日，镇、定、高阳三路都部署王超上言："日与知州、通判、军职等会食，饮酒或至日旰，虑妨公务。请隔日一会食。"真宗批示："军中旧制，骤令改易，恐群议非允。"命令王超一如故事。❶从这件事的处理上也可以看出，其时宋朝君臣并没有因为大敌将至而惊慌失措。

是月末，王显上疏陈三策，曰：

> 大军方在镇、定，敌必未敢引众南侵，若车驾亲征，望且驻跸澶渊，诏镇、定出军会河南大军合势攻杀。或契丹主与其母氏虚张形势，以抗我师，潜遣锐兵南下，迫河与驾前诸军对敌，即望令镇、定之师，直趋彼帐，攻其营寨，则缘河游兵自退，所谓不战而屈人兵也。或分遣骑兵千、步兵三千于濮州渡河，横掠澶州，继以大军追北掩敌，此亦出其不意也。❷

与真宗一样，王显也认为，"敌必未敢引众南侵"。不过，他怀疑契丹可能"潜遣锐兵南下"，因此提出了两个应对方案。其一，镇、定大军主动进攻辽军太后、皇上所在的营帐，这支契丹奇兵就会被

---

❶《长编》卷57，真宗景德元年九月壬寅，第1258页。
❷《长编》卷57，真宗景德元年九月辛亥，第1259页。

264

迫撤退。其二，宋军亦出奇兵，从侧翼攻击辽军。值得注意的是，王显称这支可能南下的契丹部队为"缘河游兵"，而他设想中的宋军奇兵仅由马步共四千人构成，可见在他看来，辽军主力不会南下。

总之，从九月到闰九月宋朝的备战情况看，宋廷上下对辽军可能冒险深入，明显准备不足。

是年闰九月，契丹举国大入，陆续攻击了威虏军、北平寨及保州。是月二十二日，"（萧）挞览与契丹主及其母合势以攻定州，王超阵于唐河，执诏书按兵不出战，敌势益炽，其轻骑俄为我裨将所击，乃率众东驻阳城淀"。❶于是辽军越过定州南下。《长编》载：

> 寇准言："边奏敌骑已至深、祁以东，缘三路大军在定州，魏能、张凝、杨延朗、田敏等又在威虏军等处，东路别无屯兵，乞先发天雄军步骑万人驻贝州，令周莹、杜彦钧、孙全照部分，或不足则止发五千人，专委孙全照。如敌在近，仰求便掩击，仍令间道约石普、阎承翰相应讨杀，乃募强壮入敌境，焚毁族帐，讨荡生聚，多遣探伺，以敌动静上闻，兼报天雄军。一安人心，二张军势以疑敌谋，三以震石普、阎承翰军威，四与邢、洺相望，足为犄角之用。"
>
> 又曰："扈从军士，不当与敌人争锋原野以决胜负。今天雄军至贝州，屯兵不过三万人，万一敌骑已营贝州以南，即自定州发三万余人，俾桑赞等结阵南趋镇州，及令河东雷有终所部兵由土门会定州。审量事势，那至邢、洺间，銮舆方可顺动。更敕王超等在定州翼城而阵，以应魏能等，作会合之势，

---

❶ 《长编》卷57，真宗景德元年闰九月癸酉，第1265页。所谓"执诏书按兵不出战"，当即上引咸平六年阵图规定的"寇来坚守勿逐"。

候抽移定州河东兵附近,始幸大名。"

又曰:"万一敌栅于镇、定之郊,定州兵不可来,邢、洺之北渐被侵掠,须分三路精兵,就差将帅会合,及令魏能等迤逦东下,傍城牵制,敌必怀后顾之忧,未敢轻议深入。若车驾不行,益恐蕃贼戕害生灵,或是革辂亲举,亦须度大河,且幸澶渊,就近易为制置,会合控扼。"❶

虽然契丹的动向出乎宋朝君臣的意料,但寇准此时对事态之严重性仍缺乏警惕,以为"或不足则止发五千人"的贝州,"与邢、洺相望,足为犄角之用"。他也考虑到,契丹可能已越过贝州。对此,他建议的对策是,调定州大军南下,这样就可以与天雄形成前后夹击之势。他还提到一种可能,辽军在定州附近还留有部队,宋军主力无法南下,那就抽调"三路精兵"及威房军等,"迤逦东下,傍城牵制,敌必怀后顾之忧,未敢轻议深入"。总之,寇准仍相当乐观。

契丹南下之时,真宗收到了王继忠的书信。《长编》云:

上谓辅臣曰:"朕念往昔全盛之世,亦以和戎为利。朕初即位,吕端等建议,欲因太宗上仙,命使告讣。次则何承矩请因转战之后,达意边臣。朕以为诚未交通,不可强致。又念自古獯鬻为中原强敌,非怀之以至德,威之以大兵,则犷悍之性,岂能柔服。此奏虽至,要未可信也。"

毕士安等曰:"近岁契丹归款者,皆言国中畏陛下神武,本朝雄富,常惧一旦举兵复幽州,故深入为寇。今既兵锋屡

---

❶ 《长编》卷57,真宗景德元年闰九月,第1266-1267页。

挫，又耻于自退，故因继忠以请，谅亦非妄。"

上曰："卿等所言，但知其一，未知其二。彼以无成请盟，固其宜也。然得请之后，必有邀求。若屈己安民，特遣使命，遗之货财，斯可也。所虑者，关南之地曾属彼方，以是为辞，则必须绝议，朕当治兵誓众，躬行讨击耳。"

遂以手诏令石普付兴等赐继忠曰："朕丕承大宝，抚育群民，常思息战以安人，岂欲穷兵而黩武。今览封疏，深嘉恳诚。朕富有寰区，为人父母，傥谐偃革，亦协素怀。诏到日，卿可密达兹意，共议事宜，果有审实之言，即附边臣闻奏。"继忠欲朝廷先遣使命，上未许也。❶

对契丹求和之诚意，真宗有所怀疑，同时他担心辽朝乘机索要关南，因此拒绝遣使。尽管如此，在赐王继忠的手诏中，他清楚地表达了和好的意愿。真宗的这一表态，需要特别注意。如上所论，虽然宋廷对辽军动向准备不足，但对局势仍相当乐观，真宗并非在形势危急下，被迫做出和好表示。

是月末，真宗仍在为亲征做准备。《长编》曰：

丙子，以天雄军都部署周莹为驾前东面贝冀路都部署……西上閤门使孙全照为钤辖。上召全照与语，命兼天雄军及贝、冀等州钤辖，仍令察视北面机事。全照言，若敌南逼魏城，但得骑兵千百，必能设奇取胜。上赏其忠果，足张兵威，乃诏都部署周莹，若全照欲击敌，即分兵给之。❷

---

❶《长编》卷57，真宗景德元年闰九月乙亥，第1268-1269页。
❷《长编》卷57，真宗景德元年闰九月丙子，第1269页。

孙全照称"但得骑兵千百,必能设奇取胜",得到真宗赞赏,说明君臣上下对辽军之来势缺乏预见。

十月甲申,"知澶州张秉言已调集丁壮,修葺州城。上以戎寇在境,而内地遽有完葺,恐摇人心,亟命罢之"。丙戌,"遣供备库副使安守忠案行澶州已北顿递"。❶真宗阻止澶州修葺州城,说明并不担忧战局,他甚至准备到澶州以北驻跸。

丙戌,"王超言契丹引众沿胡卢河而东,诏诸将整兵为备,仍令岢岚威虏军、保州、北平寨部署等深入贼境,腹背纵击以分其势"。❷真宗采取的仍是上年确定的对策。戊子,"保州奏孙密破敌功状,上曰:'缘边强壮、军士等,皆轻视敌人如此。但将领得人,固不难殄灭也。'诏以密为振武军校,赐锦袍、银带,随行军士第迁赐之"。❸按孙密事发生在闰九月,《长编》云:"(契丹)东趋保州,振武小校孙密领十卒侦事,中路遇敌前锋,密等依林木彀弓弩以待之,敌下马以短兵格斗,密等射杀十数人,又杀其军校,获所佩右羽林军使印"。❹真宗对孙密之褒语足证其大意轻敌。

不过,很快真宗就改变了看法。十月十五日,"诏王超等率兵赴行在"。❺这正是上月末寇准建议在契丹下至贝州以南时的对策,不过起因可能是瀛州失陷的传言。按十月六日,辽军抵瀛州,狂攻近十日,但未能如愿克城。此战契丹倾尽全力,其后宋军打扫战场,发现"城上悬板才数寸,集矢二百余","浚高阳壕,得遗矢凡四十万"。❻但真宗到月底才得到瀛州坚守不下的消息,此前则曾听

---

❶《长编》卷58,真宗景德元年十月,第1274页。
❷《长编》卷58,真宗景德元年十月丙戌,第1275页。
❸《长编》卷58,真宗景德元年十月戊子,第1275页。
❹《长编》卷57,真宗景德元年闰九月,第1265页。
❺《长编》卷58,真宗景德元年十月乙未,第1276页。
❻《长编》卷59,真宗景德二年正月丁巳,第1310页。

到瀛州陷落的传言。❶

召王超主力入援,是此役宋廷战略部署的一个转折点。不过,真宗并未因瀛州陷落的传言而惊慌失措,仍在有条不紊地安排对敌之策。❷十六日,即召王超入援的第二天,"诏随驾军士先赴澶州"。二十七日,"以雍王元份为东京留守","盐铁副使林特、户部副使崔端同判留司三司"。二十八日,"以枢密直学士、权三司使刘师道充随驾三司使兼都转运使"。❸真宗并没有因此改变原定的亲征计划。❹

当然,可能是因为形势变化,真宗部分改变了对敌策略。是月二十六日,真宗接到了王继忠的第二封求和信。这一次,真宗决定遣使。❺

十一月五日,"北面部署(王超)奏:'契丹自瀛州遁去,其众犹二十万。侦得其谋,欲乘虚抵贝、冀、天雄军。'诏督诸路兵及澶州戍卒会天雄军"。是日,又"发忻、代州兵赴诸路会合"。❻真宗乐观地认为,众军能会聚大名,阻截辽军。十四日,"上校猎近郊,至丁冈村,见民舍有墙垣颓坏、室庐卑陋者,因幸之,乃税户乔谦也。召其家人,赐万钱、衣三十事,免三年庸调"。❼大敌当前,

---

❶《长编》卷58,真宗景德元年十一月辛亥,第1280页。
❷ 柳立言《宋辽澶渊之盟新探》(第112-113页)认为此时"关南易手在即,形势急转直下","真宗阵法为之一乱,无心夺回关南,只知先求自保"。笔者不同意这一观点,详下。
❸《长编》卷58,真宗景德元年十月丙申、丁未,第1277、1279页。
❹ 按《长编》卷58真宗景德元年十一月辛酉(十一日,第1281页),"令随驾兵自来日以次发赴澶州"。柳立言《宋辽澶渊之盟新探》(第112页)据此认为,十月十六日随驾兵并未出发,亲征暂停。然《长编》卷58真宗景德元年十一月丁巳(七日,第1280-1281页)载:"诏德清军,如戎寇南侵,不须固守,率城中军民并赴澶州,仍令驾前排阵使分兵应接。"可见随驾兵此时已有部分在澶州。笔者认为,十月和十一月应当是两批不同的随驾兵。
❺《长编》卷58,真宗景德元年十月丙午,第1278-1279页。
❻《长编》卷58,真宗景德元年十一月乙卯,第1280页。
❼《长编》卷58,真宗景德元年十一月甲子,第1281-1282页。

真宗校猎意在显示其"军事上的备战功能与威慑意义","表达了与辽针锋相对的强硬立场"❶。

十五日,"诏留守官司,如车驾离京后,有无赖不逞,骚动人民,情理难恕者,并斩讫以闻。颁诸路所侦戎寇事宜以示诸将。诏京畿诸县调发军马,京东、西诸州运刍粮,民户今年秋税展一月限。诏应击登闻鼓邀车驾河北举人及诸色人,乞扈从先登效用者,令军头司第其材勇,引见讫,送诸处指使"。❷车驾即将启行,诸多措施之安排非常从容。

十八日,"以山南东道节度使、同平章事李继隆为驾前东面排阵使……南作坊使张旻为钤辖"。❸张旻正是上年倡议北伐之人。《长编》曰:

> 车驾将亲征,旻方戍并代,复奏边事十余,多论兵贵持重及所以取胜者。召还,入对,上曰:"契丹入塞,与卿所请北伐之日同,悔不用卿策。今须守澶州,扼桥而未得人,如之何?"旻请行,上喜,故命为东面钤辖,先令至澶州候敌远近,旻即驰骑往。❹

十九日,"发永兴驻泊龙卫、云骑八指挥赴行在"。❺二十日,"车驾北巡"。❻是日,真宗又收到了王继忠的来信。《长编》云:

---

❶ 孙方圆:《北宋废止皇帝"田猎"之礼考述》,《中国史研究》2014 年第 1 期,第 73 页。
❷ 《长编》卷 58,真宗景德元年十一月乙丑,第 1282 页。
❸ 《长编》卷 58,真宗景德元年十一月戊辰,第 1282 页。
❹ 《长编》卷 58,真宗景德元年十一月戊辰,第 1282–1283 页。
❺ 《长编》卷 58,真宗景德元年十一月己巳,第 1283 页。
❻ 《长编》卷 58,真宗景德元年十一月庚午,第 1283 页。

曹利用至天雄，孙全照疑契丹不诚，劝王钦若留之。契丹既数失利，复令王继忠具奏求和好，且言北朝顿兵，不敢劫掠，以待王人。继忠又与葛霸等书，令速达所奏。是夕，奏入，上因赐继忠手诏，言已遣利用；又以手诏促利用往，并付继忠使告契丹，遣人自抵天雄迎援之。继忠寻亦闻利用留天雄不行，复具奏，乞自澶州别遣使者至北朝，免致缓误。辛未（二十一日），车驾次长垣县，得其奏，遂以前意答焉。❶

对于议和，真宗显得颇为沉着，倒是辽人有些急不可耐。

二十二日，"次韦城县。诏知滑州张秉、齐州马应昌、濮州张晟往来河上，部丁夫凿冰，以防戎马之度"。❷《宋史·真宗纪》云："王继忠数驰奏请和，帝谓宰相曰：'继忠言契丹请和，虽许之，然河冰已合，且其情多诈，不可不为之备。'"❸

不过，在韦城，出现了一场小波折。《长编》曰：

先是，诏王超等率兵赴行在，逾月不至。寇益南侵，上驻跸韦城，群臣复有以金陵之谋告上宜且避其锐者，上意稍惑，乃召寇准问之。将入，闻内人谓上曰："群臣辈欲将官家何之乎？何不速还京师！"准入对，上曰："南巡何如？"准曰："群臣怯懦无知，不异于乡老妇人之言。今寇已迫近，四方危心，陛下惟可进尺，不可退寸。河北诸军，日夜望銮舆至，士气当百倍。若回辇数步，则万众瓦解，敌乘其势，金陵亦不可得而至矣。"上意未决。

---

❶《长编》卷58，真宗景德元年十一月庚午，第1283页。
❷《长编》卷58，真宗景德元年十一月壬申，第1283页。
❸《宋史》卷7《真宗纪二》，第126页。

准出,遇殿前都指挥使高琼门屏间,谓曰:"太尉受国厚恩,今日有以报乎?"对曰:"琼武人,诚愿效死。"准复入对,琼随入,立庭下,准曰:"陛下不以臣言为然,盍试问琼等。"遂申前议,词气慷慨。琼仰奏曰:"寇准言是。"且曰:"随驾军士父母妻子尽在京师,必不肯弃而南行,中道即亡去耳。愿陛下亟幸澶州,臣等效死,敌不难破。"准又言:"机会不可失,宜趋驾。"

时王应昌带御器械侍侧,上顾之,应昌曰:"陛下奉将天讨,所向必克,若逗遛不进,恐敌势益张。或且驻跸河南,发诏督王超等进军,寇当自退矣。"上意遂决。甲戌,晨发,左右以寒甚,进貂裘絮帽,上却之,曰:"臣下暴露寒苦,朕独安用此耶?"夕次卫南县,遣翰林侍读学士潘谨修先赴澶州,诏澶州北寨将帅及知州不得擅离屯所,迎候车驾。❶

李焘注云:

《记闻》云王钦若、陈尧叟密奏金陵之谋。按钦若时已在天雄,必无此奏。尧叟本议幸蜀,上既北出,尧叟固亦不复申言,且改图也。此当是群臣怯懦者别请南幸,偶与钦若前谋合,因误以为钦若等密奏耳。寇准先破二策于朝,云不可远之楚、蜀,今此但云金陵不可得至,固亦不及蜀也。它书载准语多差谬,盖不知准先议于朝,后议于韦城,凡两对,辄并言上幸澶渊时,故率不可据。今略取《记闻》所载,稍删润之。❷

---

❶《长编》卷58,真宗景德元年十一月,第1284-1285页。
❷《长编》卷58,真宗景德元年十一月李焘注,第1285页。

按司马光《涑水记闻》卷 7 云：

  景德中，虏犯澶渊，天子亲征，枢密使陈尧叟、王钦若密奏宜幸金陵，以避其锋。是时乘舆在河上行宫，召寇准入谋其事。准将入，闻内中人谓上曰："群臣欲将官家何之邪？何不速还京师？"准入见，上以金陵谋问之，准曰："群臣怯懦无知，不异于向者妇人之言。今胡虏迫近，四方危心，陛下唯可进尺，不可退寸。河北将士旦夕望陛下至，气势百倍。今若陛下回辇数步，则四方瓦解，虏乘其势，金陵可得至邪？"上善其计，乃北渡河。❶

上引《长编》第一段即出自《记闻》。

而《长编》于是年闰九月曾云：

  先是，寇准已决亲征之议，参知政事王钦若以寇深入，密言于上，请幸金陵，签书枢密院事陈尧叟请幸成都。上复以问准，时钦若、尧叟在旁，准心知钦若江南人，故请南幸，尧叟蜀人，故请西幸，乃阳为不知，曰："谁为陛下画此策者？罪可斩也。今天子神武，而将帅协和，若车驾亲征，彼自当遁去，不然，则出奇以挠其谋，坚守以老其众。劳逸之势，我得胜算矣，奈何欲委弃宗社，远之楚、蜀耶！"上乃止，二人由是怨准。钦若多智，准惧其妄有关说，疑沮大事，图所以去之。会上欲择大臣使镇大名，准因言钦若可任，钦若亦自请行。乙亥，以钦若判天雄

---

❶ 司马光：《涑水记闻》卷 7，邓广铭、张希清点校，北京：中华书局，1989 年，第 131 页。

军府兼都部署、提举河北转运司,与周莹同议守御。❶

李焘注曰:

《记闻》载王钦若、陈尧叟之言,并云车驾时在澶渊。按钦若以闰九月二十四日除知大名,十月初二日行,车驾以十一月二十日方亲征,《记闻》盖误也。魏泰《东轩录》载准召钦若至行府谕意,及酌上马杯,令钦若即日驰骑赴镇,此尤缪妄。今依约《仁宗实录》准及钦若本传删修。其实准先已决澶渊之议,钦若与尧叟潜沮之,准因斥言其过,虽斥言其过,盖未尝面斥钦若等,固亦不于上前公献此策,本传遂云准斥钦若等,恐未必然尔。张唐英作《准传》,又有江南人劝幸金陵,蜀人劝幸成都之语,若谓准私以为然则可耳,必不对上斥言也。且唐英叙准事,多失实,今皆不取。钦若既不能沮准,则因请守魏以自效,奸邪为身谋,或多如此,本传宜得之。刘攽作《丞相莱公传》,亦云上北巡至澶州,不欲渡河,准始请斩建议幸金陵及蜀者,与司马光《记闻》同误,今不取。❷

寇准谏止真宗避敌发生过两次,是李焘本人的创见。而李焘之所以力主此说,是因为王钦若在真宗自东京启程之前已出守大名,不在真宗身边。

笔者认为,这是李焘对文献的误读。

---

❶《长编》卷57,真宗景德元年闰九月,第1267页。
❷《长编》卷57,真宗景德元年闰九月李焘注,第1267-1268页。

首先，关于此事，《涑水记闻》根据不同的来源，存有两个版本，其一已见上文，而另一则也同样认为，这发生在"（寇）准从车驾幸澶渊"之时。❶据上引李焘注，刘敞《寇莱公传》亦同。而《宋史·寇准传》谓此事发生在"契丹围瀛州，直犯贝、魏"之后，❷《名臣碑传琬琰集》载《寇忠愍公准旌忠之碑》亦云事在辽军"直抵于澶、魏，将饮马河壖"后。❸总而言之，此事应当发生在王钦若出守大名之后。

其次，据上文分析，是年闰九月，宋廷上上下下（包括寇准）对局势仍相当乐观，怎么会有人提出避敌之说？

其三，上引《记闻》明言"密奏宜幸金陵"，也就是说，陈尧叟、王钦若并不在真宗身边，只是秘密派人上奏。而李焘似乎将"密奏"误解为二人避开群臣，以进邪说。

李焘之后，历来不仅相信寇准两谏避敌之说，还相信主张避敌是怯懦逃跑之举，这是更大的误会。

真宗朝之后，王钦若声名扫地，为士林所不齿，但这不代表他必然是畏懦惧敌之人。❹王氏自请大名，李焘已经意识到，与怯懦说实难两存，无奈中只能以奸邪云云塞责。那我们且来看看他在大名及澶渊之盟后针对辽朝的实际表现。上文提到，当曹利用奉使议和，来到大名时，王钦若在孙全照的劝说下留之不遣。二十四日真

---

❶ 司马光：《涑水记闻》卷6，第113—114页。
❷ 《宋史》卷281《寇准传》，第9530页。
❸ 《名臣碑传琬琰集》上集卷2《寇忠愍公准旌忠之碑》，台北：文海出版社，1969年影印本。
❹ 祥符丑剧的另一主角丁谓，在景德之役的表现即可圈可点。《长编》卷58"真宗景德元年十月庚寅"条（第1276页）云："（命）知制诰、知郓州丁谓兼郓、齐、濮安抚使，并提举转运及兵马。……既而敌骑稍南，民大惊，趋杨流渡，舟人邀利，不时济。谓绐取死罪囚斩河上，舟人惧，民悉得济。乃立部分，使并河执旗帜，击刁斗以惧敌，呼声闻百余里。敌遂引去。"

宗离开韦城，继续行程时，《长编》又曰：

> 上前赐王继忠诏许遣使，继忠复具奏附石普以达。普自贝州遣指使、散直张皓持诣行阙，道出敌寨，为所得，契丹主及其母引皓至车帐前，问劳久之，因令抵天雄，以诏促曹利用。王钦若等疑不敢遣，皓独还。契丹主及其母赐皓袍带，馆设加等，使继忠具奏，且请自澶州别遣使速议和好事。于是皓以其奏入，上复赐钦若诏，又令参知政事王旦与钦若手书，俾皓持赴天雄，督利用同北去。❶

很难想象，这是同一个畏懦惧敌的王钦若。司马光《涑水记闻》记载了辽军寇大名的经过，云：

> 契丹将至，阖城惶遽。钦若与诸将议探符分守诸门……钦若亦自分守南门，（孙）全照曰："不可。参政主帅，……不如居中央府署，保固腹心，处分四面，则大善。"钦若从之。……是夜月黑，契丹自故城潜师复过魏府，伏兵于城南狄相庙中，遂南攻德清军。钦若闻之，遣将率精兵追之，契丹伏兵断其后，魏兵不能进退。全照请于钦若曰："若亡此兵，是无魏也。北门不足守，全照请救之。"钦若许之。全照率麾下出南门力战，杀伤契丹伏兵略尽，魏兵复得还，存者什三四。❷

---

❶《长编》卷58，真宗景德元年十一月，第1285-1286页。

❷ 司马光：《涑水记闻》卷7，第130页。另参《长编》卷58真宗景德元年十一月，第1284页。又《长编》卷59"真宗景德二年正月己巳"条（第1313页）云："参知政事王钦若加阶邑、实封，中谢，又赐袭衣、金带、鞍马。故事，辅臣加恩无所赐，上以钦若守藩有劳，特宠异之。自是遂为故事。"（李焘注：此据《春明录》。）此可为《涑水记闻》佐证。

如此表现,难道也是奸计?又《长编》大中祥符七年(1014,辽开泰三年)载:

> 知秦州张佶言蕃部傲扰,已出兵格斗,望量益士卒。王旦曰:"今四方宁辑,契丹守盟甚坚,西戎入贡不绝,藩翰之臣,宜务镇静。"上曰:"边臣利于用兵,殊不知无战为上。顷岁河北请增边兵,王钦若等亦惑其言,惟朕断以不疑,终亦无患。"❶

在契丹问题上,王钦若要比真宗、王旦更为激进。

附带说说陈尧叟。宋景德四年(1007,辽统和二十五年)八月,《长编》曰:

> 自罢兵之后,议者颇以国马烦耗,岁费缣缯,虽市得尤众,而损失亦多。知枢密院事陈尧叟独谓:"群牧之设,国家巨防,今愚浅之说以马为不急之务,则士卒亦当遣而还农也。"作《群牧议》以献,勒石大名监。乙巳,置群牧制置使,命尧叟兼之。❷

又大中祥符二年(辽统和二十七年)十月,《长编》载:

> 雄州奏契丹改筑新城。上谓辅臣曰:"景德誓书有无创修城池之约,今此何也?"陈尧叟曰:"彼先违誓修城,亦此之利也。"上曰:"岂若遗利而敦信乎?且以此为始,是当有渐。

---

❶《长编》卷83,真宗大中祥符七年十一月,第1904页。
❷《长编》卷66,真宗景德四年八月,第1479页。

> 宜令边臣诘其违约，止之，则抚驭远俗，不失其欢心矣。"❶

同样，保守的是真宗，而非陈尧叟。

而最能说明问题的是大中祥符三年（辽统和二十八年）三月，真宗与陈尧叟在辅臣前，对澶渊之役做出的反思：

> 上曰："自顷契丹入寇，备御之策，无日不讲求，而将帅不能决胜，陈尧叟尽知此事。"尧叟曰："咸平中，契丹侵轶亭障，国家岁岁防秋。六年，举国而来，群议咸请大为之防，陛下亲降手札，询于中外，虽继上谋画，皆未尽善，乃特出圣断，控守险要，排布行阵，又择锐卒散为奇兵，俟戎首南侵，即命诸路直赴幽燕，取其车帐，俾边郡援应，皆以方略示之，而将帅非其人，故殊勋不集。"❷

如果陈氏是怯懦畏敌之人，真宗怎么可能让陈氏去证明自己澶渊前备御契丹已竭尽全力？

笔者认为，历史的真相是，王钦若出守大名后，发现辽军完全超出了宋人之前的预想，大军冒险深入宋朝腹地。为了应对这一变数，真宗的方案是回调王超主力，阻截契丹于大名。但王超迁延不至，契丹大军逼近黄河。如果继续澶州之行，真宗本人可能直接面对辽军主力。而澶州城防工事很不完善，并不安全。❸此其一。其二，一旦契丹渡河，东京就直接暴露在辽军面前，后果不堪设想。稍一

---

❶ 《长编》卷72，真宗大中祥符二年十月癸未，第1635-1636页。
❷ 《长编》卷73，真宗大中祥符三年三月甲辰，第1661页。
❸ 何冠环：《老将知兵——宋初外戚名将李继隆（950-1005）与景德之役（1004）》，《澶渊之盟新论》，第232-235页。

不慎，宋朝会有亡国的危险。在这种情况下，为持重起见，建议皇帝暂时南巡，避敌锋芒，而让大臣主持前线战事，似在情理之中。而陈尧叟的情况，恐怕也与王钦若类似。如上引《宋史·陈尧叟传》所述，陈氏其时是大驾亲征的先遣队指挥，可能也深切感受到了契丹的巨大压力。王、陈二人，虽劝真宗避敌，但实非出于奸邪。❶

而在这种形势下，真宗游移不决，重新思考既定策略，应可算是人之常情，亦非怯懦畏敌。更何况，以往学界忽视的是，摆在真宗面前的，并非只有南奔与北进这两个选项，还有一个方案，就是回师东京。值得注意的是，在寇准等人劝说下，真宗迅疾打消了顾虑，不仅没有南奔避敌，甚至没有选择回师东京这一持重之策，而

---

❶ 关于此事，《涑水记闻》（卷6，第113-114页）记录的另一版本云："景德初，契丹入寇。是时，寇准、毕士安为相，士安以疾留京师，准从车驾幸澶渊。王钦若阴言于上，请幸金陵，以避其锐；陈尧叟请幸蜀。上以问准，时钦若、尧叟在旁，准心知二人所为，阳为不知曰：'谁为陛下画此策者？罪可斩也。今虏势凭陵，陛下当率励众心，进前御敌，以卫社稷，奈何欲委弃宗庙、远之楚、蜀邪？且以今日之势，銮舆回辔一步，则四方瓦解，万众云散，虏乘其势，楚、蜀可得至邪？'上寤，乃止。二人由是怨准。"已经在丑化王钦若和陈尧叟。二人被诋毁的原因颇为复杂，容另文讨论。此处兹别举一例。关于天书封祀，刘放《丞相莱公传》(《五朝名臣言行录》卷第四之二引，李卫国校点，《朱子全书》[修订本]第12册，上海、合肥：上海古籍出版社、安徽教育出版社，2010年，第120-121页）有这样的记载："(寇准)不信天书，上益疏准。最后知京兆府，都监朱能复献天书。上以问王旦，旦曰：'始不信天书者准也，今天书降准所，当令准上之，则百姓大服，而疑者不敢不信也。'上从之。"按王旦死于天禧元年，天书事在三年，此事必有误（参邓小南：《祖宗之法——北宋前期政治述略》，北京：生活·读书·新知三联书店，2006年，第332-333页）。有趣的是，李焘（《长编》卷93"真宗天禧三年三月"条注，第2142页）在毫无依据的情况下却作出了这样的推测："或钦若实为此，非旦也。"而事实上，王钦若一直试图唱衰此次天书事件（参张维玲：《经典诠释与权力竞逐——北宋前期"太平"的形塑与解构（960-1063）》，博士学位论文，台湾大学历史学系，2015年，第171-172页）。又，大敌当前，天子是否亲临前线，极需慎重。邓广铭（《宋朝的家法和北宋的政治改革运动》，《邓广铭治史丛稿》，北京大学出版社，2010年，第102页）即云："澶渊之盟，史书所载多不符实。寇准之迫使宋真宗亲征，似过于孟浪，叶适亦谓寇准在其《论澶渊事宜》中并未提出有把握的方法，只不过说到需要时便急调某某军护驾而已。"

是毅然决定维持原计划，北上澶州，亲临风险极大的战争第一线。从上引《长编》所载其次日表现来看，已恢复决绝与勇气，而非不情不愿地被逼上前线。

从韦城出发后，真宗再度得到王继忠的来信，其处置已见上文。《长编》又云：

> （真宗）因谓辅臣曰："彼虽有善意，国家以安民息战为念，固许之矣。然彼尚率众兵深入吾土，又河冰且合，戎马可渡，亦宜过为之防。朕已决成算，亲励全师。若盟约之际，别有邀求，当决一战，剪灭此寇。上天景灵，谅必助顺。可再督诸将帅，整饬戎容，以便宜从事。"❶

二十五日，"内出阵图二，一行一止，付殿前都指挥使高琼等。给诸军甲胄，及赐缗钱有差"。二十六日，"车驾发卫南，李继隆等使人告捷，又言澶州北城门巷湫隘，望且于南城驻跸"。❷所谓告捷，即击退辽军前锋一事。❸宋军因此士气大振。此时又有一段小插曲。《长编》云：

> 是日，次南城，以驿舍为行宫，将止焉。寇准固请幸北

---

❶《长编》卷58，真宗景德元年十一月，第1286页。
❷《长编》卷58，真宗景德元年十一月乙亥、丙子，第1287页。
❸ 是役并射杀契丹大将萧挞览。汪圣铎、孟宪玉（《澶渊之盟中被忽视的功臣》，《澶渊之盟新论》，第270-271页）据《宋史·寇准传》《辽史·萧挞凛传》及《梦溪笔谈》认为，此事发生在真宗抵达澶州之后。然《辽史》卷14《圣宗纪五》（第160页）载："壬申（二十二日），（辽主）次澶渊。萧挞凛中伏弩死。乙亥，攻破通利军。"可见萧挞凛之死当在壬申至乙亥间。据《长编》（卷58真宗景德元年十一月甲戌，第1287页），挞凛死于甲戌日。而《宋史》卷7《真宗纪二》（第126页）亦谓丙子（二十六日）车驾至澶州，与《长编》同。《宋史·寇准传》等疑误。

城,曰:"陛下不过河,则人心危惧,敌气未慑,非所以取威决胜也。四方征镇,赴援者日至,又何疑而不往?"高琼亦固以请,且曰:"陛下若不幸北城,百姓如丧考妣。"签书枢密院事冯拯在旁呵之,琼怒曰:"君以文章致位两府,今敌骑充斥如此,犹责琼无礼,君何不赋一诗咏退敌骑耶?"即麾卫士进辇,上遂幸北城。至浮桥,犹驻车未进,琼乃执挝筑辇夫背曰:"何不亟行!今已至此,尚何疑焉?"上乃命进辇。既至,登北城门楼,张黄龙旗,诸军皆呼万岁,声闻数十里,气势百倍,敌相视益怖骇。❶

这一记载在表现寇准、高琼果敢的同时,似反衬出真宗之怯懦。但寇准等之举动,并非无可置疑。何冠环指出,李继隆请真宗驻跸南城,是因为"他明白辽军并未因丧一大将而溃败,澶州敌骑充斥,真宗未经战阵,若遽然率亲军登上最前线的澶州北城,难保兵凶战危,会发生不测意外","后来寇准没有坚持真宗长驻北城,相信是李继隆的稳重意见受到尊重"。因此,何冠环称许李继隆"以'稳健'平衡了寇准的'躁进'"。❷大敌当前,让并非武人出身的最高统帅直接踏上飞

---

❶ 《长编》卷58,真宗景德元年十一月丙子,第1287页。
❷ 何冠环:《老将知兵》,《澶渊之盟新论》,第234-235、242页。船山亦早已指出寇准此举之冒险。《宋论》卷3《真宗》"王钦若以孤注之说谮寇准"条(第87页)云:"其言亦非无因之诬也。王从珂自将以御契丹于怀州,大败以归而自焚;石重贵自将以追契丹于相州,诸将争叛而见俘于虏(船山误记),皆孤注也。而真宗之渡河类之。"又《读通鉴论》卷20《唐太宗》"太宗以亲征高丽困于安市"条(第782页)曰:"苻坚不自将以犯晋,则不大溃以启鲜卑之速叛;窦建德不自将以救雒,则不被禽而两败以俱亡;完颜亮不自将以窥江,则不挫于采石,而国内立君以行弑;佛狸之威,折于盱眙;石重贵之身,禽于契丹;区区盗贼夷狄之主,且轻动而召危亡,况六宇维系于一人而轻试于小夷乎?怙而无功,世绩、无忌尚老成持重之谋也。不然,土木之祸,天维倾折,悔将奚及邪?王钦若诋寇准以孤注,钦若诚奸,准亦幸矣;鼓一往之气,以天子渡河为准之壮猷,几何而不误来世哉?"

矢可及的火线，固然可以激励士气，但风险也实在太大了，一旦有意外，后果不堪设想。真宗之疑虑，不能简单地视为怯懦。

不论如何，契丹议和使节很快就来到了。《长编》载：

> 十二月庚辰朔，（辽使）韩杞入对于行宫之前殿……其书复以关南故地为请，上谓辅臣曰："吾固虑此，今果然，唯将奈何？"辅臣等请答其书，言："关南久属朝廷，不可拟议，或岁给金帛，助其军费，以固欢盟，惟陛下裁度。"上曰："朕守祖宗基业，不敢失坠。所言归地事极无名，必若邀求，朕当决战尔！实念河北居人，重有劳扰，傥岁以金帛济其不足，朝廷之体，固亦无伤。答其书不必具言，但令曹利用与韩杞口述兹事可也。"……上又面戒利用以地必不可得，若邀求货财，则宜许之。❶

真宗虽允岁币，但并没有卑躬屈膝。

是日，"命户部判官、员外郎李含章澶州至京提点供顿"；初四，"遣给事中吕祐之赍敕牓谕两京以将班师"。❷虽然和议尚未最终落实，但天子返京非比寻常，需尽早准备，而两京人心亦亟待安定。且真宗并未放松警惕。据《长编》，初二日，"诏永兴军兵除先追赴河阳及量留本州外，并令部署许均领赴行在"。❸即可为证。

初三日，何承矩奏道，言萧挞览已死，契丹军心涣散。真宗曰：

> 今岁入寇，皆其首谋。或闻犯边以来，累战不利，因号令

---

❶《长编》卷58，真宗景德元年十二月庚辰，第1288页。
❷《长编》卷58，真宗景德元年十二月庚辰、癸未，第1288、1290页。
❸《长编》卷58，真宗景德元年十二月辛巳，第1289页。

部下,凡获男子十五以上者皆杀之。彼既失其谋主,朕亲御六师,而王超等三路大兵亦合势南来,彼奔北固其宜也。❶

辽朝此番南下,虽深入至河,但战事并不顺利。对此,真宗非常清楚,其自信恐非造作。

初四日,曹利用再至辽寨,和议遂定。在契丹退兵之际,真宗表现得相当理性,克制而不怯懦,必要时亦能果断出手。《长编》云:

> (戊子,初九)北面诸州军奏:"侦得契丹北去,未即出塞,颇纵游骑骚扰乡间。贝州、天雄军居民,惊移入郭。"诏高阳关副部署曹璨帅所部取贝冀路赴瀛州。……选天雄骑兵二万为璨后继,以蹙戎寇,敢肆劫掠,则所在合势翦戮。仍遣使谕契丹以朝廷为民庶尚有惊扰、出兵巡抚之意。又赐王继忠手诏,令告契丹悉放所掠老幼,命澶州马铺小校华斌乘驿赍赴敌寨。……(庚寅,十一)李继隆奏龙卫指挥使刘普领兵夺戎人车牛生口凡万余计。……(甲午,十五)张凝等奏率兵至贝、冀,戎人候骑各团结北去,不敢侵掠。❷

契丹从"纵游骑骚扰"到"不敢侵掠"的变化,应当正是真宗出手的结果。❸

---

❶《长编》卷58,真宗景德元年十二月壬午,第1290页。
❷《长编》卷58,真宗景德元年十二月戊子、庚寅、甲午,第1294、1296页。
❸《长编》卷67,真宗景德四年十一月(第1509页),"(契丹来使)耶律元馆于京师,尝问左右曰:'馆中日闻鼓声,岂习战阵耶?'或对以俳优戏场,闾里筵设。上闻之,谓宰相曰:'不若以实语之。诸军比无征战,阅习武艺,亦国家常事耳,且可以示无间于彼也。'"亦可证真宗并非怯懦之辈。

《长编》又曰：

> 华斌自敌寨还，王继忠具奏北朝已严禁樵采，仍乞诏张凝等无使杀伤北朝人骑。上谓辅臣曰："昨傥徇群议，发大军会石普、杨延朗所部屯布缘河诸州，邀其归路，以精锐追蹑，腹背夹攻，则彼必颠沛矣。朕念矢石之下，杀伤且多，虽有成功，未能尽敌，自兹北塞常须益兵，河朔人民无日休息。况求结欢盟，已议俞允，若彼自渝盟约，复举干戈，因而誓众，中外同愤，使其覆亡，谅亦未晚。今张凝等出兵袭逐，但欲绝其侵扰耳。"❶

这应当是其态度的真实反映。

纵观澶渊之役，契丹虽举国入寇，但除了瀛州一役，并没有打过硬仗，更没有取得值得夸耀的战果，仅攻下了无足轻重、宋军并未重点防守的德清军、通利军与祁州。按《长编》景德元年十一月丁巳，"诏德清军，如戎寇南侵，不须固守，率城中军民并赴澶州，仍令驾前排阵使分兵应接。以其介澶、魏之间，素不修完，屯兵寡少也"。❷同月庚申，真宗"谓辅臣曰：'闻寇沿河屯泊，侵扰贝、冀，窥深州，皆不利而去，彼皆有备故也。独通利军素无城壁兵甲，若寇渐南，王超等大军未至，邢、洺即可忧也，宜分兵益为之备'"。❸而瀛州亦非宋重兵所在，契丹大军狂攻近十日而不能下，反彰显出辽军之无能。

在这种情况下，契丹主力深入至河，太后、圣宗及韩德让均在

---

❶ 《长编》卷58，真宗景德元年十二月，第1296—1297页。
❷ 《长编》卷58，真宗景德元年十一月丁巳，第1280—1281页。
❸ 《长编》卷58，真宗景德元年十一月庚申，第1281页。

军中。❶而驻守澶州的是御驾亲征的宋军,❷与此同时,河北、河东、

---

❶ 关于萧后与韩氏的关系,多数学者倾向认为,两人是事实上的夫妻,最主要的证据是宋朝使臣路振在幽州访得的传言(《乘轺录》,见《五代宋金元人边疆行记十三种疏证稿》,贾敬颜疏证,北京:中华书局,2004年,第45、52-53页)。不过,由于辽朝文献并无相关记载,也有学者对此表示怀疑(如景爱:《历史上的萧太后》,北京:中国社会科学出版社,2010年,第303-315页)。

笔者以为,辽朝文献固然没有提供直接证据,但关于韩德让,确实有两个非常奇怪的现象,似乎除了萧韩夫妻说外无法得到解释。其一,韩氏建有斡鲁朵。在辽朝历史上,拥有斡鲁朵的,除了皇帝之外,仅有应天与承天这两位地位非常特殊的太后,及太祖朝皇太子耶律倍、太宗朝皇太子李胡与圣宗朝皇太弟耶律隆庆三人(参"附录"《斡鲁朵横帐补说——兼论辽朝部族制度》)。

其二,韩氏无子,但兄弟不少,且都同样被赐国姓、名连御署(参《耶律隆佑墓志》,刘凤翥、唐彩兰、青格勒编著:《辽上京地区出土的辽代碑刻汇辑》,第12页)。蹊跷的是,据《辽史》卷82《耶律隆运传》(第1290页),"(道宗)清宁三年,以魏王贴不(圣宗弟耶律隆裕子)子耶鲁为嗣",早卒,"天祚立,以皇(长)子敖卢斡继之"。而《契丹国志》卷18《耶律隆运传》(第176页)云:"隆运薨,无子,帝特以皇侄周王宗业绍其后。(原注:宗业,本齐国王隆裕之子)……宗业无子,帝复以周王同母弟宗范继隆运后。"又《长编》卷72真宗大中祥符二年十二月(第1646页)载:"(隆运)无子,以吴王隆裕子周王承业为后。"刘浦江、肖乃铖《〈辽史·耶律隆运传〉校勘长编》,未刊稿)指出,隆运卒年"下距清宁三年尚四十余载,其间当有承祧之人,《契丹国志》所记似得其实"。

又按《长编》卷23太宗太平兴国七年(第534页),辽圣宗"赐(韩氏)不拜,乘车上殿,置护卫百人。护卫惟国主得置之。隆绪每以父事隆运,日遣其弟隆裕一问起居,望其帐,即下车步入"。隆裕与德让的特殊关系,与上文若合符契,所言似应不虚。《国志·隆运传》(第175-176页)亦曰:

帝以隆运勋大,恩数优渥,见则尽敬,至父事之,秦国王每日一问起居,至隆运所居帐二里外,已去盖下车,徒步而进;暨其回也,列揖于帐外,隆运坐而受之。帝或至其帐,亦五十余步下车,隆运出迎尽礼,帝亦先为之揖;及入,内同家人礼……及薨,帝与后、诸王、公主已下并内外臣僚制服行丧,葬礼一依760;756太后故事。灵柩将发,帝自挽辒车哭送,群臣泣谏,百余步乃止。葬乾陵侧,诏影堂制度一同乾陵。

即便中原文献不可信,但韩氏建斡鲁朵,辽主屡弃韩氏血亲而以皇族出继这两点,让人实在无法相信韩德让只是一个功勋卓异、权势滔天的臣子。

贾敬颜先生在《五代宋金元人边疆行记十三种疏证稿》(第45页)中称隆运"与圣宗联名,盖兄弟行也,焉得以子侄而上蒸母氏?"值得注意的是,韩氏赐名隆运,恰恰发生在太后死后第二年。按《辽史》卷15《圣宗纪六》(第167页),统和二十八四月甲子,"葬太后于乾陵。赐大丞相耶律德昌名曰隆运"。

❷ 柳立言《宋辽澶渊之盟新探》(第117页)低估了宋军实力,参何冠环:《老将知兵》,《澶渊之盟新论》,第241页。

陕西大军正向澶州围拢。单纯从军事角度而言，辽人之冒险实在令人费解。若果大战，契丹并无必胜之把握。而一旦战败，不仅主力有被全歼之危险，太后等均有成为阶下囚之可能。换言之，亡国并非过甚其词。❶

但如果联系到此行辽方特地带上了之前一年刚刚俘虏的王继忠，且早早地在围攻瀛州之际就让王氏致书真宗，这着险棋就有了答案。虽然宋军防御体系的最终确定是在王继忠被俘两个月之后，但此前已大体成形。所以，王氏一定将宋军的防线布置及作战计划告知了契丹。也就是说，契丹人完全清楚，宋朝腹地防御的空虚，宋人对辽人可能冒险深入南下缺乏准备。

另一方面，王继忠是真宗藩邸旧人，乃其心腹，当深知真宗确无意北伐，宋方虽布置了大阵，但若有机会，真宗仍倾向于媾和。《长编》云："王继忠战败，为敌所获，即授以官，稍亲信之，继忠乘间言和好之利。"❷当得其实。所以，即便南下战事不利，只要不是主力溃败，和局恐怕仍可求得。更何况，大军深入宋朝腹地，在谈判桌上是个不小的筹码。

契丹早在攻击瀛洲前就让王氏发出求和的信号，意图可能有二：麻痹宋人，为南下释放烟幕弹；万一南下不利，为和谈做好准备。而三巨头俱在军中，一方面可能跟国内政局有关，另一方面恐怕也是因为此役事关重大，辽方对此期望很高，而战场上形势瞬息万变，是战是和，均需随机应变、当场拍板之故。

而面对契丹大军，宋朝同样没有必胜之把握。一旦出现意外，辽军攻破澶州，俘虏真宗，或渡过黄河，挺进开封，同样意味着亡

---

❶ 关于辽军之冒险，详参黄俊峰：《北宋战略防御阶段的宋辽战争与澶渊之盟》，第41—45页。
❷ 《长编》卷57，真宗景德元年闰九月乙亥，第1268页。

国的危险。因此,在剑拔弩张的澶渊,长期对峙、双方都无法取得明显优势的宋辽两国终于神奇地走到了一起。

当然,此役宋廷的确犯了重大错误。首先,由于误信王继忠战死沙场,没有意识到军事计划已完全暴露,事先没有在大名、澶州一带部署重兵。❶ 其二,辽军南下,真宗随即调整策略,但寄予厚望的王超大军迁延不至,使得契丹轻易越过大名,直逼澶州,将至尊推上了战争第一线。

值得深思的是,战后王超及其副手并未受到严厉处罚。宋景德二年(1005,辽统和二十三年)正月,"步军都虞候、天平节度使王超为三路统帅无功,引兵赴行在,又违诏失期,上章待罪,上悯其劳旧,弗责。戊辰,以超为崇信节度使,罢军职,便道之任";二月乙巳,"步军副都指挥使、河西节度使桑赞罢军职,判颍州。赞副王超,总戎御敌,逗挠无功故也。上不欲暴其过,止以足疾罢之"。❷

与之形成鲜明对比的是咸平三年(1000,辽统和十八年)傅潜之结局。按常理而言,王超之罪远大于傅潜,但他不仅得到了真宗的宽恕,朝臣似亦无人要求严惩王超。而咸平间举朝汹汹,欲斩傅潜。这一方面说明,当时宋朝君臣总体上对澶渊之盟比较满意;另一方面暗示,即便王超如约到来,只要真宗确信契丹真有求和之心,恐怕不会主动掀起大战。

---

❶ 黄俊峰(《北宋战略防御阶段的宋辽战争与澶渊之盟》,第45页)信从《涑水记闻》大名"有兵十万"的记载,然《长编》卷57景德元年闰九月(第1266—1267页)载寇准云"今天雄军至贝州,屯兵不过三万人",前者恐不可信。
❷《长编》卷59,真宗景德二年正月戊辰、二月乙巳,第1312、1320页。

第五节　中央集权

澶渊之盟的缔结，标志着契丹王朝在对外关系上进入了一个稳定成熟的时期。在制度建设方面，圣宗朝同样代表了辽朝的成熟期。

上章已提到，圣宗初契丹中央集权表现强劲。统和七年，"马得臣以上好击毬，上疏切谏：'臣伏见陛下听朝之暇，以击毬为乐。臣思此事有三不宜：上下分朋，君臣争胜，君得臣夺，君输臣喜，一不宜也；往来交错，前后遮约，争心竞起，礼容全废，若贪月杖，误拂天衣，臣既失仪，君又难责，二不宜也；……'疏奏，大嘉纳之"。❶ 开泰七年（1018），"禁服用明金、缕金、贴金"。❷ 太平五年（1025），"禁天下服用明金及金线绮；国亲当服者，奏而后用"。❸ 皇权独尊，表露无遗。

圣宗时期，是继太祖朝后契丹部族的又一大调整时期。《辽史·营卫志》云："圣宗之世，分置十有六，增置十有八，并旧为五十四部。"❹ 在部族分置、增置的背后，是部族首领向官僚转变的彻底完成。

上章曾举一例，说明景圣之交部族首领不再只从本部选授。兹再举圣宗朝一例。《陈昭衮传》载："小字王九，云州人。工译鞮，勇而善射。统和中，补祗候郎君，为奚拽剌详稳。"❺ 陈氏是汉人，

---

❶《辽史》卷12《圣宗纪三》，第134—135页。另参卷80《马得臣传》，第1279—1280页。
❷《辽史》卷16《圣宗纪七》，第185页。
❸《辽史》卷17《圣宗纪八》，第197页。
❹《辽史》卷32《营卫志中》，第376页。
❺《辽史》卷81《陈昭衮传》，第1286页。

但高度契丹化。用这样一个人出任奚拽剌详稳,是很能说明问题的事例。

与此相关,部族首领开始有告身,有明确任期。统和四年,"楮特部节度使卢补古、都监耶律昐与宋战于泰州,不利","以卢补古临阵遁逃,夺告身一通"。❶翌年,"涅剌部节度使撒葛里有惠政,民请留,从之"。❷开泰九年(1020),"(西南招讨)奏谛居、迭烈德部言节度使韩留有惠政,今当代,请留。上命进其治状"。❸

部族首领有俸禄的记载亦出现于此时。《耶律室鲁传》曰:"(统和中,为北院大王,)以本部俸羊多阙,部人空乏,请以羸老之羊及皮毛,岁易南中绢,彼此利之。"❹又《萧观音奴传》云:"统和十二年,为右祗候郎君班详稳。迁奚六部大王。先是,俸秩外,给獐鹿百数,皆取于民,观音奴奏罢之。"❺

中央对部族首领的控制与监督空前加强。统和四年,"北大王帐郎君曷葛只里言本府王蒲奴宁十七罪,诏横帐太保覭国底鞫之。蒲奴宁伏其罪十一,笞二十释之。曷葛只里亦伏诬告六事,命详酌罪之。知事勤德连坐,杖一百,免官"。❻《耶律勃古哲传》载:"迁南院大王。圣宗即位……兼领山西路诸州事。统和四年,宋将曹彬等侵燕,勃古哲击之甚力,赐输忠保节致主功臣,总知山西五州。会有告勃古哲曲法虐民者,按之有状,以大杖决之。"❼又统和六年,"奚王筹宁杀无罪人李浩,所司议贵,请贷其罪,令出钱赡浩家,

---

❶《辽史》卷11《圣宗纪二》,第126页。
❷《辽史》卷12《圣宗纪三》,第130页。
❸《辽史》卷16《圣宗纪七》,第188页。
❹《辽史》卷81《耶律室鲁传》,第1283页。另参卷60《食货志下》,第929-930页。
❺《辽史》卷85《萧观音奴传》,第1314页。
❻《辽史》卷11《圣宗纪二》,第125页。
❼《辽史》卷82《耶律勃古哲传》,第1293页。

从之"。❶《刑法志》亦载:"五院部民有自坏铠甲者,其长佛奴杖杀之,上(圣宗)怒其用法太峻,诏夺官。"❷太平六年(1026),"诏北南诸部廉察州县及石烈、弥里之官,不治者罢之。诏大小职官有贪暴残民者,立罢之,终身不录;其不廉直,虽处重任,即代之;能清勤自持者,在卑位亦当荐拔;其内族受赂,事发,与常人所犯同科"。❸部族首领的职权相应大为削弱,❹部民亦转变为编户。❺

另一方面,契丹部族的农业化也在持续深入发展。统和三年,"帝尝过藁城,见乙室奥隗部下妇人迪辇等黍过熟未获,遣人助刈"。❻统和十五年,"诏品部旷地令民耕种"。❼又《食货志》云:"统和中,耶律昭言,西北之众,每岁农时,一夫侦候,一夫治公田,二夫给纠官之役。当时沿边各置屯戍兵,易田积谷以给军饷。"❽关于此事,《耶律昭传》有详细记载:

  会萧挞凛为西北路招讨使,爱之,奏免其役,礼致门下。欲召用,以疾辞。挞凛问曰:"今军旅甫罢,三边宴然,惟阻卜伺隙而动。讨之,则路远难至;纵之,则边民被掠;增戍兵,则馈饷不给;欲苟一时之安,不能终保无变。计将安出?"

  昭以书答曰:"窃闻治得其要,则仇敌为一家;失其术,则部曲为行路。夫西北诸部,每当农时,一夫为侦候,一夫

---

❶《辽史》卷12《圣宗纪三》,第130页。
❷《辽史》卷61《刑法志上》,第939页。
❸《辽史》卷17《圣宗纪八》,第200页。
❹ 按《辽史》卷13《圣宗纪四》(第146页),统和十三年,"北、南、乙室三府请括富民马以备军需,不许,给以官马"。
❺ 如《辽史》卷14《圣宗纪五》(第159页),统和二十一年,"通括南院部民"。
❻《辽史》卷59《食货志上》,第924页。
❼《辽史》卷13《圣宗纪四》,第149页。
❽《辽史》卷59《食货志上》,第926页。

治公田，二夫给纠官之役，大率四丁无一室处。刍牧之事，仰给妻孥。……为今之计，莫若振穷薄赋，给以牛种，使遂耕获。"❶

圣宗后期，"西蕃来侵，诏议守御计，命（耶律）唐古劝督耕稼以给西军，田于胪朐河侧，是岁大熟。明年，移屯镇州，凡十四稔，积粟数十万斛，斗米数钱"。❷圣宗甚至鼓励部族发展商业。❸

对于州县，圣宗朝同样是大变革期。统和八年，"诏东京路诸宫分提辖司，分置定霸、保和、宣化三县，白川州置洪理，仪坤州置广义，辽西州置长庆，乾州置安德各一县。省遂、妫、松、饶、宁、海、瑞、玉、铁里、奉德等十州，及玉田、辽丰、松山、弘远、怀清、云龙、平泽、平山等八县，以其民分隶他郡"。❹开泰二年（1013）二月，"诏以麦务川为象雷县，女河川为神水县，罗家军为闾山县，山子川为富庶县，习家砦为龙山县，阿览峪为劝农县，松山川为松山县，金甸子为金原县"；四月，"诏从上京请，以韩斌所括赡国、挞鲁河、奉、豪等州户二万五千四百有奇，置长霸、兴仁、保和等十县"。❺斡鲁朵提辖司属户转为编户，说明州县已被中央牢牢控制在手中。

按《邢抱朴传》，"（统和）十年，拜参知政事。以枢密使韩德让荐，按察诸道守令能否而黜陟之，大协人望"。❻统和十二年，"诏

---

❶《辽史》卷104《耶律昭传》，第1454页。
❷《辽史》卷91《耶律唐古传》，第1362页。
❸《辽史》卷60《食货志下》(第929页）曰："(圣宗统和中）诏以南、北府市场人少，宜率当部车百乘赴集。"
❹《辽史》卷13《圣宗纪四》，第140页。
❺《辽史》卷15《圣宗纪六》，第173页。
❻《辽史》卷80《邢抱朴传》，第1279页。

州县长吏有才能无过者，减一资考任之"。❶开泰元年（1012），"诏诸镇建宣敕楼"。❷开泰八年，"诏诸道，事无巨细，已断者，每三月一次条奏"。❸

中央频繁派遣专使，巡行地方。统和九年（991）闰二月，"遣翰林承旨邢抱朴、三司使李嗣、给事中刘京、政事舍人张幹、南京副留守吴浩分决诸道滞狱"；三月，"复遣库部员外郎马守琪、仓部员外郎祁正、虞部员外郎崔祐、蓟北县令崔简等分决诸道滞狱"；统和十四年，"诏参知政事邢抱朴决南京滞狱"；开泰二年，"遣北院枢密副使高正按察诸道狱"；开泰五年（1016），"以政事舍人吴克昌按察霸州刑狱"；次年，"遣礼部尚书刘京、翰林学士吴叔达、知制诰仇正己、起居舍人程翥、吏部员外郎南承颜、礼部员外郎王景运分路按察刑狱"。❹

圣宗朝对州县全面深入的控制，还体现在东京地区的变化上。太平九年（1029），大延琳叛，"杀（东京）户部使韩绍勋、副使王嘉"。本纪云："初，东辽之地，自神册来附，未有榷酤盐曲之法，关市之征亦甚宽弛。冯延休、韩绍勋相继以燕地平山之法绳之，民不堪命。燕又仍岁大饥，户部副使王嘉复献计造船，使其民谙海事者，漕粟以振燕民，水路艰险，多至覆没。虽言不信，鞭楚搒掠，民怨思乱。故延琳乘之，首杀绍勋、嘉，以快其众。"❺大延琳之乱平定后，"连年诏复其租，民始安靖"。❻不过，这只是临时措施，大势已无可逆转。

---

❶《辽史》卷13《圣宗纪四》，第144页。
❷《辽史》卷15《圣宗纪六》，第172页。
❸《辽史》卷16《圣宗纪七》，第186页。
❹《辽史》卷13《圣宗纪四》，第141、148页；卷15《圣宗纪六》，第173、178、180页。
❺《辽史》卷17《圣宗纪八》，第203–204页。
❻《辽史》卷59《食货志上》，第926页。

第六节　汉化高峰

圣宗朝，契丹汉化也有明显的深入发展。太后、圣宗均好诗。《辽史·皇子表》"世宗子只没"条云："敏给好学，通契丹、汉字，能诗。统和元年，应皇太后命，赋《移芍药诗》。"❶《圣宗纪》曰："幼喜书翰，十岁能诗。"❷又《萧朴传》载："父劳古，以善属文，为圣宗诗友。"❸《萧挞凛传》谓统和中，"讨阻卜之未服者，诸蕃岁贡方物充于国，自后往来若一家焉。上赐诗嘉奖，仍命林牙耶律昭作赋，以述其功"。❹

契丹人中，也出现了一批文士。《耶律八哥传》云："幼聪慧，书一览辄成诵。"❺《萧柳传》曰："多知，能文……耶律观音奴集柳所著诗千篇，目曰《岁寒集》。"❻萧孝穆亦有文集曰《宝老集》。❼又《耶律资忠传》载：

> 兄国留善属文，圣宗重之。……著《兔赋》《寤寐歌》，为世所称。资忠博学，工辞章，年四十未仕。圣宗知其贤，召补宿卫。数问以古今治乱，资忠对无隐。……（开泰）四年，再使高丽，留弗遣。资忠每怀君亲，辄有著述，号《西亭

---

❶《辽史》卷64《皇子表》，第985-986页。
❷《辽史》卷10《圣宗纪一》，第107页。
❸《辽史》卷80《萧朴传》，第1280页。
❹《辽史》卷85《萧挞凛传》，第1314页。
❺《辽史》卷80《耶律八哥传》，第1281页。
❻《辽史》卷85《萧柳传》，第1316-1317页。
❼《辽史》卷87《萧孝穆传》，第1332页。

集》。……久之,言国舅侍中无忧国心,陛下(兴宗)不当复用唐景福旧号。❶

另据《长编》,宋陕州草泽魏野,屡辞征召,不求闻达,"为诗精苦,有唐人风"。对于这样一位不算太出名的诗人,居然有契丹使者"言本国得其《草堂集》半帙,愿求全部"。❷

太后与圣宗的政治理念,也深深打上了儒家的烙印。《辽史·室昉传》云:"统和元年,告老,不许。进《尚书·无逸篇》以谏,太后闻而嘉奖。"❸统和十五年,圣宗"猎于平地松林,皇太后诫曰:'前圣有言:欲不可纵。吾儿为天下主,驰骋田猎,万一有衔橛之变,适遗予忧。其深戒之!'"❹这哪里像在劝诫一位游牧契丹人的君主啊!

又《马得臣传》曰:"圣宗即位,皇太后称制,兼侍读学士。上阅《唐高祖》《太宗》《玄宗》三纪,得臣乃录其行事可法者进之。及扈从伐宋,进言降不可杀,亡不可追,二三其德者别议。诏从之。"❺太平七年(1027),"匡义军节度使中山郡王查葛、保宁军节度使长沙郡王谢家奴、广德军节度使乐安郡王遂哥奏,各将之官,乞选伴读书史,从之"。❻是正可谓上行下效。

在王朝的政令赏罚中,儒家的影响有多方面的体现。太平七年,"诏诸帐院庶孽,并从其母论贵贱";翌年,"诏庶孽虽已为良,不得预世选。……诏两国舅及南、北王府乃国之贵族,贱庶不得任

---

❶ 《辽史》卷88《耶律资忠传》,第1344–1345页。
❷ 《长编》卷75,真宗大中祥符四年三月甲戌,第1714页。
❸ 《辽史》卷79《室昉传》,第1271页。
❹ 《辽史》卷13《圣宗纪四》,第150页。
❺ 《辽史》卷80《马得臣传》,第1279页。
❻ 《辽史》卷17《圣宗纪八》,第201页。

本部官"。❶《萧朴传》曰:"时太平日久,帝留心翰墨,始画谱牒以别嫡庶,由是争讼纷起。"❷《耶律世良传》载:"练达国朝典故及世谱。上书与族弟敌烈争嫡庶,帝始识之。"❸有趣的是,五代以降,中原谱牒衰落,嫡庶之分渐趋淡化。而在契丹,却出现了反向的潮流。

又,孝行得到表彰。统和元年,"民间有父母在,别籍异居者,听邻里觉察,坐之。有孝于父母,三世同居者,旌其门闾"。❹开泰元年,"前辽州录事张庭美六世同居,仪坤州刘兴胤四世同居,各给复三年"。❺又《赵安仁传》载:"深州乐寿人,自幼被俘。……开泰八年,与李胜哥谋奔南土,为游兵所擒。……圣宗曰:'小喜言父母兄弟俱在南朝,每一念,神魂陨越。今为思亲,冒死而亡,亦孝子用心,实可怜悯。'赦之。"❻

统和二十八年,圣宗伐高丽,萧敌烈谏曰:"国家连年征讨,士卒抏敝。况陛下在谅阴(承天崩于上年),年谷不登,疮痍未复。岛夷小国,城垒完固。胜不为武;万一失利,恐贻后悔。不如遣一介之使,往问其故。彼若伏罪则已;不然,俟服除岁丰,举兵未晚。"史称"时令已下,言虽不行,识者韪之"。❼值得注意的是,以丧服未除为由反对出兵的,是一位契丹人。

妇女被要求恪守儒家伦理。统和元年,"诏赐物命妇寡居者"。❽

---

❶《辽史》卷17《圣宗纪八》,第201、203页。
❷《辽史》卷80《萧朴传》,第1281页。
❸《辽史》卷94《耶律世良传》,第1385页。
❹《辽史》卷10《圣宗纪一》,第112页。
❺《辽史》卷15《圣宗纪六》,第172页。
❻《辽史》卷109《赵安仁传》,第1481页。
❼《辽史》卷88《萧敌烈传》,第1339页。
❽《辽史》卷10《圣宗纪一》,第109页。

开泰六年,"禁命妇再醮"。❶《邢简妻陈氏传》曰:"陈氏甫笄,涉通经义,凡览诗赋,辄能诵,尤好吟咏,时以女秀才名之。年二十,归于简。孝舅姑,闺门和睦,亲党推重。有六子,陈氏亲教以经。后二子抱朴、抱质皆以贤,位宰相。统和十二年卒。睿智皇后闻之,嗟悼,赠鲁国夫人,刻石以表其行。及迁祔,遣使以祭。"❷

与游牧人贵壮贱老的传统不同,王朝也相当体恤老者。统和元年,"国舅、政事门下平章事萧道宁以皇太后庆寿,请归父母家行礼,而齐国公主及命妇、群臣各进物。设宴,赐国舅帐耆年物有差";四年,"以银鼠、青鼠及诸物赐京官、僧道、耆老";九年,"诏诸道举才行、察贪酷、抚高年、禁奢僭";统和十六年,"妇人年逾九十者赐物";太平五年,"燕民以年谷丰熟,车驾临幸,争以土物来献。上礼高年,惠鳏寡,赐酺饮。至夕,六街灯火如昼,士庶嬉游"。❸

---

❶《辽史》卷15《圣宗纪六》,第179页。
❷《辽史》卷107《邢简妻陈氏传》,第1471-1472页。
❸《辽史》卷10《圣宗纪一》,第110页;卷11《圣宗纪二》,第125页;卷13《圣宗纪四》,第141页;卷14《圣宗纪五》,第153页;卷17《圣宗纪八》,第198页。

第9章

结 论

　　唐末的动荡,给契丹提供了一个崛起的良机。阿保机大权在握后,果断选择出击汉地。正是在他的带领下,契丹才真正成了燕云地区的一个重大威胁,影响波及中原藩镇帝业之争。李克用主动向阿保机示好,试图结盟共抗朱温。不过,阿保机对中原形势非常了解,很快背盟与朱温联络。唐天祐四年,阿保机依靠他在中原声威的增长,取代遥辇氏,正式即契丹可汗之位。同年朱温称帝后,他遣使求封册。但阿保机对中原的密切关注及其政治洞察力使其没有一边倒地投向朱温,而是选择依违于朱梁和河东李氏之间。太祖六年,朱梁政权陷入了困境,远在草原的阿保机也敏锐地感觉到朱梁难有政治前途,自此不再朝梁。中原纷争不定,让他看到了曙光。平定诸弟之乱后,阿保机终于在神册元年称帝建元,建立了大契丹国。

　　值得注意的是,契丹崛起之初,中原纷乱,而漠北亦无王庭。也就是说,其时太祖阿保机有两个选择,北上占据草原,延续回鹘汗国的传统,或者南下争夺中原。但辽太祖却从未真正考虑过前一个选项,他的目光始终投向南方。而他所建立的这个北族新政权,一开始就表现出了强烈的汉化色彩。称帝建元、立太子、建皇都及尊孔等,俱系其证。而阿保机为大契丹国设立的最终目标,是入主中原。在神册、天赞两度率大军南下克地未果后,他总结教训,定下了先取漠北及渤海之策。不过,平渤海后他意外辞世,入主中原终成未竟之业。辽太祖亲自选定的继承人是长子耶律倍。他为太子设计了汉式教育,从这点可以推断,在阿保机看来,要实现入主中原的雄图大业,关键在于汉化。

太祖死后,皇位出现了纷争。应天宠爱幼子李胡,阻挠太子继位,演变成一场旷日持久的流血冲突。最终太后釜底抽薪,改立次子德光,而李胡被太宗立为太子。不过,太宗本人也是太祖南进政策的忠实继承者。传统看法认为,太宗取得燕云十六州,以及最终灭晋入汴,很大程度上主动权在石敬瑭、石重贵,德光只是被动做出反应。但本书指出,固然石氏父子对此负有很大责任,入主中原却是太宗即位以来一直在积极筹划之事,援立石晋也只是权宜之计。即使没有出帝的挑衅,如果时机到来,德光一样会挥师南下。另外,太宗灭晋后建号之大辽,最初并非契丹的另一国号,而是汉地新朝之号。德光离汴北归,也并非放弃中原。不过,太宗归途中意外死亡,在事实上造成了这一国中之国的覆灭。

与传统史家不同,在实证主义的影响下,现代历史学者们似乎天然地排斥假设,拒绝考虑历史虽未发生、但曾存在的可能性。笔者以为,这似有舍本逐末之嫌。实证主义,只是帮助我们更准确地把握历史真相的工具,而非史学研究的目的本身。我们不能为了让研究符合实证主义设定的条条框框,而牺牲对真相的追求。我们不能被方法、被工具绑架。在现实生活中,即便再苛刻的实证主义者,恐怕也不得不承认,未来充满了种种不确定因素,小至个人,大至国家乃至世界，关键人物在关键时刻的抉择，有可能导致截然不同的未来走向。历史难道会不同吗？历史难道不就是过去的现实生活吗？

既然历史本身真实地存在过种种不同的可能性，历史学家就应当有勇气有义务去假设、去检讨可能的发展道路。只有明白了可能性为何没有变成现实，才能真正明白历史何以呈现出事实所呈现的面貌。将历史完全解释为必然性，不为偶然性、个人选择留下空间，铁板一块、严丝合缝的研究才是真正值得怀疑的。❶

笔者以为，如果不是耶律德光意外死亡，契丹从此据有中原，并非没有可能。首先，此时中原分崩离析，华夷区分泯灭，各地藩镇对天子是汉人、沙陀人，还是契丹人，并不介怀。

其次，早在阿保机崛起之前，契丹就是一个长期附塞的民族。而此时上距大契丹国之建立，又已过去了三十年。其间阿保机重用汉人，努力将松散的部族体制改造为中央集权的王朝体制，将传统部族首领改造为君臣关系下的官僚，已初见成效。太宗朝继承了太祖的事业，汉化进一步深入发展。更重要的是，自石敬瑭献出燕云十六州，尽管不尽如人意，耶律德光毕竟有了十年的统治汉地的经验。从山林中走出的女真人，以两千人起兵，十一年后取代辽朝，越二年灭北宋，又十年废华北傀儡政权伪齐，总共才不过二十三年。女真可据中原而有之，契丹为何不可以呢？

其三，以往学者相信，在辽初政治中，存在一股以应天后为代

---

❶ 当然，对历史学家而言，假设是一个巨大的挑战。面对可能性，我们没有、也绝不可能找到一种严格的、放之四海而皆准的方法。这是为什么崇尚科学的现代学者厌弃假设的原因。当科学与真相发生冲突，只能说明，科学方法不是万能的，人类生活存在科学无法进入的领域。

表的反对汉化、主张草原本位的潜流。这股潜流直接导致了世宗之死,并在穆宗朝涌出地面,蔚为大观。但本书已指出,不仅世宗遇弑与南下无关,应天、穆宗的保守形象也不可信。

总而言之,若非德光病殂,五代及其后的历史可能会因之改写。如果契丹长期控制了中国北方,我们能够想象,今天学界热议的"唐宋变革"又会呈现出什么样的面貌吗?

但世宗篡位改变了这一切。兀欲继位,其首要任务是巩固个人地位,中原被放弃。在皇位稳固后,世宗欲再度南下,却死于内乱。不过,世宗朝的制度建设,开启了大契丹国的全新局面。

契丹中央集权官僚制的真正确立,其标志是世宗朝北、南枢密院及政事省的设置。与旧说不同,笔者认为北、南枢密院是对后晋枢密院的直接继承,最初仅掌军政。北院针对的是部族势力,南院针对的是藩镇势力,目的都是为了加强中央对军事的控制。而政事省则是主管汉地民事的中央机构,亦服务于君主。

世宗被弑后,穆宗继位。从世宗朝穆宗之沉潜及即位后对叛逆的果敢处理来看,穆宗就天性而言,是一个相当理性、颇有政治手腕的人。而他即位初,也表现出欲有所作为的态势。不幸的是,穆宗性功能有障碍。尤其是应历七年女巫肖古事败后,穆宗一度相当消沉,而到应历十三年,看来他对此病之愈彻底绝望,从此狂疾大作,陷于酗酒暴虐不可自拔,终于酿成了为近侍所杀的悲剧。穆宗之疾,虽仅系其一身,但契丹扩张就此中止,却是造就辽朝历史的一个重要因素。

景宗、圣宗二朝,面对北宋之崛起,契丹有着清醒的认识。澶渊之盟的缔结,是军事上双方都难以取得真正突破的结果。尽管就疆域而言,辽朝止步燕云,但其政权与社会的汉化仍持续向前发展。辽朝鼎盛时期政治体制的基本架构,初步形成于景宗朝。中央集权的官僚体制，至圣宗朝趋于成熟。与此同时，圣宗朝还代表了契丹汉化的第一个高峰。

从本书的研究成果看，西方汉学界的反汉化浪潮有矫枉过正之嫌。辽朝前期的这六位皇帝，都可以称得上是汉化派。太祖凭借其敏锐的政治判断力，为大契丹设定的发展道路，为其后人所尊奉。这在很大程度上，恐怕要归功于开国君主阿保机的个人魅力。另一方面，这也应当与契丹长期历史发展有关。与拓跋鲜卑相似，在建立王朝之前，契丹就已经长期附塞。唐朝前中期，两度在契丹部落中设立羁縻州府，契丹与中原关系密切。❶虽然回鹘崛起后，契丹一度依附回鹘，但在回鹘汗国瓦解后很快恢复了对唐朝的贡献，❷汉地社会对契丹的影响也逐渐加深。《辽史·萧敌鲁传》云："五世祖曰胡母里，遥辇氏时尝使唐，唐留之幽州。一夕，折关遁归国，由是遂为决狱官。"❸据蔡美彪考证，此系契丹专任司法官之始置，❹这应当归功于唐制的影响。又据《辽史·太祖纪赞》，阿保机之祖匀德实"始教民稼穑"，其父撒剌的"始置铁冶，教民鼓铸"，其叔述澜"始兴板筑，置城邑，教民种桑麻，习织组，已有广土众民之志"。❺在这样的背景下，对汉地政治文化的接受恐怕并不是一件非常困难的事。

诚然，我们也注意到，从文化的角度而言，辽初的汉化的确并不明显。❻不过，文化上汉化的实际程度，与政治上的汉化主张并不必然完全同步。精英人物的政治理念，不必完全受限于社会整体

---

❶ 参见刘统：《唐代羁縻府州研究》，西安：西北大学出版社，1998年，第100-108页。
❷ 参见舒焚：《辽史稿》，第77-78页。
❸ 《辽史》卷73《萧敌鲁传》，第1222-1223页。
❹ 蔡美彪：《契丹的部落组织和国家的产生》，《辽金元史十五讲》，第48页。
❺ 《辽史》卷2《太祖纪下》，第24页。
❻ 参见宋德金：《辽朝正统观念的形成与发展》；郭康松：《辽朝夷夏观的演变》；刘浦江：《德运之争与辽金王朝的正统性问题》。

的文化氛围。对于有为之君,尤其是作为开国君主的阿保机,我们不应以常人度之。

当然,主张汉化并不意味着完全排斥草原的政治与文化因素。辽朝前期的君主们应当都很清楚,他们的政权毕竟是一个契丹、而非汉人政权。以太祖为例,第2章提到,神册五年制契丹大字。又《辽史·皇子表》谓迭剌制契丹小字,❶而迭剌死于阿保机之前,因此,小字的创造也在太祖时期。虽然契丹大小字均系参照汉字而成,国书的创制也与中原王朝政治有关,但这同时说明,阿保机的契丹意识还是相当强烈的。此外,在第2章所引辽太祖与后唐使臣和姚坤的对话中,阿保机最后谈到了汉语问题,他说:"吾解汉语,历口不敢言,惧部人效我,令兵士怯弱故也。"这清楚表明,太祖深刻地认识到大契丹国的军事基础正是契丹骑兵,而要保持契丹骑兵的军事优势,至少在一定程度上必须保持其原有文化传统,保留其原有政治组织。同时,为了保证少数族王朝的安全,必须保证契丹人的忠诚,而这也有赖于契丹人身份意识的强化。因此,辽朝体制不可避免地会出现多元的复杂局面。如何避免汉化危及王朝安全,如何使汉化与草原本位间保持足够的张力,不仅是阿保机,也是所有异族统治者面临的难题。

就辽朝前期而言,笔者认为,其汉化道路相当成功。六帝都是非常务实的君主,并没有过激的汉化举措。神册元年(916)阿保机称帝,至太平十一年(1031)圣宗去世,一百多年间契丹在制度层面的汉化一直在稳步前进,并没有引发大的风波,这与北魏及金朝形成了鲜明的对比。应当说,辽朝是北族政权处理汉化问题一个成功的范例。

---

❶《辽史》卷64《皇子表》,第968—969页。

本书对辽朝前期历史的钩沉索隐,也给重新思考汉化命题在中国历史上异族政权研究中的意义提供了一个案例。诚然,辽朝皇帝的选择并非所有异族统治者的共同选择。但这至少表明,异族精英并非天然地排斥汉化。汉化与否,是以往非汉族王朝统治者无法回避的一个艰难抉择,也是决定王朝走向及命运的政治决策之一。在这一意义上,近年来西方学界对辽、金、元、清诸朝研究中汉化思路的激烈批判,有失偏颇。

西方学者指责汉人文献总是将异族描绘为一心向化,从而掩盖其对本族文化的坚持及对汉化的排斥。这一新潮流固然给我们带来了不少新认识,但其植根于现代相对主义立场的主张,及教条且意识形态化的学术风格,对于认识复杂的古人世界,其弊端绝不可小视。

事实上,以从契丹等异族自身的视角(native perspectives)来研究异族王朝为口号的这些批判,在很多情境下反而离历史上政治人物的真实立场渐行渐远。传统看法认为,辽朝前期存在汉化与草原本位之争,后者的代表是应天后及穆宗。吊诡的是,这一看法的依据,恰恰是中原史籍,而完全得不到辽朝文献的印证。也就是说,与西方汉学家的批判正相反,中原文献的偏见并不在于将异族描绘成一心向化的蛮夷,而辽朝文献中的契丹领袖也并非坚持契丹传统、抵制汉化之辈。

学界以往未能认清辽朝前期历史发展的主线是汉化,乃至征服王朝论及二元说的提出,主要是受到了中原文献的误导。另一方面,辽朝文献也不像西方学者想象的那样,能给我们提供一种基于契丹本位而反对汉化的视角。总体而言,辽朝文献当然比中原文献更接近历史真相。但真相却是,辽朝前期的契丹君主不是比以往学界所以为的更排斥、而是更拥护汉化。所谓契丹本位与汉化的对立,在很大程度上只是现代人的建构。

附录一

契丹选汗说商兑
兼论所谓北族推选传统

学界传统认为,在耶律阿保机建立大契丹国之前,契丹可汗之产生采取的是世选制。所谓契丹可汗世选,包括两项最基本的制度安排。其一,可汗候选人资格的获得由其血缘决定,也就是说,可汗家族一定范围内的成员都可以参加选举。其二,契丹部族首领聚议,从候选人中推选一人为可汗。即便在大契丹国建立之后,世选制仍然极大地影响了辽朝政治。从太祖朝的诸弟之乱开始,辽初四朝皇位继承异常混乱,这被认为是世选制遗风所及的结果。论者甚至以为,北方民族普遍存在首领推选传统。❶

但这一几乎被视为定谳的成说,事实上并没有坚实的史料依据。本文将对契丹选汗说的证据逐一进行细致检讨,并对其他北族所谓首领推选传统略作考辨,最后对选举说流行的理论背景进行剖析。本文的结论是,没有任何确凿的文献证据支持契丹可汗世选说,兄终弟及才是其权力传承的真正原则。而辽朝前期皇位继承

---

❶ 参见姚从吾:《契丹君位继承问题的分析》,《东北史论丛》上册,第248—282页;陈述:《契丹政治史稿》,第61—89页;李桂芝:《契丹贵族大会钩沉》,《历史研究》1999年第6期;蔡美彪:《契丹的部落组织和国家的产生》,《辽金元史十五讲》,第21—60页。

之混乱,很大程度上是一连串非正常政治事件的结果。关于其他北族,除了蒙元及早期乌桓、鲜卑,我们也找不到首领推选的明确证据。而学界之所以提出并长期信从此说,在很大程度上是因为先入为主地接受了存在重大争议的摩尔根的社会演化学说。

一 契丹选汗说检讨

契丹可汗世选说之提出,概言之,有一条直接证据和三条间接证据。直接证据是仅见于中原文献的契丹八部推举可汗的传说。间接证据包括契丹柴册仪所保留的所谓大汗推选遗迹、辽朝宰相节度使等官吏之世选制度及辽朝前期皇位纷争之现象。下面将依次对此四条证据进行详细分析。

(一)八部推举传说质疑

在汉地流行的传说中,契丹可汗传统上由八部首领推选其中一人担任,并非终身制,经过一定的任期或者遇到灾荒凶年,八部会改立可汗。中原文献认为,阿保机时代这一制度仍在运行,但阿保机被推选为可汗后,拒绝被代,因此引发内乱,结果以他并吞八部自立为王告终。这一传说见于新旧《五代史》《资治通鉴》等书,其来源则更早。《通鉴考异》曰:

> 苏逢吉《汉高祖实录》曰:"契丹本姓大贺氏,后分八族……八族之长,皆号大人,称刺史,常推一人为王,建旗鼓以尊之。每三年,第其名以相代。"……《汉高祖实录》《唐余录》皆曰:"僖、昭之际,其王邪律阿保机怙强恃勇,距诸

族不受代,自号天皇王。后诸族邀之,请用旧制。保机不得已,传旗鼓,且曰:'我为长九年,所得汉人颇众,欲以古汉城领本族,率汉人守之,自为一部。'诸族诺之。俄设策复并诸族……"❶

《汉高祖实录》成书于后汉乾祐二年(949,辽天禄三年),也就是说,至晚在五代后期,这一传说已经在中原流行。但是,根据杨志玖对相关历史的系统整理,只见于中原文献的这一说法,与史实并不相符。首先,阿保机之前的契丹可汗均为终身制,并非数年一代。其次,阿保机之前约三百年内,契丹可汗先后为大贺与遥辇二族垄断,并非来自八部首领。其三,阿保机称可汗前,遥辇氏已是虚有其位,阿保机之立为可汗并非八部推举的结果,而是其势力发展的实至名归。因此,杨志玖认为,这一传说并不可信。❷

晚近刘浦江师也指出,阿保机称可汗后,契丹内部的确爆发了严重冲突,阿保机诸弟屡次叛乱,欲取而代之,但诸弟之乱是阿保机家族内部的斗争,与八部无涉。他更进一步高屋建瓴地提出,有关契丹开国史的记载可分为两个系统,一是源自辽朝史家的历史叙述,即北朝文献系统;二是源自五代及宋代史家笔下的历史传说和历史考证,即中土文献系统。北朝文献的价值要远胜于中土文献。❸

尽管中原文献存在这种种明显不合史实之处,但仍被用作契丹曾实行可汗世选最关键的证据,同时也是唯一的直接涉及契丹可汗产生方式的证据。比如,蔡美彪承认中原文献中所谓契丹可汗从部

---

❶ 《通鉴》卷266,后梁太祖开平元年五月《考异》,第8677—8678页。
❷ 参见杨志玖:《阿保机即位考辨》,《中央研究院历史语言研究所集刊》第17本,1948年4月。
❸ 详见刘浦江:《契丹开国年代问题》,《中华文史论丛》2009年第4辑。

落长中产生是错误的，同时也认为阿保机立九年不代等传说实际是汉人不详诸弟之乱之始末，敷衍附会的结果，但仍坚持以为，中原传说中契丹可汗由八部选举是可信的。❶至于为何唯独这一点中原文献可足采信，文中并没有提供任何理由。但通览蔡文，可以清晰地看到，作者为摩尔根的社会演进理论所左右，完全是在套用摩尔根模式阐释契丹历史。换言之，尽管证据薄弱，由于摩尔根学说的盛行，契丹选汗说仍被学界广泛接受。

关于摩尔根学说之评价，留待下文。这里先要证明的是，即使是可汗由八部选举这一点，中原传说亦不尽可靠。关于大贺氏时代契丹可汗之产生，两《唐书》留下了一些记载。武则天时，契丹首领为李尽忠，其后为其从父弟失活。《旧唐书·契丹传》曰：

> 失活死……失活从父弟娑固代统其众……娑固大臣可突于骁勇，颇得众心，娑固谋欲除之。可突于反攻娑固，娑固奔营州。……可突于立娑固从父弟郁于为主。……郁于病死，弟吐于代统其众……吐于与可突于复相猜阻。（开元）十三年，携公主来奔……可突于立李尽忠弟邵固为主。……十八年，可突于杀邵固……契丹衙官李过折与可突于分掌兵马，情不叶……过折夜勒兵斩可突于及其支党数十人。……（二十三年）过折为可突于余党泥礼所杀。❷

《唐会要·契丹》《新唐书·契丹传》及《辽史·世表》与之大体相同，差异如下。其一，《新唐书》与《辽史》均谓娑固乃失活

---

❶ 蔡美彪：《契丹的部落组织和国家的产生》，《辽金元史十五讲》，第28—29、39—40、53页。
❷ 《旧唐书》卷199下《契丹传》，北京：中华书局，1975年，第5352—5353页。

之弟而非从父弟。❶其二,《唐会要》载咄于（即吐于）死后,"国人立其弟邵固",❷《辽史》袭之,云"国人共立（邵固）",❸而两《唐书》谓邵固乃尽忠弟,亦为可突于所立。其三,邵固死后,《新唐书》谓可突于"立屈烈为王",此人世系不明,后亦为过折所杀,❹《辽史》遂云"屈列,不知其世系,可突于立之"。❺

综合两《唐书》《唐会要》及《辽史》,可以看出大贺氏时代契丹可汗继承有一个明显的原则,即兄终弟及。自娑固时代起,可突于就对汗位心存觊觎。但在逼走娑固后,他仍不得不遵从兄终弟及传统立娑固从父弟郁于为汗。而在吐于因同样的原因出奔唐朝后,代立的也仍是其弟（或尽忠弟）邵固。只是在杀掉邵固后,可突于才凭借其权势突破这一传统的束缚,以不知世系之屈列为其傀儡。

不过,《辽史》记载邵固为"国人共立",被蔡美彪引为选汗之"明证"。❻笔者对此有不同看法。首先,其说源出《唐会要》,❼与两《唐书》不同,究竟何者更为可信尚有待检讨。其次,即便此说成立,也只是特例,并不能证明契丹存在选汗传统。类似情况在历史上并不罕见,如《后汉书·南匈奴传》载:

> 南匈奴醢落尸逐鞮单于比者,呼韩邪单于之孙……自呼韩

---

❶《新唐书》卷219《契丹传》,北京:中华书局,1975年,第6170页;《辽史》卷63《世表》,第954页。

❷《唐会要》卷96《契丹》,北京:中华书局,1955年,第1718页。

❸《辽史》卷63《世表》,第955页。

❹《新唐书》卷219《契丹传》,第6171页。《唐会要·契丹》（第1718页）也提到邵固死后,屈列为王。

❺《辽史》卷63《世表》,第955页。

❻蔡美彪:《契丹的部落组织和国家的产生》,《辽金元史十五讲》,第28、33页。

❼此承孙昊兄赐教。

邪后,诸子以次立,至比季父孝单于舆……初,(孝)单于弟右谷蠡王伊屠知牙师以次当〔为〕左贤王。左贤王即是单于储副。单于欲传其子,遂杀知牙师。……比见知牙师被诛,出怨言曰:"以兄弟言之,右谷蠡王次当立;以子言之,我前单于长子,我当立。"……诣西河太守求内附。……遂敛所主南边八部众四五万人……(建武)二十四年春,八部大人共议立比为呼韩邪单于。❶

可见两汉之交匈奴单于亦行兄终弟及,并非选举产生,八部共议立呼韩邪只是特殊政治局势下的权宜之举。同样,邵固为国人所立可能也是特定历史情境的产物。而这一特殊情势,或者正与可突于有关。可能可突于意图废弃兄终弟及传统,改立便于自己控制的人选,但遭到国人反对。所谓"国人共立",表明的恐非契丹具有选汗传统,而是国人在兄终弟及制度即将遭受破坏时对这一原则的成功维护。

当然,兄终弟及制度并不完全排斥推选。兄终弟及制度本身仅就同行辈间的权力传承做出规定,不可避免存在一个缺环,即当权力在不同行辈间转移时,其对象出现了不确定性,此时有可能会采取推选制。此外,即使是同行辈间的权力传承,也有可能在一定程度上掺杂推选因素。如金建国前景祖乌古乃始受辽朝册封,为生女真节度使。乌古乃元配唐括氏生五子,依次为劾者、世祖劾里钵、劾孙、肃宗颇剌淑、穆宗盈歌。乌古乃死后,世祖、肃宗、穆宗相继为节度使,然劾者、劾孙不与焉。《金史》将其解释为乌古乃之遗命:"劾者柔和,可治家务。劾里钵有器量智识,何事不成。

---

❶ 《后汉书》卷89《南匈奴传》,北京:中华书局,1965年,第2939、2941、2942页。

劾孙亦柔善人耳。"❶但张帆师怀疑,劾者、劾孙可能是因为"柔和""柔善"未能得到推举,而非乌古乃之决定。❷

也就是说,从大贺氏时代可汗产生实例来看,契丹遵循的是兄终弟及原则,推选可能会在一定程度上起作用,但并非决定因素。更何况,即使在有限的推举的情况下,参与推选者是八部首领,还是可汗宗室,也还存在疑问。因此,中原文献契丹八部选汗的说法在很大程度上是错误的。

李过折为可突于余党泥礼所杀后,契丹进入了遥辇氏时代。《辽史·萧韩家奴传》载兴宗时韩家奴上疏称:"先世遥辇可汗洼之后,国祚中绝;自夷离堇雅里(即泥礼)立阻午,大位始定。"❸又《营卫志》云:"当唐开元、天宝间,大贺氏既微,辽始祖涅里(亦即泥礼)立迪辇祖里为阻午可汗。"❹阻午实际上是契丹首位遥辇氏可汗。泥礼杀李过折后,一度得到了唐朝的"松漠都督"封号,❺但最终仍选择拥立阻午,其间曲折已不可详考。而阻午之后契丹可汗之产生,现存文献也未提供任何实例。不过,尽管遥辇氏时代找不到任何实例,我们还是可以在逻辑上对此进行推测。假使大贺氏时代的确在一定程度上存在推选,到遥辇氏时代其作用应当会进一步弱化。❻

总而言之,关于契丹八部推选可汗的说法,揆诸史实,疑点重

---

❶ 《金史》卷1《世纪》,第7页。
❷ 此承张帆师赐教。
❸ 《辽史》卷103《萧韩家奴传》,第1449页。
❹ 《辽史》卷32《营卫志中》,第380页。
❺ 蔡美彪:《契丹的部落组织和国家的产生》,《辽金元史十五讲》,第34页。
❻ 值得注意的是,蔡美彪《契丹的部落组织和国家的产生》,《辽金元史十五讲》,第39—40页)以为,可突于的出现意味着大贺氏时代部落选举之传统已开始被破坏,但关于遥辇氏时代,他却在没有任何直接证据的情况下断言遥辇氏可汗均由八部选举产生。至于这一已开始的破坏进程为何逆转,他没有提供任何解释。

重，作为可汗世选说之证据并不具备说服力。当然，中原传说并非无根浮谈。按《辽史·皇子表》谓阿保机从祖帖剌"九任迭剌部夷离堇"，伯父岩木"三为迭剌部夷离堇"。❶又《耶律铎臻传》载："祖蒲古只，遥辇氏时再为本部（迭剌部）夷离堇。"❷而《新唐书·契丹传》云："咸通中，其王习尔之再遣使者入朝，部落浸强。习尔之死，族人钦德嗣。……钦德晚节政不竞，其八部大人法常三岁代，时耶律阿保机建鼓旗为一部，不肯代，自号为王而有国。"❸

按照《新唐书》的说法，三年一代的并非契丹可汗，而是八部大人，这与《辽史》迭剌部夷离堇有任期一说若合符契，当得其实。《辽史·世表》承袭《新唐书》，亦谓"八部大人，法常三岁代"。❹华山、费国庆曾据此怀疑中原文献误将夷离堇任期三年认作可汗制度，❺虽然他们并没有认识到《辽史》此说出自《新唐书》，但其说可从，《汉高祖实录》等所谓契丹可汗三年一代的传说恐怕是八部大人任期三年一事在中原讹变的结果。

而八部大人之任命，似乎也不是出自部民选举。关于契丹建国前诸部夷离堇之产生，史籍可征者有如下三例。《辽史·刑法志》曰："阻午可汗知宗室雅里之贤，命为夷离堇以掌刑辟。"❻又按同书《太祖纪》，天复元年，"痕德堇可汗立，以太祖为本部（迭剌部）夷离堇"；三年，"拜太祖于越，总知军国事"，把持了契丹军国大政。❼

---

❶ 《辽史》卷64《皇子表》，第962、963页。
❷ 《辽史》卷75《耶律铎臻传》，第1239页。
❸ 《新唐书》卷219《契丹传》，第6172—6173页。
❹ 《辽史》卷63《世表》，第956页。
❺ 华山、费国庆：《阿保机建国前契丹社会试探》，《历史研究》编辑部编：《辽金史论文集》，沈阳：辽宁人民出版社，1985年，第10-11页。
❻ 《辽史》卷61《刑法志上》，第935页。
❼ 《辽史》卷1《太祖纪上》，第1、2页。

而《耶律曷鲁传》谓太祖为于越后,"欲命曷鲁为迭剌部夷离堇"。❶根据现有史料,遥辇时代迭剌部夷离堇为阿保机家族垄断,从上引《辽史》记载看,该部夷离堇应当是由可汗或其他主政者加以任命,而非由部民或其家族内部自行选举。❷而且,帖剌曾九任迭剌部夷离堇,看来八部大人虽以三年为期,但应当可以连任。也就是说,契丹建国前诸部夷离堇之任命出自于上,有明确任期,可连任。笔者以为,这一制度恐怕并非传统部落民主制之孑遗,而是官僚制之萌芽。

最后,要补充说明的是,五代晚期以来契丹八部推举可汗的传说,亦见《通鉴考异》引庆历间入宋的契丹归明人赵志忠所著《虏庭杂记》。该书曰:"太祖讳亿,番名阿保谨,又讳斡里。太祖生而智,八部落主爱其雄勇,遂退其旧主阿辇氏归本部,立太祖为王。"又云:"凡立王,则众部酋长皆集会议,其有德行功业者立之。或灾害不生,群牧孳盛,人民安堵,则王更不替代;苟不然,其诸酋长会众部别选一名为王;故王以番法,亦甘心退焉,不为众所害。"又曰:"有韩知古、韩颖、康枚、王奏事、王郁,皆中国人,并劝太祖不受代。"❸

虽然赵志忠来自契丹,但他对辽朝早期历史实不甚了了。所谓康枚,实乃康默记,韩颖或系韩延徽,王奏事未详何人。而王郁于

---

❶《辽史》卷73《耶律曷鲁传》,第1220页。
❷《辽史》卷112《耶律辖底传》(第1498页)载:"遥辇痕德堇可汗时,异母兄罨古只为迭剌部夷离堇。故事,为夷离堇者,得行再生礼。罨古只方就帐易服,辖底遂取红袍、貂蝉冠,乘白马而出。乃令党人大呼曰:'夷离堇出矣!'众皆罗拜,因行柴册礼,自立为夷离堇。"这一记载并未涉及罨古只为夷离堇之来由。辖底以诈自立为夷离堇,并不能说明夷离堇非由可汗任命,只能表明在契丹人心目中,柴册礼并非只是装饰性的仪式,本身就具有由神赋予的法定效力,即便是乔装冒充他人者,只要经过了柴册礼,其夷离堇身份就不可剥夺。不论罨古只之夷离堇是由可汗任命,还是推举产生,恐怕都是如此。
❸《通鉴》卷266,后梁太祖开平元年五月《考异》引《虏庭杂记》,第8677-8678页。

神册六年始入辽,其说显然有误。《通鉴考异》又引《庱庭杂记》曰:"(阿保机)自号天皇王,始立年号曰天赞,又曰神册,国称大辽。"❶此处关于辽初年号及国号的记载也是错误的。

宋朝文献多称志忠尝为契丹史官。如《长编》载:"至忠尝为契丹中书舍人,得罪宗真,挺身来归,言庆历以前契丹事甚详。"❷又云:"范镇《杂记》称至忠尝为契丹史官,契丹称中书舍人,或中书舍人即兼史职也。"❸按范镇《东斋记事》曰:"志忠尝为契丹史官。"❹孙升《孙公谈圃》亦云"志忠尝为契丹史官也"。❺又王铚《默记》载:"赵至忠虞部自北虏归朝,尝仕辽中为翰林学士,修国史,著《庱庭杂记》之类甚多。"❻志忠任官,一曰中书舍人,一曰翰林学士,两说非一,但二者之本职均非修史,若非自夸以求售,当是以中书舍人或翰林学士兼史职。根据上文所论《庱庭杂记》中辽初史事之误,笔者怀疑,赵志忠最多也只是有限地参与修史,对契丹国史并无全面系统的把握。而八部推举可汗的说法,恐怕是赵氏直接或间接受到中原文献影响的结果,并非出自契丹官方史书。

(二)柴册仪辨析——兼论官吏世选

契丹选汗说的间接证据中,最为学界津津乐道的是所谓契丹柴册仪保留的大汗推选遗迹。柴册仪见于《辽史·礼志》,其中被认为与可汗世选相关的部分如下:

---

❶ 《通鉴》卷269,后梁均王贞明二年十二月《考异》引《庱庭杂记》,第8809页。
❷ 《长编》卷133,庆历元年八月乙未,第3169页。
❸ 《长编》卷185,"嘉祐二年四月辛未"条注,第4475页。
❹ 范镇:《东斋记事》,汝沛点校,北京:中华书局,1980年,第43页。
❺ 孙升口述、刘延世笔录:《孙公谈圃》,杨倩描、徐立群点校,收入《丁晋公谈录(外三种)》,北京:中华书局,2012年,第121页。
❻ 王铚:《默记》,朱杰人点校,北京:中华书局,1981年,第43页。

> 皇帝遣使敕曰:"先帝升遐,有伯叔父兄在,当选贤者。冲人不德,何以为谋?"群臣对曰:"臣等以先帝厚恩,陛下明德,咸愿尽心,敢有他图。"皇帝令曰:"必从汝等所愿,我将信明赏罚。尔有功,陟而任之;尔有罪,黜而弃之。若听朕命,则当谟之。"佥曰:"唯帝命是从。"❶

君臣间的问答被认为是在古老传统推选大汗的基础上形成的。此外,道宗时宋人王易《燕北录》对契丹柴册仪也有详细的记载:

> 于契丹官内选九人,与戎主身材一般大小者,各赐戎主所着衣服一套令结束,九人假作戎主,不许别人知觉。于当夜子时,与戎主共十人相离出小禁围,入大禁围内,分投各入一帐,每帐内只有蜡烛一条,椅子一只,并无一人。于三日辰时,每帐前有契丹大人一员,各自入帐列阿骨蜡(原注:汉语题认大字[引者按:"天子"之讹]也),若提认得戎主者,先赐牛半(引者按:"羊"之讹)驼马各一千。当时宋国大王(原注:戎主亲弟)于第八帐认得戎主,番义(引者按:即"仪")得言道"我不是的皇帝",其宋国大王却言道"你的是皇帝"。如此往来番语三遍,戎主方始言便是。❷

比较两处记载,可以明显看出,后者应当更接近契丹旧俗。认同选汗说的陈述指出,《礼志》所载的君臣问答近似《尚书》典、谟之

---

❶ 《辽史》卷49《礼志一》,第836页。
❷ 《说郛》宛委山堂本卷56《燕北录》,载《说郛三种》,上海:上海古籍出版社影印本,1988年,第2583页。

文，❶若非史家文饰，就是大量采用汉俗的结果。

单就王易记载而论，柴册仪被认为出于世选旧俗主要基于两点。其一，契丹大人在十人中提议戎主。其二，戎主被认出后三番辞让。笔者以为，将这两点解释为推举遗风，还值得商榷。假作戎主的九人，是与戎主身材相近者，而在选汗说中具有候选人资格的戎主弟兄如宋国大王等并不在其列，因此，这九人恐怕不代表与戎主竞争之候选人。这一仪式之设计应当与戎主被认出后三番辞让出于同一考虑，是为了突出表现戎主不愿就位。也就是说，戎主千方百计推辞是柴册仪之关键。

那么，戎主辞让，必定是推举所致吗？实行选举时，为什么当选人必须辞让？事实上，辞让者未必皆由选举而来。如中原王朝更替以所谓禅让的形式进行时，大多也是三让而从之。而推举体制下也不必然出现辞让，如古希腊罗马选举制度并未催生普遍的辞让风俗。换言之，辞让与推举并无必然联系。

笔者以为，辞让作为一种形式，是权威并不稳固、存在潜在挑战者的表现，辞让的目的，恰恰是要造成一种万民推戴的假象。因此，如果选举制度得到普遍认可，而选举本身又没有争议，当选人之权威无可置疑，自然毋庸辞让。比如现代民主体制下就看不到当选人辞让的情况。而古代中原王朝所谓禅让及辞让，是为掩盖违背君臣伦理的丑陋行径的遮羞布，是营造权威的一种方式，与推选并无关联。《礼志》柴册仪所谓群臣劝进，在中原历史上同样屡见不鲜，也是类似的勾当。

当然，契丹之柴册仪，自有其特殊历史背景。传统部族社会权力不够集中，可汗之权威常受部族首领威胁，汗位争夺经常出现血

---

❶ 陈述：《契丹政治史稿》，第63页。

淋淋的暴力场面,有力者得之。而暂时胜出者其权力也并不稳固,部族首领反叛乃至改立新汗比比皆是。总之,可汗权威之脆弱应当才是辞让仪节产生的真正原因,实与选举无关。

　　附带要说明的是,论者在引述契丹柴册仪时,大多同时引证北魏末年的一条材料,认为鲜卑也存在出自推选遗风的类似仪式。按《通鉴》载:"(北魏)孝武帝即位于东郭之外,用代都旧制,以黑毡蒙七人,(高)欢居其一,帝于毡上西向拜天毕,入御太极殿。"❶

　　不过,仔细比较此鲜卑代都旧俗与契丹柴册仪,二者间的差异似乎要多于相同之处。首先,黑毡所蒙七人,高欢居其一,看来这七人的选择并不是出于与帝身材相似与否,可能都是当时北魏重臣。其次,"黑毡蒙七人"似乎应当理解为用黑毡包裹全身,包括头部,而非如柴册仪将十人置于帐中。再次,既然七人不是与帝相似者,且为黑毡所裹,那么这一习俗恐怕不是为了让群臣从中指认孝武帝,孝武本人可能也不在此七人之中。因此,笔者以为,这一习俗与柴册仪在关键部分并无共同之处。

　　契丹选汗说间接证据之二,乃明确见于《辽史》的契丹宰相节度使等的世选制度,今附论于此。事实上,这也是文献中"世选"一词唯一的指称对象,所谓可汗世选系现代学者由此比附而来。

　　但官吏世选是否能推出可汗世选,笔者尚有疑虑。首先,所谓官吏世选,并不是说某一特定职官的人选只能在某一家族中选择,相反,如世预宰相选的就远不止一家,且预选之人亦有非出世选之家者。所谓世预宰相选,仅仅意味着其子孙享有特权,可以与其他世预宰相选的大臣的子孙,及其他重要人选竞争这一职位。也就是说,职官世选既不意味着该职为某一家族垄断,甚至也不意味着该

---

❶ 《通鉴》卷155,梁武帝中大通四年二月戊子,第4824页。

职为享有世选特权的诸家族垄断。至于每家的候选人只限一位,还是可以推出多人参选,史无明文。显然,这与所谓世选可汗限于一家是根本不同的。其次,官吏子孙参加世选,最终人选的决定权到底在哪里呢?就辽朝历史而言,恐怕要归之于君主或中央的铨选机构。"世选"之选,应当指的是铨选。❶这与所谓部落首领公推可汗也不相同。因此,官吏世选与所谓可汗世选至少在两个关键层面有着根本差异,前者并不能作为后者的证据。

(三)辽朝前期皇位纷争新探

契丹选汗说的最后一条证据是辽朝前期围绕皇位频繁发生的争斗与谋逆。唐天祐四年,耶律阿保机逼迫遥辇氏退位,成为契丹可汗。其后阿保机诸弟三度叛乱,欲取而代之。平定诸弟之乱后,阿保机于神册元年称帝建元,大契丹开国,长子耶律倍被立为太子。然太祖殂后,皇位之继承又引发流血冲突,应天太后舍倍改立次子德光,是为太宗。而太宗死后,耶律倍之子兀欲与叔父李胡争夺帝位,双方一度兵戎相见,大战几欲爆发,终在耶律屋质斡旋下和平收场,兀欲承统,是为世宗。世宗朝谋逆频仍,兀欲即位未久,即为从叔察割所弑,然察割亦未能如愿,螳螂捕蝉,黄雀在后,最终太宗子耶律璟荣登大宝,是为穆宗。穆宗无子,因暴虐为近侍所弑,世宗子耶律贤继位,即景宗。景宗之后,传子遂行。

辽朝前期皇位继承如此纷纭复杂的局面,论者每以为,其原因是在世选旧制度下,可汗有多人候选,而在辽朝建立后,这一候选人集团仍自认为拥有继承皇位的权利,因此引发内乱。这一解释的确敏锐地觉察到了复杂表象之后的核心问题,不过,真正起作用的

---

❶ 此承张帆师赐教。

并非世选旧制,而是兄终弟及传统,且其影响并不限于辽初四朝,而是贯穿辽朝历史之终始。

前面已经提到,大贺氏时代可汗传承遵循兄终弟及原则,而辽朝皇位继承中皇帝同母弟中最年长者的独特地位也可以证明契丹存在这一传统。我们先看下表。

表5 辽朝皇位继承与皇帝同母弟最长者

帝	身份	同母弟最长者	与皇位继承相关事件
太祖	德祖嫡长子	剌葛	率领诸弟三次反叛,欲取太祖而代之
太宗	太祖嫡次子	李胡	被太宗立为皇太子,然太宗意外身故后,皇位为世宗所夺。曾建斡鲁朵❶
世宗	太祖嫡长子、前太子耶律倍之嫡长子	娄国❷	世宗在位时曾几度煽动穆宗谋反不果,穆宗时谋逆,欲自立,伏诛
穆宗	太宗嫡长子	罨撒葛	穆宗委以国政,欲僭立,免死流放。穆宗遇弑后与景宗争夺帝位,死后景宗追赠皇太叔
景宗	世宗嫡长子	吼阿不	早卒。景宗即位,追册为己之皇太子
圣宗	景宗嫡长子	隆庆	卒后圣宗追赠皇太弟,曾建斡鲁朵
兴宗	圣宗嫡长子❸	重元	兴宗封皇太弟,然终传子。道宗即位后封皇太叔,后谋逆,自杀
道宗	兴宗嫡长子	和鲁斡	天祚封皇太叔祖❹

❶ 参本书"附录二"《斡鲁朵横帐补说》。
❷ 《辽史》卷72《义宗倍传》(第1211页)谓其为次子,不详所出,或为世宗同母弟。
❸ 圣宗皇后无子,养兴宗为子,故可视为嫡长子。
❹ 参见清格勒、刘凤翥:《契丹小字〈皇太叔祖哀册文〉考释》,《民族语文》2003年第5期;刘凤翥、清格勒:《契丹小字〈宋魏国妃墓志铭〉和〈耶律弘用墓志铭〉考释》,《文史》2003年第4期。关于和鲁斡的封号究竟是《辽史》所见皇太叔还是石刻所见皇太叔祖,还存在争议。邱靖嘉《辽天祚朝"皇太叔"名号的政治文化解析》(《民族研究》2014年第1期)认为,汉文、契丹小字《皇太叔祖哀册》及《宋魏国妃(和鲁斡妻)墓志》这四方石刻中的"皇太叔祖",可能是墓志作者按照汉人的伦理观念,根据和鲁斡的行辈加以修正的结果。此说值得重视,但似非定论。

318

需要说明的是,辽末帝天祚乃道宗嫡长孙,也是唯一的孙子,故此表不与。根据此表,可以清楚看出如下现象。首先,虽然景宗之后父子相传、嫡长子(孙)继承才真正得以实现,但此前五帝除太宗外均为其父之嫡长子。

其次,诸帝同母弟最长者中有两人曾被其兄封为皇太子(弟),两人被追赠皇太子(弟),两人被继位君主封为皇太叔(祖),一人被追册皇太叔,剩下两位未加皇储名号者均曾谋逆,欲僭位。

而与此形成鲜明对照的是,太祖以下八帝,曾正式拥有皇储名号的仅兴宗一人而已。当然,七人不可一概而论。太宗至景宗四帝,都不是在正常情况下继位,值得特别留意的是辽朝中后期父子相传、嫡长继承成为事实后的圣宗、道宗、天祚三帝。

景宗即位初年,即分别追册吼阿不、罨撒葛为皇太子、皇太叔,却一直没有立嫡长子隆绪(圣宗)为皇太子,仅遗诏令其嗣位。兴宗立重元为皇太弟,其嫡长子洪基(道宗)却始终无正式皇储称号。而道宗立嫡长子耶律濬为皇太子,则是在皇太叔重元死后。耶律濬后为乙辛所陷冤死,昭雪后其子延禧(天祚)被道宗视为继承人,但也始终无正式皇储名号。而天祚即位后,没有册立皇太子,却立道宗弟和鲁斡为皇太叔祖。即便是宗真(兴宗)之为皇太子,也是在皇太弟隆庆死后。这一现象,除了兄终弟及之传统在起作用外似乎没有别的解释。而此时所谓兄终弟及,似乎限定为同母兄弟。结合辽朝八帝的嫡长身份,我们可以推断,至晚到遥辇氏末期,契丹已有嫡庶之分。❶汗位兄终弟及之范围可能仅限嫡妻所出众子。

---

❶ 没有宗法制度,一样可以有嫡庶之分。只要有了正妻观念,正妻与其他妻或妾的地位有了区别,嫡庶子之分就会形成。宗法制度的本质,是在嫡长子与他子(包括嫡长子同母弟)间划出一条根本界限。

下面再结合辽朝前期皇位纷争之具体分析作补充论证。我们先看太祖阿保机时代的诸弟之乱。诸弟之乱的主角是太祖同母弟剌葛、迭剌、寅底石及安端,其中欲取阿保机而代之的是剌葛。需要注意的是,太祖异母弟苏却站在了阿保机一边。❶《辽史·皇子表》载:"剌葛诈降,苏往来其间。既平,苏力为多。"❷此外,参与诸弟之乱的宗室近属还有仲父房滑哥(阿保机同祖兄弟)及六院夷离堇房辖底(阿保机祖父匀德实兄帖剌之子)。对于剌葛等四人,太祖均释而不杀,而滑哥与辖底的命运则迥然不同。《滑哥传》云:"群臣议其罪,皆谓滑哥不可释,于是与其子痕只俱陵迟而死,敕军士恣取其产。"❸《辖底传》载:"囚数月,缢杀之。将刑,太祖谓曰:'叔父罪当死,朕不敢赦。'"❹其子迭里特亦同死。

笔者以为,之所以会发生剌葛等主犯免死,而滑哥等从犯见戮的奇怪现象,正是因为在兄终弟及的原则下,剌葛等本就是汗位继承人。虽然其时阿保机尚未称帝,其嫡长子耶律倍亦未被立为太子,但剌葛等人可能已看出阿保机之意图,遂抢先发难。虽行谋逆,但兄终弟及传统尚在人心,故赦而不诛。另一方面,阿保机异母弟苏不仅没有参与剌葛集团,反而协助平定叛乱,这暗示嫡庶已分,兄终弟及亦已排除庶子。

以往论者推断阿保机时代存在世选旧制之影响,还因为阿保机称可汗时曾让位辖底。《辖底传》曰:"太祖将即位,让辖底,辖底曰:'皇帝圣人,由天所命,臣岂敢当!'"❺然如上所论,假惺惺的

---

❶ 《辽史》卷85《耶律奴瓜传》(第1315页)云:"太祖异母弟南府宰相苏之孙。"
❷ 《辽史》卷64《皇子表》,第972页。
❸ 《辽史》卷112《耶律滑哥传》,第1503页。又见卷1《太祖纪上》,第9页。
❹ 《辽史》卷112《耶律辖底传》,第1498–1499页。
❺ 同上书,第1498页。

让位姿态完全是营造权威之现实需要,并不能作为世选之证据。虽然阿保机羽翼已成,遥辇氏徒有虚名而已,但取代已历九汗、统治契丹近二百年的遥辇氏自立为汗,毕竟兹事体大,阿保机亦不敢自信必能成功。《耶律曷鲁传》云:

> 会遥辇痕德堇可汗殁,群臣奉遗命请立太祖。太祖辞曰:"昔吾祖夷离堇雅里尝以不当立而辞,今若等复为是言,何欤?"曷鲁进曰:"曩吾祖之辞,遗命弗及,符瑞未见,第为国人所推戴耳。今先君言犹在耳,天人所与,若合符契。天不可逆,人不可拂,而君命不可违也。"太祖曰:"遗命固然,汝焉知天道?"曷鲁曰……太祖犹未许。是夜,独召曷鲁责曰:"众以遗命迫我。汝不明吾心,而亦俯随耶?"曷鲁曰……太祖乃许。明日,即皇帝位。❶

可见其时阿保机犹豫再三,相当谨慎。而辖底其人,相当阴险狡诈,在阿保机家族中又颇有势力。阿保机之让位,应当理解为对辖底态度之试探。类似情况在历史上也不罕见。《通鉴·晋纪》载:

> 燕主俊寝疾,谓大司马太原王恪(俊弟)曰:"吾病必不济。今二方未平,景茂(俊子)冲幼,国家多难,吾欲效宋宣公,以社稷属汝,何如?"恪曰:"太子虽幼,胜残致治之主也。臣实何人,敢干正统!"俊怒曰:"兄弟之间,岂虚饰邪!"恪曰:"陛下若以臣能荷天下之任者,岂不能辅少主

---

❶ 《辽史》卷73《耶律曷鲁传》,第1220–1221页。

乎！"俊喜曰："汝能为周公，吾复何忧！" ❶

一怒一喜，正显枭雄本色。

平定诸弟之乱不久，阿保机即称帝，并立嫡长子为皇太子。显然其意在废弃兄终弟及传统，实行父子相袭。事实上，他的这一努力原本相当成功。剌葛于神册二年叛入幽州，翌年安端被重新起用，任大内惕隐，并率军攻云州及西南诸部。迭剌在神册三年再次谋叛，阿保机仍将其赦免。❷ 到天显元年灭渤海之役，迭剌、寅底石、安端都得到了重用。此役中，首先攻下渤海重镇扶余城后，"留觌烈与寅底石守之"。❸ 接着进军忽汗城，"命惕隐安端……等将万骑为先锋"。在灭渤海建东丹后，迭剌被任命为中台省"左大相"，❹ 乃东丹四相之首。更有甚者，归途中阿保机发病而卒，遗诏太子继位，寅底石辅政。可见剌葛出奔后，作为一个强人领袖，太祖已成功降服了迭剌诸弟，使其接受父子相袭体制，不再谋求兄终弟及。

不幸的是，阿保机十几年的努力，却被皇后应天毁于一旦。应天钟爱幼子李胡，欲废太子而立之。为此她大行杀戮，铲除了支持太子的寅底石等人。即便如此，应天仍未能如愿，最终在帝位空悬一年零四个月后，不得已进行妥协，改立次子德光，条件是李胡为皇太子。这场内乱中，史籍里看不到阿保机同母弟中唯一尚存的安端有任何动向，这从另一个角度证明，太祖废除兄终弟及本已见成效。但应天迫使德光立李胡为皇储，却让契丹权力传承在一定程度

---

❶ 《通鉴》卷100，晋穆帝升平三年十二月辛酉，第3177页。《晋书》卷110《慕容俊载记》（第2842页）与此同，然无"喜"字。不论如何，慕容俊之内心，似应如《通鉴》所述。
❷ 《辽史》卷1《太祖纪上》，第5-9、12页。
❸ 《辽史》卷75《耶律觌烈传》，第1237页。
❹ 《辽史》卷2《太祖纪下》，第21-22页。

上重新回到了兄终弟及。

然人算不如天算,太宗意外死于中原,其时皇太子李胡留守监国,随军的耶律倍嫡长子耶律阮利用这一稍纵即逝的良机篡取了帝位。笔者认为,耶律阮之所以能取代皇太子李胡,除了时机之外,其父无辜被废,其人本有望成为皇储这一因素亦不可小视。倾向太后一方的耶律屋质在调解李胡耶律阮之争时,直言"礼有世嫡,不传诸弟。昔嗣圣(太宗)之立,尚以为非"。❶可见经过阿保机之努力,父子相承已渐入人心。此外,应天废太子之恶例,可能也对皇太子制度造成了负面影响,正所谓报应不爽。

需要注意的是,神册四年至会同九年(太宗辞世的前一年),在这近三十年中,除了皇位更替之际外,不论是太祖还是太宗,其地位都没有受到挑战,宗室内部并无人敢于谋逆。但世宗继位后,形势突变,谋逆频仍,政局不稳。论者每以为这是世选旧制之影响,但这一说法无法解释此前近三十年的平静。笔者认为,真正的原因是辽初两次皇位更替极不正常,皇太子均未能继位,无论传子还是传弟都没能实现,这使辽朝皇位继承陷于混乱,由此开启了宗室权贵觊觎之心。但世宗即位两年多后,已大体有效地控制住了宗室。不料大意失荆州,耶律阮被极其贪婪狡诈的从叔察割蒙蔽,在位不足五年即为其所弑。

契丹政局本已转入正轨,却又面临危机。其时世宗嫡长子耶律贤尚幼,屋质遂拥立太宗嫡长子耶律璟,平定了察割之乱。这一风波使辽朝政局再度动荡。与世宗朝极其相似,穆宗初年宗室谋逆频仍,耶律璟同样花费了三数年时间用于巩固其统治,其后朝局基本趋于稳定。但天不佑契丹,辽朝并未由此摆脱纷争的阴影。穆宗无

---

❶《辽史》卷77《耶律屋质传》,第1257页。

子，在君临契丹近十八年后为近侍所弑，皇位归属再度引发了争斗。在击败了耶律璟同母弟罨撒葛后，耶律贤登上了宝座。景宗朝宗室谋逆亦间有发生，但大体而言，耶律贤始终具备把握政局的能力，最终得以顺利传位嫡长子隆绪。

总而言之，辽朝前期皇位之纷争，与所谓世选传统实无干系。契丹汗位旧有兄终弟及的传统，经过阿保机之努力，这一传统本已渐趋式微，父子相承在很大程度上已为契丹权贵所接受。但由于应天后私心所向，废长立次，更以少子为次子之继承人，推倒了多米诺骨牌中的第一张。而太宗、世宗、穆宗三帝，均属非正常、意外死亡，且后二人未立皇储。这一系列政治事件，是导致辽朝前期皇位纷争频仍的最主要原因。

事实上，不论兄终弟及旧传统，还是嫡长子继承新制度，在辽初四次皇位传承中竟没有一次实现过，皇位继承在很大程度上处于失序状态。论其始作俑者，应天难辞其咎。由于这一混乱局面，兄终弟及传统得以在一定程度上有所保留，其影响延续至辽末，其表现就是上文所论皇帝同母弟最长者的特殊地位。尽管如此，毕竟在辽朝历史上没有一次出现兄终弟及，这说明这一传统已经失去了真正的效力。

综上所述，契丹选汗说之四证据无一无纰漏，并不足为据，其说不能成立，而兄终弟及才是契丹可汗产生之真正原则。不过，陈述在论证契丹选汗传统时，又举蒙古、乌桓、鲜卑、满族及匈奴为证，认为推选首领是北族之共同习俗。❶蒙古之选汗，确无可疑。但乌桓等，则还有商榷之必要。为了彻底澄清有关契丹选汗之疑

---

❶ 陈述：《契丹政治史稿》，第81—84页。

团,下文将对此四族作一探讨。

二 北族推选例证剖析

(一)乌桓与鲜卑

按《三国志·魏书·乌丸传》裴注引王沈《魏书》载:"(乌丸)常推募勇健能理决斗讼相侵犯者为大人,邑落各有小帅,不世继也。"❶又同书《鲜卑传》裴注引王沈《魏书》云:"(鲜卑)言语习俗与乌丸同。……(檀石槐)长大勇健,智略绝众。……遂推以为大人。"❷据此,乌桓、鲜卑确曾有推举旧俗。不过,事实上,事情要复杂得多。

《三国志·魏书·鲜卑传》裴注引王沈《魏书》又曰:

> 檀石槐年四十五死,子和连代立。……(和连死,)其子骞曼小,兄子魁头代立。魁头既立后,骞曼长大,与魁头争国,众遂离散。魁头死,弟步度根代立。自檀石槐死后,诸大人遂世相袭也。❸

檀石槐的出现,是鲜卑历史上划时代的事件。在他的带领下,鲜卑不仅第一次改变了众大人林立的状况,实现了初步统一,而且一度取代匈奴,成为漠北霸主。与此相应的是,鲜卑首领继承制度也经

---

❶《三国志》卷30《魏书·乌丸传》裴注引王沈《魏书》,北京:中华书局,1959年,第832页。
❷《三国志》卷30《魏书·鲜卑传》裴注引王沈《魏书》,第836-837页。
❸ 同上书,第837-838页。

历了根本变化,世袭取代了推选。也就是说,首领选举只是鲜卑早期的传统,乃部落人数规模有限、政治组织结构尚不复杂时的首领产生方式,一旦鲜卑步入草原"帝国"时代,这一方式就为世袭所取代。

乌桓的情况与鲜卑也有类似之处。《三国志·魏书·乌丸传》云:

> 汉末,辽西乌丸大人丘力居,众五千余落,上谷乌丸大人难楼,众九千余落,各称王,而辽东属国乌丸大人苏仆延,众千余落,自称峭王,右北平乌丸大人乌延,众八百余落,自称汗鲁王……后丘力居死,子楼班年小,从子蹋顿有武略,代立,总摄三王部……后楼班大,峭王率其部众奉楼班为单于,蹋顿为王。❶

丘力居死后,其子楼班年少,故从子蹋顿代立。然楼班成年后,仍被奉为单于,蹋顿退居王位。这与鲜卑和连死后,子骞曼年少,兄子魁头代立,骞曼长大后与魁头争国极其相似。这说明,至晚在丘力居身故之后,乌桓也已实行世袭制。

(二)满族

清朝立国之初,史称后金汗国。天命七年(1622),汗国建立者努尔哈赤提出在其身后实行八王(即八旗各掌旗贝勒,均为努尔哈赤的子、侄、孙)共治国政制度,后金新汗从八王中产生,八王具有选举、更换新汗的权力。从形式上看,清初汗位推选制可以称得上是非常典型的选汗制度。对于这一制度,杨珍师做过精湛研

---

❶《三国志》卷30《魏书·乌丸传》,第834–835页。

究，兹引述如下。

虽然努尔哈赤在后金建立了绝对专权的父家长统治模式，但吊诡的是，实行绝对统治的汗权，却以具有一定独立性及分权倾向的八旗为依托。因此，这一汗国之存在，几乎完全依赖克里斯玛型领袖努尔哈赤本人的无上权威。在继承人问题上，努尔哈赤原本具有浓厚的重长意识，最初立长子褚英为继承人。但褚英无法慑服众人，很快与以四大贝勒为首的诸弟及权贵重臣发生严重冲突，最终被努尔哈赤处死。褚英死后，代善成为努尔哈赤最年长的儿子，被确定为继承人。但很快代善也因同样的原因被废。

至此，努尔哈赤才清楚地意识到，没有人能继承他所拥有的权威，压制八旗的分权倾向。为了维持他一手建立的后金汗国的存在，努尔哈赤以一个杰出政治家的独特眼光，天才地设计了八王共治制。在新体制下，汗与八王间、八王彼此间相互监督、制约，八王不断增长的分权倾向从而得以消解。八王共治制自宣布起，即部分实施。当然，其全面实施，则要等到努尔哈赤辞世后的天聪年间。但即便在其部分实施期间，其效果也已显现无遗。

天命十一年（1626）八月十一日，努尔哈赤去世。翌日，皇太极被推选为新汗，次年改元天聪。八王共治制虽然一度挽救了后金汗国免于分裂，但毕竟对中央集权的发展是重要障碍。因此，皇太极即位后，采取了各种措施以削弱诸贝勒的权力。

在天聪九年（1635）十二月的蓝旗事件后，八王议政会议终于为皇太极所掌握。翌年，皇太极建国号曰"大清"，改元崇德，自此皇权诞生。崇德二年（1637），皇太极所宠爱的宸妃生子，皇太极准备废除汗位推选制，立该子为嗣。但此子数月而殇，使得汗位推选制在形式上又保留了一段时间。

崇德八年（1643），皇太极病逝，生前未立储嗣。顺治之继统，表面上是诸大臣会议的结果,事实上则取决于他由血缘所获得的尊贵身份、皇帝自将之两黄旗大臣的拥护及以孝庄为首的崇德后宫的支持。八王共治制下有权选举新汗的八旗旗主,在其中只居于次要位置,这说明汗位推选制已名存实亡。顺治十八年(1661),顺治帝因患痘疹去世,遗诏皇三子玄烨继位。自此,汗位推选制名实俱亡。

清初的汗位推选制从正式出台到最后一次实施,仅历时21年,是努尔哈赤为应对清初非常特殊的政治局势而精心设计的策略,也是中国古代史上的罕见案例。即便是唯一一次汗位推选制的真正实施,即皇太极之继位,其背后起决定性作用的,仍然是努尔哈赤本人对继承人的选择意向。❶

因此,清初之汗位推选制并不能证明满族存在选汗传统。那么,满族传统社会如何进行权力交接呢?据刘小萌研究,明代女真酋长之位,或父死子袭,或兄终弟及。❷也就是说,至少就现有文献而言,我们还找不到任何明确证据表明明代女真存在选举之制。

(三)匈奴

上文已提到,两汉之交的匈奴,实行兄终弟及,单于由左贤王升任。陈述以为匈奴行世选,他引证了《史记》《汉书》之《匈奴传》"大臣皆世官"的记载,❸并评述说:"匈奴世官,不同于中原的立长立嫡,那么说它属于世选之类,看来是比较合适的。"❹这一

---

❶ 杨珍:《清朝皇位继承制度》(修订本),北京:学苑出版社,2009年,第21-97页。
❷ 刘小萌:《满族习惯法初探》,载氏著《满族的社会与生活》,北京:北京图书馆出版社,1998年,第121-122页。
❸ 《史记》卷110《匈奴列传》,北京:中华书局,1959年,第2890页;《汉书》卷94上《匈奴传上》,北京:中华书局,1962年,第3751页。
❹ 陈述:《契丹政治史稿》,第84页。

论断值得商榷。难道说不行中原的嫡长子继承，就必然属于世选？《史记·匈奴列传》在记载世官制度时又曰："置左右贤王……匈奴谓贤曰'屠耆'，故常以太子为左屠耆王。"❶其说昭昭，当无可疑。

综上所述，不仅契丹并无世选传统，在其他北族中，首领选举也并不常见。蒙古是一个例外。而乌桓、鲜卑在发展早期，在部落人数有限，政治组织结构简单的情况下，有过推选酋长之制。契丹等族在发展最早期，或者也曾实行过首领选举，但在进入草原汗（帝）国阶段时，均以父子相承或兄终弟及为主，推选最多只起到辅助作用。

三　选汗说流行原委

根据本文的分析，所谓北族选汗传统的证据非常薄弱，难以成立。尽管如此，这一观点却深入人心，长期以来被视为定论。究其原委，笔者以为，有两方面的原因。

其一，与中原汉地相比，北族权力传承要更为复杂多变。自周代以来，中原汉地形成了嫡长子继承的传统。而北方民族合法继承人的选择范围，一般要更广，父死子继、兄终弟及，乃至传侄，都可能是正常现象。甚至很多时候缺乏规则，分分合合，各方角力，你方唱罢我登场，大汗的权威得不到保证，血淋淋的暴力场面时时出现。这些现象在中原固然也有，但远不及北族频繁。而学者往往会与陈述犯同一个错误，以为非中原式嫡长子继承即为推选，并将

---

❶《史记》卷100《匈奴列传》，第2890页。

北族权力传承的复杂状况归因于选举制之余绪。

事实上，北族继承纷争频仍的真正原因可能是中央集权不够，部族首领势力过大。但这不必然意味着汗位须经公推。要取得多数部族首领支持，才能坐稳汗位，并不能证明选举制度之存在。比如唐朝后期藩镇节度使常需笼络军将及牙兵，否则不唯其位不保，且有杀身之虞，甚而时有军将牙兵实际掌控节度使之更替，但这显然不代表推选制度。

其二，以往史家醉心于选汗说，在很大程度上是受摩尔根的社会演进理论影响的结果。摩尔根将人类社会分为蒙昧、野蛮、文明三时代，前两个阶段属于国家产生之前的原始社会，又称氏族社会，其本质特征是自由、平等与民主。摩尔根重点分析的氏族社会典型案例是易洛魁人的部落联盟，该联盟由五个部落以完全自愿、和平及平等的方式构成，设首领全权大会，其五十名成员由组成各部落的氏族选举本氏族成员产生，各氏族亦有权将其罢免。这五十人既是联盟的首领，同时也是各部落的首领。❶在国内外学术界，很长时期内摩尔根的部落联盟模式被普遍理解为从原始社会到国家的必经阶段，而国家产生之前，氏族社会首领经由民主选举产生也随之成为共识。

但事实上，摩尔根本人对易洛魁社会首领继承方式是否适用于其他前国家社会，还存有疑虑。而恩格斯则明确指出，首领选举并非普遍模式，首领世袭制度在氏族社会是存在的。不仅如此，20世纪的人类学研究更是对其学说提出了重大挑战。当代西方人类学家以为，摩尔根将易洛魁人平等的社会组织推而广之，作为前国家社

---

❶ 摩尔根:《古代社会》，杨东莼、马雍、马巨译，北京：商务印书馆，1977年，第125–126页。

会的典型代表,看来并不正确。在平等氏族社会与国家之间,还存在一个不平等的过渡社会阶段,一般被称为酋邦。酋邦社会建立了世袭等级制度,包括中亚游牧酋邦在内的民族志研究表明,大多数酋邦的权力传承实行的是长子继承制。❶

当然,酋邦理论是否具备普遍意义,是否适用于中国古代社会,远非小文所能置喙。不过,根据本文研究,我们不能简单套用摩尔根学说阐释中国历史上诸北族,恐怕是个还算公允的结论。❷

---

❶ 易建平:《部落联盟与酋邦——民主·专制·国家:起源问题比较研究》,北京:社会科学文献出版社,2004年,第67—72、137—188页。

❷ 比如,蒙古之选汗制度,或者不必视为普遍意义上的社会发展阶段的产物,而与其社会组织及政治变迁的特殊性有关。

附录二

斡鲁朵横帐补说

兼论辽朝部族制度

斡鲁朵与横帐制度是辽朝政治体制中极为关键的一个方面。关于斡鲁朵，二十余年前，杨若薇在《契丹王朝政治军事制度研究》一书中曾做过非常系统的考察，❶此后高井康典行、武玉环等陆续有大作发表，❷新近余蔚在前人研究的基础上，又将我们对该制度的理解推进了一大步。❸关于横帐，杨若薇之大作亦有所阐发，而自2000年始，不仅辽史奠基人陈述之遗作终得面世，❹当今辽史学界的名家也纷纷撰文讨论。❺经过了众多学者的努力，对于辽朝斡鲁朵

---

❶ 杨若薇：《契丹王朝政治军事制度研究》，第1-90、153-171页。

❷ 高井康典行：《辽代斡鲁朵的存在形态》，何天明译，《蒙古学信息》2001年第4期，第1-14、29页（原刊《内陆亚细亚史研究》14号，1999年3月）；武玉环：《辽代斡鲁朵探析》，《历史研究》2000年第2期，第51-62页；高井康典行：《斡鲁朵与藩镇》，尤李译，收入张希清、田浩、黄宽重、于建设主编：《10-13世纪中国文化的碰撞与融合》，上海：上海人民出版社，2006年，第490-515页（原刊《东洋史研究》第61卷第2号，2002年9月）。另参王德明、李春燕：《辽代斡鲁朵问题研究综述》，《东北史地》2009年第3期，第74-78页。

❸ 余蔚：《辽代斡鲁朵管理体制研究》，《历史研究》2015年第1期。

❹ 陈述：《契丹舍利横帐考释》，《燕京学报》新八期，北京：北京大学出版社，2000年，第87-104页。

❺ 葛华廷：《辽代"横帐"浅考》，《北方文物》2000年第4期，第77-79页；刘浦江：《辽朝"横帐"考——兼论契丹部族制度》，原刊《北大史学》第8辑，（转下页）

及横帐制度,我们的认识已经相当深刻。笔者拜读以上诸家大作,受益匪浅,对前辈时贤之功力,也至为叹服。不过,智者千虑,或有一失,愚者千虑,或有一得。鄙意以为,诸家之研究尚有一二待拾遗补阙之处,故不揣浅陋,写作拙文,以期方家教正。

本文不拟全面探讨斡鲁朵与横帐,仅涉及相关研究中若干目前尚有争议的问题。第一部分讨论斡鲁朵制度,第二部分处理横帐制度,第三部分则附带对辽朝部族制度略做整体分析。

一 斡鲁朵

关于斡鲁朵,本节将讨论以下问题:前朝皇子与斡鲁朵,隶宫州县与斡鲁朵,长宁宫与敦睦宫之归属。

就第一个问题,即前朝皇子与斡鲁朵之关系,杨若薇以为:"每一皇帝的子孙都是属于这一皇帝的斡鲁朵的,其子孙中即帝位者,则'别为行宫'……不即帝位的子孙,如果不是出任外职,则依旧留居原斡鲁朵中。"❶此说所提出的证据,来自《辽史·女里传》,其文曰:"女里,字涅烈衮,逸其氏族,补积庆宫人。……景宗在藩邸,以女里出自本宫,待遇殊厚。"❷按积庆宫系景宗父世宗之斡鲁朵,世宗遇弑时景宗尚幼,继位之穆宗将其收养于太宗之

(接上页)北京大学出版社2001年版,收入《松漠之间》,第53—72页;乌拉熙春:《契丹横帐考——兼论帐、宫、院之关系》,载《爱新觉罗乌拉熙春女真契丹学研究》,京都:松香堂书店,2009年,第303—313页;王善军:《辽朝横帐新考》,《历史研究》2003年第2期,第175—179页;都兴智:《也说"横帐"》,《民族研究》2009年第6期,第53—57页。

❶ 杨若薇:《契丹王朝政治军事制度研究》,第19页。
❷ 《辽史》卷79《女里传》,第1273页。

永兴宫。杨若薇以为，景宗称世宗斡鲁朵为"本宫"，说明若非穆宗收养这一特殊情况，在世宗辞世后他原本应当生活在积庆宫。与此相关的是，她认为，皇帝去世后，斡鲁朵由其不即帝位之子孙继承，也就是说，前朝皇子是斡鲁朵之继承人。❶

对于杨若薇的上述观点，余蔚有不同看法。他认为皇帝死后，其子孙除即位者外全部从斡鲁朵中析出，转归横帐，辽朝诸帝之斡鲁朵全在当朝皇帝掌握之中。余蔚指出，太祖阿保机创立斡鲁朵，其防范的首要对象恰恰是对其可汗之位构成巨大威胁的诸弟，由此推论，辽朝诸帝恐怕不会允许近支宗室留居斡鲁朵，更不至令前朝皇子领有斡鲁朵。❷

笔者近读《辽史》，在余蔚大作启发下注意到若干史料，愚意以为可作余蔚观点之佐证。《辽史·营卫志》所见十三斡鲁朵，有五个其民户部分来源于前朝斡鲁朵，其详如下表：

表6　部分斡鲁朵民户来源表❸

穆宗延昌宫	以国阿辇斡鲁朵（太宗永兴宫）户及阻卜俘户，中京提辖司、南京制置司、咸、信、韩等州户置
圣宗兴圣宫	以国阿辇、耶鲁盌（世宗积庆宫）、蒲速盌（应天太后长宁宫）三斡鲁朵户置
兴宗延庆宫	以诸斡鲁朵及饶州户置
道宗太和宫	以诸斡鲁朵御前承应人及兴中府户置
天祚永昌宫	以诸斡鲁朵御前承应人，春、宣州户置

---

❶ 虽然杨若薇并未明确提出上述观点，但她认为，皇帝去世后，其斡鲁朵内居住着"继承人和本宫的族属"（《契丹王朝政治军事制度研究》，第18页），显然，所谓的"继承人"只能理解为前朝皇子。

❷ 余蔚：《辽代斡鲁朵管理体制研究》，第56—57页。

❸ 《辽史》卷31《营卫志上》，第365—369页。

穆宗有权处置太宗永兴宫户，足见其至少是继承人之一。当然，这与杨若薇的观点并不矛盾，不过，圣宗以太宗、世宗、应天太后三斡鲁朵户置兴圣宫，则有未谐之处。按照杨说的模式，太宗死后永兴宫当由其诸子继承，而圣宗并非出于太宗一系，怎么会有权分割其宫户归属己之斡鲁朵呢？即使是世宗及应天二宫，圣宗似乎也不应当是继承人之一。假设世宗死后积庆宫由其诸子继承，但其子景宗即位后应当已经将其分内的宫户转至新建的章愍宫，积庆宫与景宗一系已经没有关系了。同理，应天长宁宫亦当如此。而圣宗乃景宗子，他享有继承权的应当只是章愍宫的部分宫户。但事实上，圣宗兴圣宫户之来源，却恰恰没有章愍宫户，而由太宗、世宗、应天三斡鲁朵户构成，这是杨说所难以解释的。不仅如此，兴宗、道宗、天祚三宫宫户之来源，俱云"诸斡鲁朵"。同样，按照杨若薇的模式，三帝所能处置的，应当分别仅限于圣宗兴圣宫、兴宗延庆宫及道宗太和宫。这也与事实不符。而按余蔚的说法，诸斡鲁朵俱由当朝皇帝继承，则不谐之处可涣然冰释。至于景宗称积庆宫为"本宫"，乃叙其所自出，并不能理解为世宗去世后景宗本当居积庆宫。

不过，对于余蔚的观点，笔者拟提出一处小修正。新帝登基后，前朝皇子虽从先帝之斡鲁朵析出，但并非转入横帐，而是在诸宫外别设一机构统领，仍受契丹行宫都部署管辖。

《辽史·百官志》"北面皇族帐官"目下有"王子院"，曰"掌王子各帐之事"。检《辽史》，"王子院"他处得二例。按《圣宗纪》，开泰元年正月甲申，"驻跸王子院"。[1]又《皇子表》"景宗子药师奴"条曰："早卒，葬王子院。"[2]此外，亦见"太子院"。《皇

---

[1] 《辽史》卷15《圣宗纪六》，第170页。
[2] 《辽史》卷64《皇子表》，第988页。

子表》"世宗子吼阿不"条云:"景宗立,追册为皇太子,谥庄圣。"又曰:"早薨。墓号太子院。"❶按辽皇子多称"王子"。《穆宗纪》有"王子敌烈",❷据《皇子表》,敌烈乃太宗子。❸《刘哥传》有"王子天德",❹亦系太宗子,《太宗纪》作"皇子天德"。❺《王白传》有"王子只没",❻系世宗子。上文提到的药师奴也被称为"王子"。❼此外,在石刻中也能找到同样的例子。如《秦德昌墓志》曰:"公初十六,会秦晋国王宅燕,见其体貌魁秀,知后必为伟器,因荐于圣宗。果顾之,亦□□于禁掖,赐养母以育之。凡帐幄敷设,饮食服乘,随季所赐,与诸王子无异。"❽显然,《墓志》中的"王子"实乃"皇子"。《百官志》以为"王子院"乃掌王子各帐之机构,恐未得其实,从上引有关"王子院"及"太子院"的史料看,王子院实乃皇子墓地。不过,辽朝的确设有专职机构统领诸皇子,但并非王子院,而是王子帐。

按《辽史·圣宗纪》,统和四年,"李继迁引五百骑款塞,愿婚大国,永作藩辅。诏以王子帐节度使耶律襄之女汀封义成公主下嫁"。❾又《兴宗纪》重熙七年(1038)十二月己巳,"王子帐冠哥(为)王

---

❶ 《辽史》卷64《皇子表》,第984页。
❷ 《辽史》卷6《穆宗纪上》,第76页。
❸ 《辽史》卷64《皇子表》,第982页。
❹ 《辽史》卷113《刘哥传》,第1508页。
❺ 《辽史》卷4《太宗纪下》,第48页。
❻ 《辽史》卷108《王白传》,第1476页。
❼ 按《辽史》卷10《圣宗纪一》统和元年五月辛未(第110页),"次永州,祭王子药师奴墓"。
❽ 《秦德昌墓志》拓本见王晶辰主编:《辽宁碑志》,沈阳:辽宁人民出版社,2002年,第336页。
❾ 《辽史》卷11《圣宗纪二》,第127页。又见卷12《圣宗纪三》统和七年三月戊戌(第134页),"以王子帐耶律襄之女封义成公主,下嫁李继迁"。似属重出。

子郎君详稳"。❶《百官志》在"王子院"目下列有王子太师、王子太保、王子司徒、王子司空，低一级有王子班郎君。❷王子太师、太保、司空不见他处，王子司徒得一例，❸有关王子班郎君的史料则相对较多。如《圣宗纪》太平元年（1021），"大食国王复遣使请婚，封王子班郎君胡思里女可老为公主，嫁之"。❹又《皇子表》"圣宗子别古特"条曰："太平七年，遥领彰信军节度使，为王子郎君班详稳。"❺同卷"圣宗另一子侯古"条云："重熙初，（为）王子郎君班详稳。"❻耶律襄、冠哥、胡思里无可考，恐怕不会是史籍漏载之皇子，但可能是宗室近支，王子帐应当是由前朝皇子及其子孙构成的宗族组织，而王子班郎君盖王子帐出任随侍帝廷之郎君者。至于圣宗二子为王子郎君班详稳，并不能证明当朝皇子亦属王子帐。虽然王子郎君必定来自王子帐，其详稳则不必如此，正如北、南院大王未必出自北、南院。

那么，作为由前朝皇子及其子孙构成的宗族组织，王子帐是依附于斡鲁朵，还是由惕隐司统领呢？据《耶律仁先传》，重熙中，仁先"为契丹行宫都部署，奏复王子班郎君及诸宫杂役"。❼按契丹诸部族俱有郎君随侍帝廷，各以所出为班列，置详稳。而仁先奏中只提到王子班郎君，笔者以为，这表明王子帐由契丹行宫都部署管辖。类似的从斡鲁朵析出，但并不脱离宫卫的例子还有一个。《营卫志·宫卫》在罗列诸斡鲁朵后附以著帐郎君、著帐户，谓后者

---

❶ 《辽史》卷18《兴宗纪一》，第221页。
❷ 《辽史》卷45《百官志一》，第710-711页。
❸ 按《辽史》卷10《圣宗纪一》统和元年七月（第111页），"王子司徒娄国坐称疾不赴山陵，笞二十"。
❹ 《辽史》卷16《圣宗纪七》，第189页。
❺ 《辽史》卷64《皇子表》，第990页。
❻ 同上书，第991页。
❼ 《辽史》卷96《耶律仁先传》，第1395-1396页。

"本诸斡鲁朵析出,及诸罪没入者"。❶不过,虽自斡鲁朵析出,《营卫志》仍以其为宫卫之一部分,说明仍归行宫都部署统领。❷

关于本节拟讨论的第二个问题,即隶宫州县与斡鲁朵之关系,以往学界聚讼纷纭。日本学者津田左右吉早在上世纪初提出:"外戚大臣各自拥有私部曲,将俘掠来的汉人以私城来管治。据此推测,皇帝自身拥有这样的私部曲、私城(指隶宫州县)也不足为怪。"❸津田氏的观点在很长时间为辽史学者视为定论,但上世纪末杨若薇对其进行了强有力的挑战,以为隶属斡鲁朵的州县并非辽帝私城,与普通州县并无实质区别,唯一的不同是隶宫州县必须承担所属斡鲁朵的徭役。杨若薇之所以提出新说,是因为她在对隶宫州县进行详细的实证研究后,有如下三个发现:其一,隶属斡鲁朵的州县并非都由对外战争中掠夺人口构成;其二,隶宫州县之民户并非宫分户;其三,国家对隶属斡鲁朵州县的统治与普通州县无异。❹

杨若薇所论第一点,确属卓识,不过,这可以看作是对津田观点的修正,而不是反驳。事实上,辽朝亲贵重臣所建立的头下军州等私城,也并非全由征伐俘户而来,其中颇有公主以媵臣建置者。❺至于杨说提到,不少隶宫州县可能系由普通州县划归斡鲁朵,这也

---

❶ 《辽史》卷31《营卫志上》,第371页。
❷ 《辽史》卷45《百官志一》有"北面著帐官",由著帐郎君院及著帐户司构成(第702-707页),与"北面宫官"(第716-720页)并立。按《营卫志》相关部分必渊源有自,而《百官志》著帐郎君院及著帐户司二目当系元人袭取其文所成,"北面著帐官"盖元史臣臆造。关于《百官志》之史源及史料价值,参拙作《绪论——〈百官志〉之史源、编纂及史料价值》,载《〈辽史·百官志〉考订》。
❸ 津田左右吉:《辽の制度の二重體系》,《津田左右吉全集》第12册,东京:岩波书店,1964年,第377页。中译文转引自杨若薇:《契丹王朝政治军事制度研究》,第41页。
❹ 杨若薇:《契丹王朝政治军事制度研究》,第42-57页。
❺ 《辽史》卷37《地理志一》,第448-449页。

只能说明在辽朝皇帝看来，或者说在辽朝政治体制中，皇室私产与政府公产并未截然分开，而不能证明隶宫州县并非私城。

而杨若薇所论第二点，证据稍嫌未足。首先，她认为只有扈从行宫的人才是宫分户。对宫分户作如此狭义的理解，其他学者多不能认同，理由相当充分，兹不赘述。❶笔者亦不能赞同此说，并补充一条证据。《营卫志》论斡鲁朵户曰："凡州三十八，县十，提辖司四十一，石烈二十三，瓦里七十四，抹里九十八，得里二，闸撒十九。为正户八万，蕃汉转户十二万三千，共二十万三千户。"❷若按杨若薇理解，隶宫州县户、提辖司户及石烈等户均非宫分户，❸那么《营卫志》的记载就恰恰遗漏了斡鲁朵中最核心的部分，即扈从皇帝的宫分户。但有明确证据表明，《营卫志》宫卫部分渊源有自，并非元人臆造。《兵卫志》云："十二宫一府，自上京至南京总要之地，各置提辖司。重地每宫皆置，内地一二而已。太和、永昌二宫宜与兴圣、延庆同，旧史不见提辖司，盖阙文也。"❹检《营卫志》，十二宫一府唯太和、永昌二宫不见提辖司，❺可见该部分正是源自《兵卫志》所谓"旧史"。❻因此，杨说恐怕不能成立，扈从皇帝的应当只是宫分户中的一部分。其次，杨若薇认为，隶宫籍者，不贯州县。但她引证的姚景行、梁援二例，其出宫籍后所贯州县，都是普通州县，而非隶宫州县。因此，这并不能证明宫籍与隶宫州县籍二者只能取其一。

---

❶ 李锡厚：《论辽朝的政治体制》，载《临潢集》，第18页；高井康典行：《辽代斡鲁朵的存在形态》，第8页；武玉环：《辽代斡鲁朵探析》，第54-57页。

❷ 《辽史》卷31《营卫志上》，第362页。

❸ 杨若薇：《契丹王朝政治军事制度研究》，第69页。

❹ 《辽史》卷35《兵卫志中》，第406页。

❺ 《辽史》卷31《营卫志上》，第362-370页。

❻ 高井康典行（《辽代斡鲁朵的存在形态》，第2-4页）对《营卫志》宫卫部分的史料价值有更充分的论证，可资参考。

杨若薇提出的第三点，的确在很大程度上改变了我们对隶宫州县的认识。她发现，与普通州县相同，隶宫州县亦归诸京道统辖，官吏由朝廷统一任命、考核，军事上分别隶属于诸路的军事机构，同时承担国家赋税，财政由国家财政机构掌管。不过，这些结论只强调了片面事实，实际情况更为复杂。

就统辖关系而言，石刻中有材料显示，隶宫州县并非与斡鲁朵毫无关系。比如，《韩橁墓志》载："（橁）除章愍宫都部署，掌绾版图，抚绥生齿，陪四朝之羽卫，覆数郡之刑名。"❶所谓"覆数郡之刑名"，武玉环以为，即掌管章愍宫所辖州县的刑法。❷也就是说，隶宫州县与斡鲁朵的确存在一定的统属关系。

关于官吏任免考核，杨若薇之后，高井康典行有更细致的研究。他指出，从长官人选来看，隶宫州县与普通州县并无显著差别，隶宫州县长官常迁转普通州县，且自辽初已然。吏员的情况与长官类似，不过高井怀疑圣宗朝以前可能存在下级文官由斡鲁朵行使人事权的例子。❸但是，长官人选及人事权之归属，与隶宫州县是否私城并无必然联系。从《辽史》及辽代石刻文献来看，不仅隶宫州县的官吏与普通州县无本质区别，与斡鲁朵相关的所有官吏，包括诸宫分契丹或汉儿渤海都部署，其人选及人事权之归属都与政府官员没有明显差别。再以韩橁为例，据其墓志，章愍宫都部署任后"出充燕京留守衙内马步军都指挥使，改易州兵马都监"，后"转弘义宫都部署"。❹因此，我们仍然只能得出辽朝皇室私产与政府公产并未截然分开的结论，而不能据以论定隶宫州县并非私城。

---

❶ 《辽代石刻文编》，第205页。
❷ 武玉环：《辽代斡鲁朵探析》，第62页。
❸ 高井康典行：《斡鲁朵与藩镇》，第494—502页。
❹ 《辽代石刻文编》，第205页。

关于财政，高井氏也有新说，隶宫州县之税收分属斡鲁朵及政府财政机构，而非由后者独享。❶

因此，杨若薇的研究虽然极大地推进了隶宫州县的研究，但并不足以否认隶宫州县乃皇帝私城。相反，笔者认为，隶宫州县及提辖司户共同构成了斡鲁朵中的汉人渤海宫分户，由诸宫分汉儿渤海都部署管辖。下面先论提辖司。

津田氏根据《营卫志》提辖司与州县、石烈等并列的现象，推测辽朝把汉人、渤海人等向其内地迁徙时，人户不足以组成州县的，设提辖司统领。❷根据杨若薇的研究，提辖司民户的确是定居的汉人、渤海人等，且史料中有大量辽朝中后期以提辖司户置州县的记载。❸因此，笔者赞同津田氏的推论，提辖司所管辖的当是隶属斡鲁朵、然人户不足以组成州县而散布各地的定居民户，辽朝中后期以提辖司户置州县，应当是因为户口蕃息的缘故。不过，杨若薇对津田说尚有疑虑，且举出一个反证。《辽史·地理志》"宗州"条云："耶律隆运以所俘汉民置。圣宗立为州，隶文忠王府。王薨，属提辖司。"❹宗州归属提辖司，杨若薇以为可证明人户不足建州县并非提辖司设置原因。但《地理志》"龙州"条曰："开泰九年，迁城于东北，以宗州、檀州汉户一千复置。"❺可见宗州民户曾割属他州。笔者怀疑，宗州之建制可能曾撤销，其民户分属龙州及提辖司。《营卫志》谓文忠王府隶宫州一，不载州名，❻检《地理志》有

---

❶ 高井康典行：《斡鲁朵与藩镇》，第506—511页。
❷ 津田左右吉：《辽の制度の二重體系》，第339—341页。
❸ 杨若薇：《契丹王朝政治军事制度研究》，第64—65页。
❹ 《辽史》卷38《地理志二》，第464页。
❺ 同上书，第470页。
❻ 《辽史》卷31《营卫志上》，第370页。

川州，曰"初隶崇德宫，统和中属文忠王府"，❶当即《营卫志》所谓隶宫州，似乎可为宗州裁撤之旁证。

关于提辖司，杨若薇还指出了一个非常奇特的现象。按《圣宗纪》统和八年，"诏东京路诸宫分提辖司，分置定霸、保和、宣化三县，白川州置洪理，仪坤州置广义，辽西州置长庆，乾州置安德各一县"。❷然定霸等三县隶上京临潢府，仪坤州亦在上京地区，且据《地理志》，定霸等三县民户系太祖时徙居临潢之渤海人，统和八年唯置县，非别从东京地区再度徙民。❸东京路提辖司所辖民户远至上京地区，甚可怪也！笔者以为，这恰可作为提辖司系因人户不足所置之旁证。既然人户不足，当然不可能一地置一提辖司，每一提辖司管辖地域当颇为广大，因此置于东京路之提辖司所属之民户可及上京地区。

提辖司民户之身份与头下军州民户相近，这在石刻中可以找到证据。《宋匡世墓志》谓匡世卒于"晋国公主中京提辖使"任上。❹按晋国公主乃圣宗女，在上京地区曾以媵户置头下成州，❺据《宋匡世墓志》则中京地区亦有其媵户，且设提辖使掌之。这说明，斡鲁朵提辖司户之身份与媵户相类，同时间接证明，隶宫州县与头下军州性质接近。也就是说，津田氏的意见仍可成立。当然，经过杨若薇等学者的努力，我们已经清楚，固然一言以蔽之，隶宫州县可被视为私城，但其性质相当复杂，远非私城一词所能涵盖。因为辽朝皇室私产与政府公产界限并不明晰，隶宫州县并非完全在政府体系之外。事实上，不仅隶宫州县如此，从整体上说，斡鲁朵亦是如

---

❶《辽史》卷39《地理志三》，第488页。
❷《辽史》卷13《圣宗纪四》，第140页。
❸《辽史》卷37《地理志一》，第439-440页。
❹《辽代石刻文编》，第181页。
❺《辽史》卷37《地理志一》，第449页。

此，以往有学者过于强调契丹、汉人行宫都部署司独立于辽朝中央政府机构，❶这一看法可能需要修正。此外，隶宫州县之管理方式在辽朝前后期之变化，也还有待深入研究。

总之，据《营卫志》，斡鲁朵所辖民户可分两类，其一为隶宫州县及提辖司户，其二为石烈等部落组织所辖户。笔者赞同武玉环的意见，前一类民户以汉人、渤海人为主，属定居农耕者，由南面诸宫官进行管理，后一类以契丹人为主，属游牧部落民，由北面诸宫官进行管理。❷

本节讨论的第三个问题是长宁宫及敦睦宫之归属。据《营卫志》，敦睦宫系为孝文皇太弟所置。❸按《契丹国志》，孝文皇太弟乃圣宗弟隆庆，❹《长编》则明言"隆庆曰敦睦宫"。❺然检《辽史·耶律速撒传》，应历中，速撒"为敦睦宫太师"。❻又按《景宗纪》保宁三年十一月庚子，"胪朐河于越延尼里等率户四百五十来附，乞隶宫籍。诏留其户，分隶敦睦、积庆、永兴三宫，优赐遣之"。❼因此，笔者怀疑，敦睦宫原属李胡，后归孝文皇太弟隆庆。李胡曾建斡鲁朵，《营卫志》中亦别有踪迹可寻。该志在介绍诸斡鲁朵民户来源时，除上文所论前朝斡鲁朵外，还提到了"文献皇帝卫从"（世宗积庆宫）及"章肃皇帝侍卫"（景宗章愍宫）。❽文献即太祖朝皇太子倍，章肃即李胡。文献确有斡鲁朵（详下），似乎可为章肃

---

❶ 杨若薇：《契丹王朝政治军事制度研究》，第169–171页。
❷ 武玉环：《辽代斡鲁朵探析》，第54页。
❸ 《辽史》卷31《营卫志上》，第370页。
❹ 《契丹国志》卷14《孝文皇太弟传》，第152页。
❺ 《长编》卷110，天圣九年六月，第2561页。
❻ 《辽史》卷94《耶律速撒传》，第1383页。
❼ 《辽史》卷8《景宗纪上》，第92页。
❽ 《辽史》卷31《营卫志上》，第364、366页。

亦建斡鲁朵之旁证。而李胡之被夺宫，当然是因为他与圣宗祖父世宗争夺帝位的缘故。笔者的这一推论，在一定程度上可以得到长宁宫归属变迁的印证。

据《营卫志》，长宁宫乃太祖阿保机应天皇后所置，然"世宗分属让国皇帝宫院"，其隶宫州之一即世宗为其父让国皇帝所建的奉陵邑显州。❶尤其值得注意的是，应天晚至穆宗朝才辞世，也就是说，世宗分割长宁宫时应天尚在世。笔者以为，这恐怕是因为应天支持李胡，反对世宗即位的缘故。不过，让人困惑的是，长宁宫虽在事实上一分为二，但似乎仍维持一个斡鲁朵的名义。而《长编》谓"突欲曰长宁宫"，❷则似乎长宁宫全部转归让国。姑存此疑，以俟高明。

二 横 帐

本节专论横帐之范围。

按《百官志》云："肃祖长子洽眘之族在五院司，叔子葛剌、季子洽礼及懿祖仲子帖剌、季子裹古直之族皆在六院司。此五房者，谓之二院皇族。玄祖伯子麻鲁无后，次子岩木之后曰孟父房，叔子释鲁曰仲父房，季子为德祖。德祖之元子是为太祖天皇帝，谓之横帐；次曰剌葛，曰迭剌，曰寅底石，曰安端，曰苏，皆曰季父房。此一帐三房，谓之四帐皇族。二院治之以北、南二王，四帐治之以大内惕隐……大横帐常衮司。掌太祖皇帝后九帐皇族之事。"❸又曰："辽俗东向而尚左，御帐东向，遥辇九帐南向，皇族三父帐

❶《辽史》卷31《营卫志上》，第365页。
❷《长编》卷110，天圣九年六月，第2561页。
❸《辽史》卷45《百官志一》，第707—708页。

344

北向。东西为经，南北为纬，故谓御营为横帐云。"❶《皇子表》也在太祖诸子之后注明"已下并系横帐"。❷也就是说，横帐指太祖以下九帝子孙。不过，《辽史》及石刻中有大量例证表明，三父房亦称横帐。❸不仅如此，刘浦江师发现，《道宗纪》清宁九年（1063）有"横帐夷离堇房"，知二院皇族也可称横帐。❹此后经都兴智补充论证，二院皇族称横帐亦可视为定论。❺

但是，太祖子孙能否称横帐，反而引起了一些争议。《耶律颇德传》云："旧制，肃祖以下宗室称院，德祖宗室号三父房，称横帐，百官子弟及籍没人称著帐。耶律斜轸言，横帐班列，不可与北、南院并。太宗诏在廷议，皆曰然，乃诏横帐班列居上。"❻《国语解》亦曰："德祖族属号三父房，称横帐，宗室之尤贵者。"❼葛华廷据此以为，《百官志》并不可信，横帐实为三父房专称。❽虽然葛说并未得到学界认同，但启发笔者注意到了一个奇怪的现象。在现有传世及新出文献中，称横帐的具体个人绝大多数属三父房，极个别属二院皇族，太祖子孙仅一例而已。❾虽然太祖子孙、三父房、二院皇族俱可称横帐，为何太祖子孙仅得孤证？这是否反映出，三者

---

❶《辽史》卷45《百官志一》，第712页。
❷《辽史》卷64《皇子表》，第973页。
❸ 杨若薇：《契丹王朝政治军事制度研究》，第20页；刘浦江：《辽朝"横帐"考》，第63—65页。
❹ 刘浦江：《辽朝"横帐"考》，第67页。
❺ 都兴智：《也说横帐》，第55—56页。
❻《辽史》卷73《耶律颇德传》，第1225页。
❼《辽史》卷116《国语解》，第1538页。
❽ 葛华廷：《辽朝"横帐"浅考》，第77页。
❾《永清公主墓志》（向南、张国庆、李宇峰辑注：《辽代石刻文续编》，沈阳：辽宁人民出版社，2010年，第226—227页）载祖曰高七，圣宗季弟，封齐国王，父曰宗político，志文又称"大横帐魏王宗熙"。《续编》（第228页）指出，高七即耶律隆裕，宗熙亦见《辽史·圣宗纪》"开泰七年五月丙寅"条（第184页），称"皇侄"。

虽均可称横帐，但其含义并非完全等同呢？

此外，《百官志》的说法也的确有不妥之处。上节已指出，太祖子孙归王子帐，统于契丹行宫都部署。因此，惕隐属下可能只有三父房而已，大横帐常衮司并不存在。但这一新说要能成立，必须澄清两个疑点。首先，"四帐"的说法，有《辽史》帝纪为证。按《圣宗纪》开泰六年五月己酉，"设四帐都详稳"。❶所谓"四帐都详稳"，可能就是《百官志》"皇族四帐"说法的由来。不过，笔者怀疑，帝纪"四帐"可能是指《营卫志》所见"辽内四部族"（即遥辇九帐族，横帐三父房族，国舅帐拔里、乙室已族，国舅别部），❷未必系皇族四帐。

其次，《百官志》大横帐常衮司下设横帐常衮、横帐太师、横帐太保、横帐司空、横帐郎君及横帐知事，❸其中横帐太保、❹横帐郎君可得他处印证。然所谓"横帐郎君"，并非横帐常衮司官吏，横帐系其所出，郎君指御帐祗候郎君。按契丹郎君又称舍利。❺《武溪集·契丹官仪》谓契丹从行之官云："其未有官者呼舍利，犹中国之呼郎君也。"❻另据《宋会要》，辽圣宗朝归宋人李信谓辽军有"当直舍利及八部落舍利"。❼又按《辽史·兴宗纪》重熙十年（1041）二月甲申，"北枢密院言，南、北二王府及诸部节度侍卫祗候郎君，皆出族帐，既免与民戍边，其祗候事，请亦得以部曲代行"。❽可知舍利、郎

---

❶ 《辽史》卷15《圣宗纪六》，第179页。
❷ 《辽史》卷33《营卫志下》，第383—384页。
❸ 《辽史》卷45《百官志一》，第708页。
❹ 《辽史》卷11《圣宗纪二》统和四年十月（第125页）有"横帐太保虺国底"。
❺ 王曾瑜：《辽朝军制稿》，第86—88页。
❻ 《武溪集》卷18《契丹官仪》，第175页。
❼ 《宋会要辑稿·蕃夷一之二七》，北京：中华书局，1957年，第7686页。
❽ 《辽史》卷19《兴宗纪二》，第225页。

君乃御帐祗候郎君之别称与省称，系各部族酋长族属番上随侍帝廷者。《刑法志》谓兴宗时立法，"诸帐郎君等于禁地射鹿，决杖三百，不征偿"，❶之所以特别提到诸帐郎君，应当是因为诸帐郎君随侍帝侧，可以很方便地接近禁地的缘故。《百官志》有"本班郎君"，❷亦见《萧阳阿传》《耶律仆里笃传》等处，❸笔者疑"本班郎君"并非专称，因诸部族俱有郎君番上，或各以所出为班列，俗称本班。❹

《辽史》所见横帐郎君之实例，均可证明非横帐司职官。按《圣宗纪》统和四年，"横帐郎君老君奴率诸郎君巡徼居庸之北。将军化哥统平州兵马，横帐郎君奴哥为黄皮室都监，郎君谒里为北府都监"。❺"率诸郎君"云云，当指老君奴作为横帐所出之郎君，统领其他部族番上郎君。"奴哥"，本传作"奴瓜"，太祖异母弟苏之孙，属季父房。❻按《圣宗纪》统和二十一年七月甲寅，"以奚王府监军耶律室鲁为南院大王"。❼耶律室鲁恐非奚人，疑监军、都监系代表皇帝监督诸部族。奴哥以横帐郎君转黄皮室都监，当系圣宗亲信，盖亦祗候郎君。又《圣宗纪》统和四年十一月，"楮特部节度使卢补古、都监耶律盼与宋战于泰州，不利。……以卢补古临阵遁逃，夺告身一通，其判官、都监各杖之。……以卢补古等罪诏谕诸军。以御盏郎君化哥权楮特部节度使，横帐郎君佛留为都监，代卢

---

❶ 《辽史》卷62《刑法志下》，第944页。
❷ 《辽史》卷45《百官志一》，第705页。
❸ 《辽史》卷82《萧阳阿传》，第1293页；卷91《耶律仆里笃传》，第1365页。
❹ 按《辽史》卷12《圣宗纪三》统和七年三月（第134页），"乙室王贯宁击鞠，为所部郎君高四纵马突死，诏讯高四罪"。高四似随侍乙室王者，然不排除所谓"所部郎君"实指出于乙室帐之郎君，姑存疑待考。
❺ 《辽史》卷45《百官志一》，第121页。
❻ 《辽史》卷85《耶律奴瓜传》，第1316页。
❼ 《辽史》卷14《圣宗纪五》，第158页。

补古"。❶御盏郎君乃祗候郎君之一，横帐郎君与之并提，疑亦系祗候郎君，非横帐职官。又按《兴宗纪》景福元年（1031）七月戊申，"横帐郎君乐古权右祗候郎君详稳"。❷当亦如是。而横帐太保，恐怕也不是所谓横帐职官。

再者，一般而言，《辽史》纪传之史料价值远胜志表，《耶律颇德传》既明言"德祖宗室号三父房，称横帐"，并未提及太祖子孙，这一记载必须有一个合理的解释。而且，元初胡祗遹所撰《耶律氏墓铭》谓墓主乃"辽太祖之别族，号'大横帐'"。❸其说虽晚出，但恰与《颇德传》相合，似非偶然。

要澄清以上所列三个疑点，笔者赞同乌拉熙春、王善军、都兴智的思路：横帐具体所指的皇族成员范围并非一成不变，而是有一个发展演变的过程。❹不过，与诸说不同，笔者以为，横帐最初指包括太祖子孙及二院皇族在内的所有皇族成员，阿保机创建斡鲁朵后，其子孙从横帐中析出，天赞元年分迭刺部为北、南二院，二院皇族亦转出，此后横帐作为帐族，只领有三父房。不过，在一定意义上，横帐又是皇族的代名词，所以偶尔亦用于指称太祖子孙及二院皇族。

按《辽史·太祖纪》，阿保机称可汗的太祖元年正月庚子，"诏皇族承遥辇氏九帐为第十帐"。❺笔者以为，此"第十帐"即横帐，亦即御帐。不过，此时阿保机地位尚不稳固，诸弟多有异志。《耶律欲稳传》云："（太祖）多欲稳严重，有济世志，乃命典司近部，以遏诸族

---

❶《辽史》卷45《百官志一》，第126页。
❷《辽史》卷18《兴宗纪一》，第212页。
❸《胡祗遹集》，魏崇武、周思成校点，长春：吉林文史出版社，2008年，第378页。
❹ 乌拉熙春：《契丹横帐考》，第309–311页；王善军：《辽朝横帐新考》，第177–178页；都兴智：《也说"横帐"》，第56页。
❺《辽史》卷1《太祖纪上》，第3页。

窥觑之想。欲稳既见器重，益感奋思报。太祖始置宫分以自卫，欲稳率门客首附宫籍。……及平剌葛等乱，以功迁奚迭剌部夷离堇。"❶可知太祖斡鲁朵之置，在阿保机称可汗之后，称帝之前，其目的是防范诸弟。太祖子孙当于此时从横帐中析出，转归斡鲁朵。天赞元年，迭剌部亦因强大难制，析分为北、南二院，肃祖子孙当于此时转入二院。据上引《颇德传》，肃祖以下宗室称院，德祖宗室号三父房，称横帐，太宗时已然，这与笔者的推测正合榫卯。❷

太祖子孙及二院皇族作横帐只是俗称，在石刻中可找到一条证据。《萧袍鲁墓志》曰："夫人耶律氏，横帐故前节度使葛芦不之女，早亡。次娶耶律氏，北大王帐故静江军节度使陈家奴女，以为继室，亦早亡。"❸按北大王帐即二院皇族，此处与横帐并提，可见《墓志》并不以二院皇族为横帐。此志刻于大安六年（1090），晚于清宁九年，说明二院皇族称横帐只是偶一为之，并不表明二院皇族并入了横帐。

最后，附带要说明的是，元人撰修《百官志》时，并无传世典志为据，全系摘抄拼凑而成，因此错误极多。❹以往关于横帐之认识，很大程度上正是受了《百官志》的误导。

三　辽朝部族制度

斡鲁朵称"宫"，横帐乃"帐"。刘浦江师发现，在汉文文献

---

❶ 《辽史》卷73《耶律欲稳传》，第1226页。
❷ 上引《耶律颇德传》有"旧制"云云，论者多以为系指"肃祖以下宗室称院，德祖宗室号三父房，称横帐，百官子弟及籍没人称著帐"。然细绎文义，疑此处元人删节不当，"旧制"当指横帐班列与北、南院并，太宗之新制则为"横帐班列居上"。
❸ 《辽代石刻文编》，第425页。
❹ 参拙作《〈辽史·百官志〉考订》。《皇子表》疑亦系元人新撰。

中，宫、帐常通用，但在契丹小字石刻资料中，宫（斡鲁朵、院）和帐（帐族、族、房）则有严格区分。❶笔者以为，宫、帐之区分涉及辽朝部族制度的整体状况，因此本节附论及此。

关于辽朝部族制度，《营卫志》有一段经典的叙述："部落曰部，氏族曰族。契丹故俗，分地而居，合族而处。有族而部者，五院、六院之类是也；有部而族者，奚王、室韦之类是也；有部而不族者，特里特勉、稍瓦、曷术之类是也；有族而不部者，遥辇九帐、皇族三父房是也。"❷

这段话开宗明义，首论部与族之别。部即部落，乃行政组织。族为氏族，系血缘组织，相当于宗族或家族，也正因为如此，与房可通。部落形成之初，可能是以血缘组织为基础，大部分部民间或者存在或远或近的血缘关系。但这并非通例。而且，即使部落原本以血缘为主要基础，随着时日迁延，部落扩张，成分可能日益复杂，远非血缘所能涵盖。

氏族者，可举三父房为例。文献所见称三父房者，均指肃祖后裔，其部曲不与焉。❸遥辇九帐、横帐之帐，当与族、房同义，亦指家族组织。当然，作为统治阶层，遥辇九帐、三父房成员中大多拥有部曲，甚至可能人数不菲。但是，部落酋长与部民的关系，和领主与部曲的关系迥然有别，所谓遥辇九帐、三父房"族而不部"，其意即在于此。笔者对契丹氏族做这样的理解，可以得到《辽史》的直接证明。《营卫志》在以上这段叙述之后又曰："其氏族可知者，略具《皇族》《外戚》二表。余五院、六院、乙室部止见益古、撒里本，涅剌、乌古部止见撒里卜、涅勒，突吕不、突举部止见塔

---

❶ 刘浦江：《辽朝"横帐"考》，第54—56页。
❷ 《辽史》卷32《营卫志中》，第376页。
❸ 刘浦江：《辽朝"横帐"考》，第70—71页。

古里、航斡，皆兄弟也。奚王府部时瑟、哲里，则臣主也。品部有挲女，楮特部有洼。其余世系名字，皆漫无所考矣。"❶可见氏族之本，正在于世系。

不过，遥辇九帐、三父房等氏族同时也是政治组织。据《百官志》，孟父、仲父、季父三房各置常衮（敞稳）为其长。按《圣宗纪》开泰元年四月辛酉，"以前孟父房敞稳萧佛奴为左夷离毕"。❷佛奴姓萧氏，显然不是孟父房成员。又据《耶律珙传》，珙系遥辇鲜质可汗之后，咸雍中"召为孟父房敞稳"。❸也就是说，统领孟父房的首长可以不出自本房，由国家任命，属于官僚。

所谓族而部者的五院、六院，与部而族者的奚王府，据刘浦江师考证，其共同特点是部落中有帐族。❹五院、六院中有二院皇族，各自构成家族组织，奚王则有五房族属。不过，院之本义，当与部相近。《营卫志》曰："析五石烈为五院，六爪为六院。"❺显然，院应当是行政组织之一种。五院（北大王院）、六院（南大王院）中皇族所属帐族，一般称为"北（南）大王帐（分）"。❻

从《辽史》记载看，似乎拥有帐族的部落不限于此。按《圣宗纪》统和四年十月己亥，"以乙室王帐郎君吴留为御史大夫"。❼是则乙室部亦置王帐。不过上文已提到，汉文文献中"帐""院"等常通用，"乙室王帐"或为"乙室王府（乙室部）"之别称。如

---

❶《辽史》卷32《营卫志中》，第377页。
❷《辽史》卷15《圣宗纪六》，第170页。
❸《辽史》卷91《耶律珙传》，第1364页。
❹ 刘浦江：《辽朝"横帐"考》，第57页。
❺《辽史》卷33《营卫志下》，第384页。
❻ 刘浦江：《辽朝"横帐"考》，第57-58页。
❼《辽史》卷45《百官志一》，第125页。

附录二　斡鲁朵横帐补说　*351*

《圣宗纪》统和四年八月有"乙室帐宰相安宁",[1]此"乙室帐"当即乙室部。还有一种可能是,所谓"乙室王帐郎君吴留",是指吴留乃统和初任乙室大王者之族属,并借此身份得为郎君,"帐"即族属之意,不必理解为乙室部中存在帐族。"帐"作类似用法在《辽史》中可得确证。《太宗纪》会同元年十一月,"诸部宰相、节度使帐为司空"。[2]此处之"帐"只能理解为族属。又上引《兴宗纪》谓"南、北二王府泊诸部节度侍卫祗候郎君,皆出族帐",所谓诸部节度之族帐,也只能理解为时任诸部节度者之族属。

那么,族而部与部而族的区别是什么呢?笔者怀疑,族而部,指先有族而后有部,部而族则反之,先有部而后有族。按二院之成立晚至天赞元年,而五院皇族乃肃祖长子洽昚之族,六院皇族由肃祖叔子葛剌、季子洽礼及懿祖仲子帖剌、季子裊古直之族共四房构成,作为血缘组织,此五房之形成当然远在天赞元年之前。而奚人部落之形成,应当时间很早,辽朝时奚王一系,并非自古皆然,其酋长之位盖夺自他人。《营卫志》论"奚王府六部五帐分"曰:"其先曰时瑟,事东遥里十帐部主哲里。后逐哲里,自立为奚王。"[3]奚王五帐分当俱系时瑟后裔,其形成当然在奚人部落成立之后。此外,专就二院与奚王府而言,还有一个重要差别。奚王人选当出自五帐分,然北、南院大王不必是二院皇族。

明确了部与族的区别及辽朝部族制度的基本情况,最后笔者尝试对契丹小字"宫"(斡鲁朵、院)与"帐"(帐族、族、房)之区分做一推测。斡鲁朵创制之本义,是建立直属皇帝的军事及

---

[1]《辽史》卷45《百官志一》,第124页。
[2]《辽史》卷4《太宗纪下》,第45页。
[3]《辽史》卷33《营卫志下》,第387页。

生产力量，加强君主权力，以对抗并压制宗室。其主体，是皇帝私属人口。这在《营卫志》中有非常清楚的表述："辽国之法：天子践位置宫卫，分州县，析部族，设官府，籍户口，备兵马。崩则扈从后妃宫帐，以奉陵寝。有调发，则丁壮从戎事，老弱居守。"❶ 而王子帐虽归诸宫都部署统领，但事实上游离于斡鲁朵之外。在这一意义上，宫更接近于作为行政组织的部，而不能视为作为血缘组织的族。契丹小字"宫""帐"之区分，可能即源于此。

---

❶ 《辽史》卷31《营卫志上》，第362页。

参考文献

史料

《史记》，北京：中华书局，1959 年
《汉书》，北京：中华书局，1962 年
《后汉书》，北京：中华书局，1965 年
《三国志》，北京：中华书局，1959 年
《晋书》，北京：中华书局，1974 年
《北齐书》，北京：中华书局，1972 年
《旧唐书》，北京：中华书局，1975 年
《新唐书》，北京：中华书局，1975 年
《旧五代史新辑会证》（陈尚君辑纂），上海：复旦大学出版社，2005 年
《新五代史》，北京：中华书局，1974 年
《宋史》，北京：中华书局，1977 年
《辽史》，北京：中华书局，1974 年
《金史》，北京：中华书局，1975 年
《五代史补》（陶岳），载傅璇琮等主编：《五代史书汇编》，杭州：杭州出版社，2004 年，第 5 册
《资治通鉴》，北京：中华书局，1956 年

《续资治通鉴长编》，北京：中华书局，2004年

《十国春秋》（吴任臣），《五代史书汇编》第8册

《南唐书》（陆游），《五代史书汇编》第9册

《南唐书》（马令），《五代史书汇编》第9册

《东都事略》（王称），"国立中央图书馆"善本丛刊》影印绍熙眉山程舍人宅刻本，台北："中央图书馆"，1991年

《契丹国志》，上海：上海古籍出版社，1985年

《江南野史》（龙衮），《五代史书汇编》第9册

《太平治迹统类》（彭百川），《景印文渊阁四库全书》，台北：台湾商务印书馆，1986年

《东斋记事》（范镇），北京：中华书局，1997年

《嘉祐杂志》（江休复），载《全宋笔记》第一编第5册，郑州：大象出版社，2003年

《默记》（王铚），北京：中华书局，1981年

《涑水记闻》（司马光），北京：中华书局，1989年

《孙公谈圃》（孙升口述，刘延世笔录），收入《丁晋公谈录（外三种）》，北京：中华书局，2012年

《燕北录》（王易），《说郛》宛委山堂本卷56，载《说郛三种》，上海：上海古籍出版社，1988年

《宋大诏令集》，北京：中华书局，1962年

《三朝北盟会编》，上海：上海古籍出版社，1987年

《五代宋金元人边疆行记十三种疏证稿》（贾敬颜疏证），北京：中华书局，2004年

《文献通考》，北京：中华书局，1986年

《唐会要》，北京：中华书局，1955年

《五代会要》，上海：上海古籍出版社，1978年

《宋会要辑稿》，北京：中华书局，1957年

《宋会要辑稿·蕃夷道释》，成都：四川大学出版社，2010年

《郡斋读书志校证》(孙猛校证)，上海：上海古籍出版社，2011年
《辽代石刻文编》(向南编注)，石家庄：河北教育出版社，1995年
《名臣碑传琬琰集》，台北：文海出版社，1969年
《辽代石刻文续编》(向南、张国庆、李宇峰辑注)，沈阳：辽宁人民出版社，2010年
《内蒙古辽代石刻文研究》(增订本)(盖之庸编著)，呼和浩特：内蒙古大学出版社，2007年
《辽上京地区出土的辽代碑刻汇辑》(刘凤翥、唐彩兰、青格勒编著)，北京：社会科学文献出版社，2009年
《辽宁碑志》(王晶辰主编)，沈阳：辽宁人民出版社，2002年
《朱子全书》(修订本)，上海、合肥：上海古籍出版社、安徽教育出版社，2010年
《船山全书》，长沙：岳麓书社，2011年
《儒林公议》(田况)，《丛书集成初编》本，北京：中华书局，1985年
《梦溪笔谈校证》(胡道静校证)，上海：上海古籍出版社，1987年
《册府元龟》，北京：中华书局，1960年
《武溪集》(余靖)，载《北京图书馆古籍珍本丛刊》第85册，北京：书目文献出版社，1998年
《胡祗遹集》，长春：吉林文史出版社，2008年
《国朝文类》，四部丛刊本，上海：上海书店出版社，1989年

著作

蔡美彪：《辽金元史十五讲》，北京：中华书局，2011年
蔡美彪等：《中国通史》第6册，北京：人民出版社，1979年
曹流：《契丹与五代十国政治关系诸问题》，博士学位论文，北京大学历史学系，2010年
陈汉章：《辽史索隐》，载杨家骆主编《辽史汇编》，台北：鼎文书局，1973年，第3册

陈乐素：《求是集》第1集，广州：广东人民出版社，1986年

陈述：《契丹政治史稿》，北京：人民出版社，1986年

岛田正郎：《大契丹国——辽代社会史研究》，何天明译，呼和浩特：内蒙古人民出版社，2007年

邓小南：《祖宗之法——北宋前期政治述略》，北京：生活·读书·新知三联书店，2006年

冯家昇：《辽史证误三种》，北京：中华书局，1959年

傅乐焕：《辽史丛考》，北京：中华书局，1984年

黄俊峰：《北宋战略防御阶段的宋辽战争与澶渊之盟——立足宋军战法探索及实战应用的讨论》，硕士学位论文，中国人民大学历史学院，2015年

津田左右吉：《津田左右吉全集》，东京：岩波书店，1964年

康鹏：《辽代五京体制研究》，博士学位论文，北京大学历史学系，2007年

李桂芝：《辽金科举研究》，北京：中央民族大学出版社，2012年

李全德：《唐宋变革期枢密院研究》，北京：国家图书馆出版社，2009年

李锡厚：《耶律阿保机传》，长春：吉林教育出版社，1991年

李锡厚：《中国历史·辽史》，北京：人民出版社，2006年

林鹄：《〈辽史·百官志〉考订》，北京：中华书局，2015年

刘凤翥、清格勒：《契丹小字〈宋魏国妃墓志铭〉和〈耶律弘用墓志铭〉考释》，《文史》2003年第4期

刘浦江：《辽金史论》，沈阳：辽宁大学出版社，1999年

刘浦江：《松漠之间——辽金契丹女真史研究》，北京：中华书局，2008年

刘统：《唐代羁縻府州研究》，西安：西北大学出版社，1998年

刘小萌：《满族的社会与生活》，北京：北京图书馆出版社，1998年

苗润博：《十至十一世纪"南北朝"称号问题再检讨——以外交国书为中心》，学士学位论文，南开大学历史学院，2012年

摩尔根：《古代社会》，杨东莼、马雍、马巨译，北京：商务印书馆，1977年

裴汝诚、许沛藻：《续资治通鉴长编考略》，北京：中华书局，1985年

漆侠、乔幼梅：《辽夏金经济史》，保定：河北大学出版社，1994年

钱穆：《国史大纲》（修订本），北京：商务印书馆，1996年

青格勒、刘凤翥：《契丹小字〈皇太叔祖哀册文〉考释》，《民族语文》2003年第5期

邱靖嘉：《辽朝皇位继承制度研究》，硕士学位论文，北京大学历史学系，2010年

任爱君：《契丹辽朝前期（907—982）契丹社会历史面貌解析》，博士学位论文，内蒙古大学历史系，2005年

任爽：《南唐史》，长春：东北师范大学出版社，1995年

舒焚：《辽史稿》，武汉：湖北人民出版社，1984年

王超：《〈册府元龟〉中的契丹史料初探》，硕士学位论文，北京大学历史学系，2005年

汪圣铎：《宋真宗》，长春：吉林文史出版社，1996年

王晓波：《宋辽战争论考》，成都：四川大学出版社，2011年

王曾瑜：《王曾瑜说辽夏宋金》，上海：上海科学技术文献出版社，2009年

王曾瑜：《点滴编》，保定：河北大学出版社，2010年

王曾瑜：《辽金军制》，保定：河北大学出版社，2011年

王仲荦：《隋唐五代史》，上海：上海人民出版社，2003年

温海清：《画境中州——金元之际华北行政建置考》，上海：上海古籍出版社，2012年

乌拉熙春：《爱新觉罗乌拉熙春女真契丹学研究》，京都：松香堂书店，2009年

武玉环：《辽制研究》，长春：吉林大学出版社，2001年

吴宗国：《隋唐五代简史》（修订本），福州：福建人民出版社，2006年

肖爱民：《中国古代北方游牧民族两翼制度研究》，北京：人民出版社，2007年

杨若薇：《契丹王朝政治军事制度研究》，北京：中国社会科学出版社，1991年

杨珍:《清朝皇位继承制度》(修订本),北京:学苑出版社,2009年

姚从吾:《东北史论丛》,台北:正中书局,1976年第4版

姚念慈:《康熙盛世与帝王心术——评"自古得天下之正莫如我朝"》,北京:生活·读书·新知三联书店,2015年

易建平:《部落联盟与酋邦——民主·专制·国家:起源问题比较研究》,北京:社会科学文献出版社,2004年

余蔚:《中国行政区划通史·辽金卷》,上海:复旦大学出版社,2012年

曾瑞龙:《经略幽燕——宋辽战争军事灾难的战略分析》,香港:香港中文大学出版社,2003年

张帆:《元代宰相制度研究》,北京:北京大学出版社,1997年

张其凡:《赵普评传》,北京:北京出版社,1991年

张其凡:《宋代政治军事论稿》,合肥:安徽人民出版社,2009年

张维玲:《经典诠释与权力竞逐——北宋前期"太平"的形塑与解构(960—1063)》,博士学位论文,台湾大学历史学系,2015年

张希清、田浩、黄宽重、于建设主编:《10—13世纪中国文化的碰撞与融合》,上海:上海人民出版社,2006年

张希清、田浩、穆绍珩、刘乡英主编:《澶渊之盟新论》,上海:上海人民出版社,2007年

张正明:《契丹史略》,北京:中华书局,1979年

周良霄:《皇帝与皇权》(增订本),上海:上海古籍出版社,2006年

祝总斌:《两汉魏晋南北朝宰相制度研究》,北京:中国社会科学出版社,1998年第2版

Pamela Crossley, *A Translucent Mirror: History and Identity in Qing Imperial Ideology*, Berkeley: University of California Press, 2002.

Anatoly Khazanov, *Nomads and the Outside World*, 2nd ed, Madison: University of Wisconsin Press, 1994.

Jean-Jacques Rousseau, *Politics and the Arts: Letter to M. d'Alembert on the Theatre*, translated with notes and introduction by Allan Bloom, Ithaca:

Cornell University Press, 1960.

Jing-shen Tao, *The Jurchen in Twelfth-Century China: A Study of Sinicization*, Seattle: University of Washington Press, 1976.

Karl Wittfogel and Feng Chia-Sheng, *History of Chinese Society: Liao (907-1125)*, Philadelphia: The American Philosophical Society, 1949.

论文

曹流：《辽史正误二则》，《北方文物》2017年第2期

陈述：《契丹舍利横帐考释》，《燕京学报》新八期，北京：北京大学出版社，2000年

岛田正郎：《辽朝北面中央官制的特色》，原载《大陆杂志》第29卷第12期，1964年12月；收入孙进己等编：《契丹史论著汇编》上册，沈阳：辽宁省社会科学院历史研究所，1988年

岛田正郎：《辽朝鞫狱官考（上）》，原载《大陆杂志》第31卷第11期，1965年，收入《契丹史论著汇编》上册

邓广铭：《〈辽史·兵卫志〉中〈御帐亲军〉〈大首领部族军〉两事目考源辨误》，载《邓广铭治史丛稿》，北京：北京大学出版社，1997年

都兴智：《也说"横帐"》，《民族研究》2009年第6期

冯家昇：《契丹名号考释》，收入《冯家昇论著辑粹》，北京：中华书局，1987年

高井康典行：《辽代斡鲁朵的存在形态》，何天明译，《蒙古学信息》2001年第4期

高井康典行：《辽朝科举与辟召》，程妮娜译，《史学集刊》2009年第1期

葛华廷：《辽代"横帐"浅考》，《北方文物》2000年第4期

关树东：《辽朝宣徽使初探》，《昭乌达蒙族师专学报》1994年第1期

关树东：《辽朝州县制度中的"道""路"问题探研》，《中国史研究》2003年第2期

郭康松：《辽朝夷夏观的演变》，《中国史研究》2001年第2期

何冠环:《北宋内臣蓝继宗事迹考》,《中国文化研究所学报》第50期,2010年1月

华山、费国庆:《阿保机建国前契丹社会试探》,《历史研究》编辑部编:《辽金史论文集》,沈阳:辽宁人民出版社,1985年

蒋复璁:《宋代一个国策的检讨》,《大陆杂志》第9卷第7期,1954年10月

津田左右吉:《遼の制度の二重體系》,《津田左右吉全集》第12册,东京:岩波书店,1964年

康鹏:《辽代"五押"问题新探》,《中国史研究》2010年第1期

康鹏:《东丹国废罢时间新探》,《北方文物》2010年第2期

李桂芝:《契丹贵族大会钩沉》,《历史研究》1999年第6期

李锡厚:《辽代宰相制度的演变》,《民族研究》1987年第4期

李锡厚:《论辽朝的政治体制》,载《临潢集》,保定:河北大学出版社,2001年

李晓:《王朴、周世宗、宋太祖统一战略比较》,《烟台大学学报》1992年第1期

刘凤翥:《契丹、女真文字简介》,《历史教学》1980年第5期

刘凤翥:《契丹王朝何时何故改称大辽?》,《昭乌达蒙族师专学报(哲学社会科学版)》1987年第2期

刘凤翥:《契丹大字〈耶律祺墓志铭〉考释》,《内蒙古文物考古》2006年第1期

柳立言:《宋辽澶渊之盟新探》,宋史座谈会编:《宋史研究集》第23辑,台北:编译馆,1995年

柳立言:《士人家族与地方主义:以明州为例》,《历史研究》2009年第6期

刘浦江:《契丹开国年代问题》,《中华文史论丛》2009年第4辑

刘浦江、聂文华:《〈辽史·列传第七〉校勘长编》,未刊稿

刘浦江、肖乃铖:《〈辽史·耶律隆运传〉校勘长编》,未刊稿

刘浦江、肖乃铖:《〈辽史·逆臣传中〉校勘记》,未刊稿

刘浦江、邱靖嘉:《〈辽史·太宗纪上〉校勘长编》,未刊稿

楼劲：《北魏开国史探自序》，《中国史研究动态》2016年第3期

罗新：《元朝不是中国的王朝吗？》，《东方早报》2013年8月11日

内蒙古文物考古研究所：《辽上京城址勘察报告》，载《内蒙古文物考古文集》第1辑，北京：中国大百科全书出版社，1994年

邱靖嘉：《〈辽史·耶律鲁不古传〉辨误》，《中国史研究》2009年第2期

邱靖嘉：《辽太宗朝的"皇太子"名号问题——兼论辽代政治文化的特征》，《历史研究》2010年第6期

邱靖嘉：《辽天祚朝"皇太叔"名号的政治文化解析》，《民族研究》2014年第1期

宋德金：《辽朝正统观念的形成与发展》，《传统文化与现代化》1996年第1期

若城久治郎：《遼の樞密院に就いて》，《滿蒙史論叢》第2辑，1939年

唐统天：《关于契丹北、南宰相府的几个问题》，《民族研究》1988年第5期

唐统天：《辽朝鞠狱机构研究》，《辽金史论集》第4辑，北京：书目文献出版社，1989年

陶晋生：《我的学思历程》，2010年3月17日，http://cge.ntu.edu.tw/forum/89-2-03.htm

田村实造：《关于中国征服王朝》，袁韶莹译，载王承礼主编：《辽金契丹女真史译文集》，长春：吉林文史出版社，1990年

田广林：《〈契丹国志·太祖述律皇后传〉史源疏证》，《古籍整理研究学刊》2007年第2期

佟家江：《契丹首次改辽年代考》，《民族研究》1983年第4期

萧启庆：《元中期政治》，史卫民译，傅海波、崔瑞德编：《剑桥中国辽西夏金元史》，史卫民等译，北京：中国社会科学出版社，1998年

王德明、李春燕：《辽代斡鲁朵问题研究综述》，《东北史地》2009年第3期

王吉林：《契丹与南唐外交关系之探讨》，《幼狮学志》第5卷第2期，

1966年

王明荪：《契丹与中原本土之历史关系》，《宋辽金史论文稿》，台北：明文书局，1981年

王善军：《辽朝横帐新考》，《历史研究》2003年第2期

王银田、解廷琦、周雪松：《山西大同市辽代节度使许从赟夫妇壁画墓》，《考古》2005年第8期

王育济：《世宗遗命的匿废和陈桥兵变》，《史学月刊》1994年第1期

王育济：《宋初"先南后北"统一策略的再探讨》，《东岳论丛》1996年第1期

王育济：《论陈桥兵变》，《文史哲》1997年第1期

王曾瑜：《也谈辽宰相的南、北与左、右问题》，《隋唐宋辽金元史论丛》第4辑，上海：上海古籍出版社，2014年

魏特夫：《中国社会史——辽（905-1125）：总论》，唐统天等译，载《辽金契丹女真史译文集》

武田和哉：《论辽朝之北院及南院大王》，《立命馆史学》第10号，1989年

武玉环：《辽代斡鲁朵探析》，《历史研究》2000年第2期

徐规：《评宋太祖"先南后北"的统一战略》，载《宋史研究论文集》，1982年年会编刊，郑州：河南人民出版社，1984年

杨志玖：《阿保机即位考辨》，《历史语言研究所集刊》第17本，1948年4月

姚从吾：《契丹汉化的分析》，载《姚从吾先生全集》第5集，台北：正中书局，1981年

姚大力：《论蒙元王朝的皇权》，载氏著《蒙元制度与政治文化》，北京：北京大学出版社，2011年

余蔚：《论辽代府州遥领制度》，《历史地理》第23辑，2008年

余蔚：《辽代斡鲁朵管理体制研究》，《历史研究》2015年第1期

张帆：《论蒙元王朝的"家天下"政治特征》，《北大史学》第8辑，北京：北京大学出版社，2001年

钟焓：《北美"新清史"研究的基石何在——是多语种史料考辨互证的实证学术还是意识形态化的应时之学？（上）》，达力扎布主编：《中国

边疆民族研究》第 7 辑,北京:中央民族大学出版社,2013 年

祝总斌:《都督中外诸军事及其性质、作用》,收入氏著《材不材斋文集(下编)——中国古代政治制度研究》,西安:三秦出版社,2006 年

Peter Bol, "Seeking Common Ground: Han Literati under Jurchen Rule," *Harvard Journal of Asiatic Studies,* Vol. 47, No.2 (Dec., 1987)

Ping-ti Ho, "The Significance of the Ch'ing Period in Chinese History," *Journal of Asian Studies*, Vol. 26, No. 2 (Feb., 1967)

Ping-ti Ho, "In Defense of Sinicization: A Rebuttal of Evelyn Rawski's 'Reenvisioning the Qing'," *Journal of Asian Studies*, Vol. 57, No.1 (Feb., 1998)

Evelyn S. Rawski, "Reenvisioning the Qing: The Significance of the Qing Period in Chinese History," *Journal of Asian Studies*, Vol. 55, No. 4 (Nov., 1996)

Naomi Standen, "Review Article: Alien Regimes and Mental States," *Journal of the Economic and Social History of the Orient*, Vol. 40, No. 1 (1997)

后　记

本书是我在清华历史系从事博士后研究所撰出站报告的修订与扩充。感谢导师张国刚先生！感谢刘北成老师、彭刚老师！感谢报告的评审专家廖名春老师、李华瑞老师、韩茂莉老师！尤其是李老师，奖掖后进，令人感念。

本书的写作，还先后得到了博士后基金面上及特别资助、教育部留学人员科研启动基金、中国社科院历史所重点课题、中国社科院青年启动基金、国家社科基金、人社部留学人员择优资助、中国社科院创新工程的资助，大部分章节曾发表于《中华文史论丛》《中国史研究》《中国社科院历史所学刊》《隋唐辽宋金元史论丛》《历史研究》《文史》等刊物。感谢资助的机构及评审、鉴定专家！感谢相关编辑及审稿专家！

感谢康鹏、王超、曹流、高宇、邱靖嘉、陈晓伟、任文彪、苗润博！

感谢潘星辉、李猛、曹金成及书稿的两位评审专家！

感谢牛大勇老师、阎步克老师、朱凤瀚老师、李开元老师、郭润涛老师！当年王天有老师和牛老师一起，接纳我进入历史系，再造之恩，没齿难忘。不意王老师遽归道山，痛何如哉！硕士阶段我的方向是先秦史，论文在朱老师指导下完成。此后虽逐渐远离先秦，但多年来先生一直关怀备至，谨铭记在心。

感谢夏含夷老师、夏德安老师和孙大维、陈云倩！初到美国，他们给了我巨大的帮助。感谢蔡华臻，"患难"与共的伙伴！感谢张立东老师、文德安老师、陈星灿老师、王立新老师和吉大的兄弟们！感谢内蒙古博物院塔拉院长、巴林右旗博物馆石阳馆长、青格勒馆长、内蒙古考古所郭治中老师及夏伙根、乔卓俊！

感谢陈高华先生、楼劲老师、陈爽老师、刘晓老师！

感谢历史所的众师友！

感谢丁老师、罗老师、姜老师、张老师！感谢老王和二民！

感谢奶奶、温州奶奶、外婆！感谢父母、岳父母！感谢叔叔、姑姑、舅舅、三姨、小姨！感谢清蓉与进进！

谨以此书纪念爷爷、温州爷爷、外公、大姨与恩师刘浦江先生！

乙未杪秋，瑞安林鹄书于京东孤陋轩

出版后记

当前,在海内外华人学者当中,一个呼声正在兴起——它在诉说中华文明的光辉历程,它在争辩中国学术文化的独立地位,它在呼喊中国优秀知识传统的复兴与鼎盛,它在日益清晰而明确地向人类表明:我们不但要自立于世界民族之林,把中国建设成为经济大国和科技大国,我们还要群策群力,力争使中国在21世纪变成真正的文明大国、思想大国和学术大国。

在这种令人鼓舞的气氛中,三联书店荣幸地得到海内外关心中国学术文化的朋友们的帮助,编辑出版这套《三联·哈佛燕京学术丛书》,以为华人学者们上述强劲吁求的一种纪录,一个回应。

北京大学和中国社会科学院的一些著名专家、教授应本店之邀,组成学术委员会。学术委员会完全独立地运作,负责审定书稿,并指导本店编辑部进行必要的工作。每一本专著书尾,均刊印推荐此书的专家评语。此种学术质量责任制度,将尽可能保证本丛书的学术品格。对于以季羡林教授为首的本丛书学术委员会的辛勤工作和高度责任心,我们深为钦佩并表谢意。

推动中国学术进步,促进国内学术自由,鼓励学界进取探索,是为三联书店之一贯宗旨。希望在中国日益开放、进步、繁盛的氛围中,在海内外学术机构、热心人士、学界先进的支持帮助下,更多地出版学术和文化精品!

生活·读书·新知三联书店

一九九七年五月

三联·哈佛燕京学术丛书
[一至十六辑书目]

第一辑

01 中国小说源流论 / 石昌渝著
02 工业组织与经济增长的理论研究 / 杨宏儒著
03 罗素与中国 / 冯崇义著
　——西方思想在中国的一次经历
04 《因明正理门论》研究 / 巫寿康著
05 论可能生活 / 赵汀阳著
06 法律的文化解释 / 梁治平编
07 台湾的忧郁 / 黎湘萍著
08 再登巴比伦塔 / 董小英著
　——巴赫金与对话理论

第二辑

09 现象学及其效应 / 倪梁康著
　——胡塞尔与当代德国哲学
10 海德格尔哲学概论 / 陈嘉映著
11 清末新知识界的社团与活动 / 桑兵著
12 天朝的崩溃 / 茅海建著
　——鸦片战争再研究
13 境生象外 / 韩林德著
　——华夏审美与艺术特征考察
14 代价论 / 郑也夫著
　——一个社会学的新视角

15 走出男权传统的樊篱 / 刘慧英著
　——文学中男权意识的批判
16 金元全真道内丹心性学 / 张广保著

第三辑

17 古代宗教与伦理 / 陈来著
　——儒家思想的根源
18 世袭社会及其解体 / 何怀宏著
　——中国历史上的春秋时代
19 语言与哲学 / 徐友渔 周国平 陈嘉映 尚杰 著
　——当代英美与德法传统比较研究
20 爱默生和中国 / 钱满素著
　——对个人主义的反思
21 门阀士族与永明文学 / 刘跃进著
22 明清徽商与淮扬社会变迁 / 王振忠著
23 海德格尔思想与中国天道 / 张祥龙著
　——终极视域的开启与交融

第四辑

24 人文困惑与反思 / 盛宁著
　——西方后现代主义思潮批判
25 社会人类学与中国研究 / 王铭铭著
26 儒学地域化的近代形态 / 杨念群著
　——三大知识群体互动的比较研究

27 中国史前考古学史研究 / 陈星灿著
　（1895—1949）

28 心学之思 / 杨国荣著
　——王阳明哲学的阐释

29 绵延之维 / 丁　宁著
　——走向艺术史哲学

30 历史哲学的重建 / 张西平著
　——卢卡奇与当代西方社会思潮

第五辑

31 京剧·跷和中国的性别关系 / 黄育馥著
　（1902—1937）

32 奎因哲学研究 / 陈　波著
　——从逻辑和语言的观点看

33 选举社会及其终结 / 何怀宏著
　——秦汉至晚清历史的一种社会学阐释

34 稷下学研究 / 白　奚著
　——中国古代的思想自由与百家争鸣

35 传统与变迁 / 周晓虹著
　——江浙农民的社会心理及其近代以来的嬗变

36 神秘主义诗学 / 毛　峰著

第六辑

37 人类的四分之一：马尔萨斯的神话与中国的现实 / 李中清　王　丰著
　（1700—2000）

38 古道西风 / 林梅村著
　——考古新发现所见中西文化交流

39 汉帝国的建立与刘邦集团 / 李开元著
　——军功受益阶层研究

40 走进分析哲学 / 王　路著

41 选择·接受与疏离 / 王攸欣著
　——王国维接受叔本华　朱光潜接受克罗齐美学比较研究

42 为了忘却的集体记忆 / 许子东著
　——解读50篇"文革"小说

43 中国文论与西方诗学 / 余　虹著

第七辑

44 正义的两面 / 慈继伟著

45 无调式的辩证想象 / 张一兵著
　——阿多诺《否定的辩证法》的文本学解读

46 20世纪上半期中国文学的现代意识 / 张新颖著

47 中古中国与外来文明 / 荣新江著

48 中国清真女寺史 / 水镜君　玛利亚·雅绍克著

49 法国戏剧百年 / 宫宝荣著
　（1880—1980）

50 大河移民上访的故事 / 应　星著

第八辑

51 多视角看江南经济史 / 李伯重著
　（1250—1850）

52 推敲"自我"：小说在18世纪的英国 / 黄　梅著

53 小说香港 / 赵稀方著

54 政治儒学 / 蒋　庆著
　——当代儒学的转向、特质与发展

55 在上帝与恺撒之间 / 丛日云著
　——基督教二元政治观与近代自由主义

56 从自由主义到后自由主义 / 应奇著

第九辑

57 君子儒与诗教 / 俞志慧著
　　——先秦儒家文学思想考论

58 良知学的展开 / 彭国翔著
　　——王龙溪与中晚明的阳明学

59 国家与学术的地方互动 / 王东杰著
　　——四川大学国立化进程（1925—1939）

60 都市里的村庄 / 蓝宇蕴著
　　——一个"新村社共同体"的实地研究

61 "诺斯"与拯救 / 张新樟著
　　——古代诺斯替主义的神话、哲学与精神修炼

第十辑

62 祖宗之法 / 邓小南著
　　——北宋前期政治述略

63 草原与田园 / 韩茂莉著
　　——辽金时期西辽河流域农牧业与环境

64 社会变革与婚姻家庭变动 / 王跃生著
　　——20世纪30—90年代的冀南农村

65 禅史钩沉 / 龚 隽著
　　——以问题为中心的思想史论述

66 "国民作家"的立场 / 董炳月著
　　——中日现代文学关系研究

67 中产阶级的孩子们 / 程 巍著
　　——60年代与文化领导权

68 心智、知识与道德 / 马永翔著
　　——哈耶克的道德哲学及其基础研究

第十一辑

69 批判与实践 / 童世骏著
　　——论哈贝马斯的批判理论

70 身体·语言·他者 / 杨大春著
　　——当代法国哲学的三大主题

71 日本后现代与知识左翼 / 赵京华著

72 中庸的思想 / 陈 赟著

73 绝域与绝学 / 郭丽萍著
　　——清代中叶西北史地学研究

第十二辑

74 现代政治的正当性基础 / 周 濂著

75 罗念庵的生命历程与思想世界 / 张卫红著

76 郊庙之外 / 雷 闻著
　　——隋唐国家祭祀与宗教

77 德礼之间 / 郑 开著
　　——前诸子时期的思想史

78 从"人文主义"到"保守主义" / 张 源著
　　——《学衡》中的白璧德

79 传统社会末期华北的生态与社会 / 王建革著

第十三辑

80 自由人的平等政治 / 周保松著

81 救赎与自救 / 杨天宏著
　　——中华基督教会边疆服务研究

82 中国晚明与欧洲文学 / 李奭学著
　　——明末耶稣会古典型证道故事考诠

83 茶叶与鸦片：19世纪经济全球化中的中国 / 仲伟民著

84 现代国家与民族建构 / 昝 涛著
　　——20世纪前期土耳其民族主义研究

第十四辑

85 自由与教育 / 渠敬东 王 楠著
　——洛克与卢梭的教育哲学
86 列维纳斯与"书"的问题 / 刘文瑾著
　——他人的面容与"歌中之歌"
87 治政与事君 / 解 扬著
　——吕坤《实政录》及其经世思想研究
88 清代世家与文学传承 / 徐雁平著
89 隐秘的颠覆 / 唐文明著
　——牟宗三、康德与原始儒家

第十五辑

90 中国"诗史"传统 / 张 晖著
91 民国北京城：历史与怀旧 / 董 玥著
92 柏拉图的本原学说 / 先 刚著
　——基于未成文学说和对话录的研究
93 心理学与社会学之间的诠释学进路 / 徐 冰著
94 公私辨：历史衍化与现代诠释 / 陈乔见著
95 秦汉国家祭祀史稿 / 田 天著

第十六辑

96 辩护的政治 / 陈肖生著
　——罗尔斯公共辩护思想研究
97 慎独与诚意 / 高海波著
　——刘蕺山哲学思想研究
98 汉藏之间的康定土司 / 郑少雄著
　——清末民初末代明正土司人生史
99 中国近代外交官群体的形成（1861—1911）/ 李文杰著
100 中国国家治理的制度逻辑 / 周雪光著
　——一个组织学研究